KB236214

한국의 동북아시대 구상
– 이론적 기초와 체계

한국의 동북아시대 구상
– 이론적 기초와 체계

“이 저서는 2005년 정부(교육인적자원부)의 재원으로 학술진흥재단의 지원을 받아 수행된 연구임”(KRF-2005-044-B00003)

한국의 동북아시대 구상
– 이론적 기초와 체계

박종철 · 김흥규
안형도 · 이대우
전경만 · 정정숙

서 문

동북아는 지리적 범위를 기준으로 할 때, 남북한, 중국, 일본, 러시아를 포함하며, 기능적 연계를 기준으로 하면 미국과 아세안(ASEAN)이 포함된다. 동북아는 한, 중, 일 세 나라만으로도 세계 GDP의 20.9%, 세계 인구의 23.6%, 세계 무역의 15.2%를 차지한다. 동북아지역에서는 역내 경제적 상호의존과 다자적 경제협력 움직임이 증가하는 가운데 사회·문화적 교류 및 연대도 확산되는 추세에 있다. 더욱이 동북아지역에는 기술 및 자본 대국인 일본, 거대 시장인 중국, 활력과 창조력의 한국, 그리고 자원 대국인 러시아가 속해있는 만큼 앞으로도 발전과 협력의 동력이 지속될 것으로 예상된다.

그러나 동북아에는 북핵문제, 대만문제, 역사문제, 영토분쟁, 민족주의 등 역내 불안요소가 상존하고 있다. 따라서 동북아지역에서 협력 기회를 확대하는 한 동북아의 불안요인들을 극복해가는 지혜가 필요한 시점이다.

한국의 '동북아시대 구상'은 협력과 갈등이 공존하는 동북아지역에서 평화와 번영의 동북아질서를 확립하고자 하는 국가전략이자 미래 비전이다. '동북아시대 구상'은 동북아 차원에서 통합과 협력의 새로운 질서를 구축하여 평화와 번영의 선순환 구조를 정착시키기 위한 대외협력전략이며, 지역협력 구도와 한반도 평화정착 및 남북협력을 구조적으로 연계시키기 위한 종합적 미래전략이다.

그동안 '동북아시대 구상'과 관련된 여러 가지 정책적 제안들이 제시되었음에도 불구하고 국내외의 공감대가 미흡하며, 특히 학문적이고 체계적인 뒷받침이 부족한 것이 현실이다. 특히 '동북아시대 구상'의 역사적 배경과 환경에 대한 깊이 있는 분석이 제시되지 않았다. 아울러 '동북아시대 구상'에 포함된 안보협력, 경제협력, 문화협력의 이론적 배경과 상호관계에 대한 깊이 있는 연구가 결여되어 있다. 또한 '동북아시대 구상'에 대해 학습효과를 제공할 수 있는 사례연구들에 대한 체계적 분석도 부족한 실정이다. 그 결과 '동북아시대 구상'의 이론적 바탕과 정책적 적실성이 체계적으로 검토되지 않았다.

이러한 점을 감안하여 집필진은 '동북아시대 구상'의 배경과 기반을 분석하는 한편, 이론적 토대를 점검하고 사례연구를 통한 시사점을 도출함으로써 동북아시대 구상의 이론적 기초를 정립하고 과제 및 전략을 제시하고자 하였다. 집필진은 총 10여 차례의 워크숍을 통해 문제의식을 공유하고 공통된 연구방법과 연구방향을 설정하기 위해 노력하였다. 이러한 과정을 통해 동북아협력을 조망하기 위해 정치·경제·문화를 망라하는 종합적 이론틀을 개발하고 향후 전략적 고려사항에 대한 인식의 지평을 넓히고자 하였다. 특히 집필진은 정치, 경제, 문화 분야의 동북아협력에 대한 전문가들로서 학제적 연구의 장점을 최대한 살리는 한편, 이론적 연구와 정책연구를 결합하고자 하였다. 이러한 공동연구를 통해 연구 전체를 관통하는 일관된 분석틀과 논리적 자기완결성을 최대한 확보하고자 하였다.

이 책은 크게 4부로 구성되어 있다. 제1부 동북아시대 구상의 배경과 기반(정경만)에서는 우선 '동북아시대 구상'의 개념, 대두배경, 내용을 정리하였다. 그리고 동북아시대 구상의 환경요인이라고 할 수 있는 국내적 인식기반과 역내 국가의 인식기반을 분석하였다. 이 부문은 동북아시대 구상의 역사적 배경과 국제정치경제의 현실적 토대를 분석하는 한편, 그 성패를 가늠하는 대내외적 조건을 검토하는 데 초점을 두었다.

제2부 동북아시대 구상의 이론적 기초는 안보공동체, 경제공동체, 문화공동체의 이론적 자원들을 조망하여 이를 동북아시대 구상에 접목시키고자 하였다. 특히 안보공동체(김흥규), 경제공동체(안형도), 문화공동체(정정숙)의 이론들을 국제정치경제 이론의 큰 틀인 현실주의, 자유주의, 구성주의의 3가지 이론적 틀에 입각하여 종합적으로 분석하였다. 이것은 안보, 경제, 문화 분야의 각 공동체 이론의 지적 근원과 상호 연계성을 밝힘으로써 궁극적으로 세 분야를 아우르는 포괄적인 분석틀을 제시하기 위한 것이었다.

제3부 지역사례 연구에서는 유럽연합(전경만·정정숙), NAFTA(안형도·이대우), ASEAN(박종철), 상해협력기구(김흥규) 4개의 지역협력 사례를 분석하여 '동북아시대 구상'에 대한 시사점을 도출하고자 하였다. 사례연구에서도 공통된 문제의식에 입각하여 일관된 분석틀에 입각하여 사례간 비교연구를 하는 데 초점을 두었다.

우선 각 지역통합사례의 성립배경에 대해 국제적 요인, 지역적 요인, 역사문화적 요인을 공통으로 분석하였다. 그리고 각 지역통합사례의 발전과정을 단계적으로 검토하고, 동북아시대 구상에 대한 시사점을 국제적 측면, 지역적 측면, 역사문화적 측면, 제도적 측면으로 구분하여 정리하였다.

제4부 동북아시대 구상의 이론적 구도와 전략에서는 이론적 기초와 사례연구를 종합하고 이를 토대로 동북아시 대구상의 과제와 전략을 제시하였다. 이론적 기초와 사례연구의 종합평가(이대우)는 안보공동체, 경제공동체, 문화공동체에 관한 이론을 현실주의, 자유주의, 구성주의 이론에 입각하여 체계화한 뒤 구성주의 이론을 중심으로 동북아시대 구상의 이론적 기반을 제시하였다. 아울러 지역통합 사례를 국제환경 변화에 대한 대응, 통합정도, 제도화 수준을 기준으로 비교검토한 뒤, 동북아시대 구상에 대한 시사점을 종합적으로 정리하였다. 그리고 동북아시대 구상의

과제와 전략(박종철)은 안보, 경제, 문화 분야에서 동북아시대 구상에 대한 도전과 과제를 정리한 뒤, 각 분야별 추진전략을 제시하였다.

동북아시대 구상이 동북아지역의 평화와 안정을 도모하는 한편, 이를 한반도평화와 번영으로 연결시키기 위해서는 이를 위한 이론적 토대를 공고히 하는 한편 대내외적 인식의 공감대를 넓히는 것이 필요하다. 이러한 과정을 통해서 동북아협력과 한반도협력이 정책적 슬로건으로서가 아니라 적실성을 지닌 구체적 실체로서 다가올 수 있을 것이다. 집필진들은 이 책이 이러한 문제의식을 확산시키는 데 조그만 징검다리가 되기를 희망한다.

이 공동연구는 한국학술진흥재단의 협동연구지정주제지원사업으로 지정되어 지원을 받았다. 이 연구를 실질적으로 가능하게 한 학술진흥재단과 직간접적인 도움을 준 동북아시대위원회의 관계자 여러분에게 고마움을 표한다. 또한 이 연구의 진행을 전체적으로 지원하고 자료수집 및 정리, 교정을 위해 수고해 준 연구 조교 박소영에게도 고마움을 전한다. 끝으로 흔쾌히 이 책의 출판을 맡아준 오름 출판사 부성옥 사장 및 편집진에게도 감사드린다. 아울러 집필진들이 1년여의 연구과정 동안 나누었던 지적 교류와 인간적인 유대감도 소중한 성과 가운데 하나라고 생각한다.

2006년 11월
집필자 일동

차례

제2부 동북아시대 구상의 이론적 기초

제3부 지역협력 사례연구

제4부 동북아시대 구상의 이론적 구도와 전략

■ 표 차례

■ 그림 차례

제1부
동북아시대 구상의 배경과 기반

|제1장|

동북아시대 구상의 개념·배경 및 내용

I. 동북아시대 구상의 개념

1. 동북아시대

'동북아시대'는 노무현 대통령이 2003년 2월 25일 발표한 취임사 '평화와 번영과 도약의 시대로'의 중심어로 등장한 이래 '동북아시대 구상' 또는 '동북아 구상'으로 심화·발전되면서 국가발전 장기전략 내지 비전으로서 위상을 구축하게 되었으며,[1] 다른 한편으로는 '평화번영정책'으로서 노무현 행정부의 대외정책 기조를 형성하게 되었다. 동 구상의 핵심단어인 '동북아시대'는 시간개념과 공간개념을 결합함으로써 상징성을 대폭 내재하고 있는 만큼, 무엇보다도 일반 국민에게 그 배경 및 내용 등

---

[1] 제16대 대통령 취임사(2003년 2월 25일), '평화와 번영과 도약의 시대로'에서 '동북아' 단어는 16회, '동북아시대'는 9회 각각 사용되었다. 또한 대통령 자문기구 동북아시대위원회는 '동북아시대 구상'에 관한 책자『평화와 번영의 동북아시대 구상』을 2004년 초 발간하였다.

을 정확하게 전달하여 장기 국가전략으로서 국민적 합의를 얻고 지지를 확보해야 하는 과제를 안고 있다.

동 취임사에서, '동북아시대'와 관련해, 동북아지역이 경제와 인구 규모면에서 유례없는 세계적 활력을 갖게 되어 과거의 고통에서 벗어날 기회를 안고 있으며, 특히, 한반도가 동북아 중심에 위치하고 인력, 경제활동, 정보화 등 기본적 조건을 보유하고 있거나, 혹은 개발함으로써 그 기회를 활용하기 위해 주도적 역할을 해야 하며, 경제적 번영공동체를 먼저 달성하고 평화공동체로 발전함으로써 평화와 공생의 질서가 동북아에 구축되도록 함으로써 '동북아시대'를 완성시켜야 한다고 보고 있다.

또한, '동북아시대'를 위해서는 한반도 평화의 제도적 정착이 선행되어야 하며, 남북한의 공동번영을 목표로 하는 평화번영정책 방안을 수단으로 삼고 있다. 이런 맥락에서, '동북아시대'는 탈냉전, 경제적 상호의존 증대, 문화적 동질감에도 불구하고 역내 북핵문제, 중국의 부상과 미·중 패권경합, 일본의 재무장, 역내 국가들 간 영토 및 역사분쟁 등 민족주의 충돌로 인한 긴장국면이 지속되고 있기 때문에 협력의 담론과 실천을 통해 평화와 번영의 21세기 동북아를 만들어가겠다는 국가의지의 표출로 이해될 수 있다.[2]

따라서, 대통령 취임사에서 제시된 '동북아시대'는 한반도 평화체제의 구축으로 남북한의 평화번영이 가능해지고, 이를 기반으로 하여 동북아 지역에 궁극적으로 경제공동체와 평화공동체를 달성해 평화와 공생의 질서가 구축되는 상태를 의미한다. 즉, '동북아시대' 개념은 한반도와 동북아에 평화번영을 위한 질서가 정착해 유지되는 경우로서 규정되고 있다. 나아가 '동북아시대 구상'은 이와 같이 규정되는 '동북아시대'를 달성하기 위한 중장기 추진방안의 포괄적인 결합체 또는 전략이라고 말할 수 있다. 특히, 동북아시대 달성을 한국이 주도하기 위해서는 그 방안 집합

---

2) 배긍찬, "동북아시대와 한국의 외교과제: 지역협력 전략을 중심으로," 『주요 국제문제 분석』(서울: 외교안보연구원, 2004.7), p.1.

체 또는 전략을 한국의 입장에서 집행 가능한 프로그램으로서 개발을 구체화하고 이를 실행하는 과정에서 직면하는 대내외적 장애요소를 극복하고 일관성 있게 추진해 나가는 노력이 보장되도록 하는 일이 중요해진다.

따라서 '동북아시대' 구상을 노무현 행정부 이후 등장하는 정부가 계승하여 한국의 21세기 중장기 국가정책 내지 국가발전 전략으로서 실현시켜 나가기 위해서 방안개발 단계에서 국내는 물론, 동북아지역내 국가들에 대한 설득력과 수용력까지 확보할 수 있도록 할 정당성과 가치가 다대하다.

이런 관점에서, 동 구상을 실행차원으로 개발하는 데 주축이 되고 있는 대통령 직속기구 동북아시대위원회는 '동북아시대 구상'을 동북아지역에서 상호신뢰와 협력을 바탕으로 하는 새로운 지역질서임과 동시에 동 지역의 평화와 공동번영을 이룩하려는 한국의 중장기 국가전략이자 비전으로 정의하고 있다.3) 동 정의에 의거해, '동북아시대' 질서 창출을 위해 한국이 택할 수 있는 전략으로서 지역교류협력 전략, 한반도 평화구축 전략 및 국민복리 증진 전략 등 세 가지가 개발되고 있다.

먼저, '동북아시대 구상'의 종국적 상황을 아시아주의 내지 동북아 지역주의 실현에 있다는 시각에 의하면, '동북아시대'를 경제 이외의 다양한 영역을 포괄하고 서구 중심주의 역사관과 세계관을 극복해 아시아 중심적 사고의 복원을 지향하는 개념으로 본다.4) 특히, 중국 및 서구 중심의 역사에서 변방으로 살아온 한민족이 한반도와 동북아를 연계하여 평화와 번영의 동북아를 주도적으로 지향함으로써 역사의 중심부에 부상할 가능성을 준비해야 할 것임을 시사하고 있다. '동북아시대 구상'은 동북아공동체 구축을 통해 궁극적 목표를 아시아연합(Asian Union) 형성에 둠으로써 '동북아시대'는 곧 유럽연합과 대등한 지역통합체를 동북아에 창설하는 것임을 의미한다고 보고 있다.

---

3) 동북아시대위원회, 『평화와 번영의 동북아시대 구상』(서울: 동북아시대위원회, 2005), pp.6-7.
4) 이수훈, 『세계체제, 동북아, 한반도』(서울: 아르케, 2004), pp.124-130.

한반도와 동북아의 평화번영이 '동북아시대'의 종국적 상황목표이며, 이는 곧 '동북아시대 구상'의 실현이며 그 달성을 위한 경로로서 아시아연합을 실현하는 것이라는 해석이다. 그러나 평화번영에서 '번영'은 경제체제를 초월하여 달성될 수 있다고 전제하고 있는 것인지가 불분명하다. '번영'은 계획경제체제나 사회주의체제를 통해 달성하기가 거의 불가능한 것으로 이미 역사적으로 20세기 후반에 판명되고 있다. 북한이 체제개혁을 하는 등 동북아 국가들이 시장경제체제를 주축으로 채택할 것을 전제하는 개념이라면, 동북아 평화번영정책은 동북아 지역주의의 목표지향적인 개념으로서 규정될 수 있을 것이다.

한편, 한국 입장에서 동북아를 경제·문화적 국익에 앞서 안보적 국가이익을 항구적으로 추구하고 또한 보장받아야 하는 장이자 공간으로서 규정하는 시각에서는, '동북아시대'는 동북아 역내 국가가 상호 신뢰와 협력을 통해 동 지역의 평화번영을 달성함으로써 다른 지역이나 국가로부터 선망과 교류의 대상이 되고 세계질서 형성에 대해 긍정적인 영향을 보다 많이 미칠 수 있는 상황으로 규정될 수 있다.[5] 동 시각에 따르면, '동북아시대'는 시간적 개념이나 공간적 개념이 아니라 하나의 상황적 개념으로서 보고 역내국가가 하기에 따라서는, 특히 한국 주도에 대해 역내국가가 동참하여 협력하는 경우 항구적으로 누릴 수 있는 바람직한 안보상황으로 보고 있다. 그러면서 구체적인 추진전략 목표로서 한반도 평화공존과 동북아공동체의 달성을 설정하고 한국이 주도하기 위한 추진기조로서 여섯 가지를 제시하고 있다.[6]

---

5) 전경만, "동북아 안보구도 전망과 신협력주의 구상," 『국방정책연구』, 제71호 (2006년 봄호), pp.7-41; 전경만 외, 『'동북아시대'의 국가안보전략 연구』(한국국방연구원 연구보고서, 2005.12), p.31 참조.

6) 개방형 중급국가로서의 역할 담당, 연성국력 개발 및 투사능력 강화, 절대적 군사안보 시각 조정, 신뢰 속의 균형 외교노선 추구, 타개와 조성의 외교패러다임 전환 그리고 한반도 및 동북아 안보목표 동시 추구 등을 동북아시대 실현을 위해 한국이 추구할 중장기 국가전략으로 제시하고 있다. 전경만 외, 『'동북아시대' 국가안보전략 연구』, pp.111-121.

또한 '동북아시대 구상'을 역내 국가 및 시민이 공동의 역사적 경험을 기반으로 신뢰와 공동번영을 도모하기 위한 정신적, 문화적 일체성과 소속의식을 구축하는 활동으로 규정할 수 있다.7) 이 시각에 의하면, 역내 국가와 민족·주민의 문화적 창조성·다양성을 인정하는 가운데 역사와 문화를 공유함으로써 안보 및 경제분야의 협력과 연대감을 조기 고취하고 정착시킬 수 있다고 본다.

이상과 같은 여러 관점을 종합하면, '동북아시대'는 한반도를 포함해 동북아지역이 평화를 정착시키고 공동번영을 구가할 수 있는 체제를 확보하는 과정이자 실행의 최종상태이며, '동북아시대 구상'은 한국이 안보, 경제 및 문화 등 세 영역에서 역내 국가의 연대를 통해 이런 체제를 실현하는 데 있다. 따라서 이를 위해 한국이 주도적 활동을 전개해 나갈 수 있도록 관련 계획과 사업을 심화 및 확대하는 일을 중장기 국가전략이자 비전으로서 발전시켜야 하는 타당성이 인식된다. 한국이 '동북아시대' 전개를 주도한다는 구상과 비전에는 한반도가 동북아에서 변방의 역사를 청산하고 동북아의 평화와 번영에 역내 강대국과 나란히 동참하는 주역이 될 수 있다는 가능성과 함께 주역이 되어야 한다는 당위성을 동시에 내포하고 있다.8)

2. 동북아시대의 대상 국가 범역

세계역사의 발전과정에서 향후 영향력 파급의 진원지로 작용할 수 있는 지역이 변해 오고 있는데, 20세기 말에 들면서 동북아가 급부상하고 있는 것이 사실이다. 지중해시대(16세기), 대서양시대(19세기), 그리고 태평양시대(20세기)에 이어 21세기가 아시아의 시대라고 언급되고 있는데, 보다 구체적으로는 동북아지역이라고 말할 수 있다. 그런데 동북아지역

---

7) 최송화, 『21세기 동북아 문화공동체의 구상』(서울: 법문사, 2004), p.36.
8) 국가안전보장회의(NSC), 『평화번영과 국가안보』(서울: 국가안전보장회의, 2004. 3), pp.88-90.

은 20세기에 들어서면서 지정학적 관점에서 관심과 각광을 받고 있으면서도, 지리적 범역이 확연하게 규정되지 못하고 있어 상황에 따라 애매하게 설정되고 있다.

동북아(Northeast Asia)라는 단어가 포함하는 지역 단위는 보는 시각에 따라 다양하다. 순수 자연 지리적 관점에서는, 좁게는 한반도, 일본, 중국의 동북3성, 러시아의 극동지역, 몽골을 포함하고, 넓게는 이들 외에 동·서 시베리아, 홍콩과 대만까지를 포함시킬 수 있다. 지문화적 시각에서는 동북아 문화적 정체성으로 인식될 수 있는 한자 사용, 유교의식 또는 가부장적 권위주의 등의 문화습속이 유지되는 지역으로 매우 좁게 한정할 수도 있고, 반대로 지경학적으로 경제적 교류협력을 기준으로 하면 대단히 광범해질 수 있다.9) 나아가 순수하게 지리적 맥락 또는 문화적 동질성만을 기준으로 하여 동북아를 규정해야 한다면, 한국, 북한, 몽골, 일본과 중국 등 5국만을 포함시킬 수 있다. 예컨대, 한국, 중국과 일본 간 역사문제와 과거사 문제가 심각해질수록 동북아의 평화와 안정이 보장되기 어렵다고 보는 이유가 바로 이들 3국이 동북아지역의 지리 및 문화적 관점에서 핵심적 국가에 해당하기 때문이다.

그러나 동북아지역이 국제정치에서 관심의 대상으로 등장한 배경이 근세사에서 역내 강대국을 중심으로 한 지정학적 이유에 있음을 중시할 필요가 있다면, '동북아시대'에서의 동북아 범역은 과도하게 좁게 규정할 필요는 없을 것이다. 즉, 동북아지역이 국제정치에서 독자적 지역단위로서 관심의 대상으로 사용되기 시작한 배경이 1930년대 초반 러시아의 남하와 태평양지역 진출과 이를 둘러싸고 보이던 중국과 일본의 대응을 미국이 분석할 필요성에 있었던 것처럼, 동북아는 순수 지리·문화 차원보다 정치·군사적 차원에서 생성된 지정학적 지역으로 파악하여 '동북아시대'를 위한 동북아를 규정하는 것이 타당하다.10) 따라서, '동북아시대

---

9) 박종철 외, 『동북아협력의 인프라 실태: 국가 및 지역차원』(서울: 통일연구원, 2005), pp.12-16.

10) 신형준, 『한국 고대사에 대한 반역』(서울: 조선일보사, 2004), pp.26-28, 특히,

구상'을 실천하는 한국 정부와 이를 지지하는 국민의 입장에서는 순수 지리적 관점보다는 지정학적 관점에서 '동북아시대'를 규정하는 것이 선호된다.

그런데, 지정학적 관점에서 보더라도 '동북아시대'에서 의미하고 있는 동북아는 분명히 동아시아나 아·태 지역과는 차별적으로 대상 국가가 설정될 수 있다. 가장 좁게는 한국, 중국, 일본 등 3국만을 지칭할 수 있으며, 가장 넓게는 이들 3국과 북한, 러시아, 미국, 몽골과 대만까지의 8국을 포함하고 있다. 실제적으로, 동북아지역은 지정학적 목적에서 분석되기 시작했기 때문에 유럽과 국경을 맞대면서 극동러시아를 두고 있는 러시아가 포함되는 한편, 이 지역에 영토를 두고 있지 않지만 정치·군사적 이해관계를 갖고 있는 미국이 이 지역의 국가로서 인식되고 있는 반면에, 동북아는 물론 동남아와 서남아시아와 중앙아시아에까지 국경을 두고 있는 중국도 동북아 국가로서 분류되고 있는 것이다.

따라서 엄격하게 지정학적 개념에서 동북아지역에 포함되는 국가 단위로서는 남한, 북한, 몽골, 일본 등 4국뿐이다. 대만은 지리적으로 동북아와 동남아 경계에 있어 동북아지역에 포함되는가의 여부가 애매하고, 독자적 국가단위로서 대만이 언급되는 맥락과 목적에 따라 포함여부가 달라질 수 있다.

지정학적 목적에서 동북아지역이 사용되기 시작했던 당초의 배경을 감안하여, 한국 입장에서는 한반도와 동북아에서 지정학적 이해관계가 크고 평시 관심을 갖게 하는 활동을 하는 국가를 동북아 국가로서 포함하는 것이 정치, 군사, 경제 및 외교 측면에서 목적성 있게 국가이익을 보호하고 확장하면서 국가관계를 전개하는 데 논리적 타당성을 확보할 수 있다. 이런 의미에서 현실적으로 동북아 국가로서 포함될 수 있는 국

미국이 세계패권을 장악하면서 동 패권을 유지하기 위해 2차 대전 중 지역연구를 활성화했던 것에서 동북아지역의 식별이 가능했을 것으로 보는 견해가 있다. 이수훈, 『세계체제, 동북아, 한반도』, pp.130-134.

가로는 한국을 비롯해 북한, 미국, 러시아, 중국, 일본 등 6개 국가를 포함하는 것이 국가전략 및 정책 개발 목적에 부합된다고 할 수 있다. 이들 6개국으로 구성되는 동북아지역은 세계인구의 32%가 살고 있고, 세계 GDP의 35%가 산출되며, 세계3대 교역권에 해당하며, 10대 강대국의 절반이 서로 긴히 상접하고 있으며, 세계군사비의 64%가 집중 지출되고 있는 지역으로서 지구상 구분된 지역단위로서는 정치, 군사, 경제면에서 가장 큰 잠재적 영향력을 내재하고 있다. 다만, 특정의 목적에 따라서는 몽골과 대만을 포함시킬 수 있을 것이다.

문제는 미국을 비롯한 중국, 일본, 러시아 등 세계차원의 강대국들은 자국이 세계국가로서 세계정책을 펴면서 그 하부체계로서 동북아를 취급하는 경향이 뚜렷하므로 동북아 역내 질서는 이들 강대국의 협력과 갈등 또는 국력과 상호관계에 따라 형성되어오는 면이 크다는 점이다. 이 점을 동북아 범역에 포함되는 국가군을 규정하는데 적정하게 반영하지 않을 수 없다. 요약하면, '동북아시대 구상'을 실행하는 대상 또는 주체로서 동북아 역내 국가를 고정시키기보다는 안보, 경제 및 문화 분야별 협력과 상호관계 설정의 목적과 성격에 따라 다소 다양성과 유연성도 확보해 두는 것이 바람직하다 할 것이다.[11]

3. 동북아공동체와 지역협력

'동북아시대 구상'을 실현하기 위한 핵심적 수단이자 경로로서 동북아에서의 공동체 형성이 검토될 수 있다. 그런데 동북아는 대체로 평화와 안정보다는 갈등과 불안정의 역사와 이미지를 안고 있다. 이것은 4대 강대국들이 동북아를 구성하는 주축이 되고 있는 것에 기본적으로 그 이유

---

11) 예컨대, 순수 지리적 관점에서 미국은 동북아에 포함되지 않으며, 현실 정치학 또는 인문지리적 관점에서는 미국이 핵심적 동북아 일원이다. 김명섭, "21세기 동북아 안보: 주요 도전과 기회," 『동북아 신안보구도와 다자안보협력: 전망과 과제』(외교안보연구원 심포지엄 발표논문집, 2006.2.28), p.51.

가 있다. 즉, 이들 강대국들은 개별국가로서 자국의 국익을 자력으로 도모할 수 있는 상황이므로 안보상황과 사안에 따라 독자적으로 협력 또는 견제를 행동에 반영하기 때문에 협력을 필요로 하지 않았던 것이다. 또한 이들 강대국은 동북아정책을 자국의 세계정책의 하부체계로서 다루기 때문에 이들 국가 간 대립과 갈등의 기회가 협력과 의존의 기회보다 훨씬 많았던 것이다.

다시 말하면, 역사적으로 동북아지역에는 지역차원의 상호협력의 필요성을 인식시킬 수 있는 지리, 국제정치 등의 여건이 별로 조성되지 않았던 셈이다. 이 점은 1990년 전후 냉전이 종식된 이후 15년 이상이 경과했음에도 불구하고 다른 지역과는 달리 역내에는 여전히 냉전적 세력 갈등 양상이 잔존하고 있는 점에서 증명되고 있다. 동북아는 해양세력인 미국과 일본 대(對) 대륙세력인 중국과 러시아 간 패권견제와 역내주도권 경합이 여전하고, 문화적으로도 일부 국가 간 동질성을 찾을 수 있는 반면, 다른 국가와는 이질성이 쉽게 부각될 수 있는 여건에 있다. 이와 같은 여건에서 역내 강대국들이 협력과 갈등을 반복하면서 개별이익을 추구하기 때문에 역내에 대사건이 발생하는 경우, 동북아 질서는 크게 변경될 잠재성을 안고 있다. 냉전종식에도 불구하고 역내 안보구도가 유동적인 것도 이들 강대국들의 대동북아정책이 현재 어느 한 방향으로 질서가 수렴하기 보다는 아직 동태적 과정에 있음을 의미한다.

이런 맥락에서 '동북아시대 구상'을 실현할 수 있기 위해서는 동북아지역 내부적 협력을 우선적이고도 집중적으로 실행해 나가야 한다. 즉, 동북아 지역협력은 세계화의 추세에 평행하여 기본적으로 동북아지역에 있어서 지역주의(regionalism)를 추구하는 데 있다. 역내 국가들의 동참과 협력을 통하지 않고는 지역주의화(regionalization)를 추구는 하더라도 지역주의를 상징하는 동북아 역내의 연합, 통합, 또는 공동체 등의 형성은 불가능해질 것이다. 따라서 역내 국가 간 상호협력을 자극하고 인식시키기 위해서는 무엇보다도 협력으로부터 얻는 이익이 식별되어야 한다.

특히, 협력이익이 개별국가가 단독 행동으로 얻을 수 있는 자력이익을 능가해야 한다. 즉, 탈냉전 이후 국제관계의 중심논리로서 세력정치나 세력균형보다는 협력과 상호의존을 강조하고 담론으로서 발전시켜 나가는 작업과 노력을 역내에 확보하도록 해야 한다. 유럽의 통합, 북미자유무역협정, 동남아의 다자협력, 그리고 세계화와 자유무역주의가 동북아 협력을 촉구하는 중요한 사례로서 활용될 수 있다. 한편, 동북아가 지역협력을 창출하기 위해서는 지역주의 의식이 민족주의 의식을 능가하고 월등해야 가능할 것이다. 그런데 동북아 국가 간에는 문명과 가치, 이념, 역사 및 생활문화 등에서 동북아 정체성을 내세울 만한 공통분모가 매우 미약하여 지역주의를 발흥시킬 수 있는 여건이 조성되지 않고 있다.

그런데 동북아지역의 이와 같은 측면을 고려하면, 지역협력의 초기형태인 느슨한 공동체나 협력체로 출범하는 것이 필요하다는 논리도 제기될 수 있으나, 기존 안보, 경제 및 문화 분야에서의 활발한 교류와 이들의 인프라를 감안하면 직접 역내 협력이익을 확보할 수 있는 공동체(community)를 구축하는 것이 유리할 것이다. 물론, 이를 위해서는 역내협력과 통합을 위해 주도적으로 역할을 맡을 국가가 등장해야 한다.[12] 여기서 공동체라 함은 국가 간 협력의 외연이 가장 넓은 개념으로서 국가통합 이전 상태의 국가관계에 해당한다. 견해에 따라서는, 지역공동체를 지역통합(regional integration)의 마지막 단계인 정치통합이 완성된 단계를 의미함으로써 인식, 정체성, 관습들을 공유하는 국가통합을 내포하는 것으로 보기도 한다.[13]

그러나 공동체는 유럽연합의 발전과정에서 보듯, 국가통합의 이전 상태라고 보는 것이 타당하다. 즉, 역내 국가들이 정치, 경제, 군사, 외교적 신뢰를 구축하고 이를 바탕으로 하여 동북아에 대한 정체성을 공유하면

---

12) 협력은 행위자들 관계에서 상대방과의 정책조정이 일어나는 과정 자체로 볼 수 있으며, 이런 의미에서 지역통합은 기존의 민족국가를 넘어 제도로서 다차원적 협력을 설득해가는 과정으로서 규정될 수 있다. 박종철 외,『동북아협력의 인프라 실태: 국가 및 지역차원』, pp.8-12 참조.

13) 위의 책, pp.11-12 참조.

서 상호 분야별 관계 유지발전을 우선하는 정책이나 행동을 전개하는 연대관계에 있는 것을 의미한다. 동북아공동체는 경제, 안보 및 문화 등 하부 분야별로 형성이 가능하며 최종적으로는 이들을 총합하여 결합되는 단일 공동체를 구축하는 것이다. 이와 같은 지역공동체의 구축에 관해 개발되고 있는 이론은 대체로 공동체 형성의 배경이나 동기보다는 방법이나 조건에 관련해서 연방주의, 신기능주의, 커뮤니케이션 이론, 사회학적 통합이론, 또는 통합체계이론 등으로 등장하고 있다.[14] 한편, 동북아에서 식별되는 문화적 동질성은 지역주의에 내재하여 안보 및 경제 공동체 형성에 촉진제로서의 역할을 하는 것으로 전제된다.

그런데, 동북아에서의 공동체에 관련해 명료하게 정리해 둘 필요가 있는 용어가 둘 있다. 하나는 협력체라는 개념과의 이론적 연계성이며, 다른 하나는 동아시아와의 지역적 상관성 문제이다. 일반적으로 협력체는 정체성까지도 공유하기보다는 공동의 이해관계를 유지하고 확장하기 위해 물적, 제도적, 인적 연대를 도모하는 단위라고 말할 수 있다. 영문으로는 단순히 cooperation 또는 cooperation regime으로 표기가 가능한데, 공동체보다는 이론적으로 목적과 의식이 상대적으로 약한 결합체라고 말할 수 있다.

아·태경제협력체(APEC)나 동북아협력대화(NEACD), 또는 유럽안보협력기구(OSCE) 등이 협력체에 해당한다. 물론, 실질적으로는 공동체와 협력체가 체제 내부적 유기성이 강하고 약함이 용어 자체에서 발생한다고 보기보다는 참여하는 개인이나, 국가, 단체 간 노력을 도모해 나가는 지도력의 유무나 강약에 좌우된다고 보는 것이 타당할 것이다. 다자안보협력을 위한 체제를 협력체로 보는 시각이 있는가 하면, 공동체라도 미국 클린턴 대통령이 주창했던 아·태지역 공동체(Asian Pacific Community) 개념에서 보듯, 결속정도가 약한 경우도 있고 유럽경제공동체(EEC)처럼 결속이 강력한 경우도 있다.[15] 이런 의미에서 동북아 다자협력의 경우에는 협력체

---

14) 박종철 외, 『동북아협력의 인프라 실태: 국가 및 지역차원』, pp.33-40 참조.

보다 공동체로서 구상하는 것이 바람직하다.

한편, '동북아시대 구상'의 목적이 한반도와 동북아의 평화와 번영에 있고 이를 위한 현실적인 목표가 공동체 형성에 있기 때문에 동북아지역보다 동아시아 지역 차원에서의 공동체 추진이 바람직하다고 보는 견해가 없지 않다. 이들 견해는 한국이 향후 발전해 나갈 지역을 확대 지향적으로 취급해야 한다는 논리와 국제정치 현실 또는 지리적 관점에서 '동북아시대' 또는 동북아공동체 개념이 부적합하다고 비판적으로 본다.16)

그러나 적어도 경제나 문화와는 달리 안보문제에 관한 한, 한국이 한반도 또는 동북아로부터 보장받는 것이 동아시아 차원에서 보장받는 것보다 역사적으로나 미래에 대비하더라도 설득력이 있고 타당한 접근책이 되는 것이다. 한국이 안보영역에서는 강대국이 위치하고 있는 동북아지역에서 일차적으로 보장받을 중요성이 더 확실하며 그 이상 지역으로 확대된 보장 장치는 여분적일 수도 있다. 따라서 동북아공동체는 한국의 입장에서 실현시킴으로써 역내 어느 국가보다 가장 안보적 혜택을 누리는 국가에 해당하며, 그만큼 동북아지역에서의 안보공동체 형성을 추진할 가치가 인식된다. 경제나 문화 영역에서도 안보공동체 형성을 위해 동북아에서 공동체 형성이 가능하도록 추진할 가치가 있으며, 동북아에서 점차 동아시아 지역으로 공동체 범위를 확대해 나가는 것이 바람직하다.

---

15) 이서항 외교안보연구원 교수는 동아시아 다자안보협력체에 관한 글에서 '협력체' 용어를 사용하면서, '안보협력(security cooperation)'이라는 용어가 동맹·우방국 간의 안보문제에 관한 공동정책 추구 또는 군사훈련상의 협력(예: RIMPAC이나 TEAM SPIRIT)을 뜻하는 것이나, 최근에는 비록 동맹·우방국 사이가 아니더라도 대화 또는 다른 수단에 의해 자국과 상대방의 안보를 증진시켜 주는 이른바, '협력적 안보(cooperative security)'와 관련된 모든 활동을 포함하는 개념으로 설명하고 있다. 이서항, "동아시아 다자간 안보협력체," 한용섭 외 8명, 『동아시아 안보공동체』(서울: 나남출판, 2005), pp.245-278 참조.

16) 동북아시대위원회, 『평화와 번영의 동북아시대 구상』, pp.12-13 참조.

II. 동북아시대 구상의 대두요인과 배경

‘동북아시대구상’은 한마디로 말해, 탈냉전에도 불구하고 여전한 한반도의 불안정과 냉전양상을 조기에 불식한다는 염원과 비전에서 비롯하고 있다. 동 구상이 대두한 배경과 이유는 대체적으로 크게 네 가지로 파악할 수 있다.

1. 역사적 기회의 적극적 활용[17]

동북아지역에 누적되어 온 과거 식민지 지배와 예속, 전쟁, 그리고 빈곤과 저개발의 역사적 유산을 극복하고 세계의 중심으로 급부상하고 있는 기회를 선용할 긴요성을 역사로부터 교훈을 많이 얻고 있는 한국이 적극 인식하여 실행함으로써 동일한 역사의 반복을 차단하고 새로운 역사로부터의 이익을 크게 도모할 수 있을 것이다. 따라서 ‘동북아시대 구상’은 한국을 중심으로 역내 국가들이 이 기회들을 적극 활용하고, 나아가 동북아지역의 평화와 번영을 이룩하기 위한 자산으로 전환시키려는 적극적 대응 전략이라 할 수 있다.

특히, 한반도가 19세기 말엽까지 중국이 주도하는 대륙세력의 지배를 받았고, 그 이후에는 일본과 미국이 중심이 된 해양세력의 지배와 압력을 받아오는 주변부 역사인식에서 정치, 경제, 문화 등의 자주(autonomy) 방향성을 설정하고 양 세력으로부터 해방될 필요성을 ‘동북아시대’라는 상징어로써 구성한 것이라고 볼 수 있다.[18] 실제, 동북아 역사는 역내 미국

---

17) 동북아시대위원회, 『평화와 번영의 동북아시대 구상』, pp.8-9.
18) 노무현 대통령은 2003년 8월 15일 광복절 경축사에서 “동북아에도 협력과 통합의 새로운 질서를 만들어 나가야 합니다. 그래서 다시는 강대국의 틈바구니에서 어느 쪽에 기댈 것인가를 놓고 편을 갈라서 싸우다가 치욕을 당하는 그런 역사를 다시는 반복하지 말아야 합니다. 이것이 나의 ‘동북아시대 구상’의 핵심입니다.”라고 천명하고 있다.

과 일본의 해양세력과 중국과 러시아의 대륙세력이 세계적 강대국으로서 19세기 중반부터 지금까지 세력 경합하는 가운데 한반도는 그 충돌 현장이 되었으며, 세력균형의 상태에서는 한국이 신장된 국력을 발휘하여 국익을 확장할 수 있는 기회를 차단당하고 있다고 인식할 정도로 이들 4개 국가가 자국 국익을 위해 유리한 질서를 만들려고 각축해오고 있는 형국의 한 가운데에 있었다.19)

20세기 후반 50년 동안 한반도가 냉전의 한 복판에 있었던 결과 세계적 탈냉전 파도를 타기에는 여전히 강대국 중심의 냉전적 역내 질서가 압박하고 있음을 진보적 정치시각을 가진 정치 지도자가 자각하지 않을 수 없었다. 탈냉전의 동북아 역학이 미국의 우월적 주도의 안정과 세력균형이 지속되는 가운데서 냉전 잔재로서 중국과 러시아 대 미국과 일본의 대립과 견제 속에서 협력을 모색하는 양태의 역내질서를 극복하는 것이 한반도 평화번영을 확보하는 길이라고 파악하였다.

이런 맥락에서, 한반도 평화와 번영을 확보하는 방안은 세계적 탈냉전과 세계화 및 정보화로 인한 상호협력과 의존의 필요성이 점증하고 있는 국제정치를 동북아 역내에 적극 활용하는 데 있다고 판단하고 동북아에 잔존하고 있는 냉전을 불식하고 협력을 제도적으로 확보해서 한반도와 동북아의 평화번영을 동시에 달성하는 것에 있으며, 이것을 '동북아시대'로 개념화한 결과이다.

동북아는 유럽이나 북미대륙에 대등한 주요 경제권역으로 이미 성장하였으며, 미래 성장잠재력을 더 많이 보유하고 있다. 한국, 중국, 일본

---

19) 19세기부터 21세기에 이르기까지 중상주의적 교역선점, 제국주의적 영토점령, 또는 신제국주의적 영향력 지배 등의 논리는 서구열강과 일본이 한반도와 동북아에 대해 접근하도록 한 배후논리들이다. Francois Godement, "North-East Asia: time to rethink," *Disarmament Forum* (2005), pp.5-11; 김명섭, "21세기 동북아 안보: 주요 도전과 기회," 『동북아 신안보구도와 다자안보협력: 전망과 과제』 (외교안보연구원 동북아 평화번영 심포지엄 발표논문집, 2006.2.28), pp.35-61 참조.

등 동북아 핵심 3개국은 2005년도 현재 세계 GDP의 18%, 세계 인구의 25%, 세계 무역량의 15%, 그리고 세계 외환보유고의 43%를 각각 차지하고 있을 뿐 아니라, 미국과 러시아를 포함하면 그 구성비중은 대폭 커지게 된다. 13억 인구의 거대한 시장을 가진 중국은 세계 생산공장으로 급속히 성장하고 있으며, 일본은 세계 최첨단 기술과 방대한 자본력을 바탕으로 최상의 국제 경쟁력을 유지하고 있다. 러시아가 보유한 풍부한 천연자원은 동북아와 세계의 귀중한 자산이며, 한국 역시 내적 활력과 역동적인 인적 자원, 창의적 능력을 바탕으로 세계 수준의 경제국가로 도약하고 있다. 역내 국가들이 보유하고 있는 이러한 풍부한 부존자원과 잠재력은 동북아지역의 미래 번영 가능성을 시사하고 있다.

역내 경제적 역동성과 상호의존성은 가히 놀라울 정도이며, 미래의 잠재 성장률 역시 다른 지역과 비교할 수 없을 정도로 강건하다. 동남아시아 지역을 포함하는 경우, 동아시아의 역내 무역의존도는 이미 NAFTA를 추월하여 EU 수준에 근접하고 있다. 이는 동아시아의 경제통합이 가능적으로는 이미 상당 수준에 도달해 있음을 의미한다.

한편, 강대국의 반복적 협력과 갈등 행동 표출이나 군비경쟁 잠재성 등 다양한 제약요인들이 현실적으로 있음에도 불구하고, 동북아지역은 2차 대전 이후 군사적 충돌 없이 평화 속에서 안보상황이 개선될 가능성도 보이고 있다. 한반도 및 지역차원의 냉전구조의 해체 노력, 군사적 대치상황의 점진적 완화, 역내 국가들 간 외교관계 개선 등 역내 안보환경은 탈냉전 이후 협력의 방향으로 진화되고 있다. 지역공동체 형성을 목표로 하는 한국으로서는 안보환경을 보다 유리한 방향으로 발전시키도록 기회를 조성하고 이용하지 않으면 안 될 것이다.

사회·문화적 교류의 확대 역시 한국이 '동북아시대 구상'을 실행하는 데 소중한 기회가 아닐 수 없다. 예컨대, 최근 '한류(韓流)'로 불리는 한국의 대중문화에 대한 해외에서의 폭발적 인기나 영화, 음악, 패션 분야 등에서 나타나고 있는 중국과 일본 문화의 역내 확산은 활력적인 역내 문화교류의 토대로 작용하여 '동북아시대 구상'의 토대를 구성할 것이다.

2. 새로운 도전의 현명한 관리[20]

동북아에는 현실적으로 안보, 경제 및 역사·문화 등의 분야에 많은 도전요인이 현재하고 있거나 잠재해 오고 있는데, '동북아시대 구상'은 이들 분야에서 새롭게 대두하고 있는 역내 도전들을 예방하고 극복하여 평화번영의 공동체를 만들어나가려는 미래지향적 관리전략에 해당한다.

유럽과 달리 동북아지역에서는 1990년대 초의 냉전종식이 실질적인 평화를 아직 가져오지 못해 여전히 다양한 안보도전에 직면하고 있다. 가장 첨예한 역내 안보현안은 무엇보다도 북한 핵문제라 할 수 있다. 대만해협을 둘러싼 양안문제도 동북아지역의 평화와 안보를 크게 위협할 가능성이 있다. 해양자원 확보와 관련된 도서영유권 분쟁도 역내 안보의 또 다른 위협요소로 작용할 수 있다.

더욱 심각한 문제는 역내에 드리워질 수 있는 미래의 전략적 불확실성이다. 9·11 사태 이후 미국의 대외전략 변화와 중국의 급부상, 그리고 일본의 군사력 증강 움직임은 동북아 안보지형의 전략적 불확실성을 더욱 심화시키고 있다. 이러한 안보환경 변화가 적절히 그리고 지혜롭게 관리되지 못하는 경우, 역내 어느 국가도 안보딜레마로부터 벗어날 수 없을 것이다.

경제분야의 도전도 상존하고 있는데, 역내 증대된 경제적 상호의존성 이면에는 새로운 양상의 심화된 경쟁체제가 자리 잡고 있다. 중국, 일본, 한국은 교역품목과 대상국에 있어 치열한 경쟁관계에 처해 있어, 상호협력을 제약하는 요인으로 작용할 수 있다. 역내 국가들 간 치열한 경쟁으로 인한 중복투자, 과잉생산 문제 등에 관심과 우려가 증대되고 있음에도 불구하고, 이들 문제를 체계적으로 다룰 제도적 장치가 결여되어 있다. 특히, 역내 경제협력 및 통합의 제도화를 주도할 선도국이 없다는 점이 더욱 문제시 된다.

---

20) 동북아시대위원회, 『평화와 번영의 동북아시대 구상』, pp.10-11.

역사 및 사회·문화적 도전도 세계화로 인해 만만치 않다. 경제, 안보 분야의 새로운 지역공동체를 구축하는데 지역 정체성의 공유는 필수적 요소 중의 하나인 바, 폐쇄적 민족주의 대두와 이에 따르는 국가 간 상호 불신의 심화와 역사에 대한 논쟁 가열은 이러한 지역 정체성 구축에 방해요소가 되고 있다. 특히, 한국, 중국, 일본 3국 사이에는 폐쇄적 민족주의를 넘어 열린 지역주의로 전환할 수 있는 지역 정체성의 형성을 위해 '동북아시대 구상'이 적기에 제대로 실행되어 나가야 할 것이다.

3. 21세기 전략적 위상의 능동적 확보

한국은 과거 근대화의 도전에 슬기롭게 대응하지 못했기 때문에 역사의 흐름에서 변방으로 낙오되고 강대국 정치의 희생물이 되었던 역사를 경험하고 있다. 이러한 역사는 반복해서는 안 된다는 국민 다수의 자성적 결과로서 '동북아시대 구상'이 등장할 수 있었다. 즉, '동북아시대 구상'은 신장된 국력과 국민의 자긍심을 토대로 하여 과거 실수를 반복하지 않겠다는 한국 국민 스스로의 다짐일 뿐 아니라, 현재 한국이 처하고 있는 기회와 도전을 면밀하게 분석하여 슬기롭게 미래 한국의 위상을 확보하기 위한 전략적 준비라고 볼 수 있다.

한국이 지정학적으로 동북아에서 국가안보적 국익을 추구하고 보장받도록 노력해야 하는 것은 당연하다. 의사와 능력이 감당할 수 있는 한, 한반도를 탈피하여 동북아로 행동반경을 넓혀 동북아를 기반으로 지역 안정과 번영에 기여하면서 이를 국가위상을 확보하는 계기로 삼아야 한다. 한반도 차원에 국한되는 안보전략은 탈냉전과 세계화 시대에 와서는 안보적 국익의 부분적 최적화(partial optimization)에 불과하게 될 것이며, 동북아 차원에서 전개되는 안보상황에 대해 안보전략을 구상함으로써 전체로서의 안보적 국익 최적화(grand optimization)를 달성할 수 있을 것이다.

한국은 지금까지 한반도 이외 지역의 안보문제를 자국 안보전략의 객체로서 능동적으로 평가하고 대응하는 노력이나 중장기 전략을 가져 보지 않았다. 대미 의존적 안보체제에 의존하여 사고의 결집과정도 가져보지 않으면서 비록 정전체제하에서도 평화를 유지시킬 수 있었다. G10 수준의 경제력을 가지고 있는 개방형 중견국가로서는 국력에 상응하는 안보추구 활동과 노력을 스스로 위축시켜 왔거나 잠식당해 온 셈이다. 냉전기간에 역량 강화와 역대 정부의 올바른 정책선택에 힘입어 세계 10위권 수준의 국력을 확보한 것은 물론, 산업화와 민주화를 달성하여 선진국 대열에의 합류를 미래가치로 설정하고 있는 한국은 이제 장기적 국가전략을 구상해야 하는 당위성과 능력을 발휘하여야 하는 계제에 있다. 신장된 국력과 격상된 국가위상에 상응하는 국가전략이 되려면 탈(脫)한반도의 안보구상이 필요한 것이다.

한국은 20세기형 대북 군사적 도발억제 및 대북 체제승리 구축에서 과감하게 한 걸음 더 나아가서 한반도 평화체제 구축과 평화통일을 달성할 수 있도록 확장되고 심화된 국가전략 비전을 정립해야 한다. 국민 대다수가 탈한반도적 구상이 필요하다고 공감하고 있다. 국가이익의 심화와 확장을 위한 노력을 참여정부가 '동북아시대 구상'으로서 개발해 내고 있는 것이다. 실제, 역사적으로 국가전략 실험들이 성공하고 있어 자신감도 생겨나고 있다. 20세기 말 세계적 냉전종식 시기에 한국은 북방정책을 추진했고 이를 여건으로 하여 대북 화해조치를 채택하였다. 21세기에 들어서 남북기본합의서 체결, 한반도 비핵화공동선언 및 남북정상회담 개최 및 5개항 공동선언문 채택, 개성공단 건설과 금강산 관광사업 등에서 성과를 얻었다.

이와 같은 한반도 대내적 상황에서 21세기에도 북한을 우리 국가전략의 유일한 상대로서 취급할 수가 없다. 탈한반도의 비전을 정립할 필요성이 크며, 그것은 동북아를 고려하여 개발해야 하는 것이 타당하고 적합하다. 동북아는 한국의 국가안보에 실질적이고도 일차적으로 영향을 미칠 수 있는 무수한 요소가 작동하고 있으므로 한반도 안보문제를 관리할 능력과 자신을 확인한 단계에서 동북아를 중장기 국가전략 비전의 출원으로서 채택하고 '동북아시대'를 국가전략 비전으로서 설정하는 것은 자연스러운 수순이다. 한국은 일단 국제정치적 기준으로 보면 정치, 경제, 군사, 외교적으로 동북아의 일정한 역할을 모색할 수 있을 정도로 위상을 굳히고 있다. 이런 여건에서 한국은 20세기와 다르게 한반도와 동북아 역사가 형성되도록 보다 능동적으로 기여하기 위해 새로운 국가전략을 정립하고 있는 것이다.

한국은 이런 관점에서 중장기 국가안보전략을 위한 수단으로서 경제력과 군사력과 외교력을 강화 및 총합적으로 활용해야 한다. 동북아에는 경제적 번영에도 불구하고 협력 장치가 부재하고 안보면에서는 공동안보 또는 협력안보 개념이 구상되지 않고 있다. 그만큼 경제, 군사 및 외교 등의 다방면에서 포괄적으로 동북아 협력질서를 보지 않으면 안 된다. 특히, 한국은 국가능력이 강화되고 통일이후를 대비하기 위해 국제적 위상을 확실히 하기 위해서는 외교력과 군사력을 상대적으로 더 강화할 수 있어야 할 것이다.

이를 위해 다른 지역의 통합과정이나 공동체 형성을 위한 노력에서 많은 교훈과 시사를 얻는 것이 중요하다. 역내 국가들이 반목과 대립의 역사를 극복해서 신뢰, 협력, 상생의 공동가치를 통해 동북아공동체의 새로운 지평을 열어나가는 것보다 더 중요한 과제가 역내 국가들에게는 부여될 수 없을 것이다. 한국은 특히 과거 변방의 역사적 경험을 잊지는 않되 이에 구속되지 않고, 주변국과 협력을 도모하여 평화와 번영의 한반도와 동북아를 만들어가는 능동적이고 미래지향적인 비전을 '동북아시대 구상'으로서 달성해 나가야 하는 것이다.

4. 국제관계에 관한 새로운 접근을 활용

냉전종식 이후 국제관계를 설명하고 있는 자유주의 및 구성주의 시각에서 '동북아시대'의 전개 가능성을 또한 탐색할 수 있다. 세력균형에 의한 세력안정을 사실화하는 현실주의적 시각은 '동북아시대'를 구상하여 추구하는 데 부적합하다. 냉전구조의 타개와 협력주의의 조성은 국제정치에 대한 자유주의적 시각과 담론을 축적함으로써 가능해질 수 있다.

중국의 경제 및 군사적 부상, 미국이 동북아에서 패권도전을 억제하기 위해 강화하는 전략적 조처, 일본의 역내 세력균형에 대한 재평가, 러시아의 유리한 대내외 여건 조성, 한국의 대북 및 대미정책 동시 조정 노력, 그리고 한국의 위상 강화 등이 합쳐져 그런 가능성을 타진하고 있다. 즉, 경제 및 문화적 역내 상호의존이 정치 및 군사적 상호 이해를 증진하고 나아가 상호의존관계를 강화할 수 있다는 시각이 '동북아시대'를 구상하게 한 요소로서 파악된다. 이것은 탈냉전기 이후 확산되고 있는 국제인식인데, 인간이성의 발달, 대량살상무기의 확산, 냉전의 세계질서 장기화 고통, 방대한 전쟁비용 소요, 왜소화되는 전쟁수행의 이익, 경제적 상호의존 강화, 인권안보, 자유민주주의 개념의 보편적 인식 등이 결합되어 특히 냉전시대에 경험한 세력정치(power politics)의 한계를 공유하게 된 결과로서 해석된다.21)

국제정치 및 국제관계에 관한 자유주의적 시각은 역내 국가관계를 보다 진취적으로 인식해서 관리하게 하고 있다. '동북아시대 구상'은 상대적으로 자유주의 및 구성주의 시각을 근저로 하고 있으며, 동북아의 세력균형적 구조에 대한 변화를 기대하고 있는 희망도 담고 있다. 상호의존 개념은 군사보다는 경제를 중시하게 되는 탈냉전 시대의 국제관계를 주도하는 논리가 될 것으로 전망한다. 따라서 미국 중심의 단극보다는 다극체제로 전개될 것이라고 보는 시각이다. 국제관계가 경제 및 문화적으로 인적, 물적으로 네트워킹을 형성함에 따라 더욱 얽히게 되어 갈등과 긴장이 국가 간 발생하더라도 무력보다는 협상과 외교로써 평화적으로 해결함으로써 국제관계의 안정성이 유지가능하다는 것이다. 이 논리는 세계화와 정보화의 추세에 의해 탈냉전 세계질서로서 강력하게 뒷받침되고 있다.

한편, 탈냉전으로 세력균형에 변화가 초래되었지만 그 성격상 무정부

---

21) 전경만, "2025년 지구촌의 모습," 『2025년 미래 대예측』(서울: 김 & 정, 2005), pp.13-35.

상태의 국제정치에서 군사력이 여전히 중시되지 않을 수 없으며, 따라서 군사력이 막강하여 어느 국가도 이에 도전할 수 없는 미국이 지배하는 단극체제 지속이 불가피하다고 보는 시각도 여전하다.[22] 국제질서에 대한 전통적이고 현실적인 시각이 여기에 해당한다.

특히, 2001년 9·11테러 사건을 계기로 그 이전 시기에 많았던 다극체제에 관한 논쟁이 수그러들고 미국의 일방주의 국제질서 지배가 강화되면서 세력균형은 새롭게 등장하고 있다. 세력균형은 현실주의의 시각에서 보는 세계정치의 논리로서 국제관계는 힘의 균형을 통해 결국 안정을 기할 수 있으므로 상호의존 개념을 세계질서의 안정을 위한 필요조건보다는 충분조건으로서 이해하려 한다. 과거의 세력균형이 세력전이를 통해 변형되는 과정에는 반드시 전쟁이란 수단이 동원되었다. 1990년 전후의 탈냉전도 열전은 아니지만 냉전을 미국이 소련에 대해 장기간 치룬 결과로서 달성된 상황이었으며, 소련 멸망으로 미국이 단극체제하의 제국 지위를 향유할 수 있게 한 계기가 된 것이다. 향후 미국의 제국지위가 어떤 도전국의 도전을 받을 것이며, 그 결과는 어떻게 될지는 불확실하다. 미국이 기존 방식대로 대응하느냐의 여부에 따라 상황은 다르게 전개될 수 있다.

이들 상호의존과 세력균형의 양 시각과 연관해서 특히, 동북아에서는 최근 현저한 변화를 읽을 수 있다. 기존의 세력균형에 대해 상호의존을 강조하는 시각이 점증하고 있으며 그 논리가 확산되고 있다. 다른 한편, 정치, 경제, 문화, 외교 등 각 영역에서 행위자들이 상호 협력함으로써 지역협력에 대한 필요성과 타당성이 형성되고 있다고 보는 구성주의 또는 합리적 협력주의도 '동북아시대'를 설명할 수도 있다. 왜냐하면 동북아지

---

22) 나이 교수는 세계의 세력구성을 3단계로 보고 제1단계는 군사적 세력으로서 미국의 단극이 지배하고 있고, 제2단계는 경제적 세력으로서 미국, 유럽, 일본, 중국 등 다극으로 구성되어 있고 제3단계는 초국경적 활동으로서 다국적 기업과 국제기구 등이 구성되어 있다고 본다. 조지프 나이, 홍수원 번역, 『제국의 패러독스』(서울: 세종연구원, 2002), pp.72-77.

역은 공간적으로 포합되지 않는 미국이 안보 및 경제면에서 역내 강력한 일원으로서 활동하고 있기 때문이다.

'동북아시대'는 상호의존의 시각에서 한반도 평화공존의 가능성을 높게 전망하고 동북아 상호의존을 강화함으로써 지역안정에 대한 가능성을 전제하고 있는 동시에, 세력균형의 시각에서 한국의 국력신장으로 역내 세력균형에 낮은 수준이나마 변화가 발생하고 있다는 현실을 배경으로 제기된 것이다. 세력균형의 변화는 역내 세력전이가 발생하고 있다는 점에 착안할 수 있으나 그 정도와 방향은 심각한 검토를 요구한다. 이런 의미에서, 상대적으로 한국의 국력과 입장이 역내에서 부각되고 있는 상황이므로 '동북아시대' 구상의 실현 여부에 따라 한국의 위상이 역내외적으로 급상승할 수 있는 기회가 될 것이다. 특히, 각종 연성적 국력을 활발하게 신장하여 주변국에 전파하는 계기를 극대화할 필요가 있다.

한국은 이와 같이 변화된 역내외 세력균형을 유리하게 활용하여 경제 및 군사적으로 직접적으로 영향을 받을 수 있는 동북아에서 우선 이해갈등을 해소하고 협력적 여건을 마련함으로써 안정과 번영을 구축할 필요성을 크게 인지하게 된 것이다. 특히, 약소국 입장에서 강대국이 위주가 되어 있는 동북아지역에서 이것을 추진하기에는 역량 부족이 현실적으로 부각되지 않을 수 없다. 따라서 동북아 역내 국가들의 공통이익을 보다 전략적으로 모색하고 이것을 역내 국가들에게 보다 유효하게 설득하기 위한 방안으로서 '동북아시대'를 제기할 필요가 있다.

III. 동북아시대 구상의 내용

'동북아시대 구상'은 동북아의 평화와 번영을 추구하는 한국의 중장기 국가전략 및 비전으로서 실천을 위한 프로그램으로 발전되어야 한다. 상대적으로 경성국력이 약한 한국이 이 구상을 주도할 수 있는 객관적 여건에 있다고 설득력 있게 말하기는 쉽지 않다. 역내에 한국 이상의 역량과 힘을 가진 국가가 오히려 많기 때문이다. 그러나 한국이 근세 국제관계에서 주변부에서 40~50년 만에 중심부에 진입할 수 있는 기회를 스스로 모색하고 있는 몇 안 되는 국가에 포함될 수 있으며,23) 향후에도 그런 위상을 발전시킬 자신감과 추동력을 가진 국가로서 역내 국가들이 인식하고 있다. 이런 관점에서 상대적인 역내 위상이 약한 한국이 '동북아시대 구상'을 발전시키고 실행하고자 한다고 해서 회의적이거나 비현실적이라고 규정할 이유와 필요는 없게 되었다.

따라서, '동북아시대 구상'을 한국이 주도하되, 역내 국가 간의 협력을 전제로 하여 구상해 나가는 것이 더욱 바람직하다. 동북아 평화와 번영의 주축이 되는 요체는 안보, 경제 및 문화 등 세 영역에서의 공동체 형성을 전제로 한다. 이들은 현실적으로 상호 유관성이 높으며 어느 한 요소가 결핍되거나 등한시되는 경우 공동체 형성이 완전하지 못하게 될 수 있다. 이 중에서도 안보와 경제가 특히 동북아에 있어서 중요한 관심변수가 된다. 역내 국가군에 강대국이 포함되어 있으며 이들 국가들은 역내 안보와 경제는 물론, 세계적 범위에 걸쳐 안보와 경제에 직접적으로 영향을 미치는 위상과 세력을 갖고 있기 때문이다.

'동북아시대 구상'의 궁극적 목표는 역내협력과 통합을 제도적으로 강화하여 신뢰, 호혜, 상생의 지역공동체를 건설함으로써 평화와 번영의 동북아 여건을 확보해 나가는 것이다. 작금의 국제정세의 중심적 동향인 세계화를 한국이 대면하거나 또는 이에 일방적으로 편승한다고 해서 그로 인한 도전을 극복할 수가 없다. '동북아시대 구상'의 핵심은 세계화를 적정하게 수용하고 활용하기 위해서라도 지역통합과 공동체 형성을 위한 협력과 통합을 제도적으로 강화해 나가는 지역주의를 추구하자는 데에 있다. '동북아시대 구상'은 역내 공동체 구축과 관련해 특히 네 개의 동북아 미래상을 담고 있다.24)

---

23) 송호근, "신생사회, 이젠 혁신사회를 꿈꾸다," 『중앙일보』, 창간 40주년 특집 기획 "사회변동" 제3쪽.

24) 동북아시대위원회, 『평화와 번영의 동북아시대 구상』, p.15.

첫째, '열린 동북아'로서, 동북아공동체 구축을 위해서는 역내외의 어떤 행위자도 배제하지 않는다. 동북아공동체가 동아시아, 태평양, 그리고 범세계적 공동체 건설을 향한 디딤돌로서 인식되어야 하기 때문이다.

둘째, '네트워크 동북아'로서, 다중적으로 상호 연계된 공동체를 지향한다. 평화와 공동번영을 구가하기 위해 동북아공동체는 인간, 상품, 서비스, 자본, 인프라, 아이디어, 정보 등 긴밀한 연계망을 구축하여 각종 물리적, 비물리적 장벽을 극복함으로써 가능하게 하는 것이다.

셋째, '함께하는 동북아'로서 공동체 구축을 위해 역내 구성국들은 물론 비정부 단체와 시민 등의 적극적 지원과 동의 및 참여를 기대한다. 동시에 활력적이고 지속가능한 공동체가 되기 위해 정부수준의 협력은 물론 정부이외의 시민과 비정부기구들이 상호교류와 협력을 증진하고 공동목표 설정을 통해 초국가적인 시민사회 간 연대를 형성함으로써 공동체 형성을 공고히 하는 것이다. 특히, 각국의 문화적 공통성을 부각하는 한편, 국가 또는 민족별 문화적 이질성은 향유할 수 있는 문화 다양성으로 승화시킴으로써 정신적 연대성을 공고히 하는 것이다.

넷째, '하나되는 동북아'로서, 역내 국가 간 상호 불신, 분열, 적대감을 불식하고 공동운명체 의식과 지역정체성을 공유하고 강화해 나갈 뿐 아니라, 이를 통해 하나의 공동체적 지역질서로 전환시켜 나가는 것이다. 즉, 하나로 통합된 동북아공동체 형성이 바로 안보, 경제 및 문화에 걸쳐 '하나되는 동북아'를 미래비전으로 지향해나가는 것이다. 이것은 동북아 국가연합 내지 연방국가를 상정해 동북아 장기비전으로 역내 국가들이 공동노력의 궁극적 지향점이 될 수 있어야 할 것이다.

통합과 공동체 추진을 경제, 안보, 문화 등의 부문별로 접근하는 우선순위와 방법에 있어서는 역내 경제통합과 경제공동체 개념을 가능한 조기에 구축함으로써 안보통합과 안보공동체 및 문화적 통합과 문화공동체 달성이 가능해지도록 하는 것이다. 이들 세 분야의 공동체가 구축되는 경우 종국적으로 동북아에 단일한 공동체가 형성되는 것으로 개념화가 가능해질 수 있다.

한국이 '동북아시대 구상'을 실현하기 위해 택할 수 있는 전략적 역할은 세 가지이다.[25] 이들 역할은 강대국 중심의 세력경쟁이라는 역내 역학구조로부터 오는 제약과 한국 국력의 상대적이거나 또는 절대적으로 제거할 수 없는 한계를 감안하면 현상돌파에 해당하는 전향적이고 진취적인 방법론을 끊임없이 개발해 적용해 나가는 가운데 추진되어야 할 것이다.

첫째, 가교국가(bridge building state)의 역할인데, 한국은 지정학적 특성을 활용해서 협력과 통합의 지역질서를 창조하기 위해 대륙세력과 해양세력을 연결하는 가교역할을 추구하는 것이다. 한국이 안보, 경제, 사회문화적 영역에서의 협력사업을 선도하여 양 세력 간의 가교역할을 맡는 것이다.

둘째, 거점국가(hub state) 역할인데, 한국은 평화, 금융서비스, 물류, 관광 등 미래의 비교우위가 예상되는 특정분야에 대한 역내 전략적 거점을 구축함으로써 역내 평화와 공동번영을 증진하는 데 기여하는 것이다. 특히, 동북아 네트워크 중심지로서 지역의 공동현안에 대한 담론의 장을 제공하는 한편, 역내 거래의 효율성을 증진해 나가도록 하는 것이 필요하다.

셋째, 협력국가(cooperation-promoting state) 역할로, 협력은 오늘날의 국제관계에서 국가 간 지역적 통합과 공동체로 이끌어 가는 시발점으로 간주하는 것이다. 한국이 공정하고 열린 자세로 협력에 임함으로써 역내 국가 간에 팽배해 있는 불신, 반목, 경쟁을 극복해 상호협력을 증진하고 이를 통해 동북아가 통합과 공동체를 구축해 나가도록 하는 '매개국가' 또는 '촉진국가'의 위상과 인식을 확보할 수 있을 것이다.

한편, 이상과 같은 '동북아시대'의 목표와 추진전략을 실천하기 위해 네 가지의 운용원칙도 '동북아시대 구상'의 일환으로 채택되고 있다. 그

---

25) 동북아시대위원회, 『평화와 번영의 동북아시대 구상』, p.16; Presidential Committee on Northeast Asian Cooperation Initiative, *Toward a Peaceful and Prosperous Northeast Asia* (2005), pp.17-18.

것은 첫째, 평화와 번영의 동시병행 및 연계추진으로서 이는 공동체 구성의 시너지 효과를 극대화시키면서 남북한 민족공동체 개념을 실현시켜 나가는 것을 포함한다.

둘째, 역내 협력과 통합노력을 다양한 수준과 차원에서 중층적으로 도모하는 것인데, 여기에는 쌍무적, 소지역적, 지역적, 또는 다자적 협력 등을 동시에 추진 가능한 것으로서 공조와 접촉의 대상으로 적극 활용한다.

셋째, 역내 모든 국가와 기관들 간의 협력을 기본으로 하는 개방적 지역주의를 발휘하는 것으로서, 비차별주의, 호혜주의, 개방주의 등을 동북아시대구사의 기본원칙으로 운용한다.

넷째, 공동체를 지향하기 위해서는 오랜 기간을 두고 교류와 협력, 협의와 합의를 일관되게 추진하는 것인데, 협력의 거버넌스(governance)를 구축하고 동시에 공동가치와 정체성을 공유함으로써 지역공동체가 성립되게 하도록 한다.

그런데 현실적으로 '동북아시대 구상'의 우선적 시발인 역내 경제공동체를 위해서는 역내 국가 간 FTA가 먼저 체결되는 것이 필요하다. 자유무역협정은 경제공동체 형성에 기반이 되고 나아가 경제공동체 활동에 핵심이 되는 화폐단일화를 촉진할 수 있을 것이다. 역내 주요 6개국이 동시에 FTA를 체결하는 것은 개별국가의 사정과 능력상 불가능하다. 최소한 동북아의 핵심적 구성국가인 한국, 중국 및 일본 3국 간 우선 체결하는 것이 필요하므로 이들 3국의 FTA 체결노력이 선행되는 것이 역내 경제공동체 발족의 관건이 될 것이다.26)

또한 '동북아시대 구상'은 안보공동체 형성을 목표로 하고 있는데, 각종 양자동맹은 역내 안보공동체와 어떤 관계를 설정하고 공동체를 위해 어떤 역할을 해야 하는가를 분명하게 식별하여 관련 역내국가와 긴밀한

---

26) 한국은 칠레, 싱가포르 및 아세안과 FTA를 부분적 또는 전체적으로 체결하였으나, 중국과 일본 등 역내국가에 대해서는 협상논의 및 준비 단계에 있고, 미국과는 2006년 5월 협상에 착수하였다.

협의를 추진할 필요가 있다.27) 그리고 안보공동체로의 발전을 위해서는 역내 국가 간 신뢰구축이 선행되어야 한다. 역내 국가들이 상호경쟁과 지배를 우선시하는 경우에는 안보딜레마를 탈피하지 못하게 될 것이며, 개별국가들이 자국 안보를 위한 전력증강을 불가피한 행동으로서 인식하고 합리화할 것이며, 이로써 불신의 악순환은 누증될 수가 있다. 즉, 안보공동체는 물론 경제공동체를 추진하기 위해서도 역내 다방면의 신뢰구축을 위한 특별한 조치를 취하는 것이 중요하다. 한국이 '동북아시대 구상'을 주도하고 이의 실현을 위해서는 한반도 및 동북아에서의 평화구축, 역내 협력이익 창출 및 다자안보협력 등을 위한 사업과 활동을 개발해 중장기적으로 전개하는 것이 중요하다.

한편, '동북아시대 구상'의 실체에 관해 국내 여론지도충과 시민들뿐만 아니라, 역내국가의 정부 및 일반여론도 잘 이해하고 지지할 수 있도록 여건을 조성하는 일이 중요하다. 대내외 협력과 지지를 구하면서 실천적 차원에서 동 구상을 심화 및 발전시켜 나가는 일이 구상 내용을 개발하는 것과 병행되어야 한다. 이런 맥락에서, '동북아시대 구상'을 개발하는 일과 이의 실현하기 위한 세부적 방책과 전략은 ARF, APEC 및 ASEAN 등 기존의 다자협력체제와 최근 동아시아 차원에서 구상되고 있는 동아시아공동체(EAC) 개념과 결부하여 상생의 효과를 기하도록 중장기적으로 검토해 나가야 할 것이다.

---

27) 역내 양자동맹으로서는 미국이 주도하여 유지하고 있는 한·미 및 미·일 동맹 이외에도 중국-북한 및 러시아-북한, 중국-러시아 간 우호협력조약도 포함하여 생각할 필요가 있다.

|제2장|

국내적 인식기반과 역내 국가의 인식

I. 국내적 인식기반

국내적으로 '동북아시대 구상'에 대한 인식기반은 전문가그룹에 의해 그 당위성에 맞는 정책개발 및 국내외 협력을 위한 사업개발 과정에 있는 한편, 일반인에 의해 여론화가 용이한 주제로서 인지될 수 있을 정도로 보편화되어 있다고 말하기는 쉽지 않다. 이 점은 평화와 번영으로 대변되는 '동북아시대'의 실현으로 국익을 가장 도모할 수 있는 국가가 한국이라는 전망에서 보면, 정부는 '동북아시대 구상'을 실현해 나갈 수 있는 정책과 사업 구상뿐 아니라 대내외 홍보에 관해 더욱 적극적으로 노력해야 함을 함의하고 있다.

'동북아시대 구상'에 관해 우선 대내적 인식기반이 충분히 정착되지 않고 있는 이유 또는 배경으로서 몇 가지를 지적할 수 있다.

우선, 북한 핵문제가 노무현 정부 출범 이전시기에 재발하여 평화와 번영의 시대를 위해 선(先)해결 대상으로 계속 잔존하면서 9·19 공동성명에도 불구하고 해결경로로 안정되게 접어들지 않고 있다는 점이다. 오히려, 북한이 2005년 2월 핵보유를 밝혔고 2006년 7월 미사일 발사와 함께 10월 핵실험을 감행함으로써 한국이 '동북아시대'를 강조하고 동 구상에 대내여론 및 역내 국가의 동참을 촉구할 수 있는 여건 자체가 상실되고 있는 편이다.

둘째, '동북아시대'를 열어간다는 강력한 리더십이 보이지 않는다는 점이다. 노무현 정부의 출범 당시와 달리 대외관계가 과도하게 북한 핵문제 해결로 협소화되는 한편, 한·미관계 등이 순탄하지 않아 장기 국가전략적 성격이 강한 '동북아시대 구상'을 심화 및 확산시키고 홍보해 나갈 지도력이 부족하다는 것이다.[1]

셋째, '동북아시대'에 관해 대체로 정부 내외의 전문가 집단 내지 전문기관 간 개념 정의와 사업 개발에 주력하고 있더라도, 성격상 중장기 정책 및 사업으로서 그 성과가 국내보다 역내에서 그리고 단기보다는 점진적으로 시현된다는 점이다. 즉, 동북아 협력과 번영 및 평화에 관련된 주제나 과제를 전략적 또는 학문적으로 접근하여 논의하고 있는 상황으로 인지에 소요되는 시간적 간격 때문에 국민 다수의 이해와 지지를 확보하기에는 아직 시기가 이른 편이다.

그럼에도 불구하고 현실적으로 지정학적 위치, 지경학적 활동 및 문화적 연대 등을 고려하면 한국은 동북아협력을 가장 필요로 함과 동시에, 동북아 협력을 가장 잘 추진할 수 있는 여건에 있으며, 또한 동북아 협력으로 인한 잠재적 이득을 가장 많이 획득할 수 있는 조건을 갖추고 있다. 한국은 이미 동북아지역의 협력, 평화, 또는 번영에 대하여 1988년 10월 노태우 대통령이 유엔총회 연설에서 동북아 6개국의 '동북아 평화협의회' 창설을 제기한 이래 역내 국가들 중 가장 활발하게 관심을 표명도 하고 행동을 보여 오고 있다.

---

1) 김홍수, "햇볕정책과 참여정부 평화번영정책: 계승과 발전" (전국대학통일문제연구소협의회 및 한국동북아학회 공동주최 6·15 남북공동선언 5주년 기념학술회의 발표 논문, 2005.2.24); 민주평화통일자문회의 사무처, 『통일논의 리뷰』, 통권 제13호 (2005년 1/4분기), p.37. 재인용.

‘동북아시대 구상’을 주도하고 있는 정부기구는 동북아시대위원회로서, 동북아협력과 번영을 통해 동북아공동체 형성을 위한 정부차원의 중장기 과제를 식별하고 실행하는 방안을 추진하는 임무를 맡고 있다.2) 동위원회가 개발하고 있는 ‘동북아시대 구상’을 위한 3단계 발전방안은, 한반도 차원에서는 남북한 교류협력, 평화정착, 남북연합 등 3단계로, 동북아 차원에서는 협력증진, 협력제도화, 동북아공동체 결성 등 3단계로 각각 설정되고 있다.3) 또한, 외교안보연구원, 국방연구원, 대외경제정책연구원, 통일연구원 등 정부출연 연구기관과 세종연구소와 시민단체 등 민간부문도 과거부터 진행해오는 동북아지역에 관한 연구에 ‘동북아시대’를 부각하는 등 ‘동북아시대 구상’을 심화하는 노력을 보이고 있다.

이외에도, 많은 지역전문가들이 대학교수 등과 함께 경제, 안보 및 문화 분야에 걸쳐 동북아 협력을 중심으로 하는 정책개발에 참여하고 있다.4) 2006년 3월 동북아평화재단 설립과 함께 평화문제를 범지역적으로 연구함으로써 공감대를 형성하고 확산시키기 위해 제주평화연구원을 출범시켰다. 다른 한편, 중국의 동북공정에 대응하는 등 한·중 간 역사왜곡에 대응하기 위한 전문연구중심으로 2004년 3월 설립했던 고구려역사재단을 2006년 8월 일본과의 독도갈등과 역사갈등 등을 포함하여 동북아역사에 대한 전문연구와 정책연구를 병행하도록 동북아역사재단으로 확대 개편하였다.5)

---

2) 동북아시대위원회는 2004년 7월 동북아시대 구상을 포괄적으로 실현하기 위해 중장기 정책개발을 담당하는 대통령 자문기구로서 노무현 정부 출범과 함께 발족하였다.

3) 달성 시기로서 1단계 2010년, 2단계 2020년, 그리고 3단계는 2020년 이후로 각각 전망하고 있다. 동북아시대위원회, “동북아시대 구상 실현을 위한 남북관계 중장기 발전전략,” (2006년 2월 10일), p.6.

4) 보다 세부적인 자료는 박종철 외,『동북아 협력의 인프라 실태: 국가 및 지역차원』, pp.81-84 참조.

5) 고구려연구재단은 연구중심으로 박사급 상근연구원 20여 명이 고구려 및 발해 역사 등 북방사 관련 연구를 한 반면, 동북아역사재단은 중국은 물론 일본의 교과서 왜곡, 독도문제 등 한·중·일의 전반적 역사 갈등을 해소하는 전략의

한편, 동북아 협력을 위한 한국의 제도 및 물적 인프라는 '동북아시대 구상'을 전개해 나가는 데 안보, 경제 및 사회·문화 등 세 분야에서 한국이 중요한 행위자 역할을 할 수 있게 긍정적으로 뒷받침할 정도로 구축되어 있는 것으로 판단되고 있다.6) 이들 인프라의 구축 정도를 '동북아시대 구상'의 대내적 인식 및 여건 관점에서 세 분야별로 간략하게 재정리하면 다음과 같다.

1. 안보분야

우선, 한국의 국방비는 2005년 기준으로 164억 달러로서 세계 11위에 있다. 그러나 이것은 미국(4,782억 달러), 일본(421억 달러), 중국(410억 달러), 러시아(210억 달러) 등에 비하면 상대적으로 적은 규모다. 병력면에서는 현재 69만 명으로서 중국, 미국, 북한 및 러시아에 비해 적은 편이다. 한편, 한국의 안보주축으로서 1954년 이래 한미동맹에 근거하는 한미연합방위체제가 가동되고 있다. 동 체제는 한반도 안정에 절대적으로 기여해 오지만, 역내 다른 국가와의 외교협력관계를 설정하는 데 제약적 요소가 될 수 있어 역내 다자안보협력 추진을 위해서는 조정할 필요성이 제기되고 있다.7)

한국은 냉전종식 시기에 러시아와 중국과 국교를 수립함으로써 북방정책을 달성하였으며, 중국과는 '전면적 협력 동반자관계'로 발전하고 있고, 러시아와는 1997년 방산군수협력 협정을 체결하는 등, 군사교류 및 방산협력에 관한 다수의 협정체결로 실무차원의 군사협력이 강화되고 있

구심적 역할을 맡게 된다.『중앙일보』, 2006년 8월 8일.
6) 박종철 외,『동북아 협력의 인프라 실태: 국가 및 지역차원』, pp.55-89 참조.
7) 한미동맹 미래발전에 관해 양국 간 2002년부터 2년간 미래한미동맹(FOTA) 회의를 통해 주한미군 재배치를 일단락 했으며, 2005년부터 한미동맹정책구상회의(SPI)를 개최하여 2006년 10월 한미안보협의회의(SCM)에서 그 최종결과를 발표할 예정이다.

다. 한편, 남북한 관계는 2000년 6월 남북정상회담 이후 국방장관회의를 동년 9월에 개최한 바 있고, 장성급회담과 군사실무회담을 각각 4회 및 십여 회를 개최한 적이 있다. 다만, 군사분야 세 유형의 회담이 정례화되지 않고 있어 '동북아시대'를 전개하기 위해 우선적으로 확보될 필요가 있는 남북한 군사적 신뢰가 여전히 미흡한 것으로 지적될 수 있다.

한국이 당면하고 있는 지역분쟁 사항은 독도영유권에 관한 일본과의 갈등이 있다. 이 문제는 해결방안이 대단히 단순하지만 일본 측이 지속적으로 문제시함에 따라 한·일 간 과거사 문제와 역사해석 문제 등과 함께 현안으로 등장해 있다. 동북아 안보협력이 증진되는 경우 독도문제가 원만하게 타결될 수 있는지는 별개의 문제이다.

한국은 동북아 다자안보협력의 중요성을 잘 인식하여 1980년대 말부터 역대정부마다 지속적으로 그 가능성을 타진하고 있다.[8] 한미동맹을 대체하기보다 이를 보완하는 성격의 다자안보협력을 상정해 추진하고 있으나, 동북아지역만을 위한 다자안보협력의 형성 가능성과 그 효용성에 대해 대체적으로 역내 국가들은 회의적인 반면, 동아시아 차원의 다자협력을 선호하는 경향이다. 연관된 사례로서 한국이 1994년 5월 동북아다자안보대화(NEASED)를 제안한 바 있으나, 관련국의 무관심과 여건미비로 실행되지 못한 바 있다.

이를 감안해 한국도 한국이 포함되는 지역 안보현안 해결을 우선으로 하는 열린 지역주의를 지향하는 차원에서 타 지역 및 타지역공동체가 참여하는 유연성을 전제로 하여 다자안보협력체 형성을 추구하고 있다.[9]

---

8) 1988년 10월 노태우 대통령이 유엔총회에서 '동북아평화협의회'를 제안했고, 1993년 5월 김영삼 대통령은 제26차 태평양연안 경제협의회(PBEC)에서 한미 양자 안보동맹과 병행하는 다자안보대화를 역설했고, 후속조치로서 1994년에는 동북아다자안보대화를 공식 제의했으며, 1998년 김종필 총리는 '동북아 평화와 안정을 위한 6개국 선언'을 피력한 바 있다.

9) 동북아시대위원회,『평화와 번영의 동북아시대 구상』, p.13; 배긍찬, "동북아시대와 한국의 외교과제: 지역협력전략을 중심으로,"『주요 국제문제 분석』, pp. 8-10.

그럼에도 불구하고 '동북아시대 구상'의 본질은 한반도와 동북아의 평화 번영에 있는 만큼 동북아 차원의 다자안보협력을 우선시한다. 북한핵 해결과 북한의 개혁·개방을 지원하고 역내 군비경쟁을 완화하고 한반도 통일 여건을 조성하는 과제 등이 한국의 안보에 가장 긴요하기 때문이다. 다른 한편, 한국은 ARF와 APEC을 비롯해 동아시아 차원의 트랙 I 및 트랙 II 유형의 다양한 다자안보대화에 적극 참여하고 있다.

한국은 또한 MTCR 및 NPT 등 대량살상무기의 비확산에 관련되는 각종 국제군비통제체제에도 활발하게 가입하고 있다. 그러나 남북관계를 고려하여 PSI(Proliferation Security Initiative)에는 정식으로 가입하지 않는 대신, 참관국으로서 관심을 표하고 있다.

다수의 한국 국민은 한반도의 현 상황과 동북아 역학구조를 감안하면 '동북아시대 구상'이 안보문제가 해결됨으로써 실현될 수 있는 여건을 확보할 수 있는 것으로 보고 있다. 안보분야에서 '동북아시대'를 실현할 수 있는 단계적 순서는 첫 단계로서 남북한의 평화체제 구축에서 출발하여 한국-중국-일본 3국의 협력안보체제 구축, 그리고 3단계에서 역내 국가들의 공동안보체제를 추진하는 것으로 볼 수 있다. 동 3단계에서는 동북아에서의 협력안보 개념을 확장해 동아시아 차원으로 공동안보 및 협력 안보개념을 확대할 수 있다. 안보측면에서 한·미 양자동맹의 조정 필요성이 2003년 이래 제기되어 한·미 간 미래동맹에 관한 정책방향에 관한 회의가 수년째 개최되고 있는 가운데 동북아 다자안보협력의 필요성에 대해 공감하는 경향이 증대되고 있다. 특히, 2003년 8월 북한 핵문제의 평화적 해결을 위한 6자회담이 착수됨에 따라 동북아 다자안보협력체제의 발족 가능성을 6자회담의 성공을 전제로 제기하는 경우가 많다.

다른 한편, 북한의 대량살상무기 개발추진과 중국과 러시아의 대륙세력과 미국과 일본의 해양세력 간 갈등과 대립의 상존이 동북아 다자안보협력의 제도화를 쉽지 않게 할 것이라는 비관적 전망도 제기되고 있다. 그런데, 북한에 대해 보다 많은 국민들이 경계와 적대의 대상(31.1%)이기보다 협력과 지원의 대상(64.9%)으로 인식하고 있는 점은 안보분야에서

'동북아시대 구상'을 실현할 수 있는 기반이 형성되고 있음을 보여주고 있다.[10) 특히, 연령별로는 30대가 가장 높아 72%가 긍정적으로 북한을 인식하고 있음은 장기적으로 한반도 평화체제 구축에 호의적인 여건이 조성될 수 있음을 시사하고 있다.

2. 경제분야

'동북아시대 구상'은 당초 노무현 정부가 동북아 경제협력의 허브로서 한국의 입지를 최대한 발전시키는 전략으로 구체화시켜 왔다. 이러한 동북아 경제중심 추진전략은 주변국들의 오해를 초래하게 되고 북한 핵문제가 확대되어 역내 안보협력이 선행되어야 경제협력 여건이 조성될 수 있다는 현실적 평가에 따라 동북아 경제협력을 위해 안보협력방안을 우선적으로 개발하기로 조정되었다. 따라서 한국의 '동북아시대 구상'은 '평화공동체'를 형성해 동북아지역의 국가 간 갈등을 방지하고 '번영공동체'를 구축해 역내 경제협력을 확대해 나가는 것으로 구체화되었고 이를 추진하기 위해 동북아경제중심위원회도 동북아시대위원회로 재편되었다.

한국이 관심을 두고 있는 동북아 경제협력의 주요 대상에는 중국과 러시아와 북한과의 철도연결망 협력, 역내 에너지 및 환경협력, 첨단기술개발 협력, 금융협력 및 자유무역협정 체결 등이 포함된다.[11) 한다. 특히, 한국은 동북아 번영공동체 사업의 핵심과제로서 남북한 철도연결(TKR) 및 중국 철도연결(TCR)과 러시아 철도연결(TSR) 및 운행 등을 목표로 하고 있다. 에너지 및 환경협력도 중시하고 있는데, 시베리아의 석유가스 및 전력을 공동개발하고 에너지 수송협력 체계를 구축하는 것 이외에 친환경적 에너지 협력과 황사방지, 해역공동개발 및 관리 등을 포함시키고 있다. 또한 IT협력을 위해 정부 및 민간차원의 정보교류 및 기술공동개발

---

10) 박종철 외 5인, 『2005년도 통일문제 국민여론 조사』(서울: 통일연구원, 2005), p.11 참조.
11) 박종철 외, 『동북아 협력의 인프라 실태: 국가 및 지역차원』, p.75.

을 위한 협력을 강화하고자 한다. 그리고 한국은 동북아지역의 금융협력을 통해 외환위기의 재발을 방지하고 동북아 경제협력 및 역내시장 확립을 위한 기반을 공고히 하고자한다. 특히, 동북아지역에서 양자 및 다자차원의 FTA체결을 통해 역내교역의 자유화를 통해 공동번영의 기회를 확장해 나가고자 한다. 한국은 나아가 ASEAN까지 포함하는 동아시아 자유무역지대(EAFTA) 형성도 염두에 두고 있다.[12)]

이상과 같은 동북아 경제협력을 추진할 수 있는 인프라를 한국이 보유하고 있는 수준은 충분하지는 않지만 결코 추진이 불가능하지도 않다. 한국은 세계 10위권 경제력을 확보하고 있고 역내 경제협력 거점 역할을 할 수 있는 지리적 위치와 인적 자원 및 교통·통신 수단 등을 양호하게 확보하고 있다. 2005년 APEC을 성공적으로 개최한 경험도 한국의 역내 경제협력을 추진하기 위한 중개 및 거점역할을 담당할 가능성을 더해 줄 수 있다. 또한 한국의 대외무역에서 동북아지역이 교역규모에서 차지하는 비중이 48%정도로 대단히 크며, 교역 3대 국가가 중국, 미국, 및 일본 등 역내 국가인 점 등이 동북아 경제협력의 필요성과 한국의 주도 의향을 뒷받침하고 있다.

한편, 최근 수년간의 실질 경제성장률이 3~4% 수준으로 낮아서 한국이 동북아 고도성장 국가들과 연계망을 이룰 수 있는 방안을 적극 모색해야 하는 필요성이 제기될 수 있다.[13)] 한국의 산업구조도 농업비중이 4.4%로 대폭 축소되고 서비스부문이 60%로 대폭 상승하고 있는 점을 고려하면 동북아 경제협력을 농업부문은 개방하는 한편, 서비스 부문의 지역거점 역할 및 해외진출 확대하는 방향으로 추진할 필요가 있다. 인구성장률도 1.06%로 매우 낮아 노동분업의 이점은 점차 달성하기 어려워지고 있어 고급기술 인력을 확장하여 부가가치를 도모하는 방식의 경제협력을 모색하는 것이 요구된다. 한국의 에너지 소비가 2002년부터 세계 7~9위,

---

12) 배긍찬,『동아시아 지역협력 전망: 제7차 ASEAN+3 정상회의 결과를 중심으로』(외교안보연구원 정책보고서, 2003.12), p.4.
13) 박종철 외,『동북아 협력의 인프라 실태: 국가 및 지역차원』, p.56.

동북아에서 1, 2위의 높은 소비율을 보이고 있어 국제 에너지 시장의 수급에 취약하며 석유가격 인상에 불리하지 않을 수 없기에, 이 분야에서의 역내 경제협력을 강조하지 않을 수 없는 상황이다.

세계화 내지 자유무역주의가 경제활동의 중심어가 된지 오래이며, 특히 중국의 경제적 부상과 일본의 경제활성화가 시작된 상황에서 장기적으로 추구해야 하는 동북아 경제협력이 확대될 가능성은 크지만, 한국이 주도하여 역내 경제협력이 순조롭게 추진되게 할 수 있을지에 대해서는 불확실하다. 동북아 경제허브 개념에 대해서도 중국이 철도 및 항구 등을 다수의 지역에 대규모로 건설하고 있어 경제물류를 위한 한국의 역할이 부각되지 못할 것으로 비관적으로 전망하는 경향도 있다.

즉, 동북아 경제의 허브 구축, 북한에 대한 경제교류 확대 등을 수단으로 하여 '동북아 구상'을 한국이 주도할 수 있다는 견해와 중국의 경제발전에 의해 한국의 주도가 불가능하다는 견해로 양분되어 있다. 역내 국가 간 FTA 체결이 부진한 점, 러시아가 WTO체제에 가입되지 않고 있는 점, 북한의 개방개혁이 지체되고 있는 점, 미국이 군사뿐 아니라 경제에 있어서도 중국을 위협시하는 점 등은 '동북아시대 구상'을 실현하기 위한 국내 경제적 기반이 아직 취약함을 설명해주는 셈이다.

3. 문화분야

한국이 동북아 문화교류 및 협력을 증대하기 위해 보유하고 있는 인프라는 연성부문과 경성부문으로 볼 수 있다. 연성인프라는 교류협력의 실체로서 한국의 역사·문화 풍속에서 연유하는 문화이미지와 문화브랜드가 포함되고, 경성인프라는 교류협력의 물적 여건과 수단으로서 크게 통신교통과 교육관광이 포함될 수 있다. '동북아시대 구상'이 현실적으로 경제공동체와 안보공동체를 지향하는데 있는 만큼 연성인프라와 경성인프라가 결합되어 역내 문화교류와 협력을 증진해 그 충분조건을 형성할 수 있다.

먼저, 한국에 대한 사회·문화적 이미지는 근세사에서 얻은 식민지나 전쟁, 또는 가난과 같은 부정적 이미지에서 벗어나 민주, 경제 기적, 유구한 역사 등 긍정적 이미지로 급속하게 발전하고 있다. 이에 맞춰 문화브랜드도 한국적 정체성을 가진 문화전통으로서 한글, 한식 풍습, 한국식 음식, 국악 등이 대표성을 확보하고 있다. 이들 문화이미지와 문화브랜드는 '한류'의 급속한 확산에서 보듯, 한국의 문화에 대한 해외의 관심과 교류욕구를 자극해 문화의식의 합일과 융화를 유도할 수 있는 배경이 되고 있다.

한편, 한국은 세계적으로 잘 발달된 통신망을 갖고 있어 동북아지역의 IT구축에 기여할 수 있으며 역내 정보통신망의 허브로 발전될 잠재력도 보일 수 있다. 한국의 교통망도 비교적 잘 발달되어 있어 동북아지역 내부적으로 대륙과 해양을 연계하여 물류 및 인적 이동에 가교역할을 맡을 수 있다. 또한, 교육관광 분야에서 한국 학생의 해외유학이 급증하고 있고, 특히 최근 중국과 일본 등 역내 국가에 대한 유학생이 급증하고 있는 점과 해외 관광에 있어서도 중국과 일본으로의 출국과 이들 국가로부터의 입국이 가장 많아 관광교류가 동북아 협력을 다져주는 좋은 요소로 활용될 수 있다. 이들 두 분야는 동북아공동체에 기반이 되는 동북아 문화네트워크 형성에 한국이 일정한 역할을 담당할 수 있음을 말해준다.

이런 측면에 부가해, 한국이 대륙문화와 해양문화의 가교적 위치에 있는 점, 피침과 협력의 역사를 통해 체득한 화해와 상생의 문화 형성 필요성에 대한 인식, 그리고 역내 안보와 경제 공동체 조성에 문화적 소속감과 일체감의 중요성을 강조하고 있는 점 등은 '동북아시대 구상'의 실현에 문화적 요소, 나아가 역내 문화공동체 지향을 위한 국내적 기반이 공고함을 의미한다. '동북아시대의 구상' 과정에서 역내 국가로서 한국, 중국 및 일본 등 3국이 상정되고 있다면, 동 구상은 적어도 문화측면에서 강력한 후원과 지지를 확보하고 있는 편이다.

그럼에도 불구하고 동북아의 문화와 역사 다양성이 원체 강하기 때문에 동북아 문화의 소속의식이나 정체성이 공유되기 쉽지 않다는 점이다.14) 한국, 중국, 일본의 경우 유교문화 내지 한자문화가 동북아 문화로서 심화 발전시켜 나가는데 동감할 수 있으나, 이미 미국에 의해 서구문화가 태반 일상생활 속에 내재해 있는 상황에서 용이한 일이 아니다. 또한 역내 다자간 문화협력 장치가 구축되지 않고 있는데, 이는 역내 양자간 문화교류 제도화 수준이 높지 않기 때문이기도 하다.15)

한국 경우 2005년 2월 현재 세계 89개국과 문화협정을 체결하고 있지만, 미국 및 북한과는 체결하지 않고 있다. 일본을 제외하고는 몽골, 러시아 및 중국 등과의 양자 협정도 냉전 종식이후에 맺은 것들이라 활발한 동기부여를 위한 제도적 준비가 완성되지 않은 셈이다. 사실, '동북아시대 구상'이 출범할 수 있는 중요한 배경 하나는 한·중·일 3국 간 문화적 공유도가 아주 높다는 점인데, 실질적으로는 3국 간 문화교류는 활발하지 않은 편이다. 이런 시각에서, 최근 동북아 내에서 크게 일어나고 있는 민족주의가 한국도 예외가 아니어서 문화교류협력을 증진시킬 기반과 의향을 극대화하는 데 장애가 될 수 있다.

한편, 한국은 잘 발달된 통신망과 인터넷을 활성화하면 한국의 문화 정체성을 역내외로 전파할 수 있다. '한류'가 동아시아는 물론, 유럽과 아메리카 대륙으로 단기간에 전파되는 힘을 최근 2~3년간 직접 경험하였는데, 이는 문화차원에서 동북아공동체 형성이 자극받을 수 있다는 견해가 힘을 받을 수 있음을 시사한다.

---

14) 이런 의미에서 2006년 8월 출범하는 동북아역사재단이 동북아 3국의 역사 갈등을 해소하고 동북아의 공동 역사의식과 역사정체성을 정립하는 과업을 맡도록 하는 것은 중요하다.

15) 박종철 외, 『동북아 협력의 인프라 실태: 국가 및 지역차원』, pp.390-399.

II. 역내 국가의 인식

동북아지역의 협력과 공동번영에 관해 역내 국가들은 기본적으로 지지하고 환영하고 있으나 '동북아시대 구상'에 대해서는 역내 국가가 특별히 언급하거나 직접 평가를 내린 바가 거의 없다. 이론적으로는 '동북아시대 구상'에 대한 지지 또는 반대 입장에 대해서는 역내 개별국가가 자국 국가목표와 국익에 연관해 갈등이나 마찰의 소지를 내부적으로 평가해 밝힐 수 있을 것이다. 대표적 사례를 들자면, 중국과 일본, 미국과 중국, 미국과 북한 및 한국과 일본 등 양자 간의 잠재적 갈등이 내재해 있으며, 북핵문제, 양안문제 그리고 영토분쟁 등 전통적 안보문제가 상존해 있고, 역내국가 간 과거사 미청산에 따르는 상호 불신과 반목이 해소되지 않고 있으며, 역내 산업 및 교역구조의 경합구도가 심화되고 있으며, 협력과 통합을 촉진할 수 있는 주도세력과 제도가 갖춰져 있지 않으며, 그리고 배타적 민족주의가 점증하고 있어 오히려 충돌 가능성이 우려되는 국면이 없지 않다.

현재 동북아 역내 안보구도가 냉전적 양상과 탈냉전적 양상이 혼재하고 있어 세력균형의 제거와 상호의존의 심화 필요성에 관한 국가별 인식 및 수용폭도 다를 뿐 아니라, 역내 개별국가마다 특성 있게 동북아정책을 추진하고 있다. 이런 관점에서, '동북아시대 구상'에 대한 평가와 참여인식은 상당히 사전에 정리되어 있다고 말할 수 있다. 본 절에서는 역내 주요 다섯 국가가 전개해오고 있는 동북아정책, 국가이미지 및 현실적 동향 등을 중심으로 파악함으로써 이들 국가의 동북아 협력과 번영에 대한 인식 정도를 파악하려고 한다.

1. 미국

미국은 19세기 중반 동북아지역에 통상목적으로 관심을 갖기 시작했고, 냉전시기에는 공산권 확장을 억제하기 위해 이 지역에 군사력을 배치하는 등 전략적으로 지역안정자의 역할을 맡았다. 탈냉전 이후 세계차원의 초강대국 지위에서 미국지배적 질서(Pax Americana)를 유지하기 위해 동북아정책기조를 지역패권 등장 억제와 대량살상무기 비확산에 두고 있다. 따라서 미국은 이들 정책기조를 달성하는 데 도움이 된다면 '동북아시대 구상'을 반대할 이유를 갖지 않을 것이다.

다만, 동북아지역질서에 대한 안정자 역할과 미국지배적 세계질서를 유지하려는 미국이 '동북아시대 구상'을 위해 동북아에 국한되는 정책이나 판단을 하지는 않는 대신, 동아시아 내지 아·태지역의 평화와 안정을 위한 노력의 일환으로써 '동북아시대 구상'의 가치를 좁게 평가할 수 있다. 그렇다고 해서 '동북아'를 지리적으로 좁게 해석해 미국이 제외되거나 미국의 대동북아정책이 장애를 받는 것은 거부하려 들 것이다. 특히, 경제 및 군사 면에서 중국의 급부상을 위협시 하고 있는 미국이 중국을 견제하기 위해서도 중국이 동북아 이외지역에 대해 영향을 확장하려는 한, 동북아 지역에 국한된 정책과 전략을 세우지는 않으려 할 것이다.

미국은 중국이 부상함에 따라 중국을 잠재 패권 도전국으로 지목하고 이를 견제하기 위해 동북아와 동남아에 전략적 비중을 높이고 있다. 한국의 '동북아시대 구상'이 순수 역내 협력과 의존을 통한 공동체를 지향하는 것이라면 미국이 쉽게 적극 협력하고 지지할 공간은 줄어들 것이며, 따라서 미국이 제외되는 경우 '동북아시대 구상'은 가동되기가 쉽지 않을 수 있다. 즉, '동북아시대 구상'을 실현하기 위한 전략적 접근으로서 미국은 일차적으로 자국과의 동맹 및 공동 추진 등 대미 협의채널을 활성화 하는데 두기를 요구할 것이다. 미국은 '동북아시대 구상'이 미국을 제외함으로써 미국의 동 지역에 대한 군사·안보적 영향력을 약화시키는 결과를 초래할 가능성에 대해 예민해 한다. 2005년 9월 6자회담에서 동북아 지역에서의 다자안보협력을 모색하는 데에 미국은 합의한 바 있다.

그럼에도 불구하고 미국은 2005년 12월 동아시아정상회의(EAS)에 말레이시아와 중국의 부정적 입장 때문에 초청받지 못했으나, 동아시아공동체(EAC) 형성에 대해 적극 지지하는 입장은 아니지만 반대하지도 않고 있다.16) 미국은 미일동맹 등 4개의 양자동맹, 대만 군사협력, 호주 및 싱가포르와의 동맹관계 추진 등을 기반으로 정직한 중재자, 균형자, 안정자 역할을 아시아 전역에서 지속적으로 행사하기 위해서도 동아시아공동체 및 동아시아정상회의로부터 배제되기를 원하지 않을 것이다. 미국은 이미 클린턴 행정부가 1993년 7월 '공동의 힘, 공동 번영, 그리고 민주주의 가치'를 바탕으로 제안했던 신태평양공동체(New Pacific Community) 선언을 바탕으로 하여 동년 APEC회의를 정상회의로 격상시킴으로써 동아시아 차원의 다자협력을 주도한 경험을 갖고 있다.

2. 일본

일본은 역사적으로 지역협력 단위로서 동북아보다 동아시아를 중시해 오고 있다. 19세기 명치유신직후 '탈아입구(脫亞入歐)'의 경제정책을 추구했고 20세기 전반에는 대동아공영권을 주창하면서 정치·군사적으로 탈 동북아정책을 모색한 바도 있다. 최근에는 극동러시아의 핵전력과 영향력 확대 움직임, 중국의 군사현대화와 해군력강화 및 우주개발, 그리고 북한의 각종 대량살상무기 개발과 배치 등 동북아 안보상황에 대해 낙관적이지는 않은 입장인데도 지난 80년대와 달리 동북아에서의 다자안보협력을 적극적으로 강조하지 않고 있는 인상이다. 이런 관점에서, 일본은 자국 안보와 아·태지역 평화와 안정을 강조하면서도 '동북아시대 구상'에 대해 상대적으로 회의적이며 대미 안보협력을 강화하면서 미국과는 지역주도권 경쟁을 벌이고 있는 양상이다.

그 대신, 동아시아 공동체를 추진하면서 자체 방위력 증강, 대미 안보동맹 강화와 유엔에서의 역할 강화 등 기타 필요한 국제협력을 강화하고

---

16) 동아시아공동체는 동남아국가연합(ASEAN) 소속 10개국이 주축이 되어 중국, 한국, 일본 등 3개국을 포함해 13개국으로 2020년까지 FTA체결 등 공동체 결성을 지향하고 있다. 그러나 일본이 테러, 해적문제 등 기능별 협력을 위해 회원국 확대를 제기하는 등 방향성을 정확하게 잡지 못하고 있다.

있다.17) 일본의 동아시아 공동체 추진 전략에는, 미일동맹 견지, 대유엔 지위 확장과 국제평화 기여 이외에도 중국과의 협력을 위해 적극 노력한다는 점도 포함시키고 있다. 일본은 강대국이 있는 동북아에 동아시아공동체의 중점을 두고 중국의 역할을 전제로 해서 이에 상응하는 일본의 역할을 모색하고 있다. 장기적으로는 대중국 협력추진과 대미동맹의 동시추구 문제가 일본의 심각한 외교현안으로 등장할 것이다.

일본의 시각은, '동북아시대'에서 구상하는 동북아공동체는 이상주의와 민족주의를 혼합하고 있고, 한국이 스스로 동 공동체의 허브역할을 맡아야 한다고 전제하는 것은 한국이 특정 진보적 정부에 한정되는 구상이 될 수 있다고 본다. 또한 한국은 평화와 협력을 동북아의 안보구상의 중심 화두로 생각하나, 일본은 북한 핵문제, 역내 자유무역협정, 일·북 국교정상화 등을 역내 우선적 안보문제로 보고 있다. 일본은 한국이 일본과 함께 대미동맹 상대국으로서 일본과의 안보협력도 '사실상의 안보동맹' 파트너로서 증진하기를 기대하는 한편, 동아시아공동체 추진에도 보다 적극적으로 참가하기를 희망한다.

3. 중국

중국은 경제적 부상과 더불어 1990년대 초부터 다자주의를 적극 모색하는 방향으로 선회하면서부터 동북아 또는 동아시아 협력에 대해 긍정적인 입장을 보이고 있다. 1984년 덩샤오핑이 중국경제특구의 중요성을 언급하는 등 태평양시대의 도래를 강조해 온 중국은 자국의 경제발전 지속에 국경을 접하고 있는 국가와의 선린우호관계 속에 다자적 대외관계가 유리하다고 인식하고 있다. 즉, 영토가 동북아와 동남아에 걸쳐 뻗쳐

---

17) 일본 정부는 2002년 1월 고이즈미 수상의 싱가포르 연설 "함께 추진해 가는 커뮤니티," 2003년 12월 일·아세안 특별 정상회의에서 "동아시아 커뮤니티 구축," 2004년 9월 유엔총회 연설 및 2005년 1월 시정방침 연설에서 동아시아 공동체를 언급하는 등 점차 동아시아공동체 추진 개념을 구체화하고 있다.

있으므로 중국은 주변국들과의 관계증진으로 안보이익, 경제이익과 문화이익 등을 동시에 확보할 수 있다고 본다. 특히, 중국은 동북아지역을 중요한 전략지대로 간주하고 있는데, 일본과의 경쟁관계와 미국과 일본의 대중국 견제를 위한 동맹에 대처해야 하기 때문이다.[18)

중국지도부가 국제정치의 다극화는 중국이 아시아 역내 국가들과 반미연합을 형성함으로써 가능해지기보다 중국이 역내 국가들과 정치, 경제적 상호의존성을 증대하고 다자대화를 활성화함으로써 단극화도 배제하고 중국에 대한 위협과 불신도 제거하면서 달성될 수 있을 것으로 생각하고 있다.[19) 예컨대, 1993년 동북아협력대화(NEACD)가 창설되면서부터 계속 참석하고 있고, SCO를 창설했으며, ASEAN+3와 6자회담을 주도하고 ARF에 적극 참석하며, 동북아 국가와의 자유무역지대(FTA) 추진을 본격적으로 제의하고 있다.

이런 의미에서 중국은 동북아지역에 대한 관심을 더욱 증대시킬 것으로 보인다. 첫째, 자국의 동북지역의 개발, 안정과 번영을 도모하기 위한 지역여건을 유리하게 조성하고자 하며, 둘째, 동북아지역에서 미국의 일방적 패권지위를 견제하기 위한 장치를 확보하고, 셋째, 북한 핵문제의 심각성을 제거하고 북한의 안정과 발전을 위해 역내 국가들이 공동 노력과 협력을 제공하기를 희망하며, 넷째, 각종 비전통적 안보문제를 해결하기 위한 역내 국가들의 협력을 촉구하며, 다섯째, 자국의 경제발전 지속에 유리하도록 역내의 정치, 경제 및 군사적 안정을 기하는 등 역내 국가들과 공동협력을 모색하려는 인센티브가 크기 때문이다. 따라서 중국은 '동북아시대' 개념에 대해 지지와 협력을 유보해야 할 이유가 가장 적은 역내 국가라 생각된다.

중국은 6자회담이 북한 핵문제 해결에 성공하는 경우, 어떤 형식으로

---

18) 신상진, "동북아 평화에 대한 중국의 입장과 전략," 『평화전문 인터넷신문』, 2005년 5월 14일, pp.5-11.
19) 황병무, "중국의 입장," 한용섭 외, 『동아시아의 안보공동체』(서울: 나남출판, 2005), pp.107-137 참조.

든 '동북아 다자안보협력기구'의 발족이 가능해질 것으로 전망하고 있다.[20] 실제, 최근 중국은 6자회담을 동북아에서 대량살상무기 비확산, 비전통적 안보문제의 공동해결, 역내 군사적 신뢰구축 등을 위한 다자협력기구의 모델이 될 수 있다고 인식하고 있다.

한편, 역내 경제협력에도 중국에게는 동북아가 동남아보다 비중이 더 크다. 2001년 이후 최근까지의 중국무역 통계를 보면, 동북아지역의 교역규모가 동남아지역보다 훨씬 상회하고 있고 중국에 대한 직접투자규모도 훨씬 많다. 즉, 중국은 경제협력과 경제통합을 동북아에서 추진함과 동시에 다자안보협력체를 결성함으로써 대일본 경쟁을 해소하고 미국의 동북아에 대한 군사·안보 목적의 접근도 약화시킬 수 있을 것으로 낙관적인 시각을 가지고 있다.

다만, 동북아에 미국이 당연히 포함되어야 하는 점에 대해, 국제정치적 현실을 인정하면서도, 상당히 부정적인 시각을 견지하는 면도 있다. 중국은 현재 미군의 동북아 주둔에 대해 매우 신중한 입장을 보이고 있으나, 향후 대만문제 해결과 관련하여 주한미군과 주일미군에 대한 성격과 역할을 '동북아시대' 실현과 결부하여 규정함으로써 '동북아시대'를 위한 협력과 상호의존을 달리 인식할 가능성도 배제할 수 없다.

다른 한편, 중국은 자국의 대외정책 추진기조 때문에 '동북아시대 구상'을 직접 지지할 것인가는 별개의 문제로 보인다. 중국은 한국의 동북아 경제중심국가 발상에 대해 소극 내지 부정적 반응을 보였으며, 다수 국가가 포진하고 있는 동아시아가 소수 강대국 중심의 동북아보다 장기적으로 접근해 자국 영향력을 행사하는데 유리하다고 판단하고 있다.[21]

---

20) 동북아 6자협의체 또는 동북아 6자회의는 1988년 노태우 대통령의 유엔 총회 연설에서 제기된 이래, 1990년 가이후 일본총리, 1991년 미국 제임스 베이커 국무장관, 1993년 한승주 외무부 장관 등 많은 정치 지도자들이 제의해 오고 있는 개념이다. 엄태암, 『6자회담의 동북아다자안보기구화』(한국국방연구원 연구보고서, 2005.9), pp.50-55 참조.

21) 중국이 한국의 동북아 경제중심국가 구상에 부정적인 반응을 보인 배경은 중

중화민족주의가 '주변'으로 간주되어 오는 역내 다른 민족들과 민족주의 간 충돌할 가능성도 배제할 수 없을 뿐 아니라, 중국정부의 역사왜곡과 간도문제, 동북공정 및 한국의 '동북아 경제중심' 등에 대해 상호 개념상 오해와 갈등을 빚었던 경험이 있으며, 또한 중국은 '아세안+3'의 접근을 역내 경제협력방식으로서 보다 선호할 수 있을 것이기 때문이다.

중국의 대한반도 정책은, 한반도 비핵화가 달성되어 현상유지하기를 선호하며, 북한에 대해 역사적인 우호형제국 대우를 유지하며 대북 물자 지원 및 교류는 필요에 따라 조정하여 지속하며, 남한을 경제협력, 경제 경합, 또는 경제학습의 대상국가로 취급하고 있다는 것이다. 즉, 중국은 '동북아시대 구상'을 통해 남한과 북한이 공히 동참하는 동북아 협력상황 을 조성하기를 원할 수 있다. 중국은 동아시아든, 동북아든 상관없이 자 국 국익을 위해 경제와 안보분야의 다자협력체제를 추진하려는 입장이므 로, '동북아시대'에 대해 호의적이고 동 구상을 인정할 것이다.

4. 러시아

지리적으로 유라시아에 걸쳐 영토를 가지고 있는 러시아에게 유럽과 함께 동북아는 안보 및 경제적 가치가 높다. 러시아는 동시베리아 및 극 동지방의 경제발전을 위해 동북아가 평화와 안정 속에 있기를 바라며 이 런 의미에서 '동북아시대 구상'이 밑그림에 있어 본질적으로 푸틴 정부의 '시베리아 극동지역 장기발전 프로그램'과 동일한 면이 많다.[22] 러시아는 한반도를 포함한 동북아국가 모두에게 영향을 줄 수 있는 위치에서 역내

국이 동북지역 경제발전과 사회통합을 도모하고 나아가 북한경제를 포함하는 경제통합과정을 중국이 주도하려는 '동북공정' 구상에 배치될 뿐 아니라 동북 아 경제공동체 건설보다 동남아 국가연합과의 경제통합에 우선순위를 두고 있기 때문이다. 신상진, "동북아 평화에 대한 중국의 입장과 전략," p.8 참조.
22) 홍완석, "동북아 평화에 대한 러시아의 입장과 국가전략," 『평화전문 인터넷 신문』, 2005년 5월 14일, pp.13-14, p.16.

에서 발발한 지난 세기 수차례의 전쟁에도 불구하고 아직 지역 안정과 평화를 위한 제도가 마련되어 있지 않은 점에 주목하고 있다.

뿐만 아니라 오히려 새로 부상하는 중국과 이를 견제하려는 일본의 대립이 점차 가시화되어 가는 추세가 있어 러시아연방은 중장기적으로 동북아의 모든 세력에 대한 견제와 협력이라는 이중적 관계설정을 상정할 필요성을 인식하는 입장이다. 따라서 러시아연방은 미국과 중국, 한반도 문제를 위시한 자국이 관련되지 않은 안보 문제에 대해 안정자 내지 균형자의 역할을 수행할 수 있는 가능성을 모색하고 있다. 그러나 동북아에서 러시아가 중국과 일본의 군비증강에 발맞추어 다시 군비증강에 힘을 쏟지는 않을 것으로 보인다. 러시아는 동북아에서 자국 영향력 확보를 위해 오히려 에너지 자원을 수단으로 활용할 것으로 평가된다.[23]

한반도 문제에 대해서도 어느 일방 국가의 절대적 우위는 자국의 동북아 지역 내에서의 입지에 유리한 조건이 되지 않는다고 러시아연방은 분명히 판단하고 있으며, 자국에게 유리한 역학관계를 조성하기 위해 노력하고 있다. 러시아연방은 동북아를 포함한 유라시아 대륙에서 패권변동을 위한 대규모 전쟁은 최소한 한 세대 동안은 나타나지 않을 것으로 전망하고 있다. 그러나 소규모의 국지전적인 무력분쟁이 발생할 경우 대규모 전쟁으로 비화할 가능성이 높은 지역이 동북아지역이라고 러시아연방은 인식하고 있다. 따라서 러시아연방은 동북아지역의 안정이 그 무엇보다도 중요하다고 인식하고 역내에서 발생하는 모든 문제에 대해서 군사적 해결방법을 지양하고 정치·외교적 수단을 강구하는 가운데 자국의 역할 확대를 위해 노력하고 있다.

이런 관점에서, 러시아는 오래전부터 동북아협력체를 주창해 오고 있으며, '동북아시대 구상'에 대해 긍정적으로 인식하고 지지하는 입장이다. '동북아시대'를 전제로 한다면 향후 러시아연방의 북한에 대한 인식

---

23) 러시아연방은 군 개혁에서 극동과 시베리아에 주둔하여 있는 병력 중 20% 감축을 발표하였다.

변화를 조심스럽게 예견할 수 있다. 현재 러시아연방은 북한과의 관계 개선을 통해 6자회담에 참가하게 되었고 북한 카드를 사용하여 한국에 대한 영향력을 제고하고 있다. 그러나 북한 핵문제 해결 이후 북한 내부의 혼란 가능성에도 불구하고 적극적인 개혁·개방정책을 지지할 가능성이 있다는 것이다. 러시아연방은 동북아 안정과 평화를 위해 한반도에서 급변사태가 발생하는 것에 대해서 원치 않는 입장이지만, 현재의 냉전적 구도의 한반도 정세는 선호하지 않을 것으로 판단된다. 북한의 개혁·개방으로 인해 북한 내부의 혼란이 발생하여 설사 김정일 정권이 무너진다 하더라도 러시아로서는 주변국과 비교하여 그 영향이 적다고 분석하고 러시아는 국제적으로 고립된 안정적인 김정일 정권보다는 불안하더라도 적극적인 개혁정책의 북한을 선호할 가능성이 농후하다는 것이다.

이 같은 주장의 논거로서 북한의 개혁·개방을 통한 부작용으로 나타날 북한체제의 정치적 혼란에 대해서 러시아연방은 주변국보다는 그 영향이 적다고 할 수 있으며, 어느 일방 국가가 북한의 혼란을 이용해 북한에 대해 독점적인 영향력을 행사하는 경우만 아니라면 러시아연방은 북한의 개방을 위해 노력할 개연성이 높기 때문이다. 또한 러시아연방은 공식적으로 북한의 WMD의 위협에 대해서 미국이나 일본과는 달리 부정하고 있는 입장을 견지하고 있으므로 자국의 경제적 실익과 한반도에서의 영향력 확대를 모색하는 가운데 북한의 개방정책을 적극적으로 유도하는 인식의 변환을 가져올 수도 있다고 판단된다.

한국의 동북아정책의 상당부분이 러시아연방의 동북아에서의 이해와 일치하고 있어서 '동북아시대'에 대해 러시아연방은 적극적인 역할을 보일 가능성이 크다. 우선, 경제적인 역할로서는 동북아 국가들이 부족한 천연자원을 러시아에서 획득하도록 협력을 취할 수 있다. 바로 이런 경제적 역할을 안보적 역할에 연결하는 경우, 러시아는 역내 다자안보협력 체제를 강조하고 역내 안정과 군비경쟁 지양을 유도해 나갈 수 있는 위치에 있다. 북한이 '동북아시대'에 대한 이해와 인식이 긍정적인 경우, 남북한관계에 대한 러시아의 경제 및 안보 양면의 역할도 커질 것이다.

5. 북한

북한은 1990년대 초 사회주의 동맹국이었던 소련이 붕괴하고 러시아와 중국이 한국과 수교하면서 체제불안을 느끼기 시작해 대미·대일 관계 개선에 최우선 목표를 두고 동북아정책을 추진하고 있다. 북한 입장에서는 체제보장과 경제난 극복을 위해 미국과 일본과의 관계개선이 절실히 필요하고 사회주의 동맹국으로서 중국과 러시아와의 관계를 돈독히 유지할 필요성도 커졌다. 주변국은 북한의 체제불안과 핵 등 대량살상무기 개발과 수출 등으로 인한 동북아 불안과 위협을 해소할 필요성을 절대적으로 인식하고 있다. 북한은 탈냉전 이후 대남관계에서 1991년 남북기본합의서 체결과 한반도 비핵화공동선언을 채택했으며, 2000년에는 정상회담을 개최함으로써 적대관계에서 교류협력관계로 발전시켜 자국의 경제 난관을 일차적으로 해소하는데 한국의 능력과 입장을 활용하고 있다.

따라서 북한 입장에서는 '동북아시대' 도래가 체제유지와 경제안정에 얼마나 기여할 수 있으며, 반대로 '동북아시대'가 체제유지와 경제안정에 얼마나 폐악으로 작용할 것인가의 판단에 따라 '동북아시대 구상'에 대한 입장을 정립할 것이다. 북한이 견지해오는 다자안보협력에 대한 입장은 역내 국가 간의 정치적, 군사적 불신이 해소되고 신뢰가 조성되어야 가능한데, 동북아에서는 다자안보기구 구성이 시기상조라는 것이다.[24] 대북 압박정책을 가하고 있는 미국과 대미동맹에 편승해 있는 일본과의 수교가 추진되지 못하는 상황에서 동북아 다자협력이나 동북아 다자대화에 대한 북한입장은 부정적이고 비판적일 수밖에 없다. 북한은 미국이 대북 적대시 정책을 접어야 상호신뢰와 동북아 안정이 확보될 것이며 주한미군을 철수해야 한반도 평화를 달성할 수 있다고 본다.

즉, 동북아의 당면문제는 역내 국가 간의 적대관계와 불신을 해소함으로써 쌍무관계를 정상화하는 것이고, 그 이후에 동북아 다자안보협력도

---

24) 박종철, "남북한의 입장," 한용섭 외, 『동아시아 안보공동체』, pp.54-55.

논의할 수 있다고 북한은 주장한다.25) 따라서 북한은 1990년대 전후에는 당시 제의되었던 '동북아평화협의회', 아시아판 CSCE 등의 제의도 반대 했었다. 그 대신 북한은 조·중 우호조약과 북·러 우호선린협조조약 등 을 토대로 하는 양자협력관계를 자국의 대외 안보협력장치로서 가장 중 시하고 있다.

그럼에도 불구하고 북한은 최근 들어 다자주의에 관심을 크게 증대하 고 있다. 2000년 ARF에 공식 가입하여 대서방권 외교의 접촉창구로 활용 하는 등 가장 관심을 보여 오고 있으며, 동년과 2004년의 동북아안보대화 (NEACD)에도 참석한 바도 있다. 1997년에는 4자회담(남북한 및 미국과 중 국), 2003년부터는 북핵문제 해결을 위해 요구해 오던 미·북 양자회담을 계속 요구하는 한편, 미국이 구성한 다자방식인 '6자회담'의 당사국으로 서 참여해 2005년 북한의 핵포기를 위한 9·19 공동성명에 서명도 하였 다. 또한 2002년 일본과의 평양 정상회담을 통해 평양선언을 발표, 동북 아의 협력을 구축하기 위해 상호신뢰구축을 위한 틀을 정비하는 것이 중 요하다고 동의하여 동북아 다자대화를 긍정적으로 인식하고 있음을 시사 하였다. 그러나 2005년 9월 이후 북한 발 각종 비전통적 안보문제인 위 폐, 마약, 인권 문제 등이 국제문제화 되면서 북한의 다자안보협력기구에 대한 입장은 더욱 부정적일 수 있다.

한편, 북한은 경제면에서 동북아 다자협력을 적극 활용하지 않을 수 없 을 것으로 보인다. 북한은 대중국 경제관계의 확대와 대남 경제지원과 협 력을 강화하는 한편, 러시아와도 채무문제, 산업시설 재건과 철도협력 등 에서 중요한 경제협력 상대로서 관계를 강화하고 있다. 특히, 북한은 경제 난을 중국과 남한의 지원과 협력을 통해 해결해 나가려고 생각하는 면도 있다. 이들 양국은 북한의 대외교역량의 80% 이상을 점하는 등 절대적으 로 북한경제에 불가결하다. 태국과 인도 등을 포함해 동남아국가들과의 교역 비중까지 포함하면 북한의 동아시아 경제권에 대한 의존도는 거의

---

25) 박종철, "남북한의 입장," pp.55-58.

100%에 근접하는 수준이다. 일본과는 수교이전이라도 경제협력을 확대하기를 바라고 있어, 북핵 해결에 가시적인 돌파구가 보이면 일·북 교역과 경제협력은 급증할 것으로 보인다. 또한 두만강유역개발계획(TRADP)을 통해 자국 지역을 개발하려는 의사도 있고, 러시아 시베리아의 자원개발과 벌목 등 자원협력과 철도연결사업 등에 관심을 크게 가지고 있다.

그러나 체계적 형태의 동북아 경제공동체 형성에 대해서는 아직 구체적 개념을 지니고 있어 보이지 않는다. 상당기간 동북아 경제협력에 대한 북한의 기여는 거의 없을 것이고 북한이 국제규범의 준수에 대해 부담을 가져 오히려 동북아 다자협력에 대한 제약으로 작용할 수 있다. 경제규모 자체가 GDP 200억 달러 수준에 불과하여 빈약하며, 북한경제가 대외원조 의존형으로서 유지되는 상황이며, 북한의 경제제도나 활동개념이 시장경제의 가치와 구조에 편입되어 있지 않기 때문이다. 특히, 북한의 역내 사회·문화적 교류는 미미한 형편이다.

이와 같이 북한은 기본적으로 다자협력관계를 부정하거나 연루되지 못하는 상황이지만 안보 및 경제 현실에 있어 점차 다자협력 장치를 이해하고 활용하려는 태도를 읽게 하고 있다. 이런 점에서 보면, 북한 핵문제가 평화적으로 다자방식에 의해 해결되는 경우 북한이 바라는 체제보장과 경제지원을 다자방식에 의해 확보하게 될 뿐만 아니라, 동북아 다자협력체제에 대한 북한의 인식도 급속하게 호의적인 방향으로 발전할 것으로 전망된다.

제2부
동북아시대 구상의 이론적 기초

|제3장|
안보공동체 시각에서 본 동북아시대 구상

I. 동북아 안보공동체의 개념

오늘날 안보라는 개념의 의미는 전통적인 물리적이고 군사적인 의미의 안전 확보라는 개념을 넘어서 경제 및 사회적 영역에서의 안전까지를 고려한 보다 포괄적인 의미로 확대되면서 복잡해지고 있다. 특히, 2001년 9·11테러 이후 안보개념에 대한 재인식이 진행되면서 경제 성장, 사회적 안정과 질서 유지, 지역적 문제 등이 상호 연결된 하나의 안보영역으로서 이해하는 추세도 눈에 띄게 강화되고 있다.[1]

동아시아 지역에서의 안보개념도 전통적인 안보관을 넘어 보다 복합적인 안보개념을 수용하는 추세에 있다. 카젠스타인(Katzenstein)과 실(Sil)에 의하면, 일본과 최초의 아세안 6개 회원국이 이러한 견해를 수용하였

---

1) 이러한 이해에 입각한 작업은 John G. Ikenberry and Michael Mastanduno eds., *International Relations Theory and the Asia-Pacific* (New York: Columbia University Press Theory, 2003).

으며 중국과 베트남도 이러한 견해를 수용하는 방향으로 가고 있다고 평가하고 있다.2) 동북아지역에서의 안보 개념의 실제 활용형태를 보자면, 미국은 가장 전통적인 군사적 안보에 한정하여 해석하는 경향이 존재하고, 일본은 보다 포괄적으로 경제분야를 포함하여 안보를 이해하는 측면이 강하고, 중국은 이 양자의 중간 사이에서 아직 형성해가는 과정에 있다고 평가하고 있다.3)

동북아지역의 안보 문제는 실제 변화하는 세계적 추세를 반영하여 전통적 안보와 비전통적 안보 분야가 복합적으로 적용되기 시작하고, 이를 포괄적으로 접근하려는 움직임을 보이고 있다. 그러나 유럽이나 다른 지역과는 달리 여전히 냉전의 유산이 존재하고 동시에 부상하는 중국의 역할과 관련하여 역내 안보구도가 안정되지 않은 상태에서 상대적으로 전통적 안보 문제가 중시되고 있는 실정이다.

전통적인 의미에 있어서 안보공동체란 국가들 사이에 발생하는 갈등을 무력을 사용하여 해결하지 아니하고 대화를 통해 평화적으로 해결하려는 공감대가 형성된 상태를 의미한다. 한용섭에 의하면, 안보공동체의 형성은 크게 4단계로 구분할 수 있다.4) 우선, 안보 대화의 습관을 형성하는 시기로 다양한 접촉을 통하여 상호 이해의 수준을 높이고, 네트워킹(networking)을 확대하는 시기이다. 제2단계는 안보 대화의 상설화를 통하여 대화기제를 확보하는 시기로 불안정성을 축소하고 예측 가능성을 크게 확대하는 단계이다. 제3단계는 포괄적인 의제를 다루면서 상설적인 안보협력회의체로 발전하여 제도화의 수준을 한층 발전시키고 회원 간 상호 신뢰의 수준 역시 크게 증가하는 시기이다. 마지막 단계에 가서는

---

2) Peter Katzenstein and Rudra Sil, "Rethinking Asian Security," J. J. Suh, Peter Katzenstein and Allen Carlson eds., *Rethinking Security in East Asia* (Stanford: Stanford University Press, 2004), p.2.
3) *Ibid.,* p.3.
4) 한용섭, "동아시아 안보공동체 구축의 필요성," 한용섭, 박종철 등, 『동아시아 안보공동체』(서울: 나남출판, 2005), pp.20-21.

공동의 가치와 이해에 대한 합의를 바탕으로 집단안보를 달성하기위해 집단 방위기구로 발전하는 단계이다.

제도적인 측면에서 평가할 때, 동북아 안보공동체의 형성은 2단계에서 3단계로 나아가는 수준이며, 동북아 지역에 한정시켜 놓고 볼 때 유럽의 유럽안보협력회의(CSCE)[5]처럼 상설된 정부 간 다자안보 협의체는 구성되지 않고 있다. 탈냉전이후 동북아 지역은 미국, 소련 및 중국 간의 영합적인(zero-sum) 대립구도가 해체되면서 아직 안정된 안보구도가 형성되지 않은 채 불안정성이 고조되고 있는 상황이다. 냉전에 의해 그간 억눌려 왔던 각국의 이해는 보다 전면에 부상하게 되었고 다양한 형태의 갈등들이 나타나고 있다.

초강대국인 미국과 새로이 부상하는 중국의 관계가 아직 명확한 형태로 정립되지 않았고, 중국의 장래 역시 어려운 내부 사정으로 불안한 형태이다. 일본은 과거 패전한 침략국에서 기인하는 불안전한 민족국가를 보다 일반적인 민족국가의 형태로 바꾸려 하는 과정에서 주변국들과 지속적인 마찰을 빚고 있다. 냉전의 해체로 더욱 안보가 불안정해진 북한은 핵무기 및 대량살상무기의 개발을 통해 안보를 확보하려는 전략을 채택하고 있어 동북아의 새로운 불안정 요인을 제공하고 있다. 한국 역시 기존의 냉전적인 안보구도에서 탈피하여 새로운 방향 전환을 모색하고 있으며 이 과정에서 기존의 동맹국인 미국과 일정한 진통을 겪고 있다.

동북아시아 지역은 이처럼 불안정한 안보구도 속에서 안보의 확보를 위한 다양한 노력이 이루어지고 있으나 각국의 이해에 따라 가기 다른 해법이 제시되고 있다. 역내의 복잡한 안보이해구도는 최근 들어 다자간 대화와 협의가 점차 활성화되고 있음에도 불구하고 국가 간 안보문제를 포괄하지 못하고 있으며, 양자적 동맹관계와 다자적 안보협의체 구성을 위한 노력들이 상호 혼재되어 보다 높은 단계의 공동체로 나아가는 측면에서는 미진한 상태이다.

---

5) 1973년 처음 개최되어 1995년 유럽안보협력기구(OSCE)로 발전하였다.

동북아 지역 국가들의 안보공동체를 형성하기 위해서는 상설된 안보협의체라는 3단계의 제도적 장치를 설립할 수 있어야 한다. 하지만 동북아지역의 안보문제는 세계적인 차원의 세력전이 및 역내 인문지리적 갈등과 경쟁관계, 기존 국제정치 환경의 변화등 문제가 고루 맞물려 있어 타협점을 찾기 어려울 뿐만 아니라, 최근 중·미 간 및 중·일 간의 갈등과 같은 지역의 안보문제가 곧 세계적인 안보문제로 연계되는 상황에도 직면해 있다. 따라서 안보협의체 구성을 위한 최소한의 공동의제 설정도 쉽지 않은 상황이다. 더구나 북한 핵문제와 미사일 사태 및 대만문제 등이 현안으로 존재하고 있고, 또한 중·일 간의 갈등과 반목 및 역내 영토분쟁이 지속되고 있다. 동북아에서는 전통적인 안보의제가 여전히 가장 중요한 사안으로 자리 잡고 있고 정치 현실주의가 강조하는 권력정치의 현실이 강조되고 있다.

2003년 2월 노무현 대통령이 취임한 이후 한국 정부는 한반도에 평화를 정착시키고 동북아 공존공영의 토대를 구축하기 위하여 평화번영정책을 제시하였다. 이는 안보적인 측면에서 볼 때, 한국의 장기적인 안보청사진을 마련하여 미래에 대비하면서, 남북한 교류 확대를 통하여 한반도 평화체제를 모색하고, 동시에 역내 국가 간 신뢰, 호혜, 상생의 원칙아래 협력외교를 통하여 동북아지역의 평화를 증진하고, 안보공동체의 비전을 제시하고자 하는 한국 정부의 의지를 담고 있다.[6]

<표 1>은 2006년 중국 국무원의 주요 싱크탱크인 사회과학원 세계경제와 정치 연구소에서 기술력, 인적자원, 자본력, 정보화, 자연자원, 군사력, GDP, 외교력, 정부통제력 등 9개 변수를 수치화하여 세계 10대 국가의 종합 국력을 분석한 것이다. 이 분석에 의거하면, 현재 한국의 종합국력은 세계 9위로 유럽 대부분의 국가들의 종합국력을 추월하고 있고 더구나 인구 10억이 넘는 인도에 앞서있다. <표 2>는 미국 중앙정보부의 분

---

6) 이에 대해서는 동북아시대위원회, 『평화와 번영의 동북아시대 구상』(서울: 동북아시대위원회, 2005) 참고.

석에 바탕을 둔 것으로 향후 15년 동안 한국은 세계에서 차지하는 위상이 점차 나아질 것이라는 낙관적인 전망을 담고 있다.

이러한 세계의 긍정적인 평가와 더불어 실제 가시화된 경제력을 바탕으로 한 한국인들의 자긍심과 자신감은 외교정책에도 반영되고 있다고 평가된다. 이는 그간 지리적인 공간에서 주변 강대국들에 비해 상대적으

〈표 1〉 종합국력 측면에서 본 세계 10대국가(중국의 평가)

	미국	영국	러시아	프랑스	독일	중국	일본	캐나다	한국	인도
종합국력지수	90.69	65.04	63.03	62.00	61.93	59.10	57.84	57.09	53.20	50.43

출처: 王玲, "世界主要大國綜合國力比較," 李愼明, 王逸舟 主編, 『2006年: 全球政治與安全報告』(北京: 社會科學文獻出版社, 2006).

〈표 2〉 국력지수의 변화

	2000	2005	2010	2015	2020
미국	24.17	23.64	23.07	22.30	21.35
일본	6.40	6.47	6.11	5.68	5.33
중국	10.65	11.21	11.75	12.54	13.48
러시아	2.27	2.25	2.11	2.01	1.90
인도	6.67	6.87	7.06	7.29	7.55
한국	1.64	1.66	1.86	2.07	2.22
북한	0.13	0.13	0.12	0.11	0.11

출처: 이대우, "2020년 안보환경 전망," 이상현 편, 『한국의 국가전략 2020, 외교안보』(서울: 세종연구소, 2005), p.26. (원출처: NIC, International Futures Model, "Basic Report").
* 각국의 수치는 전 세계의 국력총합을 100으로 놓았을 때, 각국의 상대적인 국력지수이다.

로 열세인 국력의 한계, 북한과의 군사적 대치, 미국에 대한 절대적인 안보의존 상황에서 취해 왔던 강대국 의존적이고 수세적인 약소국 현실주의의 외교정책에서 벗어나 보다 적극적이고 능동적인 자세로 국제정치에 참여하겠다는 상황 인식과 의지를 보여준 것이다.

"평화번영정책"은 지정학적으로 한국인들의 삶에 가장 구체적으로 빈번하게 부딪치고, 결정적 영향을 줄 수 있는 동북아지역에서의 평화와 안정을 우선적으로 확보하고 번영을 추구하는 것이 보다 광의의 영역에서 우리의 위상을 제고하는 길이라는 인식에 기반하고 있다. 이러한 '동북아 구상'에 대한 일부 비판은 과거 노태우 정부의 '국제화', 김영삼 정부의 '세계화' 및 김대중 정부의 '동아시아공동체론'에 비해 공간적으로 협소하고 내부 지향적이라는 것이다. 그러나 이러한 비판은 '동북아 구상'의 '동북아' 개념을 지리적 개념으로 국한하여 해석한 결과이다.

실제 그 행동전략을 추구하는 데 있어서는 남북한, 중국, 러시아, 일본 등에 국한하는 지리적 의미의 동북아에 그치지 않고 지리적 동북아에 영향을 미치는 기능적 측면을 고려한 광의의 동북아 영향권을 상정하는 전략을 채택하고 있다.[7]

그 전략적 운용원칙으로서는 (1) '평화'와 '번영'을 동시에 병행하여 추진하고, (2) 쌍무적, 소지역적, 지역적, 다자적 협력의 중층적 협력 추구하며, (3) 열린 지역주의의 원칙 견지하며, (4) 공동체를 지향하고 있다. 결국, '동북아시대 구상'은 '평화'와 '번영'이라는 국가 발전목표를 제시하고,[8] 복합적이고 유연한 전략을 바탕으로 지역 공동체를 창출하는 데 공헌하자는 포괄적인 국가 행동전략을 표현하고자 했던 것이다.

---

7) 동북아 지역개념에 대한 인문적, 기능적 분류에 대해서는 동북아시대위원회, 『평화와 번영의 동북아시대 구상』, p.12 참조.
8) 물론 이는 폐쇄적이고 배타적인 의미가 아니며, 나아가 지역 및 세계의 평화와 번영에 공헌하는 기초 조건으로서 해석되어야 한다.

II. 안보공동체 일반이론의 검토

포괄적인 국가 행동전략은 그 의지뿐만 아니라 시대의 흐름과 상응하고 실행능력을 동시에 보유하였을 때 의미가 있다. 한국정부의 '동북아시대' 구현 전략이 지향하는 동북아공동체는 다양한 영역에서 상응하는 공동체 구현의 노력과 상호 시너지 효과가 발휘되어야 가능할 것이다.

이 글은 동북아공동체의 한 영역으로서 동북아 안보공동체를 주제로 하고 있다. 안보공동체9)를 향한 의지가 '동북아시대 구상'으로 제기되었다고 할 때, 새로운 국제정치의 변화 가운데 이 구상은 어떠한 의미를 지니고 있는지 국제정치의 이론적 틀 내에서 점검할 필요가 있다. 이를 바탕으로 현실에 던지는 시사점을 발견하고, 이상을 지향하면서도 실제 적용 가능한 정책들을 찾는 기초적인 노력으로 자리매김할 필요가 있다.

서구 전통에 근거한 이론들이 동북아지역 내의 다양하고 복잡한 역사와 문화 현실에 직면하였을 때, 의미 있는 분석틀을 제공할 수 있는가는 이미 오래된 질문이면서도 여전히 의미 있는 질문이다. 유럽과는 달리 동북아지역은 구성원들 간에 보다 다양한 문화적 전통, 정치체제의 이질성, 역사적 및 감성적 거리감을 지니고 있으면서도 급속한 경제성장과 세력 균형의 변화 현상을 경험하고 있다. 이 지역은 이차대전후 유럽의 평화를 가능하게 하였던 민주주의 체제의 결여되어 있고, 사회·경제적 양극화 심화, 탈민족주의적 문화와 견실한 역내 협력제도가 미미한 수준에 머물러 있다.10) 대신에 냉전이 끝난 이 시점에서도 안보딜레마와 국가적 위신을 위한 경쟁, 폐쇄적 민족주의의 발흥, 영토분쟁 및 경제적 갈등은 줄어들지 않고 더 확대되고 있는 것으로 보인다.

안정과 평화를 가져오는 조건에 대한 국제정치이론의 설명은 크게 정

---

9) 한용섭, "동아시아 안보공동체 구축의 필요성," p.19.

10) Aaron Friedberg, "Ripe for Rivalry: Prospects for Peace in a Multipolar Asia," *International Security,* Vol. 18, No. 3 (Winter 1993 / 94), p.7.

치 현실주의, 자유주의 및 마르크스적 전통 속에서 설명할 수 있을 것이다. 그리고 1990년대 탈냉전의 배경 속에서 급격히 새로운 국제정치이론의 한 조류로서 자리매김하고 있는 구성주의적 해석을 추가할 수 있다.[11]

이 글에서는 서구의 주류 이론이라 할 수 있는 신현실주의와 신자유주의 및 새로이 주류 국제정치이론의 한 축으로 부상하고 있는 구성주의를 중심으로 각 이론이 분석하고 있는 국제정치 구조에 대한 이해와, 어떻게 협력과 안보를 달성하는지에 대한 분석에 집중하고자 한다. 최근 마르크스 이론의 미국적 적용이라 할 수 있는 세계체제론(Wallerstein, 1979)은 세계 자본주의 체제의 확산을 설명하는데 강점을 지니고 있으나, 어떠한 조건에서 중심, 반주변 및 주변 국가들이 협력이나 분쟁을 선택하게 되는지에 대한 설명력을 결여하고 있다.[12] 세계체제론이 이론적으로 시사하는 바는 자본주의의 침투가 진행된 지역일수록 분쟁이 격화되어야 하는데, 실제 상황은 자본주의의 침투와 협력의 상관관계가 긍정적으로 높게 나타난다는 점이다.

신현실주의와 신자유주의 이론은 미국 국제정치이론의 주류 이론이라 할 수 있다. 기존의 고전적 이론들을 더욱 엄격하고 과학적이며, 가설 검증에 따라 수정할 수 있는 이론으로 만들려고 했다. 이들 이론들은 경험적으로 검증이 어려운 '이념'의 영향력을 상대적으로 최소화하였다. 1980년대와 1990년대 이들 신현실주의와 신자유주의 이론이 미국내 국제관계 이론을 지배하던 시절에 구성주의는 이들 양대 이론이 공통으로 내포하고 있는 합리주의적 접근법을 비판하고, 이들이 상대적으로 경시하였

---

11) 이러한 여러 국제정치이론들에 대한 소개는 Peter Katzenstein and Rudra Sil, "Rethinking Asian Security"; John M. Hobson, *The State and International Relations* (New York: Cambridge University Press, 2000); 특집호로는 *International Organization,* Vol. 52 No. 4 (Autumn 1998); Peter J. Katzenstein ed., *The Culture of National Security* (New York: Columbia University Press, 1996).

12) Etel Solingen, *Regional Orders at Century's Dawn* (Princeton: Princeton University Press, 1998), p.7.

<표 3> 지역질서의 이론적 분석

	현실주의적 / 도구적 질서	자유주의적 / 규범적 질서	구성주의적 / 연대적 질서
주요 행위자	국가	국가 및 비국가 단체	개인, 인지 공동체, 국제조직
목적	국가의 최고의 목적은 생존, 국력과 영향력 극대화, 국제체제의 보존. 이차적 목적은 소유권 존중, 합의 준수, 폭력 제한, 평화.	국가의 목적은 생존, 국력증강, 경제성장과 발전. 집단의 이익은 평화, 전쟁방지, 안정적인 환경, 폭력행사 제한, 집단의 보존과 복지, 안정적인 경제체제	공동체의 목표로서 전쟁의 영원한 제거, 연대와 통합의 목적을 공고화, 경제적 복지의 추진, 개인의 권리 보호 및 증진, 공동체의 방어 및 확산, 공동체의 가치 확산.
질서의 영역	국가 간 차원에 한정된 질서로 모든 권위는 국가에 종속됨. 국내문제에 대한 국제적 영향력이 최소화되어 있고 인권문제에 대한 집단적 국제행위는 최소화 됨.	국가 간 차원에 한정되어 있으나 국가는 유일한 행위자가 아님. 국내문제에 대한 주권 평등 및 내정불간섭의 원칙이 준수됨. 국가 간 합의에 의해 인권 개입이 발생함.	국내외 문제에 대한 엄격한 구분이 없음. 정당한 목적이 있으면 국내문제에 국제적 간섭이 용인됨. 개인도 국제기구에 직접 호소할 수 있음.
질서 형성의 방법	권력의 배분구조에 기초한 것으로 주요 방법은 패권의 존재, 세력균형, 강대국간 협조체제 등이 있음. 이차적인 방법으로는 국제레짐(군비통제, 갈등 회피 등) 존재.	규칙, 규범, 국제법, 힘의 집합적 관리 등 강조. 주요 방법으로는 경제적 협조, 국제레짐, 집단안보, 그람시적 패권, 강대국간 협조체제, 조정된 세력 균형체제 등.	신뢰와 상호의무가 질서의 기초를 마련함. 주요 방법으로는 민주적 공동체의 공고화와 확장, 경제적, 정치적 통합, 국제레짐 등.

	현실주의적 / 도구적 질서	자유주의적 / 규범적 질서	구성주의적 / 연대적 질서
주요 행위자	국가	국가 및 비국가 단체	개인, 인지 공동체, 국제조직
질서의 도구	**전쟁**: 정책의 정당한 도구이며, 전쟁의 근거에 대해 제한이 거의 없으며, 전쟁의 실제 수행에 관해서는 규칙 존재. **외교**: 차이와 분쟁을 평화적으로 해결하는 주요한 수단. **국제법**: 평상적인 문제를 해결하는 데에는 중요하나 정치적 차이를 해결하는데 중요하다고 할 수 없음.	**전쟁**: 전쟁에 대해 제한된 근거만을 부여하며 집단 간 관계에 있어 무력의 역할은 제한 됨 **외교**: 규칙의 교섭과 집행의 주요 수단. **국제법**: 국제관계를 규율하는 데 있어 법을 포함한 원칙, 규칙, 규범을 강조함.	**전쟁**: 공동체내의 관계에 있어 사용되지 않고, 공동체 외부의 집단과의 관계에 있어 사용됨. **외교**: 합의에 이르는 교섭과 집행과정에 있어 주요 수단. **국제법**: 공동체의 모든 행위가 규칙에 의해 규제됨.

출처: 전재성교수의 동북아시대위원회 발제 "동아시아 다자주의 제도 형성에 관한 이론적 분석"에서 저자가 발췌 및 첨삭한 것으로 오류와 관련된 책임은 전적으로 저자에게 있음.

던 '이념'과 '의식'의 중요성을 재발견하면서 최근 들어 주류 이론에 필적하는 대안적 접근법으로 자리매김하고 있다.

이 글에서는 이들 세 가지의 국제관계 이론들을 전반적으로 소개하기보다는 이들 이론들이 시사하고 있는 국제관계에서 어떻게 협력, 질서, 안정 및 안보가 획득되는지에 대한 측면을 이해하는데 집중하려 한다.

1. 정치 현실주의 전통

정치 현실주의의 네 가지 핵심적인 주장은 다음과 같다.[13] 우선, 국가가 세계정치의 핵심적인 행위자라는 것이다. 두 번째는 국가는 자체의 이해에 근거하여 행동하는 동일한 성질의 행위자로서 간주한다. 세 번째로 국가는 마치 이성적인 단일 행위자인 것으로 간주한다. 네 번째는 자체이해를 추구하는 국가들 간의 갈등은 항상 전쟁의 위험을 야기하고 있고 강제력 동원의 가능성을 내포하고 있는 무질서한 상황이다. 신현실주의 이론은 이러한 전제를 받아들이면서도 국가의 행위를 규율하고 규제하는 국제체제의 성격과 그 특성에서 국가들의 행위를 설명하려 하였다.[14] 즉, 국제체제는 무질서(anarchy)한 상황인데 국가들의 힘의 분포가 국가의 행위를 규율한다고 보았다. 이러한 입장에서 국제정치상의 질서와 안정 및 안보의 확보를 위해 세력균형을 회복하거나, 19세기 초반에 작동하였던 유럽협조체제제처럼 강대국 간의 협조체제 구축 혹은 패권국가의 출현을 제시하고 있다.

특히, 최근 들어 제기된 "패권안정이론(Hegemonic Stability Theory)"[15]은 이러한 정치 현실주의 전통에 따라 경험적이자 규범적인 성격을 동시에 내포하면서 어떻게 세계정치에 질서, 안정 및 평화가 유지되는가를 설명하고 있다. 패권안정이론은 설명변수로서 국가의 힘(혹은 패권국가의 존재 여부)과 종속변수로서 세계경제체제의 개방성, 행태 및 정치적 안정 등을 경험적으로 입증할 수 있는 이론적 틀을 제공하고 있다. 이 이론에 의하면 패권국가는 (자국의 이해에 따라) 국제관계, 다국적 기업, 개방된 국제 시장을 유지하는 규범과 규칙을 만들어내고 집행하면서, 위기의 순간에

---

13) Peter J. Katzenstein, Robert O. Keohane, and Stephen D. Kransner eds., *Exploration and Contestation in the Study of World Politics* (Cambridge: The MIT Press, 2000), p.18.

14) 대표적인 이론가로 Kenneth Waltz, *Theory of International Politics* (Reading, Mass.: Addison-Wesley, 1979).

15) 이 이론을 최초로 제기한 학자는 아이러니하게도 자유주의적 전통에 서있던 경제학자 킨들버거(Charles Kindleberger)로 그는 세계대공황에 대한 연구에서 패권국가의 존재가 세계금융체제의 안정을 유지할 수 있다고 주장하였다. Charles Kindleberger, *The World in Depression* (Berkeley: University of California Press, 1973).

최종적인 수단을 동원하여 이를 유지할 수 있는 능력을 가지고 있다.

패권국가 체제는 그 패권국의 이해를 주장함에 따라 국제관계에서 발생하는 사회적 및 정치적 비용에도 불구하고, 경제적 개방성 및 안정, 국제관계에 있어서 평화라는 공공재를 제공할 수 있기 때문에 무질서한 상태를 특징으로 하는 국제관계에서 그 효용성이 인정된다는 것이다.

세계 2차 대전 이후 미국은 전후 처리과정에서 다방면에서 어려움에 봉착한 유럽에 대한 정치적 영향력을 유지하기 위하여 유럽의 통합을 지지하고 촉진하였다. 탈 냉전시기에도 서구 유럽과의 갈등이 심해지는 상황에서 동중부 유럽을 끌어들여 나토(NATO)를 확대함으로써 정치적 영향력의 유지를 가능하게 하였다. 정치 현실주의자들은 이러한 미국의 패권적 지위의 유지가 상대적으로 국제정치 및 경제 전반의 안정에 순기능을 하고 있다고 인정한다.

하지만 이 이론이 경험적으로는 실제와 부합되지 않는다는 비판도 제기되고 있다. 예를 들면, 레이크(David Lake)와 스나이덜(Duncan Snidal)은 패권적 힘의 분포가 반드시 국제경제의 개방성을 설명하는 것은 아니라는 것을 입증하였고, 스테인(Arthur Stein)은 20세기의 세계경제자유화 정도는 패권적 국가의 일방적 정책에 의해 출현한 것이 아니라 불균등한 힘을 가진 국가들이 패권국가의 이익을 견제하는 교섭에 의해 진전되었다고 주장하였다.16)

이러한 비판에도 불구하고 이 이론은 1980년대 미국 레이건(Reagan) 대통령의 대소 강경정책과 사회주의권의 붕괴를 통해 더 큰 경험적 설득력을 얻으면서 탈냉전시기 미국의 세계적 패권질서를 정당화할 수 있는 논리로 남아 있다.

---

16) Peter J. Katzenstein, Robert O. Keohane and Stephen D. Krasner eds., *Exploration and Contestation in the Study of World Politics,* p.21.

2. 자유주의 전통

자유주의 전통은 국제관계에서 국가만이 아니라 다른 행위자의 중요성을 인정하고 있으며 자발적인 협력이 가능하다는 입장이다. 이러한 자유주의적 전통에서 지역 협력 및 통합과 관련하여 대표적인 논의는 기능주의적 설명이다. 미트라니(David Mitrany) 등 기능주의의 선구적인 연구자들은 정치 과정에 영향을 미치는 사회 경제적 배경요인들을 규명하고 이러한 요인들이 어떻게 다시 각기 다른 국가에서 정치적 행위자들의 정치적 이해와 전략에 영향을 미치는지를 연구하였다.[17]

기능주의자들은 정치적 갈등을 직면하기보다는 비정치적 요소, 즉 경제적 협력 등을 통해 협력을 증진시키면서 결국은 정치적 통합을 촉진하는 우회적인 접근법을 제시하면서 실용주의적이고 유연한 태도를 강조하였다. 기능적 접근을 취하면 국가 / 비국가, 공적 / 사적, 정치적 / 비정치적 경계가 희석되는 효과가 있다고 주장하며, 결국 증가하는 기능적 행위자들에 의해 국가의 정치적 영향력은 감소된다고 보았다. 이로 인해 안보에 관한 현실주의적 접근법은 약화되고 제도적이고 협력적인 안보제도가 발생할 수 있다는 것이다.[18]

이러한 기능주의적 접근은 1960년대 비유럽지역에서 지역통합의 운동이 실패로 끝나고, 1960년대 중반 프랑스가 유럽통합운동에서 이탈함으로써 점차 약화되었다. 하지만 하스(Ernst Haas)는 기존의 기능주의적 접근법에 정치이론의 요소를 부가한 신기능주의적 접근법을 제시하여 새로운 주목을 받았다.[19] 이 접근법은 제도의 형성에 있어 경제기능적 통합뿐만

---

17) David Mitrany의 글은 *A Working Peace System* (Chicago: Quadrangle Books, 1966).

18) 전재성 교수의 발제문에서 요약 발췌함.

19) Ernst Haas, "International Integration," *International Organization,* Vol. 15 (1961) pp.366-92; Ernst Haas, *The Obsolescence of Regional Integration Theory* (Berkeley: Institute of International Studies, 1975) 참조.

아니라 정치기능적 통합의 중요성을 강조하면서, 제도의 발생에 따라 행위자들의 기대, 충성도 및 정치적 행위의 수렴이 발생한다고 주장하면서 특히 주요 정치집단들의 정치적 선택을 강조하였다. 이상과 같은 신기능주의 통합이론은 정치와 경제사이의 연관성에 대한 분석틀을 제공하였고 최근 들어 유럽통합운동의 재활성화와 더불어 다시 주목받고 있다.

자유주의 전통에서 국제 협력과 평화를 논의하는 또 다른 주요이론은 1970년대 중반에 출현한 레짐(Regime)이론이라 할 수 있다.[20] 코헤인(Keohane)과 나이(Nye)는 레짐을 "상호의존관계에 영향을 미치는 지배적 안배들(Governing Arrangements)"로 정의하고 있다.[21] 이러한 레짐의 존재는 행동에 대한 기대와 범위를 확립하고, 국가 행동을 규제함으로써 협력의 전망을 강화한다는 것이다. 코헨과 나이는 국제체제가 무질서적인 특성을 지니고 있다는 것을 인정하고, 국가들 간의 갈등은 정보의 부재 및 무질서한 국제 상황에서 비롯된다고 보고 있다. 국가들은 '죄인들의 게임'에서 시사하는 것처럼 최상의 결과가 도출되기 어려운 무질서한 국제관계 상황에서 적절한 제도적 장치들을 통해 협력할 필요성을 느낀다는 것이다. 즉, 이기적인 특성을 지닌 합리주의적 행위자로서 국가들은 단기적인 자력구제보다는 보다 장기적인 절대적 이익을 극대화하기 위해 국제 레짐을 의도적으로 형성하여 협력을 추진하게 된다.[22]

악셀로드(Robert Axelrod)의 연구[23]는 실증적으로 '죄인들의 게임'이 일

---

20) 이 레짐의 개념은 본래 국제법에서 원용된 것인 데 정치학자로서는 존 러기(John Ruggie)가 최초로 사용하였다. John G. Ruggie, "International Responses to Technology: Concepts and Trends," *International Organization,* Vol. 29, No. 3 (1975), p.570.

21) Robert Keohane and Joseph Nye, *Power and Interdependence* (Boston: Little, Brown, 1977), p.19.

22) Peter J. Katzenstein, Robert O. Keohane, and Stephen D. Krasner eds., *Exploration and Contestation in the Study of World Politics,* p.20.

23) Robert Axelrod, *The Complexity of Cooperation: Agent-based Models of Competition and Collaboration* (Princeton: Princeton University Press, 1997).

회성의 사건이 아니라 반복되는 게임이고, 배반 행위를 감시하고 보복하는 비용이 그리 크지 않고, 행위자들이 미래에 대한 가치를 부여한다면 행위자들은 무질서한 상황에서도 상호 협력이 가능할 것이라는 것을 주장하였다. 이는 국제정치의 상황이 일회적인 사건이라기보다는 반복되는 사건들로 보는 것이 더 현실성이 있다고 볼 때, 자유주의 이론의 전통에 상당한 설득력을 부여하고 있다.

레짐의 형성은 안보 영역보다는 다른 영역에서 형성이 더 활발하고 쉬운 편인데 특히 경제 영역에서의 접촉의 확대는 레짐의 형성가능성을 확대한다고 할 수 있다. 코헤인과 나이가 주장하는 바처럼 경제적 상호의존의 확대는 상호 경제적 취약성과 민감성을 강화시킨다. 이러한 국가 간에 상호 협력할 필요성의 확대는 레짐이란 제도의 형성을 가져와 협력이 더욱 제도화되고 안정화된다고 할 수 있다.

3. 구성주의 전통

구성주의는 합리적이고 검증 가능성을 중시하는 주류 국제정치이론과는 달리 인식적인 문제의 중요성을 제기한다. 이는 인간의 의식과 인식이 국제관계에 미치는 역할에 대한 이론이다. 어떻게 이념이 세계정치의 구조를 정의하고 변용시킬 수 있는 가, 어떻게 국가의 정체성과 이익을 형성하고, 무엇이 정당한 행동인가를 결정할 수 있는가하는 주요한 질문을 제기한다. 구성주의 정치이론은 1950년대 도이치(Karl Deutsch)가 (초)국가적 공동체의 형성에 대한 연구에서 '정체성 형성'의 중요성을 강조하면서 이미 그 단초를 드러내었다.[24) 최근 들어 구성주의의 전조는 1980년대 당시 주류이론이었던 신현실주의와 신자유주의(제도적 자유주의)에 대한 일련의 비판적 반응에서 찾을 수 있다.[25) 구성주의는 냉전의 종식과 더

---

24) Karl Deutsch, *Nationalism and Social Communication: An Inquiry into the Foundations of Nationality* (Cambridge: MIT Press, 1953).

25) 그것은 존 러기(John Ruggie, 1983), 리차드 애슐리(Richard Ashley, 1984), 알

불어 야기된 국제질서의 해체와 새로운 질서의 창출을 이해하는 데 신현실주의나 신자유주의가 어려움을 겪는 상황에서 1990년대부터 부각되기 시작하였다. 특히 구성주의가 강점을 가질 수 있는 초국가주의, 인권 등 비전통 안보의 중요성이 증가되면서 더욱 주목받고 있다.

웬트(Wendt)에 따르면, 구성주의는 물질적 실재 자체를 거부하지는 않지만 물질적 실재의 의미와 구성이 이념과 해석에 달려 있다는 것을 주장한다.26) 지식은 행위자가 사회적 실재를 어떻게 해석하고 구성하는 가를 형성해준다. 행위자나 실재는 선천적인 것이 아니라 그 정체성 및 이해관계의 본성이 사회적으로 구성된다는 것을 강조한다. 실재란 구성되고, 의미를 부여해주고, 양성되는 것이다. 예를 들면, 세력균형이란 발견되기를 기다리는 실재라기보다는 국가 스스로가 무엇이 세력균형이고 그 의미는 무엇인지, 또 어떻게 대응할 것인지를 해석한다는 것이다.

구성주의는 행위자를 선(先)사회적이라고 보기 보다는 사회적이라고 본다. 동시에 행위자의 정체성과 이해관계는 환경에 의해 구성되어지는 것이라고 본다. 이들은 신현실주의나 신자유주의 전통이 전제한 행위자의 정체성과 이해가 이미 주어져 있는 것으로 보지 않고, 재구성될 수 있음을 주장하고 이들의 정체성을 구성해주고 있는 규범들을 변화시키는 행동 전략을 채택한다. 이러한 구성주의의 강점은 기존의 국제정치이론들이 '변화'의 문제에 대해 정태적인 해석을 내렸던 반면에 대안적 조건들에 대해서 보다 동태적이고 적극적인 행동 전략을 가지고 있으며, "규범의 국제화", "인식공동체의 형성" 등에 깊은 관심을 보여 주고 있다.

구성주의는 역사와 기억에서 비롯되는 상호 인식의 차이와 적대감 등 객관적인 자료에서는 나타나지 않는 역내 갈등, 안정 및 평화의 문제 등

렉산더 웬트(Alexander Wendt, 1987), 앤소니 기든스(Anthony Giddens)의 작업들을 지칭한다. 존 베이리스, 스티브 스미스 편저, 하영선 외 옮김, 『세계정치론』(서울: 을유문화사, 2006), pp.265-266.

26) Alexander Wendt, *A Social Theory of International Politics* (Cambridge: Cambridge University Press, 1999).

안보적 현상을 보다 적실성 있게 설명할 수 있다고 지적하고 있다.[27] 그리고 경로의존(Path Dependence)적인 분석보다는 새로운 제도와 환경의 노출에 의해 인식이 변화하고 사회화되는 과정을 통하여 행태도 달라질 수 있다는 것을 주장한다. 구성주의에 있어서 국제적 협력의 증진은 어떻게 협력을 가능하게 할 규범을 구성해가고 이를 촉진할 인지공동체를 확산하느냐 하는 문제와 밀접히 연관되어 있다. 그 한 예로, 존스톤(Iain Johnston)은 최근 중국의 관리들이 국제질서의 규범들을 학습하고 사회화함으로써 중국의 대외 정책이 보다 평화와 안정을 지향하는 방향으로 변화하고 있다는 것을 경험적으로 제시하고 있다.[28]

III. 동북아 안보공동체 구상의 이론적 검토

1. 동북아 안보구조 변화

동북아 안보공동체 구상은 변화하는 국제정치 및 역내 안보구조 속에서 좁게는 한민족의 평화와 번영을 어떻게 달성하며 널리는 세계의 평화와 번영에 기여하는 가라는 문제의식을 담고 있다.

냉전의 해체는 안보 및 위협의 원천에 대한 성질변화를 수반하였다. 냉전시기에는 체제와 이념을 공유하는 국가들끼리 동맹이나 집단안보체제를 결성하여 특정 국가가 진영으로부터의 군사적 위협에 대응하고 안전을 확보하는 전통적 형태의 안보개념이 주를 이루었다.

---

27) G. John Ikenberry and Michael Mastanduno, "International Relations Theory and the Search for Regional Stability," G. John Ikenberry and Michael Mastanduno eds., *International Relations Theory and the Asia-Pacific* (New York: Columbia University Press, 2003), p.3.

28) Alastair Iain Johnston, "Socialization in International Institutions: The ASEAN Way and International Relations Theory," *ibid.,* pp.107-162.

냉전 이후에는 국가 간의 대외 군사적 위협을 대상으로 하는 안보뿐만 아니라 비전통적 안보위협 즉, 초국가적인 테러나 마약밀매, 대량파괴무기의 확산 및 환경문제까지도 안보문제로 편입되었다. 행위자 역시 전통적인 민족국가들의 관계만이 아니라 초국가적 기구나 국가 하부의 집단 및 개인차원까지 확대되고 있으며, 새로운 안보환경은 양자 간의 관계를 넘어서 다자간 정보교환 및 협력을 필요로 하는 보다 포괄적인 안보체제의 형성을 요구하고 있다.

하지만 동북아지역에서 안보의 확보문제는 여전히 전통적인 안보의 확보가 주요한 이슈인 가운데 점차 비전통적인 차원에서의 안보 확보가 제기되고 있는 상황이다. 냉전시기 동북아지역의 안보 구상은 유럽의 나토(NATO)처럼 다자적인 안보체제보다는 주로 양자적인 동맹관계를 주축으로 이루어졌으며, 이는 냉전체제가 붕괴된 지 약 15년이 지난 현재까지도 가장 주요한 안보구상의 내용을 이루고 있다.

냉전시기 동안 동북아 각국은 이데올로기적인 구도에 따라 나뉘어져 있었으면서도 중·소 및 한·일 간의 분쟁과 갈등에서 엿보이는 것처럼, 때로는 이데올로기를 넘어서 각국의 이해갈등에 따라 복합적인 관계를 형성하였다. 이는 냉전시기에서 조차 역내 국가관계는 보다 장구한 역사 지리적, 문화적, 정치적 갈등에 의해 영향을 받고 있었다는 것을 시사해 준다. 세계정치의 구조적 조건이었던 이데올로기적 대립이 해소된 이후 가장 강력한 안보변수로서 국가 간에 이념적 유대는 점차 약화되는 가운데, 국제관계는 보다 지역화(regionalization)하는 특성을 보여주고 있다. 하지만 역내 국가관계는 이러한 지역화의 영향을 받아 1990년대 후반부터 역내 다자간 안보협력 및 대화협의체를 발전시키려는 노력을 보여주면서도 여전히 냉전시기의 이데올로기적인 대립이 잔존하고 있고, 동시에 과거와 현재의 역사 지리적 이해가 뒤엉켜 보다 복잡한 관계가 형성되고 있다.

2. 동북아 안보공동체 형성을 위한 노력

현재 동북아 안보를 논의하는 제도로는 북핵문제를 다루기 위해 임시적이고 한시적으로 운용되고 있는 6자회담이 유일한 정부차원의 다자안보협의체의 성격을 띠고 있다. 역내 1.5트랙 차원의 안보대화로는 1993년부터 미국 캘리포니아 대학(샌디에고 소재) 부설 세계 분쟁 및 협력연구소(IGCC)에서 시작한 동북아협력대화(NEACD)가 존재한다. 아세안지역포럼(Asian Regional Forum: ARF)은 1994년 동남아에서 시작된 다자안보협의체이지만 현재는 동북아의 거의 모든 국가들이 참여하고 있는 정부 간 안보대화 협의체로 북한도 2000년에 가입하여 참가하고 있다.

민간차원의 안보대화체로서는 1994년 설립된 아시아태평양안보협력이사회(CSCAP)가 존재하는데 동북아 지역국가의 학자들과 전문가들도 참여하고 있다.[29] 이러한 활동들은 유럽공동체 형성의 공감대를 확산시켰던 인식공동체의 형성이란 측면에서 역내 안보공동체 형성을 위해 간과할 수 없는 공헌을 하고 있지만 제도화의 정도나 참여자의 수 및 다루는 이슈의 폭과 깊이에서 다른 지역에 비해 크게 뒤지고 있는 것도 현실이다.

역내 안보문제를 논의하기 위한 역내 협의체나 제도의 상대적 부재는 역내 갈등과 분쟁을 평화로운 방법으로 해소하는 데 도움이 되는 주요한 제도적 장치를 결여하고 있다는 것을 말해주며, 새로이 제기되고 있는 비전통적 안보위협에 대처하는 능력에 커다란 제약요인이 될 수 있다.

---

29) 이러한 역내 안보협의체에 대한 자세한 논의는 한용섭, "동아시아 안보공동체 구축의 필요성," pp.13-36; 이서항, "동아시아 다자간 안보협력체," 한용섭, 박종철 등, 『동아시아 안보공동체』(서울: 나남출판, 2005), pp.245-278; 이면우, "동북아에서의 다자안보협력 전망," 이태환 편, 『한국의 국가전략 2020: 동북아 안보협력』(서울: 세종연구소, 2005), pp.133-154; 박종철, 김성철 등, 『동북아 협력의 인프라 실태: 국가 및 지역차원』(서울: 통일연구원, 2005), pp. 323-347.

이상과 같은 동북아지역은 공동체 형성을 위해 불리한 여건들이 중첩적으로 존재함에도 불구하고 긍정적인 변화도 동시에 존재하고 있다. 우선, 현안문제이자 세계적인 문제인 제2차 북핵 위기에 대응하는 과정에서 임시적으로 형성된 6자 회담은 북한의 일방의 일방적인 행위를 억제하고 역내 군사적 안정을 유지하는 제도적 장치로서 작동하고 있다. 아울러 ARF, NEACD, CSCAP 등과 더불어 역내 부족한 다자협의의 경험을 쌓게 하는 학습효과를 제공하고 있다. 두 번째, 동북아지역은 안보적 갈등에도 불구하고 경제적 접촉은 비약적으로 성장하고 있고 인적 교류도 활발해지고 있다. 세 번째 긍정적인 측면은 민간기구간의 다자협의체인 CSCAP을 정부 간의 다자기구인 ARF와 연결시켜 시너지 효과를 거두려는 노력들이 시도되고 있다는 점이다. 게다가 비전통적인 안보 문제에 대해서는 역내 안보적 대립과 경쟁관계를 넘어서서 협력의 필요성을 공유하고 있다.

향후 역내 안보공동체 형성으로 나아가는 제도적 메커니즘과 발전 단계를 고려할 때, 동북아지역은 인식공동체를 기반으로 한 집단안보체제가 형성되기에는 요원한 실정이다. 현재, 한용섭이 제시하는 초기적인 접촉과 네트워크 형성의 단계를 지나 2단계, 즉 안보대화를 상설화하고 시험하는 단계로서 여러 난관이 존재한다. 하지만 국제정치 상황에 따른 안보협의체의 필요성과 최근의 노력들을 고려할 때, 장차 3단계의 수준의 안보협의체 형성이 전혀 불가능한 것은 아니다.

3. 기존 국제정치이론과 동북아 안보공동체 형성

기존의 국제정치이론들은 동북아지역에서의 안정과 평화에 대한 나름의 시사점을 지녔으면서도 동시에 현상을 설명하고 비전을 제시하는데 일정한 한계를 안고 있다. 이러한 한계를 보여주는 이유는 이미 지적한 대로 이들 이론들이 유럽이란 특수한 공간에서 형성되어 서구에 확산된 것으로 강대국 중심의 이론이며, 주 연구 대상도 유럽이나 혹은 서구라는 점이다. 또 하나 간과할 수 없는 점은 냉전 종결과 9·11테러 사건을 겪으면서 국제정치 구조의 변화를 수반하는 패러다임이 바뀌는 전환기에 접어들고 있다는 점도 지적할 수 있다.30) 즉, 과거 주권국가체제가 보다 광역적인 국제제도에 의해 약화되는 현상이 발생하고 있고, 동시에 종교 및 인종 등의 주제와 연관하여 주권국가의 하부단위의 영향력이 강화되어 국제관계에 오히려 국가보다 강력한 반향을 불러일으키는 현상이 발생하고 있다. 국제관계의 행위자 역시 다양해지고 있고, 이슈 영역에 있어서도 전통적 안보 못지않게 비전통적인 안보가 중시되고, 과학기술, 정보, 통신, 수송수단 등의 발달과 더불어 경제는 세계화 방향으로 진전되어 전통적인 주권국가의 통제 영역이 취약해지면서 이를 추월하는 현상이 발생하고 있다.

이러한 국제정치의 전환기가 동북아라는 역내 국제정치의 구조에 투영되었을 때, '혼란스러움'이라는 독특한 정체성을 드러내게 된다. 이 '혼란스러움'은 우리에게 전통적인 안보문제와 더불어 새로운 자세와 비전을 가지고 대처해야 할 도전들을 동시에 제기하는 것으로 과거의 인식, 정책, 비전과는 다른 형태의 대응을 요구하고 있다.

우선, 최근 동북아지역의 구조적 불안정성은 새로운 도전국인 중국의 부상에 따른 중·미 및 중·일 간의 갈등과 연관되어 있다. 두 번째 불안정의 요인은 냉전구조가 해체되면서 각국의 국가이익들이 전면에 부각되어 역사 및 영토 문제 등이 본격적으로 제기되면서 역내 복잡한 갈등구조가 강화되고 있다. 세 번째로는, 동북아지역의 국가들은 근대화 목표가 좌절되거나 왜곡된 형태로 남아 있어 근대화와 탈근대화의 노력이 혼란스럽게 얽혀 전개되고 있다. 즉, 중국과 대만의 통일문제, 중국의 변강 지역 안정화의 일환으로 추진된 동북공정과 연관된 한·중 간 문제, 남북한

---

30) 이러한 상황을 빗대어 로즈노우(Rosenau)는 이미 세계가 혼란(turbulence)의 시기 속에 있다고 지적하였다. James N. Rosenau, *Turbulence in World Politics* (Princeton: Princeton University, 1990).

의 통일문제, 일본의 비정상적 국가형태 문제 등이 대내 민족주의를 부추기면서 역내 갈등을 악화시키는 측면이 있고 다른 한편으로는 민족국가의 이해를 넘어 협력해야 할 필요성이 크게 대두되고 있는 실정이다. 마지막으로 북한의 체제 불안정과 사회주의 발전정책의 실패는 북한으로 하여금 생존의 위협을 느끼게 하였으며, 북핵문제나 미사일사태를 야기시켜 동북아정세를 더욱 불안정하게 하는 요인이 되고 있다.

이러한 동북아의 복합적인 국가 간의 갈등구조와 안보불안 현상의 심화는 정치 현실주의적 설명이 여전히 설득력을 지니고 있음을 의미한다. 그러나 동시에 경제의 세계화 추세나 국가 간 경제적 접촉의 강화, 비전통 안보분야에서의 새로운 이슈의 도입은 국가 간 군사적 갈등과 안보문제만이 국가 이익을 좌우하는 주요한 쟁점이 아니라 보다 다양한 영역에서 군사부문과는 다른 다양한 이해관계와 형성될 수 있음을 말해준다. 자유주의 전통은 이러한 역내 상황이 장차 협력과 통합의 방향으로 갈 수 있음을 낙관적으로 예측할 수 있다.

정치 현실주의의 패권안정론에 따르면, 미국은 세계적인 패권국으로서 당연히 부상하는 중국을 견제하려 할 것이며, 중국에 현 국제질서에 편입할 것을 강요하면서 이것이 중국의 국가 이익에도 부합된다고 설득하려 할 것이다. 결국 패권을 둘러싼 갈등은 중국이 기존의 패권국인 미국에 굴복하거나 아니면 중국이 미국을 대신하여 새로운 패권국으로 부상할 때까지 지속될 것이며 그 기간은 대단히 불안정한 시기가 될 가능성이 크다. 하지만 재미있는 사실은 세력 균형론적인 시각에서 보면 역내 세력 균형을 위해서는 중·일이 동맹하여 초강대국인 미국의 군사력에 대항하여야 하겠지만 오히려 미·일이 안보분야에서 동맹관계를 유지하면서 중국을 견제하고 있는 형국이다.

실제 중국의 종합국력은 패권안정이론에서 제시하는 도전국의 지위에 크게 미치지 못하고 있다.[31] 특히 군사부문에 있어서 그 격차는 경제부

---

31) 이에 대한 실증적인 논의는 이대우, "2020년 안보환경 전망," 이상현 편, 『한

문보다 훨씬 크며 향후 그 격차는 더욱 벌어질 전망이다.[32] 그럼에도 불구하고 중국이 차지하는 규모의 중요성은 중국을 간과할 수 없게 만들며, 중국은 동북아에서 이해상관자로서 역내에서 미국의 패권적 지위가 당연시되는 상황을 견제하는 역할을 동시에 수행하고 있다.

자유주의의 기능주의 전통은 현재의 동북아 지역 통합을 위해서는 최근 경제적, 문화적, 인적 접촉의 비약적인 증대가 긍정적인 의미를 지니고 있다는 것을 말해준다. 정치적 통합노력이 제기된다면 신기능주의자들에게는 더 없이 좋은 통합을 향한 징후가 될 것이다. 또한 민주적인 정치제도와 경제적 상호의존의 심화가 평화와 안정을 가져오는 효과가 있다고 주장한다. 이 이론에 따르면, 현재 증대되는 동북아지역에서의 경제적 상호의존은 역내 평화와 안정을 증진시키는 효과를 가져 올 것이다.

하지만 현상적으로 볼 때, 동북아의 경제적 상호의존성 증대가 평화를 증진시키는 지는 아직 검증할 수 없으며 경제적 상호의존의 증가에도 불구하고 안보적 대립은 강화되고 있는 양상이다. 아울러 경제적 상호의존의 증가는 상호 마찰도 그만큼 증대시킨다. 또 다른 한편으로는 민주적 정치체제를 가진 한국과 일본에서 정치가들은 국내 유권자들을 고려하면서 민족의 감성 및 영토와 관련된 사안에 있어서는 강경한 입장을 유지하기 때문에 상호 마찰이 더욱 강화되는 측면이 있다.

21세기 들어 역내의 국제정치 구도는 테러문제, 마약, 인간 안보, 환경문제 등 비전통적 안보요인이 추가되고, 국가 간 경제적 의존관계는 더욱 심화되고, 중국의 부상이 가시화되면서, 국가차원에서 설명되어지던 관계가 사안별 이해관계에 따라 달리 설명해야 하는 현상이 발생하고 있다. 즉, 전통 안보적인 측면에서는 대립적이지만 경제 영역에서는 서로 접촉

국의 국가전략 2020: 외교 안보』 참조.

32) 이와 같은 주장은 John G. Ikenberry, "American Hegemony and East Asian Order," *Austrian Journal of International Affairs,* Vol. 58, No. 3 (September 2004), 중국의 군사능력에 대한 분석은 김홍규, "중국의 신군사전략 및 군사력 변화와 지역안보,"『주요국제문제분석』(서울: 외교안보연구원, 2005.9.7).

과 협력을 강화하는 현상이 발생하고 있고 비전통 영역과 전통 영역에서의 안보도 서로 다른 차원에서 협력과 대립의 네트워크를 형성하고 있다.

이러한 새로운 현상들은 전통적 안보관에 기초한 사고나 이론에 입각하여 현상을 설명하거나 미래에 대한 전략을 수립하는 것에 대해 근본적인 문제를 제기하고 있다. 새로운 이론은 현재의 변화된 현상들을 설명해 내고 동북아 안보공동체 형성을 위한 미래 전략을 제시할 수 있어야 한다.

'동북아시대 구상'이 제기하는 새로운 동북아 안보협력체의 형성방안은 기존의 힘의 정치(Power Politics)에 입각한 정치 현실주의적인 논의나 점진적인 접근과 이슈영역의 확산효과와 상호의존성을 강조하는 자유주의적 접근만으로는 새로이 제기되는 포괄적인 안보위협에 대처하기에는 한계가 있다는 것을 인식하고 있다. 구성주의에서 논의하는 것처럼 포괄적인 안보인식공동체의 형성과 확산을 바탕으로 기존의 인식론적 및 제도적 제약을 극복하는 노력이 있어야 동북아 안보체제의 형성은 가능할 것이다.

안보공동체로 나아가기 위해서는 자유주의자들과 구성주의론자들이 주장하듯이 단순히 정부 간 관계만이 아닌 다층적인 집단 간에 다차원적인 이슈영역에서 상호협력과 타협의 경험 및 신뢰가 필요하다. "평화와 번영을 위한 동북아시대"의 달성은 역내에서 전통적 안보위협을 간과하지 않으면서도 비전통적 안보문제를 해소할 새로운 비전과 인식공동체를 바탕으로 기존의 체제보다 더 나은 대안을 제공할 수 있어야 가능하다. 그렇지 않다면, 동북아는 전통적으로 힘과 힘이 끊임없이 갈등하거나 위계적으로 지배되는 공간으로 전락할 것이다.

냉전의 해체는 모든 사안이 안보문제로 귀결되는 상황에서 벗어나 사안에 따라 이해관계가 달라 질 수 있는 복합적 이해구조의 공간을 만들어 내었다. 현재 세계 변화의 추세는 경제적 세계화를 통하여 상호의존의 정도가 강화되고 있고, 갈등은 존재하지만 무력사용을 자제하고, 강대국 간의 전쟁은 피해야 한다는 인식을 확산하고 있다. 민주제도를 가진 각국의 정책은 국내 및 해외 여론에 의해 영향을 받고 지엽적인 이해관계를 넘어 초국가적인 공동의 가치를 형성하고자 하는 노력도 지속되고 있다. 이러한 변화는 한국이 활동할 공간을 확대해 주고 있다.

과거 세계 최빈국중의 하나로서 냉전의 와중에서 스스로의 안보문제를 전적으로 미국에 의존해야 했던 시기의 외교정책은 현재의 변화에 대응하기에는 지나치게 수세적이고 무기력하기만 하다. 현재 우리의 국력은 세계 11권이며 골드만 삭스(Goldman Sachs)나 도이치 뱅크 리서치(Deutsche Bank Research)의 추계는 향후 10위권 이내로 진입할 것이라는 낙관적인 전망을 내어 놓고 있다.[33] 세계 10위권 이내의 국가와 적대관계에 놓일 때 어느 국가도 역내 세력 균형에서 유리하다고 볼 수는 없을 것이다. '동북아시대 구상'의 추구는 이러한 능력에 대한 스스로의 평가를 담고 있다.

역내에서 한국의 위치는 전통적 안보 갈등의 중심에 서 있으며,[34] 안보문제는 여전히 무시할 수 없는 가장 주요한 우리의 현안으로 남는다. 안보구조에서 미국의 위상과 역할이 중요한 이상 한미동맹을 중심으로 한 양자 간의 관계는 상수로 남을 것이지만 시대변화와 한국의 능력에 걸맞는 조정이 필요할 것이다. 경제문제나 문화적 문제 혹은 특정한 사안은 필요에 따라 유연하고 능동적으로 국제적 협력체제를 이루는 외교를 전개해야 한다. 모든 사안을 안보문제로 귀결시키는 것은 시대착오적이다.

한국의 이해는 역내 긴장을 완화하는 역할을 수행하도록 한다. 예상되는 북한 위기와 대만문제의 악화와 같은 사안에 대해 한국은 무력에 의존하지 않고 다자적인 대화와 협의를 통해 문제를 해결하는 방안을 추진하도록 돕는 것이 필요하다. 다행히도 이러한 한국의 입장은 변화하는 세계의 인식 추세와 궤를 같이하고 있다. 역내 신뢰국축과 군비감축의 이니셔티브도 한국이 취할 수 있을 것이다. 전통적 안보문제의 악화가 역 파급효과(spillover) 현상을 가져와 역내 경제와 교류분야에서의 관계 악화로 전이되지 않도록 노력해야 한다. 이러한 목적을 달성하기 위한 수단은 전

---

33) 이대우, "2020년 안보환경 전망," 참조.
34) 이러한 전략적 위치로 말미암아 중국은 최근 중·미관계 다음으로 한·중관계를 중시하고 있다는 말까지 전하고 있다(필자의 북경 인터뷰, 2006년 9월 24일).

통적인 양자관계를 넘어서 양자와 다자관계를 유기적이고 선택적으로 결합하고, 순차적이 아닌 동시적으로 추구할 필요가 있다.

중요한 점은 역내 안보구조 변화의 혹은 '혼란스러움'의 시기에 한국이 취할 외교적 선택은 단선적이어서는 안 되며, 역내 안보구조와 변수의 결합에 의해 형성되는 구체적인 조건아래 때로는 보수적으로, 때로는 보다 적극적으로 타개와 조성의 방법을 적용하고, 때로는 대단히 소극적으로 대처할 유연성과 순발력 및 용기를 필요로 한다.

국력전이에 대한 분석은 역내 전통적 안보 상황이 당분간 미국 주도의 구조로 지속될 것이라는 가정을 내놓고 있다. 미국과의 안보 협력관계를 공고히 하면서도 미국이 취할 수 있는 일방주의적 외교정책은 보편적 원칙과 합리성을 바탕으로 한 국제적 규범과 다자적 제도에 의해 견제될 수 있는 제도적 장치를 마련하는 것이 중요하다. 자유주의적 미국의 패권의 유지 및 무력의 일방적 행사는 정당성과 보편성을 요구하는 세계적 추세에 부합되기 때문이고 보편적 설득력을 지니고 있다.

비전통 안보분야에서는 지역이라는 공간적 제약을 넘어서 국제적 규범에 입각하고 다자협의 체제를 적극 활용하여 협력체를 구성하는 것이 필요하다. 다행히 이 분야에서 역내 갈등은 거의 없다고 할 수 있다. 한 가지 강조할 점은 동북아 안보공동체 수립을 위한 노력에 역외 국가군이면서도 서구이성의 원류인 EU를 적극 활용하는 방안이다. 즉, 기능적 접근을 통해 지리적 동북아의 안보증진에 활용하는 유연성을 발휘할 필요가 있다는 것이다.

아울러 우리 스스로 역내 강성권력(Hard Power) 국가로 성장하기에는 상대적인 제약이 있는 상황에서 연성권력(Soft Power)과 관련한 투자를 중시해야 할 필요가 있다. 비록 강성권력의 위상으로는 세계 10위권 정도의 국가이지만 연성권력 측면에서는 개발하기에 따라 그 이상의 영향력을 가질 수 있으며, 이는 역으로 강성권력의 행사에 유용한 자원이 될 수 있는 것이다. 안보 분야의 밖에서 국경이 무너지고 세계화되고 있는 상황을 고려할 때, 연성권력은 주요한 외교적 자산이 될 수 있으며 국가는 이의 증진을 위해 체계적으로(그러나 드러내지 않고 제도적 뒷받침을 통하여) 지원할 필요가 있다.

　'동북아시대'의 안보구상은 시대의 흐름을 거스르기 보다는 같이 흐름을 타면서, 현실과 이상 간의 긴장 속에서 현실을 바탕으로 이상을 추구하고, 단선론적이기 보다는 치밀하면서도 유연하게 사고하고, 지리적 동북아의 평화와 번영을 위해 기능적 동북아는 물론이고 역외 국가 및 조건들을 활용할 수 있어야 한다. 역내 안보공동체를 형성하는 길은 단기간에 이루어지는 것이 아니라 우리가 인내심을 가지고 해야 할 바를 다 하면서 추진해야 할 장기적인 과제라는 것을 인지하는 것도 중요하다.

|제4장|

경제공동체 시각에서 본 동북아시대 구상

I. 동북아 경제공동체의 개념

단계론적 경제통합론에 따르면, 경제공동체[1]는 자유무역지대(Free Trade Area), 관세동맹(Customs Union), 공동시장(Common Market), 경제동맹(Economic Union) 그리고 완전한 경제통합의 5단계를 거치면서 통합의 정도가 심화되고 완성된다.[2] 경제공동체는 이와 같은 경제통합의 일련의 과정에서 형성되는 관련 국가 간의 제도적, 기능적 체제를 의미하며 경제통합을 추진하는 국가 간에 형성된 단일 경제단위로서의 정체성(Identity)과 유대관계를 의미한다고 볼 수 있다. 즉, 경제통합은 일반적으로 지리적으로 인접한 두 국가 또는 그 이상의 국가가 상호 간 동맹을 결성하여 동맹국 상호 간에는 무역, 자본 및 인력이동에 있어서 자유화를 꾀하고 비동맹국에 대해서는 차별조치를 취하는 지역적 경제협력조직을 의미한다고 정의할 수

---

1) 본 글에서는 경제통합과 경제공동체를 동일한 의미로 사용한다.
2) B. Balassa, *The Theory of Economic Integration* (London: George Allen and Unwin, 1996).

있다.

그러나 경제통합의 개념은 관찰시각에 따라 다르게 나타난다. 미르달 (G. Myrdal)은 경제통합이 "기회균등이라는 서구적 이상을 실현하기 위한 하나의 과정"으로 파악하였다. 각 사회는 이익 공동체의 최적 목표를 위하여 기존의 규범과 목표를 동태적으로 변화해 가야 하는데 이러한 동태적 변화과정을 통합이라고 하였다. 미르달은 경제통합이 국경의 제거라기보다는 이익공동체의 영역 확대라는 개념으로 파악할 것을 강조하였다. 틴버겐(J. Tinbergen)은 경제통합을 "최적상태에 있어서 경제적 운행을 저해하는 인위적 장벽을 제거하고 조정과 통일에 의해 바람직한 요소를 의도적으로 도입하여 국제경제의 올바른 구조를 형성하는 것"으로 정의하였다.

발라사(B. Balassa)는 동태적 의미의 경제통합은 "각 국민경제에 소속되어 있는 경제단위 간의 차별을 제거하기 위한 과정"으로 정의하였고 정태적 의미에서는 "각 국민경제 상호 간에 여러 가지 차별이 존재하지 않는 상태"로 정의하였다. 한편, 베일러(J. Weiller)는 "국가주권의 개념이 희박하게 되고 정부 간 협력기구 혹은 초국가적 국제기구가 각국의 경제발전 및 교역을 주도하는 과정"으로 보았고, 하벌러(G. Harberler)는 "관련 지역 내에서 보다 밀접한 경제관계를 수립하는 현상"으로 경제통합을 정의하였다. 비너(J. Viner)와 미드(J. Meade) 등은 경제통합 결성시 동맹국과 비동맹국을 구별하는 주요 수단은 관세에 의한 무역차별화이므로 경제통합은 근본적으로 관세영역에서 파악할 수 있다고 하여 관세동맹을 경제통합의 중심영역으로 보았다.3)

동북아 경제공동체는 '동북아시대 구상'의 양대 축4)의 하나로 동북아지역5)의 공동 번영을 목표로 하고 있다. 동북아 경제공동체를 구축한다

---

3) 손병해, 『경제통합의 이해』(서울: 법문사, 2002).
4) 다른 하나는 평화공동체 또는 안보공동체의 구축이다.
5) 전경만은 지정학적 관점에서 한국, 북한, 미국, 러시아, 중국, 일본 등 6개국을 동북아지역에 포함시켰으며, 지리적 맥락 또는 문화적 동질성 측면에서는 한

는 의미는 협의 또는 광의의 의미에서의 동북아국가 간에 하나의 경제단위로서의 유대관계와 정체성을 갖추기 위한 제도적 체계를 구축하고 이에 따라 경제통합을 이루어 가자는 것이다. 현재 동북아지역의 정치경제적 상황을 고려할 때 동북아지역에서의 경제통합은 매우 장기적이고도 요원한 과제로 여겨진다.[6] 그러나 동북아 경제공동체의 형성을 위한 초기 단계로서 동북아 지역국가 간의 기능적 협력, 관세완화 및 비관세장벽 제거 등 초보적인 제도협력 방안은 1990년대 이후 꾸준히 논의되어 오고 있다. 유럽에서의 사례와 같이 동북아지역에서도 경제통합을 통한 세계 3대 경제권의 구축이 학자들 간에 하나의 비전으로 제시되어 왔다.[7]

안충영(2003)은 동북아 경제공동체를 기능적 경제통합의 결정체로서의 개념과 공식적 경제통합체로서의 개념으로 나누어 파악하였다. 기능적 경제통합체로서의 동북아 경제공동체에서는 시장원리 안에서 민간업계가 주도적인 역할을 담당하고 정부차원에서는 역내 무역원활화와 직접투자의 활성화를 위해 제도개선에 노력한다. 공식적 경제통합체로서의 동북아 경제공동체를 구축하고자 할 때는 동북아지역의 정치적, 지리적 상황을 고려해야 하는데 러시아 극동지역과 북한, 대만 등은 이에 포함시키기 어려울 것이므로 우선 한·중·일 3국 간의 제도화를 우선 추진해야 할 것이다.

동북아 경제공동체는 2003년 2월 노무현 대통령 취임사에서 동북아의 평화를 위한 평화공동체 구축과 동북아의 번영을 위한 경제공동체의 구축 등 '동북아시대 구상'의 양대 축의 하나로 제시됨으로써 우리나라의 국정과제로 채택되었다. 참여정부는 동 국정목표의 추진을 위해 동북아 경제중심추진위원회를 발족시키고 물류허브, 금융허브, 외국인 투자, 경

국, 북한, 몽골, 일본, 중국의 5개국을 포함시켰다. 본서 제1장 참조.

6) 우리나라 정부는 동북아경제통합의 첫 단계로 일본과의 FTA를 추진한 바 있으나 현재 협상이 결렬 상태에 있으며 한·중 간의 FTA는 연구단계에 있다.

7) 안충영·이창재, "동북아경제공동체 구축방안," 『동북아경제협력: 통합의 첫걸음』(서울: 박영사, 2003), p.422.

제협력 등 번영에 관련된 과제를 집중적으로 추진하였다.[8]

경제적 측면에서 볼 때 한국정부가 제시한 '동북아시대 구상'은 동북아지역에서 대립과 불신의 역사를 극복하고 동북아가 세계경제의 성장을 견인하는 지역으로 발전하자는 사고에 그 바탕을 두고 있다. 즉, 동북아지역의 정치관계 개선과 경제협력 확대의 상승작용을 통해 국가 간의 갈등을 해소하는 한편, 개방적이고 역동적인 시장을 구축하여 동 지역에서 세계 주요 기업이 의욕적으로 활동할 수 있도록 함으로써 동북아를 세계경제성장의 중심축으로 만들자는 발상에 기초하고 있다.[9] 동북아지역을 세계경제의 견인차로 발전시키는 한편, 대륙과 해양을 연결하는 한국의 지경학적 위치를 최대한 활용하여 한국을 경제허브로 발전시키자는 구상이다.

여기서 한 가지 주목할 점은 동북아 경제공동체 구상이 단순히 동북아지역국가 간의 경제협력의 심화와 경제통합의 추진에만 머무르지 않는다는 점이다. '동북아시대 구상'의 경제적 비전은 동북아지역의 발전을 추구할 뿐만 아니라 우리나라의 미래 성장전략으로서의 이중적인 구조를 가지고 있다. 우선 대외적으로 동북아에 개방적이고 역동적인 시장을 구축하기 위하여 동북아 지역국가 간에 경제협력과 경제통합을 추진하고 대내적으로는 우리나라 경제시스템을 선진화하여 동북아지역의 경제허브, 비즈니스 허브로서의 위상을 확립하자는 것이다. 동북아 경제통합을 심화하는 과정에서 우리나라가 동북아 경제권의 하나의 중핵으로 부상하고 금융, 물류, 다국적기업의 비즈니스허브, 동북아 네트워크의 중심지를 우리나라에 건설한다는 비전을 포함하고 있다.

---

8) 2004년 6월 정부는 동북아경제중심추진위원회를 동북아시대위원회로 개편하고 번영 외에 평화관련 과제도 동위원회가 관장토록 하였다. 2005년 3월에는 동북아시대위원회는 평화와 공동번영의 동북아시대 구현을 위한 중장기 전략 및 정책 수립에 역량을 집중케 하고 금융, 물류, 외자 유치 등의 과제는 국민경제자문회의로 이관하였다.

9) 유종일, 『동북아 구상의 비전과 제도개혁』(KIEP 국내정책세미나 발표자료, 2003).

동북아 경제공동체 구상은 국가정책으로서의 정책적 발전과정을 거쳐 왔다. 2002년 국민의 정부는 '동북아 비즈니스 중심국가' 계획을 발표한 바 있다. 동 구상은 세계화, 중국의 부상에 직면하여 우리나라의 성장전략으로서 물류, IT, 금융 등 고부가가치 산업의 역내 거점을 육성하여 우리나라가 동북아 비즈니스의 중심지가 되자는 구상이다.[10] 동 구상은 외환위기 이후 전 세계적으로 심화되는 세계화의 물결에 대응하고 지역적으로는 중국경제의 도전과 위협을 극복함으로써 선진국으로의 진입에 어려움을 겪고 있는 우리나라 경제의 선진화전략으로 제시된 것이다.

참여정부가 제시한 '동북아시대 구상'은 우리나라 경제의 선진화라는 협소하고 민족주의적인 차원을 탈피하여 동북아 지역국가들 간의 경제협력, 경제통합을 통하여 공동의 번영을 추구하는 윈-윈(win-win)의 지역전략이라고 할 수 있다. 즉, 동북아 비즈니스 중심국가 구상이 제시하는 내부 역량강화를 통한 경쟁력 제고 외에도 역내 협력과 통합을 제도적으로 강화시켜 신뢰, 호혜와 상생의 지역경제공동체를 건설함으로써 번영의 '동북아시대'를 실현시켜 나가자는 것이다. 또한 그러한 과정에서 우리나라가 주도적인 역할, 조정자로서의 역할을 자임하고 있다. 역내 국가 간의 경제협력과 통합이 제도화되고 강화될 때 신뢰, 호혜와 상생이라는 공동의 가치가 구현되고 이러한 가치의 확산과 공유를 통해 경제공동체 구축을 촉진하자는 것이다.

II. 경제공동체 일반이론의 검토

본 절에서는 국제관계론상의 통합이론의 추세에 맞추어 현실주의, 자유주의, 구성주의의 3대 관점에서 경제공동체 이론을 검토해 보고자 한

---

10) 대외경제정책연구원, 『동북아 비즈니스중심 국가 실현방안』(서울: 대외경제정책연구원, 2002.9).

다. 우선 현실주의(Realism) 시각을 반영하는 경제공동체 이론으로는 비교적 최근에 제기된 신지역주의를 들 수 있다. 신지역주의는 1980년대 후반 냉전의 종식 이후 전 세계가 하나의 시장으로 통합되는 소위 세계화가 진행되면서 확산되기 시작하였다. 특히, 지역블록화가 급속히 확산되면서 전통적 경제통합이론으로는 설명할 수 없는 새로운 특성을 반영하는 이론의 필요성이 대두하였다.

예를 들어, EU의 선진경제국가 간 경제통합, 중남미·아세안의 경우에서와 같은 발전도상국가 간 경제통합, NAFTA의 선진국과 개도국 간 경제통합, APEC의 포괄적인 통합모델에서와 같이 다양한 형태의 통합이 이루어졌다. 또한 미국과 이스라엘의 PTA, EU와 아프리카 또는 태평양의 섬나라와의 자유무역협정 등은 신지역주의의 양상을 여실히 보여 주고 있다. 신지역주의의 핵심은 지역의 공동이익의 추구라고 할 수 있는데, 지역의 이익은 상호이익이라는 경제적 측면뿐만 아니라 관련국가 간의 공유하는 동일한 신념과 의식 등도 포괄하고 있다. 신지역주의는 지역 최상의 가치를 고취하고 지역이익의 우선, 안보·사회·환경 등 지역적 문제의 우선, 지역공동체 목표의 지향의 3가지를 주요내용으로 한다.[11]

한편, 전통적인 경제공동체이론은 자유주의(Liberalism)에 그 사상의 근간을 두고 있다. 자유주의는 아담 스미스의 사상에 근원을 두고 있고 경제적 내셔널리즘인 중상주의(Mercantilism)에 대응하여 제기된 이데올로기이다. 자유주의는 자유로운 시장과 국가간섭의 최소화를 주창하고 국제경제관계를 구성하는 수단으로 시장과 가격 메커니즘을 주요 도구로 삼는다. 자유주의자들은 시장경제가 경제적 효율을 증가시키고 경제성장을 극대화하며 인간은 복지를 증진시킨다고 믿는다. 또한 자유무역과 시장 개방을 통해 소비자들에게 더 다양한 상품과 서비스를 제공할 수 있다고 믿는다. 자유주의자들은 무역과 경제교류를 통해 국가 간의 상호이익을

---

11) 진홍상·박승록, 『한중일 경제관계와 동북아 경제협력』(서울: 한국경제연구원, 2005), pp.104-106.

증진하고 상호의존을 심화함으로써 국제적인 평화를 달성할 수 있다고 믿는다.[12] 따라서 무역과 경제교류를 방해하는 장애를 제거하는 경제통합의 진행은 참가국들의 복리를 극대화한다고 주장한다.

경제공동체 이론에 있어서 구성주의의 전통은 하나의 뚜렷한 사조로 자리잡고 있지는 않다. 다만, 경제공동체가 대체적으로 지리적으로 가까워 각종 교류가 빈번하고 역사·문화적으로 공통적 인식과 이해, 전통을 공유하는 국가 간에 추진된 경우가 많다는 점에서 최근 국가 간의 경쟁적인 자유무역지대 결성의 추세는 구성주의의 성격을 일부 내포하고 있다고 볼 수 있다. 또한 경제적 이념과 사상을 공유하는 국가 간에 경제통합이 가능하다는 점에서 구성주의의 중요성이 부각된다. 이하에서는 현실주의, 자유주의, 구성주의의 3대 이론의 관점에서 경제공동체 이론을 검토해 본다.

1. 현실주의적 경제통합이론: 신지역주의론

냉전의 종식은 세계경제의 추세에도 큰 변화를 가져왔다. 냉전체제가 종식된 후 세계전체는 하나의 시장경제권으로 통합이 가속화되는 세계화가 급격히 진행되었다. 우루과이라운드가 타결되고 세계무역기구(WTO)가 출범한 1990년대 중반에 들어서는 많은 국가들이 지역협정에 참가함으로써 세계경제는 새로운 지역주의 시대를 맞이하게 되었다.[13] 이러한 지역주의는 미국, 유럽과 같은 세계경제의 중심국들에 의해 주도되고 있으며, 지역협정의 규모나 형태가 다양하고 지역 블록의 세계시장 지배력이 크다는 점에서 1960년대의 지역주의와는 많은 차이를 보이는데 이를 60년대의 지역주의와 구분하여 신지역주의(new regionalism)라 부른다.

신지역주의가 대두하게 된 배경을 살펴보면, 첫째로 냉전 이후의 경제

---

12) Robert Gilpin, *Political Economy of International Relations* (New York: Princeton University Press, 1987), pp.25-31.
13) 손병해, 『경제통합의 이해』(서울: 법문사, 2002).

적 실리주의의 확산이다. 2차 세계대전 이후 동서 냉전체제하에서는 이념이 국가들을 이합집산하게 하는 주요 요소였으나, 냉전이 와해되면서는 경제적 실리에 따른 지역적 결속 구도가 나타났다. 각 국가들은 이념보다는 경제적 이해관계에 더 중점을 두어 자유무역협정을 체결하고 무역장벽을 제거함으로써 국가적 이익의 극대화를 꾀하였다. 예를 들어, 동유럽 국가들은 서유럽 국가들과 무역협정을 체결하였고, ASEAN은 베트남, 라오스, 미얀마, 캄보디아 등을 받아들여 아세안 자유무역지대(AFTA)를 구성하였다. 중국도 냉전이전의 자유진영의 국가들과 자유무역협정을 적극적으로 추진하고 있는 상황이다. 결국 신지역주의는 각각의 국가가 주체가 되어 자국의 이익을 적극적으로 추구하는 경제적 현실주의[14]의 발현이라고 하겠다.

신지역주의 대두의 두 번째 배경으로는 WTO체제의 한계를 들 수 있다. 1994년 WTO협정에 100여 개국 이상이 참여하고 협상의 대상이 농산물, 서비스, 비관세장벽, 노동, 환경 등의 이슈로 확대되자 WTO의 다자주의에 의한 협상은 각국의 이해관계가 첨예하게 대립됨에 따라 국제협상의 진행이 난항을 겪게 되었다. 이에 따라 각국은 소수의 국가가 참여하고 여러 협상과제에 대한 이해조정이 상대적으로 손쉬운 지역주의를 선호하게 되었다.

1990년대 초반 미국, 캐나다, 멕시코가 NAFTA를 결성하고 EU가 동유럽 국가를 포함하는 등 외연을 확대함에 따라 세계 각국은 지역주의를 하나의 대세로 받아들이고 이러한 세계적 추세에서 탈락하지 않기 위하여 경쟁적으로 자유무역협정을 추진하였다.

---

14) 국제관계이론상의 현실주의는 첫째, 국가가 국제정치의 "key actor"이며, 둘째, 국가는 자국의 이익을 위하여 행동하며, 셋째, 국가는 합리성을 근거로 행동하며, 넷째, 국제사회에서는 무정부상태의 존재로 인해 전쟁과 강요의 가능성이 상존한다는 가정에 근거한다. Peter J. Katzenstein et al., "International Organization and the Study of World Politics," *International Organization,* Vol. 52, No. 4 (Autumn 1998), pp.645-685.

신지역주의의 특징은 60년대의 지역주의가 시장의 확대에 그 주요한 목적이 있었는데 비해 신지역주의하에서는 관세철폐를 통한 시장의 확대 외에도 서비스, 투자, 환경, 노동 등의 분야에서 정책조화와 협조를 추구한다는 점이다. 또한 60년대의 지역주의가 발전단계가 유사한 국가 간의 경제통합이었던 반면에, 90년대 이후의 신지역주의는 하나의 대국과 주변국이 경제통합을 이루는 형태가 나타나고 있으며 선진국과 개도국 간의 수직적 통합이 나타나고 있다. 이는 미국이 캐나다, 멕시코 등과 체결한 NAFTA, EU와 중동부 유럽국가 간에 체결한 자유무역협정에서 대표적으로 나타난다.

또한 과거 지역주의가 역내우선, 역외차별 조치만을 부각시킴으로써 다자주의와는 상충되는 개념으로 인식되어 온 반면 신지역주의는 역내우선원칙에 기초를 두고 있으나 역외국 및 다자간 무역체제에 대한 협력을 동시에 추구하고 있다는 점에서 개방적 지역주의의 특징을 가지고 있다.

90년대의 신지역주의는 WTO체제에 대응하는 예외적 현상이 아니라 WTO와 양립할 수 있는 새로운 국제협력 질서로 인식되고 있다. 지역주의와 다자주의의 상호관계에 대해서는 상호보완적 기능을 강조하고 그것을 토대로 양자가 양립할 수 있는 근거를 모색하는 추세이다. 지역주의를 통해서도 다자주의가 달성할 수 있는 후생증대에 이를 수 있으며 협력영역에 따라서는 지역주의가 오히려 세계후생에 더 도움이 될 수 있다는 주장이 국제환경문제나 국제평화질서와 같은 국제공공재의 수급과 관련하여 제기되고 있다. 세계 정부의 수립이 불가능한 현실세계에서는 지역통합조직을 통해 이러한 국제 공공재 문제에 접근하는 것이 다자주의에 입각한 자유무역체제보다 더 효율적일 수도 있다는 것이다.

2. 자유주의적 경제통합이론

자유주의적 경제통합이론은 전통적 경제통합이론의 근간을 이루는 이론으로 발라사(Balassa)에 의해 체계화되었다. 발라사는 자유주의적 시각에서 경제통합에 대한 동태적인 이론을 제시하였는데 경제통합의 결속도 또는 성숙도에 따라 경제통합의 유형을 5단계로 구분하였다. 특히 유럽의 경제통합은 발라사가 제시한 5단계에 따라 점진적으로 진행되고 있다고 할 수 있다. 경제통합의 첫 번째 단계는 자유무역지대(Free Trade Area)이다. 자유무역지대는 통합참가국 간에 상품이동에 대한 관세, 비관세장벽을 철폐함으로써 자유무역을 구현하는 한편 역외국에 대해서는 독자적인 무역장벽을 유지하는 형태의 경제통합이다. 자유무역지대는 1980대 이후 활발히 형성되고 있으며 경제통합의 주요한 형태로 자리 잡고 있다. 관세동맹은 자유무역지대에서 한 단계 더 심화된 형태의 경제통합으로 참가국 간 기존의 자유무역 외에 역외국에 대해서 공동의 관세를 부과하는 형태이다.

2차 대전 이후 베네룩스 관세동맹이 대표적이다. 공동시장은 관세동맹에서 더 발전하여 상품 외에 참가국 간 노동, 자본과 같은 생산요소의 자유로운 이동이 허용되는 형태의 경제통합을 의미한다. 대표적 사례로는 EC, 남미공동시장(MERCOSUR) 등이 있다. 경제동맹은 공동시장에서 더욱 발전된 형태의 경제통합으로 참여국 간의 경제정책상의 협력과 공동의 경제정책 수행이 전제된다. 현재 EU가 이 단계에 접어들고 있다. 완전경제통합은 참여국 간에 초국가적 기구를 설치하고 동 기구가 참여국의 사회 경제정책을 통합관리하는 단계의 경제통합을 의미한다. 완전경제통합은 통화 및 재정정책 등 각종 경제정책을 공동으로 수행하기 때문에 참여국은 각국의 경제주권을 포기하여야 한다. 따라서 완전경제통합은 정치적 통합까지 고려하여야 한다. 이하에서는 자유주의적 경제통합이론15)을 하나씩 살펴보기로 한다.

1) 자유무역지대이론

자유무역지대(Free Trade Area)는 경제통합에 참가한 국가 상호 간에 상

---

15) 손병해, 『경제통합의 이해』 참고.

품이동에 대한 무역제한조치를 철폐하여 역내 회원국 간에 자유무역을 시행하고 역외 비참가국에 대해서는 각국이 독자적으로 관세 등 무역장벽을 유지하는 형태의 경제통합을 말한다. 오늘날 세계적으로 가장 널리 채택되고 있는 경제통합의 형태로서 WTO를 통한 다자주의적인 무역자유화 추진이 지연되면서 국가 간의 자유무역지대 결성 추진이 보편화되고 있는 실정이다.

자유무역지대 내 회원국 간 관세격차가 클 경우, 역내 저관세국을 통해 수입된 상품이 다른 고관세국으로 재수출될 가능성이 있어 고관세국의 관세정책에 어려움이 발생된다. 따라서 이러한 관세정책상의 혼란을 예방하기 위해 자유무역지대 체결시 원산지규정과 같은 공동의 시장운영 규칙이 도입된다. 자유무역지대의 대표적인 예로는 유럽자유무역지대(EFTA) 및 북미자유무역지대(NAFTA) 등이 있다. 우리나라도 칠레, 싱가포르, EFTA, 아세안과 각각 FTA를 맺고 있으며 미국, 인도, 캐나다 등과 FTA 체결을 추진하고 있다.

자유무역지대를 형성하면 참가국들에게 긍정적인 경제효과가 발생하게 되는데, 무역창출 효과, 무역전환 효과, 무역확대 효과 등이 있다. 자유무역협정이 체결되면 동맹국 상호 간에 관세가 철폐되어 종전까지 비교우위의 상태에 있었음에도 관세장벽 때문에 역내에서 교역되지 않았던 상품의 무역이 이루어질 수 있게 된다. 역내관세 철폐로 인해 동맹국 간에 새로이 추가적인 무역이 발생하는 현상을 '무역창출 효과'라 한다. 또한 자유무역협정이 체결되면 역외 국가와 역내 국가 간에 관세상의 차별대우가 나타나게 되는데, 이러한 현상으로 인해 협정 이전에는 역외에서 수입되던 제품이 협정이후에는 역내 동맹국에서 수입되는 현상이 발생하는데 이러한 수입원의 전환을 '무역전환 효과'라 한다. 역내 관세가 철폐되면 동맹국에서 수입된 제품의 가격은 관세폭 만큼 하락하게 된다. 그로 인해 국내에서는 가격하락으로 인한 소비 증대가 일어나며 소비가 증대되는 만큼 수입도 늘어나게 된다. 이와 같이 동맹결성 이후 가격하락과 소비증대로 인한 수입의 증대를 '무역확대 효과'라 한다.

자유무역지대의 형성은 회원국이 역외에 대한 관세율을 다르게 부과함에 따라 무역굴절효과와 간접무역굴절효과를 발생시킬 수 있다. 회원국 간에 각각 역외에 대한 관세율이 다르다는 점 때문에 역외제품이 역내 저관세국을 통하여 역내 고관세국으로 수입될 수 있는데 이를 무역굴절효과라 한다. 또한 회원국 중 저관세국의 생산물은 높은 가격이 유지되는 고관세국에 수출하고 저관세국은 역외로부터 수입하는 현상이 벌어질 수 있는데 이를 간접무역굴절효과라 한다.

1990년대 이후 세계화와 신지역주의의 추세하에서 자유무역지대 형태의 경제통합은 하나의 대세를 이루고 있다. 이는 회원국들이 정책적 자율성을 향유하면서도 이론적 후생을 극대화할 수 있다는 점 때문이라고 할 수 있다.

2) 관세동맹이론

관세동맹(Customs Union)은 자유무역지대에서 한 걸음 더 나아가 대역외공통관세를 부과하는 형태의 경제통합을 말한다. 즉, 관세동맹에서는 회원국 상호 간에 상품의 자유이동이 보장될 뿐 아니라 역외 비회원국으로부터의 수입에 대해서는 모든 회원국이 공통의 수입관세를 부과한다. 역사적으로 볼 때 19세기 중엽 독일의 졸페라인이 관세동맹의 효시이며, 2차 대전 후에는 베네룩스 관세동맹을 위시하여 아프리카지역에서 관세동맹의 형태로 결성되어 왔다.

관세동맹의 경우에도 자유무역지대와 마찬가지로 정태적 측면에서의 무역창출, 무역전환 및 무역확대 효과가 나타난다. 그러나 관세동맹의 경우에는 대외공통관세로 인해 간접무역굴절효과는 나타나지 않으며, 따라서 역외국과의 무역감소는 자유무역지대보다 더 크게 될 가능성이 있다. 반면, 관세동맹은 자유무역지대에 비해 역내산업의 보호효과가 더 크므로 산업보호 및 역내 시장확대로 인한 동태적 성장효과 및 대외교섭력 강화에서는 더 큰 성과를 가져올 수 있다. 또한 자유무역지대와 달리 관세동맹에서는 역외 공통관세가 부과되므로 역내 시장과 역외 시장 간의 관세차이가 자유무역지대보다 분명하게 된다. 그 결과 무역창출 효과나 무역전환 효과도 보다 분명하게 나타난다.

우선, 무역창출 효과를 살펴보면, 관세동맹이 결성되어 회원국 간에 관세가 철폐되면 회원국내 소비자는 보호를 받고 있던 비싼 국내 제품 대신 값싼 상대국 제품을 선택하게 되므로 회원국 간에는 새로운 무역이 발생하게 된다. 이로 인해 제품의 생산은 효율성이 낮은 국내 생산자 대신 효율성이 높은 상대국의 생산자가 대신하게 되며 그만큼 동맹전체로는 자원배분의 효율성이 높아지게 된다.

무역전환 효과에 있어서는 역내국 간에 관세를 철폐하는 대신 역외 제3국으로부터의 수입에 대해서 회원국이 공통의 관세를 부과하게 되므로 역외 제품은 회원국 제품보다 역내 시장에서 공통관세만큼 비싸지게 된다. 따라서 회원국 내의 수입업자가 동맹전 역외에서 수입하던 제품을 동맹 상대국으로부터 수입하는 현상이 발생할 수 있다. 이렇듯 무역전환 효과에 의해 생산의 효율성이 높고 저렴한 제3국의 제품이 보다 비효율적이고 생산비가 비싼 회원국의 제품으로 대체되는 현상이 발생한다. 이러한 무역전환은 생산의 효율성이 낮은 역내 공급자가 효율적으로 생산하는 역외공급자를 대신하여 동맹 내 수요를 충족시키는 것이므로 세계 전체로는 자원배분의 효율성이 떨어지게 된다. 한편, 관세동맹이 결성되고 동맹참가국의 관세를 평균한 수준에서 공통 역외관세가 설정된다면, 고관세국의 소비자 가격은 동맹전보다 낮아지게 된다. 그로 인해 고관세국의 소비수요가 증가하여 새로운 수입이 늘어나는 무역확대 효과가 존재한다.

관세동맹의 경우, 회원국 간의 생산구조의 유사성과 경합성, 동맹의 규모, 동맹전 관세 수준과 공통역외관세, 운송비 및 거래비용, 생산의 유연성 등이 무역효과에 영향을 미칠 수 있다. 동맹 당사국 간 생산구조가 상호보완적인 관계에 있었다면 동맹 결성 전부터 양국 간에는 이미 상당수준의 분업화가 진전되어 온 것으로 볼 수 있다. 따라서 보완적 생산구조를 가진 국가 간에는 동맹이 결성되고 역내 관세가 철폐되더라도 추가적인 무역창출이나 무역확대의 효과는 크지 않을 수 있다. 반면 동맹 당사국의 생산구조가 유사하고 잠재적으로 보완관계에 있는 경우에는 동맹결성으로 인한 무역확대 효과는 더욱 커질 수 있다.

3) 공동시장이론

공동시장(Common Market)은 동맹 당사국 간에 재화, 서비스의 자유무역뿐만 아니라 생산요소의 자유이동을 보장하며 역외 지역에 대해서는 공동의 무역장벽을 설치하는 형태의 경제통합을 의미한다. 따라서 공동시장이론은 노동, 자본과 같은 생산요소 이동의 자유화로 인한 경제적 효과를 분석하고 재화와 요소시장과의 상호관계를 관찰하는 것을 주요 과제로 삼고 있다.

공동시장이 결성되어 생산요소의 자유이동이 이루어지게 되면 요소의 한계생산력이 균등화될 수 있는 방향으로 요소의 국제간 재배분이 이루어지고, 자원배분의 효율성이 증대되므로 가맹국 전체의 소득 및 후생수준은 증대될 수 있다. 그러나 자본이 그 한계생산성이 높고 이자율이 높은 지역으로 이동한다는 경제적 논리에 의존하고 있으므로 자본이 공동체의 지역개발정책 등에 의해 저개발 지역으로 이동하는 경우나 다국적 기업에 의한 전략적 자본이동형태 등은 고려하고 있지는 않다. 그리고 자본이 한 방향으로만 이동하여 일국 혹은 특정지역이 상대적으로 낙후될 수 있는 문제점 등은 고려되지 않고 있다.

노동시장이 통합되어 역내 국가 간 노동의 자유이동이 보장되면, 다른 여건에 변화가 없는 한 역내 노동력은 노동의 한계생산력이 낮은 국가에서 높은 국가로 또는 임금이 낮은 국가에서 높은 국가로 이동하게 된다. 그로 인해 공동시장 내에서는 회원국 간 노동의 한계생산력이 균등하게 되고 공동체 전체로서는 총생산의 증대가 가능하게 된다. 그러나 노동력의 이동은 자본의 경우와 달리 금전적 보수만에 의해 영향을 받는 것이 아니라 노동자의 언어, 관습, 문화적 배경, 가족관계 등 사회적 근접성에 의해 영향을 받으므로 노동이동은 생산성 격차나 임금 격차만으로 국제

간 이동이 완전하게 이루어질 수 없는 한계점이 있다. 뿐만 아니라 이주비용, 세제상의 차이, 노후에 대한 보장 등도 노동력 이동의 비용으로 작용하게 되므로 노동시장이 통합되더라도 국제간 노동의 한계생산력이나 임금수준이 완전히 균등화되는 것은 현실적으로 기대하기 어렵다.

이론적 측면에서 볼 때, 상품시장의 통합으로 회원국 간 자유무역이 이루어지면 궁극적으로는 관련 국가 간 요소가격의 균등화가 이루어지므로 요소이동의 필요성이 없어지게 된다. 그러나 현실세계에서는 자유무역에 대한 여러 가지 제약요인으로 인해 무역을 통한 요소가격의 균등화는 기대하기 어려우며, 따라서 요소가격의 균등화를 꾀하기 위해서는 요소이동의 자유화를 위한 별도의 조치가 요구된다.

공동시장의 형성에 있어서 상품시장통합이 자본시장통합보다 우선적으로 이루어질 필요성이 있다. 정책적 측면에서 국제간 노동이동은 경제적 요인 외에도 이민노동자에 수반되는 사회, 문화적 비용이 추가되기 때문에 각국은 노동이동의 자유화보다는 상품무역과 자본이동을 먼저 선호하게 된다. 그리고 자본이동은 각국의 거시경제정책에 직접 영향을 미치므로 정책적 독립성을 유지하기 위해 자본이동의 자유화보다는 상품무역의 자유화를 먼저 추진하여야 한다.

4) 경제동맹이론

경제동맹(Economic Union)은 회원국 간 상품 및 생산요소의 자유이동과 대외 공통관세의 설치에 더하여 회원국 간 경제정책의 조정과 조화, 나아가서는 정책통합을 실현하는 형태의 경제통합을 의미한다. 경제동맹의 결성시 공동체 전체의 발전과 안정을 위한 정책조정이나 공동정책이 없이 단순히 재화 및 요소시장만을 통합하는 것은 시장통합이 가질 수 있는 경제적 효율성을 제한하거나 공동체 자체의 유지발전을 저해하는 역작용을 파생시킬 수 있다.

공동시장 단계에서 요소의 자유이동을 촉진함으로써 역내국 간의 자원배분의 효율성은 증대시킬 수 있으나, 특정지역 또는 특정국가로 자본이 집중되어 균형발전의 문제가 제기될 수 있고 독점적 시장지배가 발생할 수도 있다. 따라서 이러한 저해요인을 예방하거나 극소화하기 위해서는 회원국 간 정책조정 내지는 정책통합이 요구되는데 이 점에서 경제통합의 필요성이 제기된다.

경제통합으로 나아가는 단계에 있어서 제기되는 공동정책의 영역은 자원배분의 효율화에 관한 정책, 경제안정화 관련 정책, 통합이익의 배분에 관한 정책, 공동체의 대외관련 정책 등이 있다. 자원배분의 효율성 제고란 측면에서 국가 간 공동정책 내지 정책의 조화가 필요한 분야는 경쟁정책, 가격 및 수량 통제, 시장접근 규제, 산업구조조정정책 등이다. 이는 자유무역하에서 발생할 수 있는 독점, 외부경제 등 기타 시장실패로 인한 왜곡요인을 최소화하기 위한 조치이다. 공동시장 내에서 독점이 지배하여 실질생산비 이상으로 시장가격이 책정되거나 시장분할 및 담합 등에 의해 국별 시장이 현지기업에 의해서만 지배된다면 시장통합으로 인한 경쟁촉진 등의 이익은 기대될 수 없다.

따라서 상품시장통합의 효율성을 극대화하기 위해서는 가맹국 상호 간 시장경쟁을 유지할 수 있는 공동의 경쟁정책 조치가 필요하다. 또한 공동체 전체의 사회적 후생증대에 도움이 될 경우에는 직접적인 가격 및 수량 통제가 이루어질 수 있다. 경제통합으로 인한 시장의 확대와 그로 인한 경쟁의 촉진은 공동체 내에서 국제간 산업구조를 동태적으로 재편성시킨다는 점에서 경제통합은 산업구조정책과도 밀접한 관련을 가지고 있다.

경제통합의 결성에 따라 국가 간의 경제적 의존도가 심화되고, 이에 따라 역내 각국의 거시경제정책이나 통화정책이 제한을 받게 된다. 따라서 경제통합하에서는 경제의 안정을 위해 거시경제정책 및 통화정책상의 정책조화가 필요하다. 경제공동체를 이루고 있는 역내 국가 간의 발전격차는 통합의 이익을 얻지 못하는 국가들로부터의 불만을 야기할 수 있다. 따라서 회원국 간의 발전격차를 축소하고 통합이익을 공유할 수 있는 배분정책이 제기된다. 공동체의 배분정책은 국가 간의 불균형성을 조정하는 방향에서 수립되어야 한다.

3. 경제공동체이론과 구성주의

구성주의는 인간의 의식과 인간의 의식이 국제관계에 미치는 역할에 관한 이론이다. 구성주의는 물질적 실재의 의미와 구성이 이념과 해석에 달려 있다는 것을 주장하며 행위자와 실재는 선천적인 것이 아니라 그 정체성과 이해관계의 본성이 사회적으로 구성된다는 것을 강조한다. 즉, 행위자를 선(先)사회적이라기보다는 사회적이라고 보며 동시에 행위자의 정체성과 이해관계는 환경에 의해 구성된다고 보는 것이다.[16]

구성주의는 실재의 의미와 구성에 대한 이념과 해석의 중요성을 강조하는데 자본주의와 같은 경제적 이념의 공유, 경제통합의 긍정적 경제·사회적 효과에 대한 각국 국민들의 공동의 생각이 공동체를 이루어 가는 데 있어서의 중요한 힘으로 작용한다고 본다. 경제통합은 단순히 경제적 이익 동기만으로 추진될 수 있는 것이 아니고 경제통합에 대한 해당국 국민들의 긍정적인 인식과 사고가 중요한 요소라는 점을 구성주의는 지적하고 있다. 따라서 구성주의 시각에서는 경제공동체 형성을 위한 공동의 이념의 구축, 공동의 정체성이 사회적으로 구성되어야 경제통합의 추진이 가능하다고 볼 수 있다.

국제경제관계에 있어서 구성주의의 맥락은 1980년대 이후 세계화가 급진전되면서 전 세계에서 경쟁적으로 추진되고 있는 자유무역지대 결성, 즉 새로운 지역주의의 확대에서 그 일부를 찾아 볼 수 있다. 경제공동체의 형성은 단순히 경제적 이익의 부합만을 가지고는 이루어 질 수 없으며 그것이 호전적이었든 또는 우호적이었든 간에 시간 속에서의 상호교류와 접촉의 역사, 그리고 문화적인 동질감 및 일체감이 경제공동체를 구성하는 상대를 선정하는데 중요한 요소로 작용하는 것이 현실이다. 각 국가가 정체성과 동질성을 얼마나 공유하느냐, 그 국가들이 처해있는 환경 속에서 얼마나 사회적인 공감대를 형성하느냐에 따라 경제공동체의

---

16) 본서 제3장 김흥규, "안보공동체 시각에서 본 동북아시대 구상" 참조.

결성은 큰 영향을 받게 되는 것이다. 따라서 경제공동체의 추진과정에서 공동의 이념, 정체성의 확보와 이에 대한 인식제고의 노력이 매우 중요하다 하겠다.

유럽에서 진행되어 온 EU의 결성과 발전과정은 이러한 구성주의적 요소의 중요성을 여실히 보여 준다. 유럽의 경제공동체 결성은 유럽적 문화와 인종적 동질감에 기초하여 비교적 신속히 시작될 수 있었으며 고대 로마를 계승한다는 일체감과 대륙유럽이라는 지리적, 역사적 동질감이 경제공동체 결성에 촉매적 역할을 했다고 볼 수 있다. 북중미의 NAFTA, 남미의 MERCOSUR 등도 EU의 예에서와 같이 역사적, 사회적, 지리적 동질감이 경제공동체 형성의 촉매요인으로 작용한 경우인 것이다.

우리나라의 경우에도 본격적인 의미에서의 경제공동체 결성의 대상으로 동북아의 중국과 일본을 고려하고 있으며, 멀리로는 현대사에서 정치, 경제, 문화적으로 한국사회의 형성에 지대한 영향을 미치고 있는 미국을 자유무역지대 결성의 상대로 삼고 있다는 점은 구성주의적 요소의 중요성을 여실히 보여 주는 사례라 하겠다.

III. 동북아 경제공동체 구상의 이론적 검토

1. 동북아 경제의 부상과 경제협력 추진 현황

동서 냉전의 종식과 세계화의 급격한 진전, 중국 경제의 급부상 등 전 세계의 정치경제환경은 지난 10여 년간 급격한 변화를 겪어 왔다. 동북아 지역에서도 군사적 긴장이 완화되는 한편 경제교류가 급격히 확대되었다. 역내 교역 및 투자 측면에서의 시장주도의 기능적 경제통합이 빠르게 진전되어 왔다. 동북아지역(한·중·일)의 역내 교역비중은 1990년 12.7% 에서 2002년 20.0%로 증가하였고, 2020년에는 30%로 증가할 전망이다. 또한 세계 총생산 대비 생산량은 2002년 18%에서 2010년에는 20%로 증

가할 것으로 예측된다.[17]

이상과 같은 경제교류의 활성화와 경제성장의 가속화에도 불구하고 동북아 국가 간에는 상호 간 경제협력을 위한 노력이 부족한 실정이다. 최근 한·일 간의 FTA 논의가 있었으나 농업 등 민감 분야에서의 개방폭에 대한 심각한 견해차이로 협상이 중단된 상태이며, 한·중 간의 자유무역지대 결성논의는 연구기관들 간의 논의 차원에 머무르고 있다. 또한 일·중 간의 경제통합 논의는 양국 간의 경쟁과 갈등으로 언급조차 이루어지지 않고 있는 실정이다. 결국 동북아지역은 자유무역지대 등 경제공동체 결성의 세계적인 추세에서 크게 뒤처져 있으며 이러한 상황은 당분간 지속될 것으로 보인다.

2. 동북아 경제공동체 형성을 위한 노력

동북아지역의 다자간 협의체 측면에서 가장 주목할 만한 진전은 아세안+3 정상회의 중 개최되는 한·중·일 3국 정상 간의 회동이다. 1999년 11월 마닐라에서 개최된 ASEAN+3 정상회의시 한국, 일본, 중국의 정상은 역사적 3자 회동을 가졌으며, 이후 3국 정상회동은 정례화되었다. 그 후 2001년 11월 브루나이에서 가진 3국정상 간의 회동에서 3국 정상은 향후 3국경제·통상장관, 재무장관 및 외교장관회의의 정례화에 합의하였고, 이에 따라 2002년부터 3국경제·통상장관회의, 재무장관회의 및 외교장관회의가 정기적으로 개최되고 있다.

1999년 11월에 열린 제1차 회동시 3국정상은 3국 간 경제협력 증진을 위한 공동연구 수행에 합의한 바 있다. 이에 따라 3국의 국책연구기관 간에 무역 및 투자 증진 방안, 한·중·일 FTA의 경제적 효과에 대한 공동연구가 추진되고 있다.[18] 2003년 10월 인도네시아 발리에서 개최된 한·

---

17) Global Insight, 2006.
18) 중국의 發展硏究中心(DRC), 일본의 總合硏究開發機構(NIRA), 한국의 대외경제정책연구원(KIEP)간에 공동연구가 시작되었다. 공동연구의 제1단계 주제는

중·일 정상회의의 합의사항에 따라, 『한·중·일 투자협정의 가능한 방식(modality)에 관한 비공식 공동연구』도 현재 3국의 업계, 학계 및 정부 관계자들에 의해 진행되고 있다.19) 동북아 3국의 협력은 연구 내지는 특정분야에 대한 상호 간 논의의 단계에 머무르고 있다.

한편, 동아시아 지역에서는 다양한 형태의 지역주의가 동시다발적으로 추진되고 있다. 이러한 양상을 촉발시킨 주요 원인에는 중국, 일본 등 동북아 국가들이 동아시아 지역 리더로의 부상 전략을 적극적으로 추진함으로써 더욱 가속화되고 있다. 먼저, 중국은 동아시아 역내 FTA 등 지역협력을 중국의 부상을 위해 적극 이용함으로써 장차 중국이 미국과 함께 세계경제의 양대 주도세력으로 발전하려는 비전을 추구하고 있다.

최근 중국이 동아시아에서 지역경제통합에 경쟁적으로 참여하는 배경에는 동아시아에서 형성되고 있는 미국을 중심으로 한 '아태주의(亞太主義)', ASEAN 10국이 형성한 'ASEAN주의(ASEAN-ism)'에 대항하여 자국을 중심으로 하는 '동아주의(東亞主義)'를 구축하려는 의도가 있다고 볼 수 있다. 이와 같은 목표하에 중국은 2001년 11월 ASEAN과의 FTA를 제안하고 일부품목에 대해 선자유화조치(early harvest package)를 단행하는 등 중-ASEAN FTA의 실현을 구체화하였다.

한편, 개방정책을 표방하는 중국경제가 크게 부상하면서 일본은 동아시아 지역에서 자국의 주도권을 중국으로부터 보호해야 할 필요성을 가

「중국의 WTO 가입이후 한·중·일 3국 간 무역 및 투자 증진방안」이었으며, 이에 따라 2001년부터 한·중·일 3국 간 무역원활화 및 투자증진방안에 관한 공동연구가 수행되었다. 2003년부터는 한·중·일 FTA의 경제적 효과라는 주제하에 3년 기한의 연구프로젝트가 수행되어 왔다. 그리고 2006년부터 한·중·일 3국의 업계 관계자들을 포함시킨 한·중·일 FTA에 관한 산·학 공동연구를 진행 중에 있으나 여전히 민간공동연구에 머무르고 있는 실정이다.

19) 3국 모두 투자자유화의 필요성에 공감하면서도 일본의 경우 높은 수준의 투자자유화 협정을 요구하고 있는 반면, 중국은 자국경제가 과도기적 상황이 있으므로 높은 수준의 투자자유화협정 추진은 시기상조라는 반응을 보여 3국 간 합의도출이 쉽지 않을 것으로 전망된다.

지게 되었다. 일본은 동아시아 지역에서의 다양한 자유무역협정이 이를 달성할 수 있는 유효한 수단 중의 하나임을 인식하고 동아시아의 여러 국가들과 FTA를 추진하고 있다. 특히, 일본은 대규모 원조를 바탕으로 이 지역과의 경제협력 관계를 강화함으로써 향후 본격화될 동아시아 경제통합에서 주도권을 확보하기 위하여 노력하고 있다. 일본은 궁극적으로 동아시아 지역에서 일본을 정점으로 하는 새로운 국제 분업구조의 형성을 목표로 이 지역에 대한 자유무역협정을 서두르고 있는 것으로 볼 수 있다. 우리나라도 이와 같은 추세에 뒤지지 않고 ASEAN 국가들과의 자유무역협정 추진에 노력을 기울이고 있으며 싱가포르와 이미 자유무역협정을 체결하였다.

현재 동북아 한·중·일 3국은 동아시아 국가들을 대상으로 한 자유무역협정 추진에 경쟁적으로 나서고 있으나, 동북아 3국 간 경제공동체 형성에 있어서는 비교적 소극적인 모습을 보여주고 있다. 한국정부의 '동북아시대 구상'은 이와 같은 상황에 돌파구를 마련하기 위한 시도라고 할 수 있다. 한국정부가 제시한 '동북아시대 구상'은 동북아지역에서 대립을 해소하고 동북아를 세계경제의 성장동력으로 발전시키자는 사고에 그 바탕을 두고 있다. 동북아지역의 정치관계 개선과 경제협력 확대를 통해 국가 간의 갈등을 해소하고 개방적이고 역동적인 시장을 구축함으로써 동북아를 세계경제성장의 중심축으로 만들자는 발상이다.[20]

동북아지역을 세계경제의 견인차로 발전시키고 동북아지역에 경제공동체를 구축하는 한편, 대륙과 해양을 연결하는 우리나라의 지경학적 위치를 최대한 활용하여 우리나라를 경제허브로 발전시키자는 구상이다. 특히, 동북아 경제허브의 비전을 실현하기 위해서는 대내적으로 우리나라 경제시스템을 선진화하여 경제중심지, 비즈니스 중심지로서의 위상을 확립하고 대외적으로는 동북아에 개방적이고 역동적인 시장을 구축하기 위하여 동북아 국가 간의 경제협력과 경제통합을 강화하여야 한다.

---

20) 유종일, "동북아구상의 비전과 제도개혁," (KIEP 정책세미나 자료실, 2003.10).

3. 경제공동체이론과 동북아 경제공동체 형성

전통적 경제통합이론은 경제통합을 단계적으로 접근하고 경제통합의 정도와 양상에 따라 자유무역지대이론, 관세동맹이론, 공동시장이론, 경제동맹이론 등으로 나누어 관찰하고 있다. 현재 전 세계적으로 살펴 볼 때, 국가 간의 자유무역지대 형성이 매우 활발하게 이루어지고 있으며 관세동맹, 공동시장, 경제동맹, 통화동맹 등 좀 더 심화된 형태의 경제통합은 상대적으로 소수의 경우에 한정되어 나타난다.

참여정부의 핵심 국정목표로 제시된 '평화와 번영의 동북아시대 구상'은 참여정부 초기에는 경제적 번영의 실현을 통한 한반도와 동북아에 평화 구축의 새로운 전환점 마련을 목표로 하였다. 그러나 2004년 동북아경제중심추진위원회가 동북아시대위원회로 개편되면서 한반도와 동북아지역의 평화구축에 관한 과제가 추가로 추진되기 시작하였다.

'동북아시대 구상'의 궁극적인 목표는 역내 협력과 통합의 제도화를 통한 호혜와 상생의 지역공동체를 건설하는 데 있다.[21] 이는 역내 국가 간의 무한경쟁체제보다는 평화와 통합의 거버넌스의 구축을 통하여 공동체를 형성하는 것이 역내 국가들의 평화와 공동번영을 더욱 잘 담보해줄 것으로 믿기 때문이다. 여기서 '제도화'와 '지역공동체'라는 용어에 담긴 의미를 생각해 볼 필요가 있다. 초기 유럽의 경우처럼 이미 동북아에서는 1990년대 이후 급속히 기능주의적인 경제통합이 진행되고 있다. 이러한 환경하에 '동북아시대 구상'은 '네트워크 동북아'를 추구한다.

네트워크 동북아는 인간, 상품, 서비스, 자본, 인프라, 아이디어, 정보의 긴밀한 연계망의 구축을 통하여 물리적, 비물리적 장벽을 극복함으로써 실현된다. 이와 같은 노력은 구성주의적 관점에서 동북아 국가 상호 간의 정체성을 확인하고 강화하려는 노력으로 평가할 수 있다. 이러한 물리적,

---

21) 동북아시대위원회, 『평화와 번영의 동북아시대 구상』(서울: 동북아시대위원회, 2005).

비물리적 장벽의 극복 노력은 자유무역협정, 관세동맹, 공동시장, 경제동맹 등의 경제통합의 단계를 거치면서 역내 무역자유화와 경제정책의 조화로 표출되는 한편, 다양한 형태의 지역경제공동체로 진화한다. 따라서 네트워크 동북아의 실현은 동북아 국가 간의 자유무역지대 구축으로부터 출발점을 삼고 그 다음 단계의 심화된 경제통합을 점진적으로 추구하며, 그 과정에서동북아 국가 간의 인식과 사고의 동질성과 일체감을 제고하려는 구성주의적 시도라고 할 수 있다.

여기서 우리는 '동북아시대 구상'이 지역공동체와 관련하여 제시한 네 가지 미래상을 검토해 볼 필요가 있다.[22] '하나되는 동북아'의 비전은 역내 국가 간의 상호불신, 분열, 적대감을 소멸시키고 공동운명체 의식을 공유하는 하나의 공동체적 지역질서로 전환하는 것을 의미한다. 이는 국가 중심적 통합이론에 기초한 정부 간 관계이론의 한 맥락으로 이해될 수 있다. 즉, 호혜와 상생의 경제공동체 구축을 목표로 하는 바 이는 국가라는 체계와 실체를 유지하는 한편, 동북아에 역사적으로 만연되어 온 불신과 투쟁의 역사의 종말을 가져오고 신뢰와 상생을 바탕으로 공존하자는 의미의 공동체를 추구한다고 볼 수 있다.

즉, 현실주의이론에 바탕을 두고 동북아국가들 간의 평화와 번영을 증진함으로써 각국이 평화와 번영의 열매를 취하는 한편 우리나라의 이익도 극대화하자는 국제정치상의 추구라고 할 수 있다.[23] 경제적 의미에서 공동운명체 의식을 공유한다는 것은 궁극적으로 경제동맹을 구축하여 공동의 경제정책 및 대외 정책을 시행하는 고도로 심화된 경제통합을 상정한다고 할 수 있다.

'동북아시대 구상'이 취하는 국가중심적 통합이론의 입장은 추진전략

---

22) 동북아시대위원회, 『평화와 번영의 동북아시대 구상』, p.15.
23) 정부 간 협상이론에 따르면, 국제관계란 국가들의 경제적 힘과 외교력을 배경으로 국제적인 정치·경제구조를 확립하는 것이다. 대표적 학자인 호프만 (Stanley Hoffmann)은 유럽연합을 국가이익의 효과적 실현을 위한 주권국가 간 전략적 결합으로 간주한다.

속에서도 잘 드러나고 있다. 우리나라의 전략적 역할로서 가교국가, 거점국가, 협력국가의 3대 역할론을 제시하고 있다. 가교국가론은 우리나라가 협력과 통합의 새로운 지역질서를 창조하기 위해 지정학적 특성을 활용하여 대륙세력과 해양세력을 연결하는 가교역할을 수행하는 것을 의미한다. 거점국가론은 금융, 물류 등 특정분야에 대한 거점을 구축함으로써 동북아 네트워크의 중심지로서 위상을 확보하자는 것이다.

협력국가론은 역내 국가 간에 팽배해 있는 불신과 반목, 그리고 경쟁의 모드를 협력의 모드로 전환시키는 데 있어서 우리나라가 주도적 매개국가 또는 촉진국가로서의 역할을 자임하자는 것이다. 이상과 같은 3대 역할론은 동북아 역내 국가들의 국제정치경제적 역학관계 속에서 우리나라가 취할 입장을 제시한 것으로 우리나라의 국가적 정체성을 강조함으로써 현실주의적 차원의 국가중심적 통합이론의 입장을 드러내고 있다. 또한 경제통합이 더욱 발전하여 정치적 통합으로 발전하는 단계는 상정하지 않고 다만 경제통합의 과정을 동북아지역의 공동번영 외에도 우리나라의 경제적 잠재력을 극대화하여 동북아의 비즈니스 허브로 부상하려는 경제성장 전략을 포괄하고 있다.

한편, '함께하는 동북아'의 미래상에서는 지역공동체 구성과정에서 시민과 비정부기구의 상호교류와 협력을 강조하고 공동목표의 설정을 통한 초국가적인 시민사회 간의 연대 구축을 통해 동 그룹이 공동체 형성과정에 적극 참여할 것을 주문하고 있다. 전략적 운용원칙의 중층적 협력원칙이 강조하고 있듯이 정부당국자 간의 공조는 물론 비정부 간 접촉과 협력을 적극 활용할 것을 요구함으로써 신기능주의적 접근의 필요성을 제기하고 있다.[24]

---

24) 대표적인 신기능주의 학자인 하스(Ernst Haas)에 따르면 통합은 공식적인 권위를 지닌 정치지도자와 정부관료들의 정치적 책임과 권력에서 비롯되고, 이들이 여러 국내조치를 통해 초국가기구로 권력을 이관하는 것이다. 하스의 이론은 경제적 차원에서 국제협력이 이루어지면 정치공동체도 발전한다는 파급효과(spill-over)와 경제적 협력이 정치라는 질적으로 상이한 차원의 협력으로

결국 '동북아시대 구상'이 제시한 목표, 미래상, 추진전략을 검토해 볼 때, 동 구상은 현실주의, 자유주의, 구성주의가 복합적으로 반영된 경제공동체 구상이라 평가할 수 있다. 역내 국가 간의 갈등과 불신, 적대감을 해소하고 평화와 번영을 담보하기 위한 형식으로 공동체의 구축을 제시하는 한편, 그 추진 전략으로서 우리나라의 가교, 거점, 협력국가로서의 3대 역할론을 제시하였다. 이는 통합의 주체로서 국가를 강조하고 통합의 결과로서 일종의 국제레짐으로서의 공동체를 상정함으로써 국가중심적 통합이론의 입장을 취하고 있다고 하겠다.

한편, 공동체 형성과정에서 시민과 비정부기구의 참여, 초국가적인 시민사회 간 연대 구축, 비정부 간 접촉과 협력의 활용을 주문함으로써 구성주의적 양상을 보여 주고 있다. '동북아시대 구상'이 가지는 절충론적 성격은 유럽통합의 역사에서 초기 40여 년간에 걸쳐 제기되었던 통합의 양태와 내용을 반영하고 있는 것으로 동북아의 경제통합 추진에 매우 유용한 프레임워크를 제시한 것으로 평가할 수 있다.

한편, 전통적인 경제통합이론의 차원에서 살펴보면, 동북아 경제공동체는 우선 제도적 통합을 궁극적으로 추진한다고 볼 수 있다. '동북아시대 구상'의 3대 전략 중 지역전략을 살펴보면 "동북아시대 구상은 역내국가 간 교류와 협력을 촉진하고 보다 조화로운 지역질서와 공동체 형성을 위한 제도적 토대를 구축함"이라고 하여 동북아의 경제통합이 단순히 기능적 통합에 머무르지 않고 제도적 토대 구축의 중요성을 강조하고 있다.[25] 여기서 말하는 제도적 토대란 단기적으로 무역장벽의 제거를 통한 자유무역지대의 구현이고, 중기적으로는 생산요소의 이동이 자유로운 공동시장의 구축, 장기적으로는 경제정책의 조화를 통한 경제동맹의 추구 등 다양한 스펙트럼을 갖는다.

동북아 경제통합은 우선적으로 한·중·일 3국 간 협의의 경제통합에

확산된다는 자동적 정치화(automatic politicalization)라는 두 가지의 개념에 근거한다.

25) 동북아시대위원회, 『평화와 번영의 동북아시대 구상』, p.7.

서 시작하고 더 나아가 북한, 몽골, 극동러시아를 포함하는 광의의 경제
통합을 상정한다. 동북아지역의 경제통합은 근본적으로 경제적 발전 정
도가 다른 국가 간의 경제통합, 즉 수직적 경제통합에 해당한다. 선진국
인 일본, 중진국인 한국, 개도국인 중국, 북한, 러시아, 몽골 등이 궁극적
으로 참여하는 경제공동체를 상정하기 때문이다. 우선적으로 한·중·일
3국 간의 자유무역지대를 상정할 수 있는데 3국 간의 수직적 경제통합은
고도의 기술을 가진 일본의 첨단산업, 풍부한 저임노동력과 풍부한 자원
을 바탕으로 한 중국의 제조업과 농업, 중간적인 기술력과 양질의 인력을
갖춘 한국산업 간의 보완과 경쟁의 구도를 설정할 것으로 보인다.

　　동북아 경제공동체 구축의 첫 단계로서 '동북아 구상'은 동북아 FTA
추진을 중장기 전략기획의 과제로 설정하고 있다.[26] 이는 유럽의 사례에
서와 같이 궁극적인 경제통합으로 가는 첫 걸음이라 할 수 있다. 물론 동
북아의 정치·경제적 상황을 고려할 때 경제통합의 길은 멀고도 험한 도
정으로 생각되나 '동북아시대 구상'이 경제공동체 구축을 위한 경제통합
이론상의 첫 단계를 상정하고, 이를 주요과제로 추진하고 있다는 점에서
매우 미래지향적이고 혁신적인 구상이라 할 수 있다.

---

26) 동북아시대위원회, 『평화와 번영의 동북아시대 구상』, p.22.

|제5장|
문화공동체 시각에서 본 동북아시대 구상

I. 동북아 문화공동체의 개념

동북아 문화공동체는 문화영역에서의 교류나 협력을 통해 동북아지역 민들이 소통하며 그 정서적 공감의 결과로서 유대감과 인간적 신뢰를 형성하여, 긴밀한 네트워크와 연대체제를 구축하고, 그러한 민관의 협력 활동의 토대 위에 국가 정상들 간의 공식적인 공동체 선언이 이루어진 경우의 통합체이며, 이 통합체는 궁극적으로 삶의 양보다는 질, 물질보다는 인간, 결과보다는 과정을 지향하는 문화적 원리를 추구한다.

이렇듯 동북아 문화공동체는 정서적 소통과 유대라는 민간의 내적 동력과 공식적 선언이라는 국가 간 조약의 공신력을 두 축으로 하여 형성된다. 이어서 국가 간 조약을 맺을 수 있는 권역의 범위로서의 동북아지역, 민간의 내적 동력을 이끌어내는 수단으로서의 문화협력이라고 하는 두 개념이 결부되어 동북아 문화공동체의 종합적 개념을 이끌어낸다.

우선, 동북아라는 지역에 대한 정의는 물리적 측면과 기능적 측면에서 한 번 더 분할된다. 물리적 지역은 움직일 수 없는 영토 및 지리적 공간이고, 기능적 지역은 지역내 국가들 간 정치경제적 관계와 역할 등이 고려된다. 이런 점에서 모든 지역은 사회적으로 구성되고 정치적으로 경합하고 있다.[1] 즉, 지역이라는 개념은 너무도 당연히 확정적인 것 같지만 실상은, 일반 상식과 다르게 해당지역의 필요와 공동의 이해를 중심으로 얼마든지 상상하고 만들어지는 등 조작적 정의가 가능하다. 그 한 사례가 보편적 지역구분으로 인정되는 아시아, 극동아시아, 동북아시아 등도 특정국가의 관점에 의해 명명된 것이라는 점이 역사적으로 증명되고 있다.[2]

지리적 동북아는 한·중·일 삼국과 러시아 및 몽골 등을 포함하는 개념이지만, 역사적 동북아는 대륙세력과 해양세력이 만나는 접점이라는 지정학적 특성으로 인해 초강대국들의 이해가 끊임없이 충돌해 온 지역임과 동시에 상대적으로 문화동질감이 공유되고 있는 지역이다. 중화문화권, 한자문화권, 유교문화권과 같은 표현은 이러한 역사적 범주에 충실한 명칭이다. 동북아의 역사성을 고려해 동북아지역을 협의의 한·중·일 삼국으로 국한하면, 이 지역공동체의 구성원 국가들은 문화적 유사성 혹은 정체성을 지니게 된다. 그러나 관계 혹은 기능적 시각에서의 동북아는 군사, 전략적 측면이 고려되어 미국 및 러시아까지 포함되며, 이 기능적 동북아지역 개념에 의거한 통합체에서는 공통의 문화적 정체성이나 가치를 공유하기 어렵다.

결국 문화동질성을 고려하면, 동북아 범주는 한·중·일 삼국과 특수범주로서 북한을 고려하는 협소한 지역으로 규정되며, 문화교류와 협력의 미래전략을 감안한다면, 동남아와 인도까지를 포함한 동아시아, 아시아지역으로 범주가 확대된다.

---

1) 김유은, "동북아 안보공동체를 위한 시론," 『국제정치논총』, 제44집 4호 (2004), p.71.
2) 아시아는 18세기 미국, 극동아시아는 15세기 영국의 관점에 의한 명명방식이고, 동북아시아는 21세기의 한·중·일 삼국에 의해 각각 다른 지역을 의미하고 있다. 한국은 한·중·일+러시아+몽골, 중국은 현재 중국의 동북3성 지역, 일본은 일본의 동북지역을 의미한다.

다음으로 문화공동체적 특성을 결정짓는 문화 개념은 문화상대적 차원, 문화영역 차원, 문화원리 차원의 세 가지 차원이 복합적으로 결부되고 규정된다.3) 문화상대주의적 관점으로는 지구상의 모든 지역문화, 집단문화는 그렇게 형성될 수밖에 없었던 풍토와 구조적 요인에 의해 구속되기 때문에 각각 나름대로의 의미를 지니므로, 권역별 문화와 장르별 문화들에 대한 우열의 평가를 할 수 없다.

문화영역적 관점에 입각한 문화 개념은 정치 혹은 경제 영역을 제외한 모든 문화적 행위 혹은 문화적 수단으로 여가를 즐기고, 삶을 고양시키는 활동을 의미하며, 범위를 약간 좁히면 예술작품의 창작과 소비, 향유활동을 의미한다. 이 협의의 문화개념은 인간의 정서적, 정신적 표현의 산물을 생산하고 소비·향유하는 예술행위로, 인간의 존재 가치를 실현하고 삶의 질을 고양하며, 시대와 공간의 문제를 표현해 내는 모든 장르의 예술행위를 말한다.

문화원리적 관점에 입각해서 문화를 보는 시각은 어떠한 결정과 그에 따른 행위의 방향성과 가치를 중시한다. 물질보다는 인간, 업적보다는 과정, 결과보다는 동기, 이익보다는 협력, 양보다는 질, 노동과 유희의 분리보다는 유기적 연관, 중심보다는 주변을 중요하게 생각하는 모든 행위를 문화적 행위로 본다. 따라서 이때의 문화적 활동은 모든 정치, 경제, 사회 영역이 대상이 되며, 문화원리가 작동되는 사회는 문화적인 사회이며, 그러한 사회야말로 문화복지, 문화민주, 인간중심의 사회이며 삶의 질이 최고도로 구현될 것이다.

결국 통합 이전까지의 과도기적 과정동안 문화교류를 통해 공감지점

---

3) ‘문화예술’에 대한 법률적 정의는 ‘문화예술진흥법’ 2조 제 1항 1호로 “문화예술이란 문학, 미술, 음악, 무용, 연극, 영화, 연예(演藝), 국악, 사진, 건축, 어문 및 출판 등”이고, ‘문화재’는 문화재보호법 2조 제 1항으로 “유형문화재, 무형문화재, 기념물”이며, ‘문화산업’은 ‘문화산업진흥기본법’ 2조 1호로 “영화, 음반·비디오물·게임물, 출판·인쇄물·정기간행물, 방송, 문화재관련, 캐릭터·애니메이션·디자인·광고·공연·미술품·공연품 등” 임.

을 넓혀가고 심화시키며 네트워크와 연대를 구축해가는 것은 '문화공동체 < 공동체'이지만, 통합 이후 완전한 공생사회로 발전된다면, 문화원리론이 제대로 실현되어, '문화공동체 = 공동체'가 될 것이다.

한편, 연대성이 강한 공동체를 주장하다보면 다른 문화, 다른 가치를

〈그림 1〉 문화개념의 삼차원과 그 관계

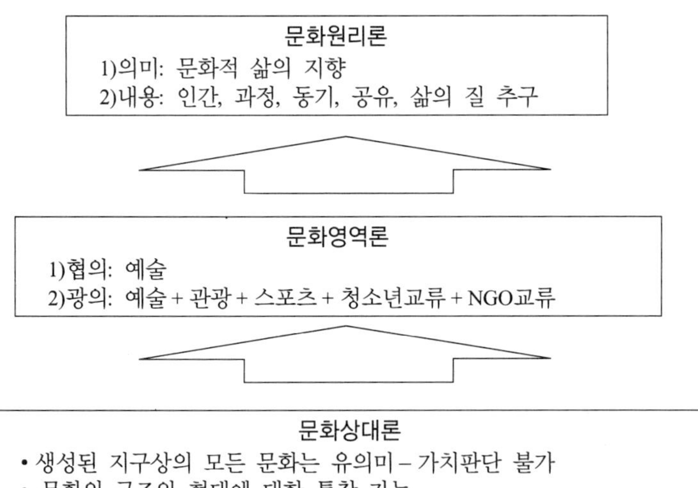

〈그림 2〉 과정과 궁극적 비전으로서의 문화공동체

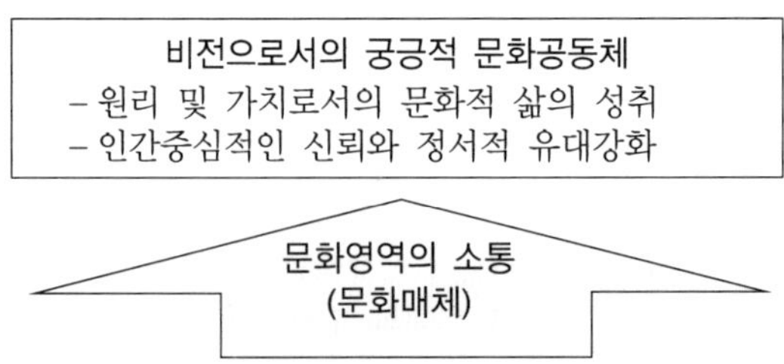

용인하기보다 통합성을 강조하여 비문화적인 사회가 형성될 가능성도 있기 때문에, 문화교류와 협력의 최종 목적지는 공동체라기보다는 문화의 다양성이 존중되고 확보될 수 있는 네트워크 수준이라는 반론도 있다. 그러나 비공식적 연대이거나 네트워크 수준의 집단으로 만족하여 공동체 구성원 국가 정상들의 공식적인 선언이라는 과정을 경시 혹은 간과하면 공동체의 고유성과 배타성이 다른 지역공동체에 의해 인정될 여지 자체가 사전에 차단되게 된다. 이때는 대외적, 객관적으로 동북아 문화공동체 구상에서 제시되고 있는 문화협력은 안보공동체와 경제공동체가 형성되기 위한 기초적인 토대이다. 문화영역만이 아니라 청소년, 여성, 교육, 노동 등의 분야까지 포함한 사회·문화협력이 민간과 국가에 의해 현재와 같은 추세와 속도로 잘 진행되어나가도록 교류사업들이 수행되면, 지역민 간의 심리적, 물리적 거리감이 줄어들 것이고, 그러한 바탕위에 안보협력과 경제협력이 이루어지면 안보와 경제공동체가 구축되어 '동북아시대'가 열린다는 구조의 구상인 것이다.

따라서 정부의 '동북아시대 구상'에서 나타나고 있는 문화협력의 역할은 '동북아시대'를 열어가는 주체로서의 영역이라기보다는 안보와 경제협력을 통해 공동체를 구성할 수 있도록 지역민과 지역 관료들이 심리적 거리 없이 혹은 상대국 문화나 의식주에 대한 최소한의 이해를 통해 환경적인 기반을 조성하는 매개자라고 하겠다.

1. 공동체의 토대인 문화협력 개념과 역할

문화협력은 국가 지도부나 기업 등 시스템 중심으로 전개되는 안보·경제협력과는 달리 인간의 마음과 마음의 접촉과 소통에 근거한 상호신뢰의 축적을 가장 중요한 목표로 삼고 있는데, 이때 한번 축적된 신뢰는 공동체 형성을 위해 기여할 수 있는 든든한 기반이 된다. 이러한 신뢰가 없는 기능적 공동체란 그야말로 수단으로서의 공동체일 뿐 정체감과 일체감을 제공할 수 있는 진정한 공동체로서 작동할 수 없다. 따라서 신뢰를

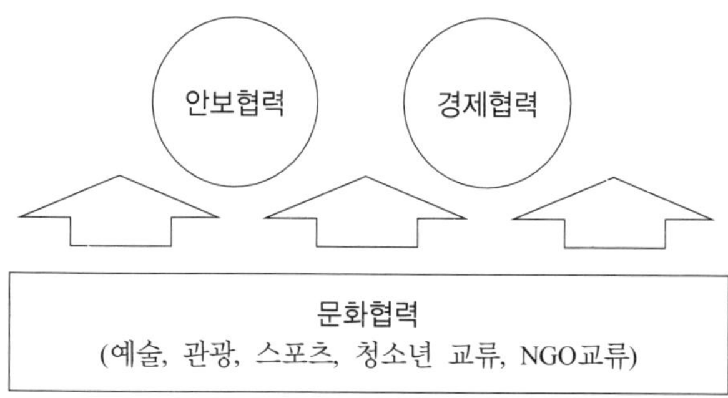

발생시키는 문화협력은 진정한 평화와 번영의 공동체 실현을 위해서 반드시 필요한 요소이다.

자민족중심적인 전략 추구가 전제되는 외교나 안보협력과 이윤추구 중심의 경제 교류나 협력만으로 형성되는 '평화와 번영의 동북아시대'는 임시적 의미의 공동체로서의 시대일 뿐이다.[4] 만일, 안보협력이나 경제협력을 통해 기능적인 공동체가 형성된다 할지라도 사회·문화 협력을 통한 타문화의 이해나 정서적 유대의 형성 등이 뒷받침되지 않으면, 통합된 공동체 내부에서 경제적 특혜 등의 요소에 의해 구성회원국 간의 분열과 반목이 나타날 가능성도 높다.

2. 주체로서의 문화협력 개념과 역할

공동체 형성을 위한 제1단계의 과제는 현재의 갈등요소들을 완화해야

---

4) 문화상품들이 경제교류를 통해서 수익을 창출하여 국가의 신(新)성장동력으로 관심이 집중되고 있다. 한국문화산업백서(2003)에 의하면, 문화산업 시장규모가 '99년(8조 5천억)→'01년(13조)→'03년(18조 5천억)으로 연평균 성장률 21%를 나타내고 있다. 이러한 경제적 효과를 지속시킬 수 있는 정책개발은 필수적이지만 국가 간의 관계에서 경제적 수익만을 추구할 경우, 경제동물로서의 이미지와 동시에 경제적 경쟁심만을 부추겨 경제수익의 생산적 확대가 아니라 현재 소규모의 경제수익을 경쟁적으로 쟁탈하는 악순환적 관계에 매몰될 위험이 있다.

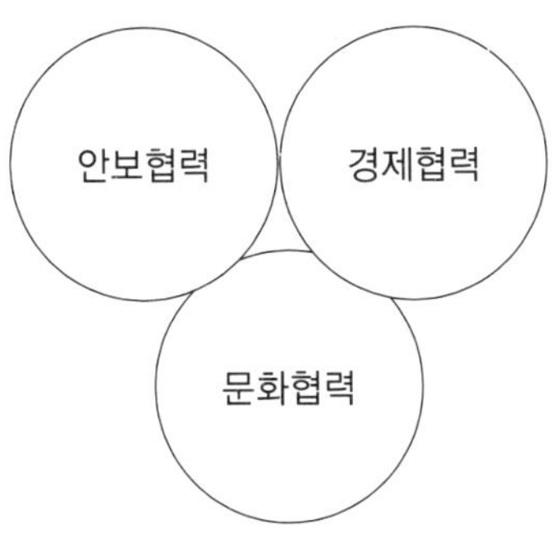

하는 것이다. 이때의 갈등요소는 안보와 경제부문만 존재하는 것이 아니라 문화적 갈등도 있기 때문에 결자해지의 차원에서 문화적 갈등은 문화협력으로 풀어내야 한다. 동북아의 현 단계 갈등은 주로 역사 인식, 영토문제, 민족중심주의 등 사회·문화적 요인에 기인한다. 물론, 영토문제의 경우 일차적으로 정치·외교적 문제라는 해석이 있으나, 정치·외교적 부문은 그 문제를 해결하는 가시적인 수단일 뿐 실제로 문제의 발생 원인과 해소책에 대한 고려에서 논거를 제공해주지 않는다. 그러한 영토문제가 발생하게 된 배경에는 그 분쟁지역으로서의 영토를 포기할 수 없는 문화적인 혹은 경제적인 배경이 있다. 이러한 문화적인 배경에 대한 이해가 선결될 경우 영토문제에 대한 해결의 실마리를 찾을 수 있다. 이러한 문화적 갈등요인은 단발적인 외교적 선언에 의해서 결코 해소되지 않는다. 따라서 장기적이고 본질적인 해결책으로서 문화협력이 동북아 갈등의 진정한 해소책이라는 점을 인정해야 한다.

한·일 간, 한·중 간의 과거사 분쟁 등은 문화적 요인으로 인한 국가 간 갈등의 대표적 사례이다. 따라서 국가 간의 갈등조정을 위해 정치·경제·군사적 해결뿐 아니라 문화전략이 필요하다. 역사에 대한 인식차이, 상호 오해와 편견은 상호이해를 추구하는 공동의 문화협력과 교류를 통해 극복될 수 있고, 문화협력은 미래에 동북아시아 지역이 열린 지역 문화공동체로 발전할 수 있는 토대를 마련할 것이다.

3. 목표로서의 문화협력 개념과 역할

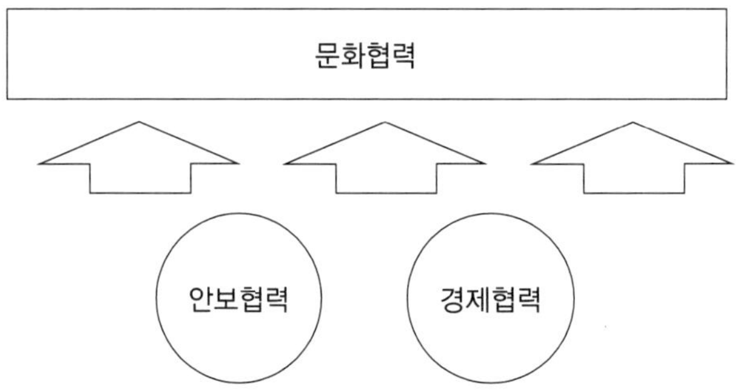

　동북아지역에 평화와 번영을 구가하는 공존, 공생, 공영의 시대가 열리기 위해서는 문화협력은 필수적이다. 안보협력은 생존을 보장해주고, 경제협력은 경제적 풍요를 견인해주지만 그 이후의 삶의 질을 담보하는 것은 문화·예술 활동과 문화예술작품과 상품의 공급과 협력이기 때문이다. 그러나 이러한 문화·예술 영역의 활동이라는 형식논리에 의해 동북아 문화공동체가 형성되지는 않는다. 문화·예술 영역의 활동이 동북아지역에 삶의 양보다 질을 추구하고, 물질보다 인간을 중요시하고, 결과나 업적보다는 과정을 중시하는 문화적 원리의 추구로 나아갈 때, 궁극적인 문화공동체가 형성되고, 평화와 번영의 공동체의 비전이 완성된다.

II. 문화공동체 일반이론의 검토

　문화교류는 현재진행형으로 오늘도 지구 어디에서인가 인간 간의 소통을 도모하면서 실천되고 있는 행위이다. 문화교류는 교류의 수단이나 도구로 문화적 매체를 활용한다는 점에서 정치경제적 교류와 차별된다. 이러한 문화교류 중에서도 '문화협력' 개념은 양 국가가 상호 간에 일정하게 기획된 시간표와 약속하에 문화교류사업을 진행하는 것을 지칭한다. 따라

<표 4> 문화교류의 세 가지 단계와 방식

단계	국제관계 및 국제질서	교류성격	논리적 기반	교류목적	교류결과	공동체수준
1단계	현실주의	문화지배, 문화진출	문화진화론	침투, 동화	동화, 적대	일방적 공동체
2단계	자유주의	문화교환, 문화홍보	문화상대론	우호, 이해	소극적 이해	형식적 공동체
3단계	구성주의	문화횡단	문화연대론	공감, 유대	적극 공감	내용적 공동체

서 문화협력은 국가 간의 약속된 문화교류라는 점에서 상당히 협의의 문화교류이면서도 그 성과가 매우 효율적이고 가시적일 가능성이 높다.

그러나 문화공동체는 문화협력을 포함하여 민간 차원 혹은 개인과 집단 간의 다양한 문화교류의 기반 위에 구축된다. 정서적 유대와 인간적 신뢰는 반드시 국가의 개입을 전제로 하는 것은 아니기 때문이다. 특히, 다양한 문화적 매체를 사용하는 문화교류가 진행되어 온 역사적 과정을 보면, 문화적 매체는 동일할지라도 교류의 목적과 결과는 다르고, 그러한 다른 결과를 유도한 논리적 기반이 있다.[5] 이렇듯 각각 다른 문화교류의 목적과 논리에 따라 문화교류는 삼단계의 역사를 축적해오고 있고, 이러한 각 단계별 문화교류로 인해 형성될 공동체의 수준과 형식 또한 세 가지로 구분된다.

문화공동체의 성격과 형성 과정을 좌우하는 교류행위 자체가 일반적으로는 문화공동체로 진전되어나가는 과정의 동력이지만, 때로는 역설적으로 문화공동체의 형성에 필수적인 상호 신뢰와 유대 관계의 형성에 방해가 되기도 한다. 따라서 교류 행위자체가 의미가 있기 보다는, 어떻게

---

5) 이동연, "동아시아 문화교류를 위한 이론적 모색," 『동아시아에서 문화교류 연구, 어떻게 할 것인가』(한국 중국현대문학학회 정례학술대회, 2004.4.17).

교류하느냐가 중요해진다. 만일, 상대를 지배하기 위한 문화교류라면 그
러한 교류는 절대적으로 문화공동체를 성취하기 어려우며, 오히려 적대
적인 관계만 형성될 뿐이다.

1. 현실주의적 문화진화론

현실주의적인 관점에서의 문화제국주의적 교류는 상호 만족시킬 수
있는 문화공동체가 아니라, 일방적인 지배와 진출론이다. 이는 식민기의
제국통치가 지배적이던 시기에 문화교류가 정치적 지배권을 확장하고 확
립하는 수단으로서 활용되었던 것을 의미한다. 정치, 군사, 영토적 지배
가 종식된 현대에도 대부분의 국가들이 여전히 문화제국주의와 유사한
형태로서의 교류와 협력을 실행 중이다. 이 논리는 국가가 중심이 되어
선진적인 국가이미지를 유포하고 강화하려는 문화교류로서 결국 현실주
의적 국익추구의 맥락으로 연결된다. 문화진출의 상황에서 활용되는 예
술 행위와 작품은 국가이미지 개선 혹은 국가이미지 강화의 수단이나 도
구가 된다.

최근에 문화제국주의는 다국적 문화자본주의라는 이름으로 재생산되
고 있는데, 마치 하나의 국가에 종속되지 않고, 국적과 국경에 무관한 문
화상품인 것 같아 '다국적' 문화상품이라고 호칭되며, 여러 국가에 유통
되고 있으나 실제로는 일국의 이익과 일국의 이미지 개선에 복무하는 문
화상품들이 문화제국주의론을 실현하고 있다고 볼 수 있다. 동아시아 내
에서도 문화적 우세종(cultural dominant)이 문화시장을 지배하고, 따라서
그러한 문화적 우세종은 그 문화를 잉태하고 생산한 국가의 이익 확산을
지향하고 있으며, 현재 인기를 누리고 있는 대중문화로서의 한류, 일류,
화류도 그러한 문화적 우세종 중의 하나라고 할 수 있다.

특히 미국의 할리우드 영화는 대부분의 영화가 인권존중과 국가에 대
한 개인의 승리라는 보편적 가치를 지향하는 듯 보이지만, 실제로는 미국
의 수호국가적 메시지를 빠짐없이 전달하고 있다는 점에서 문화제국주의

적 상품이며 그 상품들의 교류와 유통은 문화제국주의론적 교류로 해석될 수 있다.

'문화지배와 진화'를 목적으로 하는 이 1단계 문화교류는 통상적으로 한쪽에서 다른 한쪽으로 일방적으로 흐르거나 주입되는 것으로 '문화지배(cultural dominance)'적 교류이고, 이러한 일방적 문화진출로 귀결되는 문화교류를 통해 형성될 공동체는 강자에 의해 통합되는 현실주의적 통합체가 된다.

이러한 1단계의 문화교류는 대부분의 제국주의 국가에서 근대 초기에 보여준 교류 형태이다. 아시아에서도 예외가 아니었다. 19세기부터 시작된 서구 열강의 아시아 지역에 대한 이권 침탈은 20세기에 이르러 아시아를 지켜야 한다는 일본의 아시아주의적 '대동아공영권'을 배태시켰다. 일본의 지적, 정치적 지도부는 동아지역을 공동체로 인식하고 동아지역의 보호자로 자기 자신을 규정했지만, 오히려 동아지역민들은 일본의 공동체 개념에 대해 공감하지 못했으며, 일본식 공동체가 아닌 자국 민족의 독립성을 쟁취하고자 하는 민족자결주의를 주장하고 있었다.

이는 1868년 메이지유신 이래 근대화와 서구화를 진행해 온 일본이 서구의 제국주의적 경향에 경도되어 아시아에서 자기방식대로의 제국을 건설하겠다고 하는 야심을 팽창시킨 나머지, 공동체 구성원 모두의 안전과 이익 추구를 목적으로 하는 공동체의 본질적인 존재 목적보다는 자국의 지배 욕구를 강화시켰기 때문이다. 일본은 자신들이 주장한 대동아공영권의 본질과 그 파급효과에 대한 성찰을 간과하였다. 이 대동아공영권은 대동아라는 지역적 범위 부문에서는 문화공동체적 성격을 지니고 있지만 문화적 공유보다는 안보와 번영의 논리가 강한 정치경제적 공동체의 성격이 지배적이었다고 하겠다.

메이지기 후쿠자와 유기치(福澤諭吉)는 아시아의 열등한 동료국가들에게서 벗어나 서구열강의 대열에 진입해야 한다는 탈아입구(脫亞入歐)론에 앞서 동양연대론을 제시했다. 이 동양연대론은 서양이 아닌 세력들의 평화공존과 연대를 의미하는 것이 아니라 동양 각국이 국내의 체제를 개혁하여 수구파의 권력을 빼앗고 나서 서양이 가지고 있는 문명을 전파해야 한다는 것이었다.

따라서 이때의 동양연대론도 기실 서양추구적인 단선적인 진화론에 근거한 것이었다. 결국 우승열패적인 시각에서 내부 개혁이 가능한 일본만이 문명화될 수 있다고 결론내리고 일본을 아시아로부터 분리하는 정책적 구호로 움직여갔던 것이다. 즉, 동양연대론은 동북아시아 국가들의 자발적인 의사가 수렴된 문화공동체로서의 성격보다는 서구의 문명을 수용하기 위해 일본의 모델을 추수해야 한다는 강제논리에 불과했다.

2. 자유주의적 문화상대론

문화교환론과 문화홍보론은 현대의 일반적인 문화교류 양상이다. 현대의 문화교류는 발신자와 수신자 사이의 평등한 교환관계를 전제로 한다. 그것은 유네스코가 주장하는 인류화합과 평화공존을 위한 국제문화교류라든지 아니면, 국가 간의 우호증진을 위한 문화·예술교류라든지 하는 가치중립적인 문화교류를 의미한다. 이러한 주장은 식민주의 대 피식민주의, 중심국가 대 주변국가 사이의 일방적인 문화적 지배관계는 줄어들고 대신 다양한 문화의 소통을 전제한다.

그러나 우호증진을 위한 문화·예술 교류가 주로 국가의 이미지 개선을 위한 홍보시책의 일환으로 관행적으로 이루어지고 있는 현상과 우호증진이라는 목표가 상대국 문화의 이해보다는 자국 문화의 진출이나 자국문화 이해시키기에 가깝기 때문에 중립적 교류 행위라고 보기는 어렵다. 또한 시장의 자율성과 대중들의 자발성이라는 주체성을 강조하는 문화적 다원주의는 문화산업계의 거대자본의 권력에 무방비 상태이기 때문에 언제라도 종속될 가능성이 높다는 문제를 남긴다. 이러한 중립적 문화교류와 홍보의 쌍방향적이고 우호적인 협력에 의해 구성될 문화공동체는 자유주의적 협력 시스템과 조약에 의해 완성될 것이다. 따라서 자유주의적 문화공동체는 기본적으로 형식적인 수준이며, 공동체의 연대 수준과 연대의 내용은 보장되지 않는다.

중국의 쑨중산(孫中山)은 1924년, 일본 고베에서 행한 '대아시아주의'라는 제목의 연설에서 아시아는 완전한 독립이 없지만, 가장 오래된 문화의 발상지로 곧 부흥할 것으로 보았다. 그가 주장하는 '대아시아주의'란 아시아라는 개념을 부분적으로 왕도의 개념과 결합시키고, 유교적 아시아나 동질적 문화를 핵심으로 하는 아시아가 아니라 평등한 민족국가로 구성하는 아시아이다. 상이한 종교, 신앙, 민족, 사회를 포용할 수 있는 정치문화를 지니는 아시아이다. 결론적으로 여기서 말하는 왕도의 문화는 피압박민족에 대한 불평등을 타파하는 것이고, 모든 민중의 평등과 해방을 추구하는 문화이다.[6]

이러한 쑨 산의 평등한 민족국가로 구성되는 아시아라고 하는 관점은 아시아 지역 국가들의 공동체 지향보다는 각자의 문화를 존중받는 문화상대주의적 관점이 우선시되고 있다. 이러한 문화상대주의적 관점에서는 각국의 문화에 대해 우호적이지만, 그러한 우호성이 공동체의 형성을 위한 토대가 되기보다는 오히려 각자의 거리를 충분히 유지하는 수준에서 이루어지는 합리적이고 관행적인 교류의 토대가 될 뿐이다. 각 국가가 일정한 거리를 두고 원원(win-win)하는 것을 지향하는 셈이다. 따라서 2단계의 자유주의적 문화교류는 최대한 상대방을 존중하되, 자국을 위한 이익이나 홍보를 우선시하는 관점에서 출발하기 때문에, 만일 공동체가 형성된다고 해도 형식적 공동체일 뿐 진지하고 적극적인 내용적 공동체가 될 수는 없다.

3. 구성주의적 문화연대론

문화수신자와 문화발신자의 고정된 위치를 배제하고 문화적 활동의

---

6) 왕후이, 이욱연 역, 『새로운 아시아를 상상한다』(서울: 창작과 비평사, 2003), pp.187-190; 손중산 전집 11권, pp.401-409를 참조.

위치가 지속적으로 변환하는 것을 의미하는 문화횡단(Trans-Culturation)론
이 구성주의적 문화교류라고 할 수 있다. 지배와 교환으로서의 문화교류
가 수신자와 발신자의 위치를 상대적으로 고정시켰던 것과는 다른 방식
이다. 이 3단계의 교류는 가장 선진적인 단계로, 문화교류 세력들이 민족
국가의 경계나 계급적·성적·세대적 경계를 넘어서며, 중심과 주변, 주체
와 대상, 발신자와 수신자, 생산자와 소비자를 미리 규정하지 않고 문화
가 다각적 방향으로 서로 교류되는 가장 이상적인 방식이다.

아시아 혹은 동북아시아라는 명칭의 공간이라는 것이 자연적으로 존
재하는 자연환경이 아니고, 역사적 공간과의 중첩에 의해 생겨나는 이력
서와 같은 것으로 시간의 퇴적 위에서 만들어지는 것처럼 문화교류의 가
장 이상적인 방식은 특정한 어떤 지배세력이나 국가에 의해서 통제되거
나 기획되는 것이 아니다. 중산층이라고 할 수 있는 문화적 소비자와 생
산자의 상호 자발적인 교류와 소통이 문화횡단을 가능하게 하고, 가장 풍
부한 문화공감대의 형성과 삶의 질 제고를 가져온다.

모든 지역은 만들어지는 것이다. 선험적으로 존재할 수 없다. 같은 공
간이라도 결코 어떤 단계에서 결정되는 것이 아니라 시기적으로 변해간
다. 즉, 공간은 항상 어떤 정책이나 시각에 의해 시간적으로 변화해가기

〈표 5〉 구성주의적 문화교류와 동북아공동체 담론

공동체 근거		내용과 의의	한계
문화동질론	구성주의	한자문화권, 유교문화권의 문화유산적 동질성에 입각한 공동체론	과거지향적, 이질성 이해결핍
문화연대론	자유주의 구성주의	서구지향적 가치와 문화로 획일화된 구조를 극복하는 아시아유대 강화론	방어적, 폐쇄적
탈민족 공동체론	구성주의	국가주의와 민족주의 폐해에 주목해, 시민들이 주체가 되는 공동체론	개방형민족주의 부정
미래형 공동체론	현실, 자유 +구성주의	내용은 동질, 방식은 연대, 주체는 탈민족적 시민에 의한 미래형 담론	문화협력사업의 과정과 효과중시

때문에, 물리적 거리의 문제가 아닌 것과 같다.[7] 문화횡단의 열매를 맛본 문화시민들의 체험의 확산과 공유 기회의 확대는 점차적으로 관행적인 교류를 문화횡단 방식의 교류로 성숙시켜 나가는 계기가 될 것이다.

구성주의적 문화교류에서 중시하는 문화적 소통을 통한 정신적 유대의 강화와 그 결과로서의 문화공동체의 형성을 성취하는 과정에서의 공동체의 근거 혹은 공동체로 가기 위한 소재와 도구는 세 가지로 나누어 볼 수 있다. 즉, 문화동질성에 기반한 교류, 특정한 지역의 문화연대를 의식한 상대적인 문화연대를 목적으로 하는 교류, 민족과 국가를 넘어선 순수한 교류 등이 그것이다. 즉, 문화동질론에 기반한 문화공동체, 문화연대론에 기반한 문화공동체, 탈민족적 시민들의 결사체에 기반한 문화공동체론이다.

첫째, 지리적 근접성에 기초하여 역사적인 경험들에 의해 동북아지역민에게는 문화적 동질성이 형성되었다는 담론이다. 그리고 이 동질성이 동북아 지역민의 연대와 공동체 형성의 동력이라고 본다. 이는 공동체의 구성원들이 최소한 공동의 비전을 갖고, 심리적 친근성이 필요하다는 점에서 이미 형성되어 있는 문화적 동질성을 중심으로 집단으로서의 정체감을 강화할 수 있다고 보는 것이다.

둘째, 서구의 물질중심주의적 가치를 공동의 적으로 설정하고, 아시아인이 단합하여 서구의 물질중심주의를 극복할 수 있는 새로운 가치를 창출하면서 연대를 창출하자고 하는 문화연대론이다. 문화연대론은 굳이 과거의 문화로부터 동질성을 발굴한다거나 공유하는데 초점을 둔다기 보다는 공동의 적인 서구 규범에 대응하여 새로운 지역적 규범을 창출하고 서구의 문명적 진출과 공격에 대하여 동등한 위치에서 상호적으로 주고받을 수 있는 연대체를 형성하는데 뜻을 둔다. 물론 규범뿐 아니라 서구의 획일적 문화가 마치 보편적 문화처럼 이해되고 아시아 문화를 상대적

---

7) 야마무로 신이치 저, 임성모 역, 『여럿이며 하나인 아시아』(서울: 창작과 비평사, 2003), pp.185-186, p.202.

으로 후진적인 것으로 전제하는 현재의 아시아 문화계에 대한 비난과 극복의 논리이다. 아시아의 문화를 아시아인이 공유하고 향유하여 아시아의 문화를 서구를 향하여 발신하려는 목적의식까지도 내포되어 있다.

탈아입구론과 반대로 '아시아 일체론'을 주장한 오카쿠라 텐신(岡倉天心)은 서양문명을 목적이 고려되지 않으면서 오직 수단만을 찾는 열등한 문명으로 이해하였다. 오카쿠라 텐신의 '동양의 이상'에서 아시아 민족은 서양문명에는 없는 궁극적 보편성을 향한 사랑을 추구하기 때문에 아시아 문명은 기술수단에 사로잡힌 서양문명을 훨씬 넘어선다고 보았다. 아시아 일체론은 서구문명이 제공하지 못한 애(愛)와 미(美)의 문명을 아시아가 세계에 제공할 수 있기 때문에 아시아는 서구문명이 도달할 수 없는 가치가 있다는 뜻이다. 후쿠자와 유기치의 눈에는 기존의 아시아가 곧 망해버릴 야만의 부호였으나, 오카쿠라 텐신의 눈에는 세계 3대 종교를 만들어낸 사랑의 기호였다.8) 이 아시아 일체론은 현재의 동북아 문화공동체가 발굴하고 만들어가고자 하는 문화적 정체성의 문제를 다루고 있으나 서구문명에 대한 막연한 적대적 관점은 아시아 문명에 대한 서구의 무시와 다를 바 없다.

익히 알려진 '대동아공영권'이 대두하기 이전에도 '동아연맹론', '동아협동체론'과 같은 지역협동체 구상이 있었다. 당시의 동아연맹론, 동아협동체론은 기본적으로 일본을 맹주나 지도자로 삼을 경우 동아시아가 어떻게 연결되는가 하는 논의였다.9) 즉, 국가들 자체의 내부의 개선이나 개혁에 대한 관심보다는 국가들을 나란히 배열하는 발상을 우선시했던 것이다. 즉, 문명의 서열에 따라 국가들이 연결될 뿐이며 여전히 패권, 독점, 차별의 논리를 타파할 어떠한 기획도 포함되어 있지 않았다.

셋째, 탈민족적 문화공동체론이다. 즉 민족문화의 경계를 넘어서 초국가적 범아시아주의를 주장하며 교류와 협력을 하는 주체들이 자신들의

---

8) 쑨꺼, 류준필 역, 『아시아라는 사유공간』(서울: 창작과 비평사, 2003), pp.73-75.
9) 야마무로 신이치 저, 임성모 역, 『여럿이며 하나인 아시아』, pp.203-204.

국적을 상기할 필요가 없음을 주장한다. 국가와 민족의 울타리에 갇히면 타문화를 제대로 이해하는 것이 불가능하다고 본다. 그러나 아직 완전한 의미의 근대국가를 형성하지 못한 동북아의 지역민들에게 국적과 민족을 초월한 탈민족적 문화협력과 교류를 하도록 권장하는 이 담론은 현실성이 약하다. 물론 진보적인 역사학자들은 '역사란 국가의 의도에 의해 재편집되고 해석되는 만큼 역사나 문화를 국적을 가진 존재로서 바라보면 타 역사나 문화를 제대로 이해하기 어렵고 타 역사나 문화를 수단으로만 대하게 된다'는 절대적 명제를 제시하며 탈민족을 표방하지 않는 모든 교류와 협력의 진정성을 부정한다.

결론적으로 위의 세 가지 공동체론을 수용하고 절충하여 미래를 지향하는 미래형 문화공동체론의 의의를 살펴보자. 과도한 자민족중심주의적 편향을 경계하되, 민족국가 단위의 문화정체성의 중요성을 간과하지 않으면서도, 개방적인 지역문화 형성을 지향하자는 주장이다. 동북아시아 지역의 다양한 문화를 한 차원 높은 곳에서 조화시키려는 노력 속에서 공통의 보편성을 발굴하고 각각의 특수성을 발전시키는 열린 지역주의 문화를 창출하자는 담론이다.

결국 동북아 문화공동체 담론은 아시아에 새로운 냉전적 대립틀을 만들어내는 것이 아니라 낡은 냉전과 그 파생형식을 제거하는 것, 그리고 식민관계를 재건하는 것이 아니라 잔존하거나 새로 생겨나는 식민의 가능성을 제거하는 것이다. 냉전의 그림자에서 어떻게 벗어나고 패권적 지배에 어떻게 저항하며 역사의 짐을 벗어버리고 긴밀하고도 유기적인 관계를 어떻게 형성할 것이냐는 것이 아시아 국가들의 공동사명이다.[10]

종합하면, 아시아적 정체성, 아시아다움 찾기는 두 가지 축을 형성하고 있다. 하나는 반세계화 연대전략으로 동아시아 축을 발견한 경우가 있는데 아시아의 어떤 동일성을 전제하는 것이고, 다른 한축은 중산층에 의해 소비되며 만들어지는 새로운 아시아다움이라는 것인데 이는 문화적 근접

---

10) 왕후이, 이욱연 역, 『새로운 아시아를 상상한다』, p.224, p.246.

성론을 넘어 문화적 선택이라는 측면에 무게를 두면서 소비양상의 차이에 주목하게 된다. 어쩌면 이 축은 탈민족적 시민사회의 연대에 가깝다. 각자의 처지에서 자신의 문제를 객관화하고 서로의 역사적 기억, 상처, 관계들에 대한 상호인식을 교환하는 것이 정체성 찾아가기의 과정이 될 것이다. 아시아로 범위가 확대되고 있는 동북아 문화공동체의 정체성은 이미 존재하는 어떤 것이 아니라, 발굴하고 발견하고 획득해야 하는 것이다. 그리고 이러한 발굴은 동북아 지역민의 삶을 표현하고 지향하는 가치의 속내를 드러내는 과정 속에서 찾아진다.

4. 단계적 국제질서에 부합하는 문화교류 중심 주체와 수단

지금까지 문화교류를 수행하는 주체, 그리고 문화교류 행위를 통해 얻고자 하는 목적에 의해 나타날 국제질서의 유형은 국제관계론의 현실주의, 자유주의, 구성주의로 요약되어 설명되었다. 그렇다면 이제부터는 이 세 가지 유형의 국제질서로부터 문화공동체를 이끌어내기 위해서, 각 유형에서 문화교류의 중심 주체가 누가 되며, 각각 어떠한 문화교류 수단을 활용해야 할 것인지에 대해 고찰한다.[11]

국제관계론에서 현실주의는 기본적으로 세력균형 혹은 세력배분구조를 중요하게 인식한다. 그리고 세력의 패권을 판단하는 기준은 주로 군사, 영토, 경제력 등의 가시적인 힘이다. 세력균형이나 세력배분구조를 좌우하는 것은 그러한 정치, 군사, 물리적 힘을 가진 국가이다.

현실주의에 비추어 본 문화교류의 주체는 국가를 대표하는 예술단이나 명망 있는 문화예술인이다. 이들의 문화교류의 목표는 국가 이익을 극대화하고 국가의 브랜드 이미지를 제고시키는 것이며, 교류의 수단은 자국

---

11) 현실주의, 자유주의, 구성주의라는 국제관계이론의 세 가지 축과 그 해석은 전재성, "동아시아 다자주의 제도 형성에 관한 이론적 분석" (동북아시대위원회 세미나 발제 논문, 2006.6.7)을 참고하였음. 이 세 가지 틀을 응용하여 문화협력의 특징들을 구분하였음.

〈표 6〉 국제질서에 근거한 문화교류 주체와 수단

	교류 주체	교류 목적	문화론	교류 수단	문화교류의 가치
현실주의	국가, 대표적 문예단, 문예계 인사	국익극대화, 국가이미지제고, 민족예술홍보	문화진화, 문화지배론	자국문화 및 언어	국익확대의 수단
자유주의	사회단체, 국가, 국제기구 등	상호이익추구, 우호증진	문화상대, 문화다원론	상호 문화	상호이익 중시
구성주의	개인, 사회, 국가, 국제기구 등 모든 문화교류	연대, 통합추구, 공감대확산, 유대강화	문화연대, 문화횡단론	모든 소통 매체	집단정체성, 정서유대 결실

의 전통적인 예술이 된다. 이러한 현실주의적 문화협력은 결국 문화진화론에 의거해 문화·예술적 능력이 우수한 국가가 문화·예술능력이 취약한 국가에 자국의 문화·예술을 전파하거나, 문화·예술집단이 열세인 국가에 진출하여 문화시장을 지배하고, 문화발전을 선도해간다. 이런 경우에 연대체나 공동체의 형성은 불가능하다. 일방적인 혹은 통합이라도 비자발적 통합으로서의 제국주의적 국가병합, 문화통합이 가능해진다.

자유주의적 질서는 정치적 갈등이 첨예할 때, 정치적 갈등을 우회하여 접근하는 실용주의적 방법론을 강조하여 기능주의라고도 불릴 만큼 교섭과 타협을 중시한다. 자연히 국제제도나 국제기구의 조정력에 주목하며, 궁극적으로 경제부문의 통합이나 협력시스템의 구축을 촉진한다. 이러한 자유주의적 국제질서는 일정부분 상호이익의 추구가 가능해진다.

문화협력을 이러한 자유주의적 시각으로 판단한다면 협력의 주체는 국가기구에서 사회단체나 국제기구로 확대되고, 목표는 단순히 자국의 이익만이 아니라 협력과 교류의 대상국들 공히 상호이익을 추구하는 형식을 갖춘다. 즉, 문화적 다원성을 인정하는 문화상대주의를 표명하며, 국가 간 우호 증진을 목표로 하는 관행적인 행사로서의 문화협력 행위가 이러한 관점의 협력이라고 하겠다.

그러나 국가 간의 우호증진과 표면적으로 상호이익을 중시하는 듯이 보이는 관행적 교류의 궁극적인 목적은 자국의 이미지 홍보에 있기 때문에 본질적으로 현실주의적 문화진출과 크게 다름이 없다. 단지 제국주의 시대에 전개되었던 정치, 경제적 찬탈과 동일한 맥락으로 문화동화를 목표로 지배국이 피지배국에 대해 문화침투와 문화지배를 일삼던 방식의 순화된 형태라고 할 수 있다.

구성주의는 국제질서나 국제적인 제도의 형성에 있어서 정체성, 이념, 상호이해를 강조한다. 통합도 공동체 감각, 정서의 획득과 제도화에 기반한 평화적 변화에 의해 이루어진다고 보고, 통합의 과정에서 무엇보다 의사소통과 공동체 정서가 중요한 변수로 본다. 구체적으로는 상호 공감, 충성, 공동체의 느낌(We Feeling), 신뢰 등이 그것이다. 문화협력은 결국은 구성주의적 국제관계론이 중시하는 변수와 긴밀한 관련이 있다. 문화협력의 성과는 정서적 유대이고 신뢰의 구축이기 때문이다. 최근 동북아와 동아시아에서 나타나고 있는 한류는 이러한 정서적 공감과 유대의 중요한 사례로 꼽히고 있다. 대중문화상품인 드라마의 주제로 나타나는 권선징악과 충성, 순애 등의 보편적 메시지와 보편적 정서에 대한 공감은 아시아인으로 하여금 아시아를 재발견하게 만든 주요한 요인이 된 것이다.

III. 동북아 문화공동체 구상의 이론적 검토

1. 현황분석

'동북아시대'의 미래상은 '열린 동북아', '네트워크 동북아', '함께하는 동북아', '하나되는 동북아'이다.[12] 네 가지의 미래상에서 문화공동체 구

---

12) 동북아시대위원회, 『평화와 번영의 동북아시대 구상』(서울: 동북아시대위원

상과 직접적 관계가 있는 비전은 '함께하는 동북아'와 '하나되는 동북아'이다. '함께하는 동북아'는 역내 구성원들의 적극적 지원과 동의, 그리고 참여를 통한 동북아공동체 구상이며, 동시에 활력 있는 공동체는 단지 정부 수준에서의 협력만으로는 구축되는 것이 아니라, 시민과 비정부기구들 역시 상호교류와 협력을 증진하여 연대를 구축할 때 형성이 가능하다고 하는 인식이다.

'하나되는 동북아'는 역내 국가 간의 상호불신, 분열, 적대감이 사라지고 공동운명체 의식을 공유하고, 지역정체성이 형성되면서 이러한 것들이 하나의 공동체적 지역질서로 전환되는 것을 의미한다. 즉, 하나로 통합되는 동북아 문화공동체가 바로 '하나되는 동북아'의 미래상이다.

그러나 불행히도 동북아지역은 침략과 지배의 과거사, 식민지 경험, 체제의 다름에서 비롯된 규범과 생활문화의 차이 등으로 인해 아직 상호불신과 의심의 늪에서 벗어나지 못하고 있다. 과거 유럽공동체(EU)의 경험을 통해 입증된 바 있듯이, 역내 국가들은 공동체 형성과정에서 경제적 통합에만 초점을 두는 것은 삶의 질보다 삶의 양에만 초점을 맞추는 것으로, 경제적 통합 후에도 공동의 문화적 정체성 만들기 작업에 시간을 투여해야 한다. 따라서 통합 후발자로서의 이점을 살려 동북아 지역은 문화교류와 협력의 강화를 통해 공동의 가치와 정체성을 구축하고, 이를 바탕으로 통합된 미래를 설계해 나가야 한다. 모든 시대에는 그 시대 고유의 필수적인 규범과 가치가 존재한다. 인간들은 생존욕구 충족을 매우 중요하게 여기지만, 그 욕구가 만족되는 순간 그 욕구에 만족하지 않고 자신에 대한 정체성과 정신적 가치를 추구하는 특성을 지녔기 때문이다. 이 가치의 추구성향은 억제되기보다는 끊임없이 앞을 향해 나가는 특성을 지닌다.[13)]

회, 2005), p.15

13) 존 스토리 저, 박 모 역, 『문화연구와 문화이론』(서울: 현실문화연구, 1993), pp.132-133, 구조주의로 프로이트를 재해석한 자끄 라깡(J. Lacan)은 우리는 '결핍'의 상태에서 태어나며, 이 상태를 극복하기 위해 나머지 인생을 소비한

따라서 문화, 예술, 교육, 스포츠, 관광 등 광범위한 분야에서 국경을 초월하는 비정부 간 교류가 활성화되어야 하며, 이를 위해 '동북아시대' 체험 프로그램 개발, NGO 간 네트워크 구축, 청년교류 프로그램 활성화, 동북아 문화 및 스포츠 이벤트 등 광범위한 사회·문화 분야의 사업들을 적극적으로 지원하는 것이 중요하다.[14]

그렇다면 21세기에 주권국가 한국이 '동북아시대'를 구상하고, 그 구상을 대내외적으로 선포하면서 동북아지역의 구성원들에게 이 '동북아시대'의 가치를 전파하고자 하는 구체적인 이유는 무엇인가?

그것은 동북아에 위치한 한국의 정치지도자들이 미래의 정치, 경제적 운명을 우리 국가 홀로 개척하거나 구축해나가기에는 벅차며 한계를 느끼고 있기 때문이며, 반대로 문화적으로는 오히려 한류를 통해 자긍심을 느끼게 된 탓이기도 하다. 물론, 문화적인 공감대 형성이 가능하다는 자긍심을 갖고 있는 현실과 함께, 동북아 역내에서는 과거사 문제, 영토분쟁 등 다양한 갈등이 분출되고 그에 대한 자의적이고 자민족중심주의적 해석과 대응만이 난무하고 있다. 이러한 결과 동북아 역내 국가 간에 상호 손실을 가져올 수밖에 없는 상호불신이 확대되고 있다. 이러한 상호불신은 자체 자긍심의 손실과 함께 상대국에 대한 이해의 심화를 가져올 수 없는 심리적 장애물이다.

게다가 타 지역권에는 공동체가 형성되어가고 있는데도 불구하고 동북아지역에는 공존공영하려는 목적과 사명감으로 공동체 형성을 추진하는 추동국가가 없다. 상호불신으로 인한 소모적 에너지 낭비를 막고, 문화적 잠재력의 생산적인 발현을 공동으로 추구하기를 주장하는 국가도

다. 결핍은 각기 다른 방식으로 그리고 다른 형태로 경험된다. 우리는 앞으로 나아갈수록 이 상태를 극복하고자 하는 욕구에 밀리게 되고, 상상적인 완전함의 순간을 찾기 위해 끝없이 추구한다. 결국 우리에게는 언제나 잉여욕구(일정한 욕구가 충족되는 순간 부수적인 다른 욕구가 대기하고 있다가 그 욕구의 자리를 대치한다는 논리)가 있다는 논리로 연장된다.

14) 동북아시대위원회, 『평화와 번영의 동북아시대 구상』, pp.21-25.

없다. 중국의 중화네트워크나 일본의 동아시아 공동체론은 자국의 국가 이익의 극대화를 도모하는 외교 전략에 불과하다.

그리고 동북아 권역에서 이루어지고 있는 교류와 협력의 실체는 근대 시기의 민족국가 홍보와 자국 문화의 해외 진출 수준에서 벗어나지 못하고 있다. 관행적인 교류를 통해 국가의 브랜드 가치를 올리고 선진국가라는 이미지를 외교적으로 선전하는 전통적인 외교 전략에 종속되어 있다. 상호 신뢰를 축적하고 정서적 유대를 강화하기 위한 미래지향적 원칙과 전략에 의한 교류라는 새로운 패러다임의 도입이 시급한데도 불구하고, 여전히 국가의 위신과 체면 살리기에 급급한 것이 교류의 실태이다.

근대 이후 동북아에서 교류전략을 비교적 일찍 수립한 일본의 경우, 1972년 국제교류기금을 설립해 국제교류의 창구를 일원화하는 등 정책적으로 교류를 기획하고 관리하였으나 진정한 친일세력을 만들지 못한 한계를 노출하고 있다. 그 이유는 그들이 자국문화와 언어의 송출이라는 자국 이익의 팽창에만 교류의 정책적 방향과 코드를 맞추었기 때문이다. 그 결과 가장 중요한 아시아 지역민들의 마음을 얻지 못했다. 이러한 교류정책은 대부분의 국가에서 여전히 답습되고 있다.

부국강병의 안전판 혹은 국가목표를 완전히 무시할 수 있는 국가나 개인은 존재하지 않는다. 따라서 부국강병의 국가 목표와 국가 전략을 타도의 대상으로 보아서도 안 된다. 부국강병의 논리와 목표가 자국 국민의 삶의 질을 고려하고, 주변국의 존재가치를 훼손하지 않는 적정 수준에서 관철될 경우 어떠한 문제도 없다. 다만 부국강병의 목표에 매몰되어, 인간과 조직과 국가가 추구해야 할 인권, 자유, 배려, 관용, 소통, 공유 등 보편적인 가치들을 전적으로 비실용적이고 비효율적인 것으로 취급할 때 문제가 발생한다.

보편적인 가치를 배제하는 부국강병의 논리에 집착하면 자국 국민뿐 아니라 자국 국민과 각 부문에서 관계를 맺게 될 주변국과 타국에 대한 배려를 통해 상호 공생할 수 있는 역내 민주화를 성취할 기회 또한 상실하게 되는 것이 역사가 보여준 결과이다. 자국의 이익만을 고려한 부국강병(富國强兵)의 논리가 자국의 경계를 넘어가서 약한 주변국에게 강제적으로 적용되면, 폭력의 악순환의 역사가 전개된다.

2. 문화공동체 형성을 위한 노력

동북아시아 혹은 동아시아에 대한 관심은 동아시아의 학자들에게만 국한되는 것은 아니었다. 동북아를 포함하는 동아시아와 아시아라는 지역이 서구인들의 연구대상이 된 것은 1960년대 말 이래 아시아의 신흥공업국들이 달성한 유례없는 경제적 고속 성장 때문이었다. 허만 칸(Herman Kahn), 에즈라 보겔(Ezra Vogel) 등은 유교문화에 내재된 가족적 인간관계, 연장자 존중문화, 공동체를 우선시하는 집단주의, 협동과 근면, 교육열, 절제의식 등을 경제적 성공의 요인으로 지적했다.

1990년대 후반에는 아시아에 불어 닥친 경제위기의 원인으로서도 이 동아시아의 가치가 또 한 번 언급되었다. 이번에는 성공요인이 아닌 실패요인으로서 아시아의 문화가 해석되었다. 1960년대 말과는 전혀 상반된 입장에서 동아시아의 가치가 비판되고 평가절하되었다. 프랜시스 후쿠야마(Francis Fukuyama)와 폴 크루그먼(Paul Krugman) 등은 정실(情實)인사, 부패, 연고주의, 정경유착 등을 아시아 경제 위기의 원인으로 지적했다. 아시아 국가들이 공유하고 있는 문화적 가치의 부정적 해악에 대한 논의가 지금도 지속되고 있다.

이러한 동북아시아 문화의 특성이 서구의 개인주의에 입각한 공동체의식이나 인본주의에 비해 어떠한 차별성과 우월성이 있는지 분명하지 않다. 오히려 동아시아의 공동체 중심적 규범과 행태는 현대 역사에서 권위주의나 독재에 봉사한 혐의가 짙다. 동아시아의 집단주의를 강조하다보니 역설적으로 서구의 합리성과 인본주의에 기인한 개인주의가 극단적으로 왜곡되기도 했다. 개인주의와 공동체의식은 상보적이지 이항대립적인 것이 아님에도 불구하고 '개인'이라는 용어나 개인의 자율성을 언급하기만 하여도 공동체에 대한 모반으로 인식될 정도였던 것이다. 특정 지배

집단의 정치·경제적 이익을 목적으로 강요된 반개인주의적 공동체 의식은 실제로는 진정한 공동체의식의 형성 기회를 박탈하였고, 비민주적 사회와 관행을 조장하는 원인이 되기도 하였다.

외부에서 바라보는 동아시아 문화에 대한 다양한 칭송이나 비판과 별도로 동북아 문화공동체 구상은 사실상 동북아시아에서 우리의 문화적 역동성을 발견한 이후 좀 더 구체화되었다고 하겠다. 동북아 혹은 동아시아가 서구 문화의 베끼기를 통해 누려온 서구 문화 즐기기라는 편향된 행태를 벗어나 동북아 고유의 문화적이고 역사적인 소재들을 근거로 스스로 창작하고 나누고 발신할 수 있다는 자신감이 생긴 것이다. 한류(韓流, Korean Wave)는 동북아 지역민이 문화상품을 통해 문화적 공감대를 형성할 수 있다는 것을 직접 체험한 귀중한 기회였다. 이러한 문화적 소통은 문화를 통한 네트워크와 공동체의 가능성을 열어주었다.

그동안 우리를 포함하여 동북아인, 동아시아인, 아시아인은 근대 이후 항상 자신을 자신이 소속되어 있는 아시아지역 시민으로서의 눈으로 바라보고 해석한 것이 아니라 아시아의 타자인 서양을 통해 발견했다. 아시아인에게 서양은 두려움의 대상이자, 경외의 대상이었다. 서양이 경외의 대상이었기에, 아시아인은 각자 서양만을 바라보았을 뿐 아시아인으로서의 자신과 서로를 바라보지 않았다.

'한류'에 의해 아시아가 한국을 재발견하고, '한류'의 성공적 진출로 인해 우리가 아시아와의 새로운 관계를 다시 고민하기 이전에 '아시아'는 세계지도상의 추상적 지역 개념에 불과했다. 심지어 냉전의 여파와 식민-피식민 관계라는 역사적 경험 때문에, 아시아는 문화적 연대보다는 정치적 외교적 갈등관계에 의해 지배되어 왔다. 그 결과 한국은 아시아라는 지역에 있으면서도, 아시아가 아니었고, 아시아 내 국가들에게도 한국은 낯선 곳이었다. '한류'는 이러한 상황에서 벗어나, '문화적 기초'를 갖춘 진정한 의미의 지역으로 아시아가 변모될 수 있는 소중한 기회를 제공해 주었다.

그러나 한류의 확산에도 불구하고, 한국과 동북아, 동아시아, 아시아 사이의 문화적 거리는 좁혀지지 않고 있다. 이는 문화적 교류를 통한 아시아 지역문화 형성에 한국문화가 적극적 기여를 하지 못하고 있기 때문이다. 그 원인은 한국의 대중문화산업이 '시장'으로서의 '아시아'만을 발견했을 뿐, '지역'으로서의 '아시아'를 발견하지 못했다는 점에 기인한다.

'한류'를 중심으로 한 한국과 아시아의 문화교류는 소수 한류 스타에 대한 의존도가 과도하며, 교류되고 있는 문화 내용 또한 대중문화 영역에 편중되어 있는 실정이다. '문화상품'을 통한 문화적 교류만으로 아시아의 지역적 연대는 형성되기 어렵다. 따라서 대중문화예술의 교류가 주는 경제적인 수익에 매몰되는 교류에 국한되는 것이 아니라 다차원적인 문화교류를 통해 문화적인 소통이 이루어질 수 있는 길을 모색해야 한다.

한류 현상을 계기로 삼아 문화연구자들은 아시아가 세계문화시장의 소비국에서 벗어나 문화의 생산지역으로 발전할 가능성을 지적하고 있다. 특히 아시아 발신의 문화를 생산하는 데 있어서, 식민지 피지배국이었으면서도 유구한 역사와 전통을 통한 문화적 잠재력을 갖춘 한국이 적

<표 7> 한류에 대한 관점

관점	내용과 의의	한계
민족주의 관점	문화식민국에서 벗어나 한국의 문화 중심지 부상 기대	내부화합의 의의는 있으나 타민족 배척으로 편향우려
신자유주의 관점	한류를 문화상품 수출기회로 활용, 아시아 문화발굴로 경제 효용극대화	경제적 수익 중심 논리는 거부감 발생시킴
범아시아주의	아시아 문화수용, 이해로 아시아 문화블록, 문화발신지 위상 확립 지향	공동의 정체성 미흡과 미국에 대한 공격성 문제
비판적상업주의	중국 개방초기단계의 문화욕구 충족에 한국의 저렴·저질 상품이 적격	한류에 대한 저질상업주의 평가 확산

극적 조정자가 되어야 한다고 주장되고 있다.

한류에 대한 국내의 관점은 크게 네 가지로 구분된다. <표 7>에서 볼 수 있는 바와 같이 민족주의 관점은 한국민족이 문화종속국에서 벗어나 우리의 우수한 문화를 수출하고 전파하는 계기로 삼자는 시각이고, 신자유주의 관점은 단순히 문화상품을 통해 경제적 효용을 창출하자는 것이며, 범아시아주의 관점은 아시아 문화연대를 창출하는데 한류와 같은 문화 현상을 활용하자는 것이고, 비판적 상업주의는 한류는 중국과 같이 경제성장은 급속히 이루어지는 반면, 아직 향유할 수 있는 문화콘텐츠가 부족한 상황에서 일시적으로 서구문화상품을 응용한 우리의 저렴한 문화상품이 인기를 얻은 것뿐이며, 이런 과도기적 상업주의의 결과로 나타나는 한류는 중국이 문화상품을 자체 생산하게 되는 시점에서 그 효과가 고갈될 수밖에 없다는 관점이다.

한류는 동북아 지역민 자신이 동북아 지역민들이 공동으로 향유할 수 있는 문화상품을 동아시아 자체가 생산할 수 있다는 자각의 계기가 되었다. 그러한 문화적 창조 역량에 대한 확신과 신뢰는 문화네트워크와 문화공동체 담론으로 연결되고 있다. '평화와 번영의 동북아시대'를 꿈꾸는 지역공동체론자들은 한류를 계기로 문화상품의 수출을 통한 우리나라의 경제력 급상승만을 기대하는 것이 아니고 공존하고 공생하며 신뢰관계를 축적하고 정서적 유대감을 높일 수 있는 쌍방향적이고 상대방의 수요를 고려하는 진정한 문화교류를 기획 중이다.

3. 문화공동체이론의 '동북아시대 구상'의 적용

동북아지역이 문화적 소프트웨어의 파워를 인식하고, 상호자극과 격려를 통해 고유문화예술 작품의 공동 창작과 생산을 할 수 있는 문화공동체로 거듭날 수 있게 된다면, 공동창작과 생산의 결과물이 유통되는 문화시장의 확산에 따라 발생하는 수익은 문화 참여와 문화 복지의 기본 추동력이 된다. 그리고 이 추동력은 다시 문화 창조의 자본으로 환류된다.

그리고 동북아지역의 모든 시민들은 문화적 창조성이 발현으로 생산된 예술작품과 문화상품의 향유를 통해 삶의 만족도를 높일 수 있게 되며, 궁극적으로 그 창조된 예술품들은 전 세계의 문화자산으로 축적되어 미래의 세계 유산이 될 것이다.

그러나 창조성의 발현은 공동체 규범의 단순한 강제를 통해서 성취될 수 없다. 공동체가 인간중심적 가치를 추구하고, 그 가치가 공동체의 구성원들에 의해서 내적 동의를 확보할 때 공동체는 결집된다. 이렇게 결집된 공동체만이 진정으로 공동체 구성원들의 심리, 경제적 지원을 할 수 있게 될 것이다. 이때 중요한 것은 공동체는 창조성이 실현될 수 있는 환경을 조성해주는 조정자로서의 역할이면 충분하다는 자기 제한적 역할 부여를 해야 한다는 점이다.

동북아 문화공동체는 삶의 질을 추구하기 때문에 기본적으로 개인들의 자율권을 존중하는 공동체의 성격은 민주적일 수밖에 없다. 동북아 문화공동체에 소속된 동북아 지역민인 개인들은 자기의 삶에 대해서 자주적으로 결정하고, 관리할 수 있는 민주주의라는 시스템을 이미 보유하고 있으므로 그 시스템을 제대로 사용하겠다는 민주적 마인드를 강화하는 것이 필요하다. 그리고 그 민주적 시스템이 공동체 내외부의 행정적 강제나

〈그림 3〉 문화공동체의 선순환적인 문화창조 환류 모델

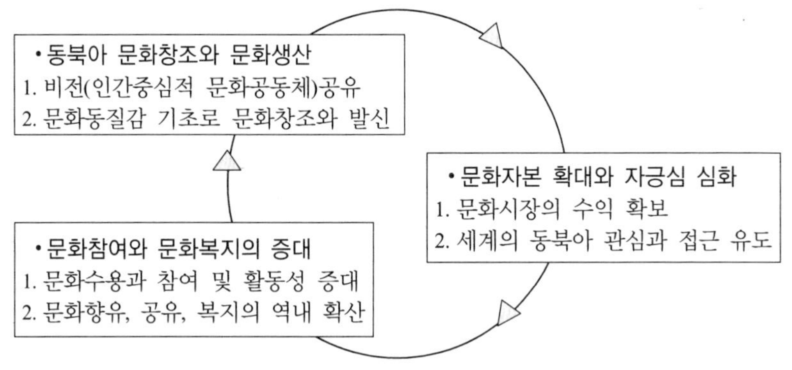

정치·경제적 권력으로부터 파괴당하지 않도록 보호할 정치·경제적 공동체라는 지원 구조가 필요하다. 이러한 안전한 자율 시스템만이 상상력의 무한한 발전과 표현을 가능하게 하고, 그 결과 품질을 보장하는 에너지로서의 문화적 창조성을 개화시킨다.

이러한 의미에서 안보공동체와 경제공동체는 문화공동체의 형성을 위해서 필연적으로 동시 병행적으로 추진될 필요가 있다. 따라서 앞의 문화공동체 단계론을 보면, 모든 단계에서 문화행정 관료와 고위 공직자들의 역할이 모든 단계에서 강조되고 있다. 이들은 문화계 자체의 교류와 협력뿐 아니라, 정부의 정치, 경제 영역의 동북아 지역 국가 간 협력의 현황과 과제에 대해 같이 공유하고, 그러한 공유를 문화계에 전달하는 매개자의 역할도 해야 한다. 특히 문화공동체 형성의 3단계는 정상회의 등을 통해 문화공동체를 선언하는 비약적 단계이다. 이 비약적 단계는 문화계만의 노력으로 이루어지는 것이 아니라 정치영역의 결단과 협력에 의해 완성된다.

동북아 문화공동체는 기존의 한·중·일 삼국 간에 이루어져 온 관행적인 교류나 이벤트 등이 계속 진행되고 확대되는 가운데, 다양한 네트워크와 소통매체를 통한 자발적이고 횡단적인 교류가 더해지고, 한·중·일 삼국의 문화계 인사들과 관료들이 공동체의 가치와 필요성에 대해 공감하고 합의하여, 공식적인 절차로서, 문화공동체의 시발을 선언하는 정상들의 공동선언이 필수적이다. 그리고 그 선언이 조약으로 명문화되어, 국가 내부의 비준 절차를 완료해야 한다. 결국은 구성주의적, 자유주의적, 현실주의적 문화협력과 교류가 활성화되면, 그 기초 위에 현실주의적으로 정치가들의 공동선언이 기폭제가 된다.

동북아지역의 외적 질서는 현재까지 지속되어온 관행적인 교류의 바탕 위에 자발적 소통의 기회가 확대되고, 그 위에서 공식적인 공동체형성이나 네트워크를 선언하는 국가의 정상들이 위치하게 된다. 내적 질서로는 자발적 네트워크와 소통이 가장 상위의 폭넓은 층을 차지하고, 그 다음에 관행적인 교류, 마지막 하위에 정상들이 문화적 유대관계를 형성해가고

<표 8> 문화공동체 단계론

단계	공동체 통합수준	교류·관계 방식	공동체 형성도구	공동체 형성방법	공동체형성주체
1단계 -도입	통합 필요성 인식	자유주의 +구성주의	문화콘텐츠	일반적인 문화교류와 협력	민간예술가 문화정책관료
2단계 -발전	공동체 구상과 협의 시작	구성주의 +현실주의	문화콘텐츠 협의기구	문화협력협의체 (네트워크)형성	민간예술가대표· 관료간 네트워크
3단계 -비약	공동체조약 체결, 비준	현실주의	문화장관회의, 정상회의	문화네트워크 확산, 문화협력협의체 상설기구화 협정	문화관련정부 실무자, 고위층
4단계 -완성	공동체 헌법소지	자유주의	공동체문화 기금	지역정체성 확립	동북아지역민
5단계 -확대	회원국의 확대	구성주의	공동체 삼권분립	지역정체성 확대	아시아지역민

있는 문화 네트워크가 발신하는 공동체의 희망을 수렴하여 조약체결 작업을 한다. 이 외적 질서와 내적 질서가 합해지면 관행적 교류와 자발적 네트워크와 소통, 끝으로 정상 간의 공식적인 선언이 상호 적절한 역할과 협력에 의해 "평화와 번영의 동북아시대"가 열릴 가능성이 높아진다.

　문화는 경계를 넘어 타자에게 끊임없이 영향을 미친다. 이 문화의 물줄기가 흘러가는 방향은 적극적 의지와 구상에 따라 좌우된다. 시민이 주체가 되고 정부가 인프라와 기획력을 통해 지원하는 문화협력은 동북아시아를 대립하고 갈등하는 지역에서 서로 소통하는 지역으로, 고립된 지역에서 개방적인 지역으로, 문화수신 지역에서 문화발신 지역으로 변화시킬 것이다.

제3부
지역협력 사례연구

|제6장|
유럽연합

I. 유럽통합의 특징

유럽연합으로 상징되고 있는 유럽의 통합은 현재진행형이지만 가장 성공적인 지역단위 협력의 사례로 인정되고 있다. 유럽이 유럽통합을 통해 지향하고 있는 궁극적 모습은 '유럽연방(European Federation)'이지만, 아직은 연합 상태에 머물면서 연방국가의 기초가 되는 단일한 연방헌법을 채택하기 위한 정치적 협의를 모색 중이다. 유럽연합(The European Union)은 1993년 11월 1일 발효된 마스트리히트조약에 따라 유럽 12개국이 참가하여 출범했고, 현재 25개의 개별국가들이 단일연합체를 지향하고 있는 법적, 정치적 실체이다.[1]

---

1) 유럽공동체 12개 회원국 정상들이 1991년 12월 9일부터 11일까지 네덜란드의 고도 마스트리히트(Maastricht) 국제 컨벤션 센터에 모여 유럽연합조약 문서에 관해 검토를 마쳐 1992년 2월 7일 같은 장소에서 12개국 외무 및 재무장관들이 유럽연합조약(일명 마스트리히트 조약)에 서명하였으며, 1993년 11월 1일에 발효되었다. 1995년 1월 1일에 스웨덴, 오스트리아, 핀란드의 가입으로 회원국은

유럽연합은 가장 성공적인 지역통합 사례로서 다음과 같은 특징을 보여 주고 있다.

첫째, 유럽의 통합은 안보적 배경에서 착상되고 경제적 공통이익을 강조함으로써 가능해졌으며, 이런 상황을 추진해 나갈 수 있었던 추진력은 지속적인 프랑스의 외교력 발휘와 독일의 호응이었다. 당초 경제공동체 달성에 주력, 이를 활력소로 하여 안보공동체를 구축함으로써 오늘날 완벽한 정치공동체로서의 초국가적 연합을 형성할 수 있는 기반을 구축한 것이다.

둘째, 초국가공동체로서 유럽연합은 정치, 경제, 문화 및 법공동체로서 형성되고 있다. 유럽연합은 단순한 국가 간의 모임이거나, 정치 혹은 경제 혹은 문화 등 특정 부문에 한정된 통합기구가 아닌 초국가적이고 포괄적인 연합이다. 그럼에도 불구하고 단일 유럽헌법을 채택함으로써 정치적 통합을 달성하려는 과정에서 개별 국가들의 이해관계가 갈등요인으로 작용해 당초의 완결체로서의 유럽연합 발족은 상당한 시간을 요하게 되었다. 즉, 초국가적 연합이 미칠 개별국가에 대한 정치 및 경제적 이해에 대한 불확실성이 본질적으로 통합 억제요인으로 작용하고 있는 것이다.

셋째, 유럽통합은 통합과정에서 연방주의자, 기능주의자, 민족주의자 및 외부행위자들이 상호 복합적으로 오랜 활동을 한 결과물이다. 즉, 유럽통합은 다층 정치구조(multi-level governance)의 접근법에 의해 추진되었다. 종적으로 두 개 이상의 정치단위가 중복적으로 층을 이루게 하여 초국가적기구로서 유럽연합과 개별 국민국가라는 이중적인 통치단위가 존재하도록 하는 것이다. 유럽연합은 국가와 초국가적 단위가 상호 종속되면서 상호보완적인 기능을 하는 연합체이다. 유럽통합의 진정한 의미는 국가와 초국가적 기구의 대립이 아닌 양자 간의 유기적인 연결을 통한

15개국으로 늘어났고, 2003년 4월 16일에 동부유럽국가들 중심으로 10개국이 정식 가입함으로써 현재 총 25개국이 유럽연합을 구성하고 있다. 2007년 1월 1일 루마니아와 불가리아가 추가로 가입하면 총 27개국이 EU 구성국이 된다.

새로운 형태의 정치체제가 등장했다는 점에 있다.[2] 다수의 개별국가가 자발적으로 동참하여 달성해가고 있는 유럽의 통합성 정도는 가히 역사적인 것이다.

넷째, 유럽통화동맹과 단일통화 창설은 유럽의 거시적 단일 성장체제로서 미국 중심경제의 달러에 의한 대외의존과 취약성을 제도적으로 제거하는 의미가 있다. 즉, 유로화의 출범은 환율변동 위험을 제거함으로써 금융시장의 통합을 가속화하는 등, 유럽의 금융, 기업, 노동 등 각 분야의 개혁을 촉구하는 효과를 보이고 있다. 다만, 이러한 경제적 개혁이 개별 국가 간 이해 폭을 다르게 인식하게 하는 점도 보이고는 있다.

다섯째, 정치, 경제, 사회적 측면 외에도 문화적인 측면의 중요성을 간과할 수 없다. 최근 유럽 전체를 아우르는 유럽 문화의 형성 가능성에 대한 논의가 이루어지고 있는데, 어떻게 하면 유럽적 정체성(European identity)의 형성을 촉진함으로써 통합의 수준을 일상생활의 문화적이고 심리적인 영역으로 심화시켜 조기에 정치·경제적 문제를 해소시킬 수 있는가의 과제에 고심하고 있다.[3]

국가중심의 프랑스 문화정책의 역사만 보더라도 유럽연합이 순전한 국가연합체로서 국가적 욕구나 이익을 완전히 배제한 통합체가 될 수 없는 한계를 이해할 수 있다. 여전히 근대국가로서의 개별국가의 목표와 정체성을 소지하면서 또 하나의 권역 정체성으로서의 유럽인, 유럽시민으로서 중첩적으로 존재하는 것을 목표로 해야 한다는 것을 의미하기도 한다.

결국 유럽연합은 "국가보다는 약하더라도 국제기구보다는 훨씬 더 강력하며",[4] 연방에 미치지는 못하더라도 체제(regime) 이상"의 것이다.[5] 유

---

2) 강원택 및 조홍식, 『유럽의 부활』(서울: 푸른길, 1999), pp.25-30.

3) Cris Shore, *Building Europe: The Cultural Politics of European Integration* (London and New York: Routledge, 2000), p.1

4) Robert Keohane and Stanley Hoffman, "Conclusions: Community Politics and Institutional Change," Williams Wallace ed., *The Dynamics of European Integration* (London and New York: Printer Publishers, 1990), p.279. 구춘권, "유럽연합과 국가성의 전환," 『국제정치논총』, 제44집 4호 (2004), p.292 재인용.

럽연합은 정치적으로 연방국가와 국가연합의 중간지점에 놓여있는 독특한 체계인 것이다.

II. 유럽연합의 성립배경

1. 국제적 요인

무엇보다도, 양대 초강대국인 미국과 소련이 주도하는 전후시대에서 유럽이 국제적 영향력을 회복하기 위해서는 상호 결합해야 하며, 또한, 동서 대립과 소련위협에 직면해 있는 서유럽국가들이 정치 및 군사적으로 보다 공고한 결속을 필요로 했기 때문에 유럽차원의 동맹과 안정을 보장할 수 있는 방안을 스스로 모색한 것이다.

유럽통합이 모색되었던 가장 초기에는 1차 세계대전 이후 창설된 국제연맹이 기대와 달리 영향력이 약화됨에 따라 유럽의 정치지도자들이 '범유럽(Pan-Europe) 운동'을 전개해 미국과 유사한 연방제에 의한 유럽통합을 주창한 것에 기인한다.6) 동 운동에 힙 입어 유럽관세 및 경제동맹(1926), 유럽화합동맹(1927), 유럽의회 동맹안(1930), 유럽동맹운동(1933), 영국의 연방제 동맹안(1938) 등이 제안되는 등, 연방주의적 접근이 시도되었으나, 독일이 2차 대전을 개전함으로써 무산되었다. 즉, 당초 유럽인들 간에 정치 및 안보적 동기가 발동하였던 것으로서 점차 경제적 동인과 문화적 연대로 확장되어 나갔던 것이다.

---

5) William Wallace, "Less than a Federation, More than a Regime: The Community as a Political System," Helen Wallace eds., *Policy-making in the European Community* (London and New York: Printer Publishers, 1983). 구춘권, "유럽연합과 국가성의 전환," p.292 재인용.

6) 김동중, "유럽통합사 – 독일의 역할과 통화통합을 중심으로," 『독일언어문학』, 제20집 (2003.6), pp.309-332.

특히, 1990년 전후 냉전이 종식되던 시기를 전후해 12개 회원국 정상들이 유럽연합에 유독 적극적이었던 이유로서는, 첫째, 동유럽 사회주의 체제몰락과 소련연방의 붕괴로 냉전체제가 끝나고 새로운 세계질서가 모색되고 있었다는 점이다. 유럽공동체, 미국, 일본 3자 경쟁이 가속화될 것이고, 치열한 경쟁에 능동적으로 대응하기 위해서는 회원국들 간의 단일통화가 도입되어야 하며, 경제통합은 정치통합의 기초위에서 추진력을 갖게 된다는데 인식을 같이 했다.[7] 둘째, 1990년대 접어들어 중립을 견지해왔던 유럽자유무역연합(European Free Trade Association: EFTA) 국가들과 사회주의체제였던 동유럽 국가들이 유럽공동체 가입을 희망하고 있어서 회원국 확대라는 관점에서 통합의 질적 심화가 절실해졌기 때문이다.

2. 지역적 요인

유럽 국가들은 통합을 통해, 우선 유럽의 정치적 통합으로 전쟁의 주된 원인인 극단적인 민족주의를 배제하여 유럽의 평화유지에 기여하고, 절대로 전쟁을 하지 않겠다는 확고한 신념을 공동으로 표명하며, 둘째, 유럽 국가들이 전쟁폐허에서 경제재건을 하기 위해서는 상호 협력을 긴밀하게 해야 하므로 통합을 통해 이를 효율적으로 추진하며, 셋째, 독일을 유럽통합에 편입시켜 독일 군국주의에 대한 주변국의 불신과 우려를 해소시켜야 했으며,[8] 넷째, 유럽인들은 전쟁으로부터 해방되어 보다 자유롭고 번영하는 세상을 만들려는 희망을 공통적으로 간직하여 이를 실현하고자 하였던 것이다.

2차 대전이 끝나면서 유럽통합의 필요성을 제기하게 되고 프랑스와 독

---

7) 김동중, "유럽통합사 – 독일의 역할과 통화통합을 중심으로," pp.313-314.
8) 독일은 유럽통합에 참여함으로써 정치적으로 동등한 위상을 획득하고 자국의 성장하는 수출산업을 위하여 경제공동체 창설에 적극적이었다. 다른 한편, 프랑스는 세계대전의 주범인 독일을 통합유럽에 묶어 둠으로써 평화에 대한 잠재적 위험요소를 제거하고 농업시장을 확대하여 이익을 얻고자 하였다.

일의 노력으로 유럽통합의 실질적 첫걸음으로서 1951년 유럽석탄철강공동체(European Coal and Steel Community: ECSC)의 출범으로 연결되었다. 독일이 지역 불안정 요인으로 거듭 발전할 가능성을 다국적 협력을 통해 재단하고자 한 프랑스의 의도와 전후 부흥을 기하고 유럽 내에서의 고립을 유럽부흥과 협력에 기여함으로써 차단하려는 독일의 의도가 상호 결합하여 제3의 결과로서 유럽통합의 길을 갈 수 있게 한 것이다.

특히, 유럽연합의 출범은 1950년 5월 프랑스 로베르 슈망(Robert Schuman)과 독일의 콘라드 아데나워(Konrad Adenauer)가 ECSC에 대한 구상을 발표하면서부터다. 당시 프랑스의 외무장관인 슈망은 동 기자회견에서 프랑스와 독일의 자원을 결합하면 양국 경제가 호전되고 유럽의 경제와 안보에도 유익할 것으로 지적하면서 프랑스와 독일 주도로 서유럽의 석탄 및 철강 산업을 통합할 것으로 제안했다. 그는 동 제안이 채택되면 유럽연방을 향한 첫 걸음이 될 것이며, 오랜 시간 전쟁물자 생산에 맡겨져 왔던 국가들의 운명을 바꿔놓을 것이라고 희망찬 역설을 하였다.

즉, 유럽석탄철강공동체의 출발은 2차 대전 후 독일의 재무장에 대한 우려와 전쟁 재발 방지를 위한 프랑스의 구상과 전후 상실한 독일의 희망, 그리고 유럽공동시장의 창출을 통한 경제효과를 기대한 이탈리아와 베네룩스 3국의 이해가 합치된 결과, 1951년 파리조약이 체결되었기 때문에 가능한 것이었다.

점차적으로 유럽 각국들은 정치·경제 통합을 실현하는 방향으로 움직임을 재촉해 나갔는데, 미국의 지배력에 대한 견제세력으로서의 성장 필요성이 새로운 동인으로서 추가되었다. 유럽통합에 대한 미국의 영향력이 커지면서 통합은 점차 정치적·군사적 성격이 탈색되었고, 주로 경제적 차원에서 기능주의적 색채를 띠며 진행된다. 1948년 브뤼셀 조약에 의해 결성된 서유럽동맹(WEU)은 냉전체제의 종식까지 하등의 독자적 역할을 수행하지 못했으며, 플레벤 플랜이 시도한 유럽방위공동체(EDC), 그리고 국제적 영향력을 재고하고자 하는 유럽정치공동체(EPC)의 구상 역시 실패로 끝났다.

이 실패는 한편 유럽통합과 같은 불확실한 역사적 실험에서 방위와 같은 국가주권의 중요한 부분이 양도되기 어렵다는 사실을 표현한 것이기도 했지만, 그러나 다른 한편 냉전체제라는 세계질서의 틀이 이른바 "제3세력"의 출현, 즉 유럽의 독자적인 정치·군사세력화를 허용하지 않았던 것이 당시 국제적 상황이었다. 그러나 저항운동으로부터 출발한 이 혁명적인 연방주의 운동은 냉전의 발발과 함께 급격히 붕괴되었다. 냉전은 유럽을 서유럽과 동유럽으로 분열시킴으로써 초기 연방주의자들이 추구한 전체 유럽의 통합이라는 꿈을 무산시켰다.

3. 역사·문화적 요인

양차 세계대전의 참혹상과 엄청난 폐해를 경험한 유럽인들은 여러 가지 인식과 동기에 의해 유럽통합의 길을 모색하게 되었다. 제2차 세계대전 직후 유럽통합을 주도한 담론은 저항운동 진영에서 등장하였다. 저항운동은 유럽이 경험한 파국의 근본원인으로서 국민국가와 민족주의로의 분열을 주목했고, 따라서 국가 간의 경계선을 철폐하고 일종의 유럽합중국을 건설해야 한다는 주장을 적극적으로 제기했으며, 설득될 수 있었다. 특히, 저항운동과 저항운동가들이 갖는 도덕성은 이들이 추구하는 "유럽합중국"의 건설을 전 유럽적인 차원에서 지지받게 하였다.

III. 유럽의 통합과정[9]

전반적으로 유럽연합의 통합과정은 크게 다섯 단계로 구분할 수 있다.[10] 첫째, 2차 대전 전후의 유럽통합 구상에서 로마조약 체결까지(1945

---

9) 동 내용은 이 분야에 대해 영남대학교 구춘권 교수로부터 2006년 4월 전문가적 자문을 구해 재편집한 것이다.

~1957), 둘째, 유럽공동체(EC)의 구축과 유럽통합의 정체(1958~1978), 셋째, 유럽통화제도(EMS)의 출범과 단일유럽법(SEA) 및 단일시장의 창출(1979~1991), 넷째, 마스트리히트 조약과 경제화폐연합(EMU)의 완성(1992~1998), 그리고 다섯째, 유로체제의 출범과 통합의 동유럽으로의 확대 및 유럽헌법 제정(1999~현재) 등이다.

1. 통합 구상기(1945~1957)

초기 유럽통합의 가장 중대한 모멘트는 1951년 4월 유럽석탄철강공동체(ECSC)의 발족조약이라고 평가된다. 독일, 프랑스, 이탈리아, 벨기에, 네덜란드, 룩셈부르크 6개국은 파리에서 ECSC 설립을 위한 조약을 조인함으로써 슈망 플랜(Schuman Plan)은 실현하게 된다. 슈망 플랜의 성공 배경에는, 한편으론 심각한 석탄부족과 철강의 과잉공급을 조절하려는 경제적 이해관계, 그리고 다른 한편으로는 당시 중요한 군수물자인 철강과 석탄을 통제하려는 군사적 동기가 있었다. 미국은 특히 유럽석탄철강공동체의 초국가적 구성 원칙에 집착했는데, 이는 독일 루르 지역의 철강생산 통제라는 정치·군사적 고려 때문이었다.

1952년 7월 25일 발효된 이 조약에 의하여 회원국들을 대표하는 이사회, 초국가적 기관인 고등관청, 의회, 재판소가 창설되었다. ECSC 설립이 진전된 배경에는 석탄 및 철간 공동시장을 형성한다는 경제적 목적뿐 아니라, 각종 무기와 원료의 생산, 소비, 유통 등의 분야에서 시장을 통합하고, 서유럽 주요국가 사이에 전쟁을 예방하자는 정치적, 군사적 계산이 깔린 것이다. 이러한 계산을 내포한 슈망 플랜의 중요한 문구들은 미국 외교관들과 전문가들의 협력 아래 파리의 미 대사관에서 작성되었다고

---

10) 견해에 따라서는 통합과정을 크게 세 단계로 보기도 한다. 즉, ECSC 탄생부터 룩셈부르크 타협으로 회원국가의 거부권을 인정한 1966년까지의 탄생과 성장기간, 정체와 부활이 교차된 1966년부터 1985년 사이, 그리고 새로운 도약시기로서 1985년부터 현재까지 등이다.

알려져 있으나 확인되지 않고 있다.

1950년대 유럽통합은 역동적인 모습을 띠긴 했지만, 그럼에도 불구하고 경제적 차원에 한정되고 있었다. 정치적 통합의 꿈이 궁극적으로 포기되지는 않았지만, 이는 일종의 우회로를 통해서, 그리고 점진적인 방식으로만 실현 가능한 것으로 여겨졌다. 1955년 6월 서독, 벨기에, 프랑스, 이탈리아, 네덜란드, 룩셈부르크의 외무부장관이 참여한 이탈리아 메시나(Messina) 회의에서 채택한 회원국 간 균형잡힌 사회정책 추진에 관한 결의는 유럽합중국이 공동의 기구들을 통해 각국의 경제를 점차적으로 융합하여 하나의 공동시장을 창출하고, 나아가 회원국들의 사회정책을 점진적으로 통합함으로써 가능해질 것이라는 신뢰를 강화시켰다.

그리하여 유럽석탄철강공동체의 여섯 회원국들은 1957년 3월 유럽경제공동체(EEC) 설립 및 유럽원자력공동체(Euratom)의 설립에 관한 로마조약에 합의함으로써 각각 관련 이사회, 의회, 재판소를 설립하고 유럽을 분리시키는 장벽을 제거하여 경제사회 방전을 위한 공동정책 방향을 집행하기로 조약전문에 명시하여 1958년 1월 1일 발효하게 하였다. 초기 유럽통합의 정점은 기존의 ECSC와 EEC 및 EURATOM 등 세 공동체가 1967년 7월 1일부터 각 공동체 기관의 개편과 통합을 거쳐 유럽공동체(European Community: EC)로 명칭을 단일화하면서 만들어지게 된다.

2차 대전 직후부터 등장한 냉전체제는 국민국가 단위의 전통적인 의회정치를 신속히 복귀시켰지만, 유럽통합은 국민국가의 이해에 충실하며 냉전체제를 수용하는 보다 실용주의적인 노선을 지향하는 정치세력에 의해 "서유럽의 통합"이라는 목표 아래 추진되었다. 유럽통합과 관련하여 냉전체제의 구축이 가져온 결정적인 변화는 통합과정에 대한 미국의 영향력이 크게 증대되었다는 점이다. 이 시기 미국의 유럽에 대한 위상은 실질적인 "유럽의 산파"에 비유되곤 하는데, 미국의 영향력은 다음과 같은 세 가지 축을 통해 작동했다고 할 수 있다.

첫째, 미국은 서유럽의 통합에서 소련과 공산주의의 팽창을 봉쇄할 정치적, 이데올로기적 동맹체를 발견했으며, 1949년 북대서양조약기구(NATO)

를 출범시킴으로써 세계 패권의 중심축을 확보하였다. 서유럽은 이 패권을 "완전한 확신"에서 자발적으로 수용했다고 할 수 있는데, 이는 한편 미국의 핵우산이 제공하는 안정성, 그리고 다른 한편 동맹의 위치가 부여하는 경제적·금전적 이익 때문이었다고 말할 수 있다.

둘째, 미국은 서유럽의 재건을 다양한 프로그램을 통해 체계적으로 지원했는데, 여기에는 사회 하부구조의 구축, 급속한 생산성의 상승, 중공업의 균형적 발전, 농업의 합리화, 안정적인 화폐·금융체제의 창출 등이 포함되었다. 1948년에서 1952년까지 유럽재건을 위해 마샬 플랜(Marshall Plan)을 통한 미국의 재정적 원조는 130억 달러에 달했으며, 기술원조 및 생산성 프로그램과 같은 기술적 지원이 마샬 플랜의 일부로서 진행되었다.

셋째, 서유럽에 대한 미국의 영향력은 일련의 정치인, 경제인, 지식인들의 네트워크를 통해서도 관철되었는데, "유럽통합의 아버지"로 불리는 장 모네(Jean Monnet)는 1920년대 이래 장기간 미국에서 루스벨트 행정부의 중요한 자문직을 역임했으며, 마샬과의 밀접한 협력 아래 유럽통합 계획을 수립하였다. 이밖에도 아데나워, 할슈타인 등 통합과 관련해 핵심적 위치에 놓인 정치인들 역시 미국의 주요 정치인들과 밀접한 친분이 있었다. 즉, 정치 부문은 물론 경제, 문화 영역에서도 이러한 초대서양적(transatlantic) 엘리트 네트워크가 이미 존재하여 유럽통합을 지지해 준 것이다.

당시의 문화정책과 관련된 역사를 개괄하면, 이미 1940년대부터 공동체의 활동 영역 안에서 문화에 대한 고려가 있었음을 알 수 있다. 1945년 런던에서 설립된 UNESCO의 설립 목적에 문화를 통한 협력이 강조되었고, 1949년 유럽 이사회의 설립 목적에도 민주주의, 인권과 더불어 문화협력이 명시되었다. 그리고 1948년 인권 헌장에서도 문화적 생활에 참여하는 것을 인간 생존과 존엄성의 조건으로 정의하였으며, 1954년에는 유럽문화 컨벤션(European Cultural Convention)이 만들어지기도 하였다. 1957년 로마조약은 문화를 예외로 간주하여 예술적, 역사적, 고고학적 가치를 지닌 국가 보물을 자유무역의 대상에서 예외로 하였다.[11]

2. 유럽공동체(EC) 구축기(1958~1978)

이 시기에는 대부분의 유럽 국가들은 국민국가 단위의 발전전략, 즉, 케인즈주의적 모델에 입각한 복지국가 건설을 추진하였다. 1966년에는 회원국가의 거부권이 인정되는 등, 1960년대와 70년대 유럽통합은 본질적으로 경제적인 것에 국한되었다. 서유럽의 지역협력을 공동방위 및 외교·문화영역 등으로 확산시킨다는 내용을 담고 있었던 1960년대 초반 푸셰 플랜(Fouchet Plan)은 무참히 좌절되었고, 1970년대 초반 벨기에 수상 틴더망(Leo Tindeman)이 제출한 유럽통합의 심화를 위한 보고서 역시 유사한 운명을 겪었다. 이 시기의 유럽통합 위기는 1970년대 중반 "유럽동맥경화증"이라는 진단이 나오게 하였다.

1960년대 중반 유럽통합을 위기로 몰고 간 국가는 프랑스였고, 이는 1958년 제5공화국의 수립과 함께 정치무대에 복귀한 드골(De Gaulle)이라는 인물과 관련 있다. 드골은 프랑스의 국익을 우선시하는 노선에 충실했고, 유럽통합과 관련해서도 정부 간 협조를 기본목표로 하는 "국가연합의 유럽(Europe des Patries)"을 주장했다. 드골은 1963년과 1967년 미국의 영향력 확대를 우려하며 영국의 공동체 가입을 거부했다. 또한, 1965년 유럽경제공동체가 질적 다수제의 도입 및 독자적 세원의 확보 등 공동체 기구의 강화를 진지하게 시도하자, 프랑스는 이른바 "공석 정치"로 대응하면서 자신의 주권의 일부를 공동체에 양도할 의사가 없음을 명확히 표명했다. "공석 정치"는 1966년 1월 "룩셈부르크 타협"에 의해 종결되었지만, 이 타협은 이 시기 통합이 더 이상 초국가주의에 기초한 강력한 공동체를 지향하지 않음을 보여주었다. 따라서 각국이 개별적 발전전략을 추진하였기 때문에 일반적으로 이 시기를 EU의 정체기라고 평가하나 그 성과는 결코 무시할 수 없다.

1965년 유럽석탄철강공동체(ECSC), 유럽경제공동체(EEC), 유럽원자력

---

11) 한경애, "유럽통합과 문화적 다양성," 『EU學 硏究』, 제10권 제1호 (2005), p.3.

공동체(Euratom)의 개별행정부와 입법부를 통합하려는 통합조약이 조인됨으로써 1967년 7월 1일 유럽공동체(EC)가 출범하였다. 1968년 7월 1일 관세동맹이 완성됨으로써 회원국들 사이의 관세가 철폐되고, 제3국에 대한 공동관세가 도입되었다. 관세동맹의 결성과 함께 이미 1960년대 초반 공동체화가 시도된 농업정책과 더불어 공동의 무역정책이 등장했다. 1968년 회원국 간 관세장벽을 철폐하고 대외공동관세정책을 마련함으로써 관세동맹(Customs Union)을 창설하였으며, 1969년 대외정책에 대한 정기적인 자문을 수행하는 EPC(European Political Cooperation)를 설치하였다. 또한, 1970년 회원국가의 부가가치세 일부를 공동체 수입으로 할당하기로 결정하고 1975년 공동체 예산결정 과정에서 유럽의회의 권한을 강화하는 조정절차를 도입하였던 것이다.

1975년부터 정책결정과정에서 중요한 영향력을 행사하는 유럽정상회담(European Council)을 정기적으로 개최하기 시작하였다. 또한 이 시기에서 1971년 베르너 보고서(Werner Report)에 기초하여 통화동맹을 모색하고, 1978년 유럽통화제도(EMS)와 환율조정장치(Exchange Rate Mechanism: ERM)를 발족하여 통화정책에 대한 협의가 이루어졌다.

1970년대 중반 심각한 경제위기를 경험하면서 유럽통합은 정체기에 진입하는데, 이 정체기는 이른바 "베르너 플랜"이라고 불린, 1980년까지 3단계에 걸쳐 경제화폐연합을 완성한다는 야심찬 계획이 좌절되면서 시작되었다. 유럽공동체 회원국들은 1974 / 75년 경제위기에 대해 공동체 차원에서 대응하기보다 일국 중심의 다양한 반위기 전략을 추진했다. 예컨대 서독은 1974년 정부투자 및 민간투자를 촉진하기 위한 반위기 기금을 조성했으며, 같은 해 영국정부는 긴축정책을 관철시켰고, 반면 아일랜드와 프랑스 정부는 팽창적인 재정정책을 선택했다. 1975년 유럽이사회와 각료이사회가 공동체 차원에서 "경기부양 프로그램의 조정"을 결의하였지만, 영국, 아일랜드, 벨기에, 룩셈부르크는 이를 거의 지키지 않았고, 다른 회원국들은 이 결의를 단지 부분적으로만 수행했다. 그래서 이 시기 유럽공동체의 갈팡질팡하는 모습이 "유럽동맥경화증"에 비유되었다.

1960년대와 70년대의 유럽공동체는 통합의 일정한 진전에도 불구하고 일종의 발전된 자유무역지대 이상의 의미를 지니지 못했던 것으로 평가된다. 물론, 여기서도 회원국들 간의 경쟁은 존재했지만, 그러나 이 경쟁의 압력은 여전히 미약했다. 회원국들은 경쟁의 압력을 환율의 적응기제를 통해서, 또는 비관세장벽을 활용함으로써 회피할 수 있었다. 회원국들은 다양한 자본통제의 수단을 가지고 있었고, 이를 적극적으로 활용함으로써 국내시장 지향적인 경제·통화정책을 지원했다. 이러한 상황에서 공동체의 정책은 국민국가 중심적인 회원국들의 정책을 우회적으로 보조하는 역할에 그칠 수밖에 없었던 것이다. 실제 이 시기 공동체 차원의 가장 큰 비중을 차지했던 공동농업정책도 기본적으로 국내지향적인 발전을 사회정책적으로 지원하는 역할이 우선적이었던 것으로 평가되었다.

3. 단일시장 창출기(1979~1991)

1973년 브레튼 우즈 체제의 극적인 붕괴와 함께 국제금융질서에 커다란 동요가 일어났다. 달러의 불안정과 이에 기인한 유럽통화들의 무질서한 재평가가 유럽경제공동체를 위험에 빠뜨릴지 모른다는 우려가 1970년 "베르너 플랜"의 등장배경이었지만, 이 성급한 경제통화통합 계획은 무참한 좌절을 경험하며, 1970년대 중반 유럽통합은 다시 국민국가화로 회귀하였다. 그러나 국제금융질서의 지속적인 불안정은 1978년 유럽이사회로 하여금 유럽통화제도(EMS)와 유럽통화단위(ECU)의 도입을 결정하도록 했다.

1979년 유럽통화제도(EMS)의 설립은 브레튼 우즈 체제의 붕괴로 표현된 전후 미국 중심의 국제정치경제질서의 위기에 대한 유럽공동체 차원의 최초의 성공적 대응이었다. 유럽통화제도는 환율의 안정적 유지를 통해 공동체 내부의 경제적 교류를 증진시키는 의미를 지녔을 뿐만 아니라, 또한 궁극적으로 유럽의 통화를 국제통화로 발전시켜 미국의 달러에 대응한다는 목표를 가지고 있었다.

유럽통화제도는 무엇보다 당시 서독과 프랑스 정부의 전략적 이해관계—환율의 급격한 변동을 막아보려는—와 타협이 맞물리면서 가능해졌다. 그러나 이 시기만 하더라도 유럽공동체 시민들의 대다수는 유럽통화제도의 등장에 무관심했다. 이 이후의 단일시장 프로젝트와 달리 유럽통화제도를 동반한 담론은 국제통화질서 및 화폐의 안정성에 대한 기술관료적 논의의 틀을 벗어나지 못했다. 그럼에도 불구하고 유럽통화제도의 설립은 이후 마스트리히트 조약에서 확정된 경제화폐연합을 향한 첫 걸음이 되었다.

1978년 유럽통화제도의 도입에 대한 합의를 계기로 다시 활성화되기 시작한 유럽통합은 1980년대 중반 놀라운 역동성을 보였다. 1985년 유럽공동체 집행위원회는 「단일시장 완성을 위한 백서」를 출간했고, 1986년 1월 1일 스페인과 포르투갈이 유럽공동체에 가입함으로써 유럽통합은 남쪽으로 확대되었다. 같은 해 2월 유럽공동체 12개 회원국들은 단일유럽법(SEA)이라는 국민주권적 조약에 조인했는데, 이는 1987년 7월 1일부터 효력을 발휘함. 단일유럽법은 공동체의 임무영역과 권한들을 환경, 사회, 연구, 기술개발 분야로까지 확대하는 포괄적 개혁을 담고 있었으며, 단일시장(Single Market)의 최종적 완성을 1992년 말로 규정하고 있었다. 또한 유럽공동체 내의 의사결정구조의 개선을 위해 각료이사회에 다수결 원칙을 재도입하고 유럽의회의 권한을 강화하였다.

단일유럽법의 채택을 통해 단일시장 창출이 합의되면서, 유럽통합은 새로운 단계에 진입했다. 1993년 1월 1일부로 실현된 단일시장 프로젝트는 지금까지 역내 공동시장의 형성을 방해했던 모든 장애물을 제거하는 것을 목표로 했을 뿐만 아니라, 유럽 차원의 탈규제화를 통해 "시장의 힘"을 재활성화하려 시도했다. 단일시장의 필요성은 한편 1970년대 중반의 경제위기 이후 서유럽의 경제가 장기적으로 침체하면서, 다른 한편 미국/북미 및 일본/동아시아와의 지구적 경쟁에서 유럽경제가 취약하다는 우려가 등장하면서 보다 강조되었다. 단일시장 프로젝트는 유럽공동체 전체에서 열광적으로 수용될 수 있었다. 기업들은 단일시장의 실현을 통해 경쟁력 개선 및 생산성 상승의 효과를 기대했고, 정부들은 공동체적 차원의 탈규제화가 새로운 경제성장을 가져올 것이라 믿었다. 단일시장 프로젝트는 회원국들의 시민들에게도 유럽의 미래에 대한 열정적 희망을 불러일으켰으며, 시민들의 대다수는 경제적·사회적 이득을 기대하며 단일시장에 긍정적인 태도를 보였다. 경제적, 사회적 이득을 기대하며 단일시장에 긍정적인 태도를 보였다.

유럽연합이 처음으로 공식적인 문화정책을 수행하기 시작한 것은 유럽연합조약(일명 마스트리히트 조약) 이후의 일이다. 마스트리히트 조약 151조에서는 유럽연합이 문화정책을 수립 및 집행할 수 있는 조약상의 법적 근거를 마련한다. 그러나 1985년, 당시 집행위원회 의장이던 쟈끄 들로르(Jacques Delors)는 유럽의회에서 행한 연설에서 "문화산업은 가까운 장래에 부와 직업을 창출하게 하는 대형 사업 중의 하나가 될 것이다"라고 언급하였을 만큼, 1993년 이전부터 사실상 산업적 측면의 문화정책은 추진되고 있었다.[12)]

4. 단일통화 성립과 문화정책 태동기(1992~1998)

이 시기의 특징은 1991년 마스트리히트 조약 체결인데, 동 조약에 의해 유럽단일통화의 창출을 추진하고 EEC를 EC(유럽공동체)로 발전시켰으며, 그 후에 EC에 유럽공동체 차원의 외교안보협력과 사법치안 공조의 구조를 결합시킴과 동시에 EC를 EU(유럽연합)로 변경시키게 된다. 즉, EU는 경제중심으로 통합과정을 밟은 EC, 외교안보 및 사법치안의 세 기둥으로 받쳐지고 있는 셈이다. 외교안보 협력과 사법치안 공조는 유럽정상회의와 각료회의(Council of European Community)와 같은 정치적 체제 안에서 정부 간 구조(intergovernmental structure)에 의해 이행되도록 하고 있

---

12) 이은혜, "문화적 시민권을 위한 유럽연합의 노력," 『유럽연구』, 제17권 (2003), pp.325-348.

다. 실제, EC가 유럽연합(EU)으로 변경되는 등 유럽이 통합해 가는 괄목할 진전을 이루었다. 이로써 EU는 독자적인 국가단위로서 실체가 된 것이다.

1989년 6월 유럽공동체 집행위원회 위원장 자크 들로르(Jacques Delores)는 역내 시장이 단일통화를 수반하는 공동의 경제·통화정책이 등장할 때 진정으로 생명력을 가질 수 있다고 강조하면서 경제 및 화폐연합을 위한 3단계 계획을 제안했다. 또한 1989 / 90년 동구권 현존사회주의의 붕괴에 따른 냉전구도의 해체는 유럽통합에 새로운 도전을 의미했다. 특히, 독일통일로 인해 유럽의 심장부에 새로운 권력요소가 등장한 사실은 기존 유럽공동체 체제의 일정한 변화를 불가피하게 했다. 이러한 변화에 대한 답변은 독일과 프랑스의 "쌍두마차"를 축으로 단일유럽법의 채택 이후 활성화된 통합과정을 보다 심화시킨 것이었다. 통일독일을 공동체의 틀 안에 묶어 놓기 위해 경제적 차원에서 뿐만 아니라, 공동외교안보정책(CFSP)이라는 이름 아래 정치·군사적 차원에서 통합의 전망을 논의해 나갔다. 바로 이 논의의 결과물이 단일시장의 완성 이후의 통합방향을 제시하고 있는, 1991년 12월에 합의된 마스트리히트 조약인 것이다.

마스트리히트 조약이라고 불리는 유럽연합조약의 핵심은 1999년 1월 1일부로 경제화폐연합(EMU)의 실현을 결의한 것이다. 또한 공동외교안보정책 및 내무·사법정책 협력에 대한 조약적 명시와 규정 역시 마스트리히트 조약의 중요한 성과다. 유럽연합조약은 각국의 비준과정을 거쳐 — 덴마크에서 한 번 거부되고 프랑스에서는 힘겹게 인준되는 어려움이 있었지만 — 1993년 11월 1일 발효되었다. 유럽연합조약의 목표와 원칙들은 다음과 같다.

- 국경 없는 단일 경제구역의 창출을 통해 경제·사회적 결속을 강화하고 정치적 통합을 최종목표로 하는 경제화폐연합을 설치하여 균형적이고 지속적인 발전을 실현함.
- 공동외교안보정책과 장기적으로 공동의 방위정책을 통해 국제적 차

원에서 유럽의 정체성을 확보함.

- 난민정책, 이주민정책, 국경문제, 마약 및 조직범죄 등에 대한 대응과 관련하여 사법과 내무 분야에서 긴밀히 협력함.
- 연합시민권을 도입함으로써 유럽연합 시민들의 권리를 강화함.
- 공동체 기구들의 권한 확대와 효율성 제고.
- 보충성(subsidiarity) 원칙을 명시함. 개별 회원국들에 의해 만족스럽게 규정될 수 없는 분야, 즉 유럽연합이 보다 효과적으로 수행할 수 있는 정책과제들만 유럽연합이 관장함.

경제화폐연합은 브레튼 우즈 체제의 붕괴 이후 환율의 급격한 변동에 대응해 결성된 유럽통화제도의 연속적 발전을 의미하기도 하지만, 또한 공동화폐의 창출과정이 무엇보다 엄격한 화폐적 안정성을 위주로 진행된 사실을 고려할 때, 유럽 전반에서 통화주의의 득세를 반영하였다. 즉, 회원국 통화들 및 이 통화들 사이의 화폐적 안정성의 실현이 가장 중요한 목표로 정의되고, 경제성장과 고용창출 그리고 실물경제적 수렴이 부차적으로 이해되거나 또는 시장에 의해 해결될 것으로 기대하면서 통합의 지배적인 모습을 보였다.

경제화폐연합에 대한 이해관계는 복잡하게 얽혀 있었다.[13] 예컨대, 초국적기업들은 무엇보다 단일화폐가 가져올 적은 거래비용에 관심을 가졌다. 독일정부는 서독 마르크와 같은 안정적 통화의 확보 및 엄격한 화폐·재정정책을 화폐연합에서 기대했고, 이탈리아 정부는 화폐연합에의 참여가 자국의 예산정책을 보다 견실하게 만드는 계기가 될 것으로 생각했다. 프랑스 정부는 단일화폐의 도입이 독일 마르크의 지배적 역할을 완화하면서 자국의 영향력을 보다 강화하는 기회가 될 것으로 계산했다. 경제

---

13) 한국·중국·일본 3국은 아시아 역내의 공동통화 도입을 위해 정부차원에서 공동연구를 개시하기로 제39차 아시아개발은행 연차총회에서 합의했다. '아시아판 유로'로 불리는 공동통화(ACU: 아쿠) 도입연구가 향후 아세안 +3의 재무장관 회담에서 시작되도록 하기로 하였다. 『조선일보』, 2006년 5월 5일.

화폐연합 프로젝트를 수반한 시민사회의 담론의 모습은 이중적이었는데, 위로부터는 주로 지구화 및 경제적 적응의 담론이, 그리고 밑으로부터는 사회적 복지의 담론이 출현했다. 그러나 경제화폐연합이 지향한 엄격한 화폐적 안정성은 점차 시민들에게 유럽통합의 미래 및 사회적 결과에 대한 불안감을 확산시켰다. 프랑스와 덴마크에서 마스트리히트 조약의 험난한 비준과정 — 또한 노르웨이와 스위스에서 실시된 국민투표에서 유럽연합에의 참여 부결 — 로 단일시장과 함께 등장한 유럽연합에 대한 열광이 급격히 소진되었다.

1996년 암스테르담 조약은 이른바 유연성 조항을 도입했는데, 이 조항이 도입됨으로써 유럽통합 속도를 모든 회원국들의 공동보조하에 추진한다는 기존의 원칙이 포기되고, 특정분야에서 몇몇 회원국들이 앞서 나갈 수 있는 가능성이 보장되었다. 즉, "두 가지 속도"의 유럽통합이 가능해졌고, 이는 화폐통합에서는 물론 이후 군사적 통합과 관련하여 유의미한 원칙이 되었다.

<표 9> 유럽통합의 3대 기둥 모델

유럽공동체들	공동외교안보정책	내무 및 사법정책의 협력
• 관세동맹과 역내시장 • 농업정책 • 구조정책 • 통상정책 • 경제화폐연합 • 연합시민권 • 교육과 문화 • 유럽연결망 • 소비자보호 • 공중위생 • 연구와 환경 • 사회정책	• 평화의 보전 • 인권 • 민주주의 • 제3국 원조 • 연합의 안보는 서유럽동맹(WEU)에 근거함 • 군축 • 군비의 경제적 측면 • 장기적으로 유럽의 안보질서	• 난민정책 • 연합의 국경 • 이주민정책 • 마약중독과의 싸움 • 조직범죄에 대한 대응 • 민사·형사사건의 협력 • 경찰업무 협력
결정방식: 유럽공동체 조약	결정방식: 정부 간 협력	결정방식: 정부 간 협력

유럽연합조약에 따른 유럽연합의 세 가지 기둥 모델은 앞의 <표 9>와 같다. 유럽통합은 첫 번째 기둥이 가장 발전된 반면, 두 번째 부분은 여전히 저발전된 불균등한 모습을 띠고 있다.

EU의 문화정책 역시 마스트리히트 조약을 통해 새로운 국면을 맞이하게 된다. 1977년 이후 집행위원회에서는 문화영역과 관련된 다양한 자료를 발표하였고 이것이 토대가 되어 마스트리히트 조약에 문화가 정식으로 포함되었다. 1980년대에도 공동체 내에서 문화영역은 상당한 발전을 이루어, 1983년 슈투트가르트에서는 회원국 간의 문화 중흥을 위한 공동협력을 강화할 것을 공식 선언하였다. 그리고 최초로 기금 모금이 이루어졌는데 이는 유럽의회와 각료이사회의 노력으로 가능하였다. 1987년부터 문화장관 회의가 제도화 되었고 1988년에는 문화 분과위원회가 만들어졌다.14)

1993년 마스트리히트 조약이 발효되면서 회원국들은 유럽통합과정의 새로운 국면을 맞이했다. 즉, 유럽시민을 만들고 유럽인 간의 보다 긴밀한 연합이 추구된 것이다. 마스트리히트 조약 이후 문화 활동은 공동체 영역에서 법적 근거를 지닌 공인된 영역이 되었다. "공동체는 문화의 다양성을 촉진시키고 존중하기 위해 조약의 다른 항목의 활동을 고려할 수 있다"는 151조항은 문화와 문화적 다양성을 공동체의 모든 정책에서 고려하는 근거가 되었다.

151조를 근거로 1993년에서 1999년까지 다양한 문화프로그램들이 진행되었다. 집행위원회는 플랫폼 유럽(Platform Europe)프로그램을 기획하고 발표하였다. 1991년 '플랫폼 유럽'은 최소한 3개 회원국이 참여하는 예술문화 사업인 칼레이도스코프 프로그램(Kaleidoscope, 만화경사업)이 되었다. 1994년에는 문화행사, 예술적 창작활동을 장려하고, 네트워크 강화 및 문화적 협력 촉진을 위해 프로그램이 재조직되었다. 결국, 1996년에서 1999년까지 칼레이도스코프, 아리안느, 라파엘르 등 3가지 축을 중심으로 유

---

14) 한경애, "유럽통합과 문화적 다양성," p.3.

럽연합의 문화정책이 진행되었다.[15)]

1) 칼레이도스코프(Kaleidoscope 만화경프로그램, 1996~1999)[16)]

칼레이도스코프는 1996~1999년까지, 총 4년 동안 2,650만 유로의 지원으로 518개 과제를 진행했고, 유럽의 문화도시 및 유럽 문화의 달 행사, EU 바로크 오케스트라, 청년 오케스트라 등의 활동이 전개되었다. 칼레이도스코프는 특히 유럽인 간의 문화 및 문화생활을 전파하고 알리기 위한 목적으로 만들어졌다.

그리고 예술가 및 문화 분야 종사를 위한 직업교육 및 훈련, 그리고 문화의 접근성 제고에 대한 노력이 주된 내용으로 이루어졌다. 지원 분야는 예술 활동(무용, 음악, 연극, 오페라 등), 조형 및 시각 예술(그림, 조각, 건축), 응용예술(사진, 디자인), 기타 멀티미디어 및 예술 표현 등으로 구성되었다.

2) 아리안느(Ariane, 1997~1999)

아리안느는 번역을 포함하는 책과 독서와 관련된 분야의 지원 사업으로 1997년과 98년에 700만 유로의 예산이 할당되었다. 1999년에도 연장되어 410만 유로가 지원되었다. 767권의 번역과 직업 훈련 프로젝트 등이 수행되었고, 유럽의 문화상 및 유럽 번역상이 탄생했다. 아리안느는 회원국 간의 협력(독서, 출판)을 통해 각국 그리고 지역의 다양성을 존중하면서 문화 발전에 기여하고, 번역 사업을 통해 유럽인의 문학 및 역사를 알리는 것을 목표로 했을 뿐 아니라 이 분야의 직업 훈련 및 유대 강화를 도모했다.[17)]

---

15) 한경애, "유럽통합과 문화적 다양성," p.4.
16) "EU의 칼레이도프 사업소개," <http://ec.europa.eu/culture/eac/culture2000/historique/historic_en.html>.
17) "EU의 아리안느 사업소개," 위의 사이트.

3) 라파엘르(Raphael, 1997~1999)

유럽의 문화적 유산을 보존, 유지 및 향상시키기 위해 협력 강화를 목
표로 하는 라파엘르는 문화적 유산을 지원하는 공동체의 프로그램으로
4년간(1997~2000) 3,000만 유로가 지원되어, 350개 과제가 수행되었고, 유
럽유산연구소(The European heritage laboratories)를 포함한 1,500개 단체가
지원받아 사업을 수행했다.[18)

5. 유로체제 확립과 정체성 모색기(1999~현재)

1999년 1월 1일 부로 벨기에, 독일, 핀란드, 프랑스, 이탈리아, 아일랜
드, 룩셈부르크, 네덜란드, 오스트리아, 포르투갈, 스페인이 경제화폐연합
의 마지막 단계에 참여함으로써 지금까지 유럽통합 역사의 절정에 도달
했다. 이 단계는 유럽중앙은행체제(ESCB)가 창설되고, 각국의 통화가 유
로(Euro)에 완전히 고정된 것을 의미한다. 그리스는 2001년 1월 1일 유로
체제에 참여했고, 2002년 1월 1일 단일화폐 유로가 유럽연합 12개 회원
국들에서 공식적으로 유통되기 시작했다.

유로체제 아래서 화폐정책의 책임은 전적으로 유럽중앙은행 또는 유
럽중앙은행체제에 귀속된다. 유럽중앙은행은 가격안정을 최우선으로 고
려하며 정치적 지시로부터 독립적인 과거 독일 연방은행의 모델을 지향
하였다. 화폐정책의 효과적 운용은 화폐정책과 모순되지 않은 경제·재정
정책을 전제하는데, 이를 위해 집행위원회는 회원국들의 성장, 인플레이
션, 고용의 조화를 목표로 한 경제정책의 기본 틀을 제안하며, 유럽이사
회는 질적 다수결에 기반을 두어 이를 추인하였다.

21세기 들어 눈에 띄는 유럽통합의 특징은 유럽연합이 지속적으로 확
대되고 있다는 점이다. 이미 1981년 그리스, 1986년 스페인과 포르투갈이

---

18) "EU의 라파엘르 사업소개," <http://ec.europa.eu/culture/eac/culture2000/historique/
historic_en.html>.

회원국으로 가입하면서 남쪽으로 확장하기 시작한 유럽연합은, 1995년 과거 EFTA(European Free Trade Association)에 속했던 스웨덴과 핀란드 — 그리고 오스트리아 — 를 받아들이면서 유럽의 북쪽으로 확대되었고, 2004년 5월 유럽연합은 폴란드, 헝가리, 체코, 슬로바키아, 슬로베니아, 라트비아, 리투아니아, 에스토니아를 망라한 8개의 동유럽 국가들 및 말타와 사이프러스를 새로운 회원국으로 받아들였다. 유럽연합은 2007년까지 불가리아 및 루마니아와도 가입협상을 끝낼 예정이며, 지난 해 인구의 대다수가 회교도인 터키와도 가입협상을 시작하였다. 제2차 세계대전 후 서유럽의 여섯 개 국가들로부터 시작된 유럽통합은 21세기에 들어 유럽대륙의 동서남북을 망라하는 스물다섯 개의 국가들로 확대되었다.

특히, 지난 해 터키의 유럽연합 가입문제는 가입협상 시작 이전부터 격렬한 논쟁을 동반하였는데, 이 논쟁은 터키의 유럽연합 가입이 갖는 세계정치적 의미와 현실정치적 제약 사이의 딜레마에서 등장한 것이다. 요컨대, 터키의 유럽연합 가입은 일종의 문명공존의 실험을 의미하며, 이 실험은 특히 9·11테러 이후 각별한 의미를 지닌다. 나아가 터키의 유럽연합 가입은 이슬람 근본주의의 약화를 가져올 것으로 전망되며, 따라서 중동지역의 갈등해결에 기여할 것으로 전망되었다. 반면, 터키의 유럽연합 가입을 어렵게 하는 현실정치적 제약요인으로 터키의 경제적 낙후성 — 매년 245억 유로 상당의 추가적인 유럽연합의 재정 부담이 예측됨 — 및 인권상황, 그리고 다른 회원국들, 특히 오스트리아, 그리스, 사이프러스의 반대 등이 있다.

2005년에 있었던 유럽통합과 관련된 가장 중요한 사건은 유럽연합 헌법안이 프랑스의 국민투표에서 56%, 네덜란드 국민투표에서 60%의 반대로 부결된 것이다. 이 헌법안은 지스카르 데스텡 전 프랑스 대통령을 의장으로 하는 유럽미래회의(Convention on the Future of Europe)에 의해 준비된 것인데, 유럽헌법은 유럽의회의 권한을 강화하고, 유럽연합의 대통령직과 외무장관을 신설하며, 나아가 가중 다수결 표결에 대한 개혁을 담고 있었다. 프랑스와 네덜란드에서 유럽연합 헌법안이 부결된 것은 한편은 정치적 우파로부터 등장한 민족주의적 프로파간다의 영향, 그리고 다른 한편 정치적 좌파로부터 등장한 유럽통합의 최근 신자유주의적·통화주의 기저에 대한 비판 및 "사회적 유럽"을 강화하라는 요구 등의 결과로 평가된다.

결국 유럽연합은 유럽헌법에 대한 논의를 2008년 이후로 미루지 않을 수 없었다. 한편 문화적 측면에서, 유럽인들은 공통의 문화적 정체성에

〈표 10〉 유럽공통의 문화적 정체성의 존재여부에 대한 유럽인의 인식(1999)

(단위: 응답자의 %)

	동의함	동의하지 않음
그리스	49	42
포르투갈	47	37
독일	43	43
이탈리아	42	47
스웨덴	41	53
아일랜드	41	42
오스트리아	40	44
룩셈부르크	39	50
덴마크	36	59
프랑스	36	59
벨기에	35	52
네덜란드	35	57
스페인	34	43
핀란드	31	65
영국	28	53
EU 15개국 평균	38	49

출처: Eurobarometer 52, April 2000

<표 11> 유럽연합 회원국 자격에 대한 호감도 변화 추이

(단위: 응답자의 %)

	1995	1996	1997	1998	1999	2000	2001	2002	2003	2004	2005
좋은 것	56	48	46	51	49	49	48	53	54	48	54
나쁜 것	25	28	30	28	27	27	29	28	27	29	27
중립	12	15	15	12	12	14	13	11	11	17	15
무관심	6	9	9	9	12	9	10	8	7	6	4

출처: Eurobarometer 63, July 2005

대한 회의를 느끼고 있었다. 결국 유럽의 통합이 민족을 초월하는 하나의 공동체를 만들자는 데 목적이 있다고 한다면, 민족적 일체감과 국가에 대한 충성심의 배타적 요소를 희석시키고 이를 초월하는 새로운 사회적, 정치적, 문화적 정체성을 창출할 필요성이 대두된 것이다. 그러나 유럽은 아직 이를 가지고 있지 못하고 있다. 앞의 <표 10>에서 보듯 유럽인들은 유럽 공통의 문화적 정체성이 존재하는가의 질문에 대해 평균 38%만이 그렇다고 답하고 있다. 또한 유럽연합에 대한 호감도도 특별히 더 나아지지 않고 있다.

따라서 유럽연합은 반드시 법적근거를 가진 문화정책은 아니더라도, 유럽적 정체성의 구축을 위해 유럽적 상징을 고안하고 이를 적용하기 위해 노력을 경주해 왔다. 그러나 서언에서 밝혔듯이 유럽연합은 정치적으로 연방국가와 국가연합의 중간지점에 놓여있는 체계이고, 따라서 이런 상징들은 각 국가의 국기(國旗), 문화와 정체성을 존중하면서 공통적인 유럽인으로서의 정체성을 지향하고 있다고 볼 수 있다.

예컨대, 영국에서는 2006년 월드컵 기간 동안 자국의 잉글랜드를 응원하는 깃발을 집집마다 내걸고 있었다. 그러나 한편 자동차 번호판에는 왼쪽에 유럽연합기(旗)를 공통으로 새기고 있다. 또한 대부분의 공항이나 선박의 깃대에는 자국 국기와 함께 유럽연합기를 같이 꼽고 있어, 자국기와 유럽연합기의 공존이 현실화되고 있다. EU 국가의 국민들이 자국과 유럽연합의 정체성을 자기 내부에 공존시키고 있는 것이다.

1986년 5월 29일 브뤼셀의 유럽연합 집행위원회 본부 바깥에 짙은 파란 색 바탕에 열두 개의 노란색 별이 원을 그리고 있는 유럽연합기가 게양되기 시작했다. 12라는 숫자는 성경의 12사도들을 비롯하여, 야곱의 아들들, 로마 입법관의 탁자들, 헤라클레스의 12가지 과업, 시간의 단위, 1년의 12개월, 혹은 12궁(宮) 등을 함축하고 있고, 원은 연합을 의미하며, 노란 별들은 성모 마리아의 후광을 나타내는 그리스도교적 상징이기도 하다. 그 외에도 표준화된 유럽여권, 운전면허증, 유럽연합의 상징이 그려진 자동차 번호판, 베토벤 9번 교향곡 '합창' 4악장의 환희의 찬가를 유럽의 노래로 삼은 것 등이 있으며, 1999년 도입되어 2002년부터 시중에 유통되기 시작한 유로화(貨)도 유럽적 상징의 구현이었던 것이다.

뿐만 아니라 유럽연합 후원의 스포츠 경기들과 상금, 유럽연합 청소년 오케스트라, 유럽의 건축 유산을 보존하기 위한 프로젝트, '올해의 유럽 여성상(賞)', '장모네' 석좌교수제도 등을 도입한 것이나, ECSC를 설립하는 계기가 된 슈망 선언(Schuman Declaration)이 공표된 날인 5월 9일을 '유럽의 날(Europe Day)'로 지정한 것 등도 같은 취지의 일환이라 할 수 있을 것이다.[19]

EU 문화정책에 있어서 1999년 이후의 프로그램으로는 '문화 2000(Culture 2000)'이 있다. 이 사업은 2000년부터 2004년까지 5년간 1억 6,700만 유로의 예산을 투입한 EU의 가장 대표적 문화정책 사업이다. '문화 2000'의 목표는 유럽인의 공통된 문화지역을 만들고, 이문화 간 교류, 역사와 문화에 대한 이해제고, 국경을 초월한 문화 전파, 문화적 다양성, 창조성, 문화유산, 사회경제적 통합 등의 활성화를 위해 문화 주체 간 협력을 지원하는 것이었다. 문화 주체 간에 협력 및 교류, 문화 네트워크 형성, 각국 문화 기관 간의 협력을 목표로 하는 문화 2000프로그램은 매년 200~

---

19) 이은혜, "문화적 시민권을 위한 유럽연합의 노력," pp.325-348.

250여 개의 과제를 지원(예술, 문화유산, 문학, 번역 등)하였다. 특히 '유럽문화도시'사업은 유럽차원의 상징성을 지닌 도시를 선정하여 '유럽문화의 달'행사를 주최하였다.

유럽문화수도는 유럽문화수도 행사가 개시되기 전 최소한 4년 전에 선정된다. 연도별 해당국가의 정부는 단수 또는 복수의 희망 도시를 지정하여 집행위원회, 각료이사회, 유럽의회에 보고하며, 집행위원회는 선정위원회를 구성하여 후보 도시에 대한 보고서를 작성해 유럽의회, 각료이사

〈표 12〉 연도별 유럽문화수도 유치 예정 회원국

연도	예정국
2005	아일랜드
2006	그리스
2007	룩셈부르크
2008	영국
2009	오스트리아, 리투아니아
2010	독일, 헝가리
2011	핀란드, 에스토니아
2012	포르투갈, 슬로베니아
2013	프랑스, 슬로바키아
2014	스웨덴, 라트비아
2015	벨기에, 체코 공화국
2016	스페인, 폴란드
2017	덴마크, 사이프러스
2018	네덜란드, 몰타
2019	이탈리아

출처: European Union, Decision No. 649 / 2005 EC of the European Parliament and of the Council of 13 April, 2005

회, 유럽의회로 송부한다. 유럽의회는 보고서 접수 후 3개월 이내에 집행위원회에 의견을 송부한다. 집행위원회는 유럽의회의 의견을 참조하여 연도별 해당국가 당 1개 도시를 각료이사회에 추천하고, 각료이사회가 최종적으로 공식적 결정을 내린다. 선정위원회는 집행위원회, 각료이사회, 유럽의회에서 각 2명, 유럽지역위원회에서 1명을 임명, 총 7명으로 구성된다.

한편, 문화 분야의 정책이 보다 효과적으로 수립, 집행되기 위해서는 기존의 만장일치 제도를 가중다수제[20]로 변경할 것이 제안되기도 하였다. 루폴로 보고서 결과 유럽의회는 "Resolution on Cultural Cooperation in the EU"[21]에서 문화협력 영역을 확대시키기로 결의하였다. 그리고 2002년 5월 문화 분야 협력을 위한 새로운 계획을 채택하였고, 공동체의 다른 분야에도 문화가 포함되도록 권고하였으며, 문화 관련 네트워크를 구축하여 다양한 문화 분야 간에 예술작품 및 작가의 교류를 활성화 하도록 하였다.

IV. 동북아시대 구상에 대한 시사점[22]

지역협력과 관련된 역사적 경험의 차이를 고려하지 않는 단순한 모방은 오히려 문제만 잠복시키며 지역협력과 통합에 득이 될 수 없는 것으로 판단되지만, 경제적 상호의존의 증대라는 지역화의 경험에도 불구하

---

20) 출처 – Answers.com http://www.answers.com/topic/qualified-majority-voting
 ** Qualified Majority Voting(가중다수결 투표제 Q.M.V): EU에서 사용되는 표결 방식 중의 하나, 일정한 기준(인구)에 의해 각기 다른 회원국들이 다른 수의 투표권을 가짐, 총 321표 중 232표의 지지를 받아야 함(72.27%).
21) 루폴로 보고서의 내용은 <http://www.budobs.org/eu-ruffolo.htm>.
22) 동 내용은 이 분야에 관해 영남대학교 구춘권 교수로부터 2006년 4월 전문가적 자문을 구한 내용을 근간으로 다수의 문헌을 참고하여 작성하였다.

고 지역주의[23]가 출현하지 않는 동북아의 현실에 개별 국가 간 협력의 모범이 되는 유럽통합의 경험은 여러 측면에서 많은 시사점을 주고 있다. 물론, 동북아지역이 반드시 유럽의 통합경험을 답습할 수도, 또한 그렇게 할 당위성도 없다는 점을 전제로 하여 '동북아시대 구상'에 대한 시사점을 파악해야 할 것이다.

1. 국제적 측면

우선, 유럽에서는 2차 대전 종식과 더불어 전쟁의 구조적 억제의 필요성에 대한 공감대가 형성되어 있었다. 동북아에서도 냉전이 종식되면서 전쟁억제와 평화에 대한 열망이 분출되기 시작하였으나, 19세기 말 내지 20세기 초에 걸친 세 번의 큰 전쟁을 겪었던 유럽에 비교하여 동북아에는 전쟁억제를 위한 구조 확립의 절대적 필요성에 대한 인식도가 상대적으로 낮은 경향이 있다.[24] 일반적으로 정치 및 경제발전 수준과 전쟁억제 필요성에 대한 인식은 정비례 관계를 보이는데, 동북아에서도 공동번영을 위한 상호협력 증대에 보다 증진하고 외교중점으로 삼을 필요가 있다. 특히, 북한의 핵실험 및 핵보유의 노력이 초래할 수 있는 동북아 불안정과 불확실한 안보에 대한 부정적 영향을 공유함으로써 역내 다자안보질서의 형성 필요성을 부각하도록 할 필요가 있다.

둘째, 유럽의 경우 냉전적 블록대결로 미국 중심의 NATO 및 대공산권 수출통제체제(COCOM)가 유럽을 무대로 하여 전개된 반면에 소력 중심의 WPO 및 공산권 경제상호협력체(COMECON)가 대립하였으나, 비록 동북아에 냉전이 해소되자 않고 있지만 유럽통합의 초기와 같은 수준의 대립

---

23) 일반적으로 지역화는 시장유도적인 과정들 및 이와 관련된 지역 프로젝트들의 총합을 지칭하는 개념임. 반면 지역주의는 정부 및 시민사회가 해당 지역을 일종의 공동체로 묶어내는 정치적 형성의지를 포함하는 개념임.
24) 연세대학교, "중장기 동북아 안보구상: 타개와 조성" (동북아시대위원회 용역과제 06-1, 2006.4), pp.205-206.

은 존재하지 않고 있다. 역내 강대국 중심의 상호경쟁과 갈등의식이 잔존하고 있을 뿐이다. 따라서 역내 경쟁 및 갈등산출이 가능한 상호관계로 협력분야 확대를 통해 적극 개선할 필요가 있다.

셋째, 유럽의 경우, 공동체 형성과정에서 미국이 적극적으로 지지를 하였다.[25] 이런 미국의 입장을 현행 동북아 역학구도에서 기대하기가 쉽지 않다. 미국과 중국이 잠재적 경쟁관계에 있고 중국과 일본이 지역주도권을 암묵리에 노려 경쟁하고 있으며, 보다 크게는 역내에 미국과 일본 주도의 해양세력과 중국과 러시아 주도의 대륙세력 간 경합과 갈등이 수그러들지 않고 있기 때문이다. 미국은 자유무역과 시장개방을 위한 동북아 다자경제협력을 적극 주도하는 한편, 역내 정치·군사적 협력을 위한 다자안보장치의 구축에는 현실적으로 아주 소극적이기 때문이다. 미국의 현실적 역내 영향력이 당시 유럽통합 초기에 비해 약해졌지만 여전히 세계 최강임을 부정할 필요는 없다.

따라서 동북아를 핵심적으로 구성하는 한국, 중국, 일본 3국은 미국과의 포괄적 협력을 바탕으로 경제협력의 점진적으로 제고하여 상호의존 및 협력의 중요성을 인식해 경제협력 공동체를 구성하는 노력을 기울일 필요가 있다. 안보영역에서도 6자회담을 비롯해 역내 다자정상회의 등을 발족시켜 포괄적 안보협력을 일단 발족시켜 나가는 것이 중요하다. 미국이 이런 과정에서 점진적으로 양자협력과 다자협력이 병존할 수 있음을 확인하도록 역내 국가들이 공동노력을 확보하는 것이 우선적 과제이다.

---

25) 냉전시기 서유럽의 안보협력은 미국을 중심으로 한 북대서양조약기구(NATO)에 의해 주도되었다. 그러나 과거 유럽공동체 차원에서 정치적·군사적 협력이 시도되지 않은 것은 아니었다. 1954년 유럽방위공동체(EDC)가 프랑스에 의해 제안되었으나 역설적으로 프랑스 국민회의가 조약을 거부함으로써 실패로 끝났다. 유럽정치공동체(EPC)도 실현되지 못하였다. 이 실패는 한편 유럽통합과 같은 불확실한 역사적 실험에서 안보와 같은 국가주권의 중요한 부분이 양도되기 어렵다는 사실을 표현한 것이기도 하지만, 다른 한편 냉전체제라는 세계질서의 틀이 소위 "제3세력"의 출현, 즉, 유럽의 독자적인 정치·군사 세력화를 허용하지 않았던 당시 국제적 상황의 결과였다고 본다.

넷째, 유럽에서는 다자주의적 안보협력이 2차 대전 직후부터 유럽평의회, NATO, WEU 등으로 보편화되어 있어 냉전 직후에도 그러한 3자 안보기구가 존재했었는데, 결과적으로 미국 주도의 NATO가 압도하는 형국으로 귀착하였으며, 이에 따라 유럽과 미국은 갈등국면에 진입하게 되었다.[26] 그러나 경제분야에서는 유럽이 체계적이고 조직적으로 통합과정을 거쳐 미국과 경합하는 수준에 도달하고 있다. 동북아도 다자주의적 안보협력이 거의 경험되고 있지 않지만, 미국이 안보분야를 주도하는 것에 병립해 비군사적 분야 및 기술 분야에서는 역내협력과 신뢰를 보다 확대하고 구축해 나가는 장치를 구축하는 노력이 필요하다.

2. 지역적 측면

먼저, 전반적으로 지적되고 있는 동북아의 지역협력 내지 공동체 형성이 어려운 요인은 다양하고 단기간에 치유될 수 있는 성격의 것이 아니다. 즉, 역내 정치적·경제적·문화적 여건의 다양성, 지리적으로 역내 국가 간 해양에 의해 분할되어 있는 지정학 및 문화적 이격감, 강한 국가주의적 전통과 배타적 민족주의의 재부활, 중상주의에 기반하고 있는 경제성장 인식 및 성공적 경험, 지역통합에 관한 역사적 경험의 부재, 지역협력을 추진하고자 하는 구심점의 부재, 그리고 양자적 관계를 기반으로 한 미국의 강한 안보전략적 영향력 등이 지적될 수 있다.

반면, 동북아의 지역협력은 여전히 원초적이고 단순한 형태의 협력에 불과하다. 따라서 보다 속도있게 역내 대화와 협력을 통해 통합 단계로

---

26) 코소보 전쟁과 이라크 전쟁을 통해 드러난 미국과 유럽연합 국가들 사이의 긴장과 갈등의 성격은 이들의 대조되는 안보정체성 및 앞에서 지적한 안보체제의 경쟁구도를 염두에 둘 때 가장 잘 파악될 수 있다. 특히, 코소보 전쟁에서 미국의 무력시위는 누가 유럽안보체제의 주역인가를 명확히 보여준 사건인데, 코소보 전쟁의 수행은 워싱턴에서 결정되고, 브뤼셀에서 승인되어, 나토의 개별국가들에 통지되는 방식을 취했던 것이다.

진전하기 위해서는 국가 간 신뢰 형성을 위해 역내 역사적 과거에 대한 책임과 반성을 천명하고 관련 당사국은 이를 수용하기로 화해해야 할 것이다. 유럽통합의 시작은 독일의 역사적 범죄에 대한 철저한 반성과 함께 시작되었었던 점은 매우 시사적이다.

둘째, 유럽의 경험은 통합이 국가들 간의 문제만이 아니라 시민사회의 공동문제임을 보여주었다. 기업이나 단체와 같은 시민사회의 주요 세력은 경제적 통합의 질적 심화에 대단히 적극적이었고, 또한 시민사회를 설득하지 못할 때 통합이 지연될 수 있음을 유럽의 경험으로부터 배울 수 있다. 지역협력에 적극적인 동북아 시민사회 네트워크의 구축은 이 지역의 통합에 긍정적으로 작용할 것이다. 특히, 역내 시민들이 지역협력의 가치를 공유해 지속적으로 개발해 나가야 한다. 동북아의 한·중·일 3국의 고유한 유교문화의 전통은 문화적 가치와 역사적 동질성을 지닌 공동체국가 형성의 공유가치로서의 일차적 근원이 될 필요가 있다.

셋째, 국가들 간의 상호 신뢰가 여전히 형성되어 있지 않은 동북아지역에서는 1990년대 유럽통합의 경험보다는 1970/80년대 유럽안보협력회의(OSCE)가 시도한 포괄적 안보협력의 경험으로부터 우선 보다 유효한 지역적 함의를 얻을 수 있다.27) 냉전시기에 출범했던 유럽안보협력회의의 구축과정이 유럽통합을 위한 협력을 촉구하는 데 성공적으로 기여했는데, 냉전적 요소가 잔재하고 있는 동북아에서도 이와 같은 돌파적인 접

---

27) 나토를 축으로 한 미국의 군사적 영향력은 냉전 시기 여전히 강력한 것이었지만, 1973년 유럽안보협력회의(CSCE)의 출범으로 나토의 절대적 의미는 상대적 위치로 변하였다. 1973년 7월 3일 유럽안보협력회의 협상에서 35개 참여국들은 안보, 경제협력, 인권문제 및 체제 간의 교류 등 세 영역을 동등하게 다루기로 합의하여 1975년 8월 1일 헬싱키에서 "정치·군사적 신뢰구축," "경제·과학·기술·환경 협력," 그리고 "인도주의적·문화적 협력" 등 3개의 바스켓을 담은 최종의정서를 체결하였다. 이 이후 대부분의 서유럽 국가들은 1980년대 초반 레이건(Ronald Reagan) 행정부의 소련에 대한 대결노선 — 이른바 "신냉전" — 에 거리를 두었고 유럽안보협력회의를 통한 대안적 안보, 즉 협력안보의 추구를 포기하지 않았다.

근이 필요하다. 이런 시각에서 북한 핵을 해결하기 위한 다자노력이 그 불씨가 되도록 미국과 중국 등이 나서도록 한국은 외교적 설득을 추진할 필요가 있다.

공동안보는 당사자들의 신뢰구축을 선행시켜야 하는데, 역내 국가들이 양보와 인내를 동반하여 동참하는 오랜 과정에서 상호신뢰가 확보되도록 한다. 북한 핵에 대해서도 역내 공동의 안보문제로 공유하여 압박과 제재 및 교류와 협력을 필요한 상황에 따라 합치된 행동으로 보이는 한편, 동북아의 지역협력 자체를 생산적으로 유도해 나가야 한다. 에너지, 환경 등 공동의 관심사로부터 시작해 정치·군사적 차원으로 교류를 확대하는 것이 효과적인 것이다. 일본이나 중국이 여러 이유로 동북아 협력에 적극적이지 않은 현실에서 한국이 현상을 타파하는 지역협력의 선도자로 나서는 것도 바람직한 선택으로 보인다.

넷째, 유럽통합에 대한 정치적 확신과 신념을 가진 여러 지도자들이 존재했고, 이들이 밀접한 유대관계를 가졌다는 사실은 성공적인 지역통합을 지속시킨 요인이었다. 초기의 슈망과 아데나워는 물론, 미테랑과 콜은 물론, 시락과 슈뢰더의 밀접한 관계는 독일과 프랑스가 유럽통합의 쌍두마차 역할을 하는 데 크게 기여했는데, 동북아에서도 정치지도자들 간 교류를 통한 인식공유는 지역협력과 통합에 절대적으로 기여할 것이다. 특히 지도자들의 지역협력에 대한 비전 또는 지역협력의 당위성을 설득하는 지도력과 담론 발전은 필수적이다. 유럽에서 민족주의의 극복, 평화, 경제적 부흥, 경쟁력 있는 유럽건설 등이 유럽통합의 특정 시기마다 중요한 화두가 되었듯, 동북아 지역협력 역시 그 당위성을 설파하는 지도자들의 비전과 담론이 지역협력의 출발점이 될 것이다.

다섯째, 유럽통합의 심화는 미국과의 관계 재설정을 동반했는데, 초기에는 탈 미국의 기류가 통합을 촉진하였으며, 그 과정에서 미국과의 갈등도 유발하게 되었다. 동북아에서의 지역협력 및 공동체 추진에 있어서도 미국의 거부적 내지 갈등적 기능이 상정되지 않을 수 없으므로 미국의 지원역할 및 대미 우호관계 모델을 설정해야 할 것이다. 미국의 강한 영

향력의 토대인 한·미안보동맹 또는 일·미안보동맹과 같은 양자적 관계
는 궁극적으로 동북아의 다자적 안보체제가 발족하면 이에 의해 대체되
거나 경합관계로 나갈 가능성이 크며, 나아가 미국이 동북아공동체 동참
을 적극 고려한다면 양자동맹은 지역동맹으로 새로 출범하지 않는 한 해
체되는 것이 순서일 것이다. 동북아 국가들과 미국의 관계 재설정은 대단
히 어려운 과제이지만 지역협력의 심화를 위해 회피할 수 없는 과제로
판단된다.

3. 역사·문화적 측면

기본적으로 유럽통합은 당초 안보와 경제의 이원적 동기에서 출발하
여 성공적 과정에 있으나, 현재 정치 및 문화적 요인에 의해 최종 단일
연합단계에 완전 진입하는 데 애로를 맞고 있다. 이 점은 문화적 요소가
초기에는 유럽통합을 촉진하는 매개체가 된 반면, 통합이 고도화되면서
오히려 장애를 일으키는 요소가 될 수 있음을 의미한다. 동북아의 지역
특성과 경제 및 문화적 여건이 공동체 추진에 있어 유럽보다 양호한 것
은 아니지만, 반드시 이들 여건의 유·불리만을 동북아 지역협력을 위한
공동체 추진에 장애로만 볼 필요가 없다.

둘째, 문화적 요소가 유럽국가 간 동질적임에도 불구하고 1990년대에
들어서 유럽이 통합되면 될수록 문화적 차이점이 부각되고 이것이 개별
국가 간 갈등의 요인으로 작용되었다. 1992년 마스트리히트 조약이 최초
로 유럽연합 차원의 문화정책의 기틀을 마련하고 문화정책 수행을 명시
해서 각국의 문화적 다양성을 최대한 존중하되, 궁극적으로는 유럽의 공
동문화와 정체성의 형성을 통해 유럽문화공동체의 형성을 지향하도록 하
고 각종 문화사업을 본격적으로 펼쳐나갔다.[28] 최근 터키의 이슬람문화

---

28) 최근의 주요한 유럽문화정책 사례에 관해서는, 김명섭 외, 『동북아 문화공동체
    형성을 위한 유럽연합의 정책사례』(경제인문사회연구회 협동연구총서 05-01-01,

를 유럽연합이 수용할 수 있는가가 유럽통합의 가장 큰 현안이 되고 있 듯, 동북아에서도 협력과 공동체 형성을 위한 초기과정에서 개별 국가 간 문화적 이질성이 덜 문제시되거나 제외시킬 수는 있으나 역내 문화적 정 체성을 규명하는 문제를 안을 것이다. 그 우려의 일단은 역내 국가들이 대부분 민족주의 내지 국가주의 성향을 대외정책에서 표출하고 있다는 점이다. 따라서 역내 경제 또는 안보분야 협력을 위한 초기 단계에서부터 역내 문화교류를 역내 국가들이 공동사업으로 추진하는 노력을 결집해 나가는 것이 필요하다.

셋째, 유럽의 경우, 유럽공동체 형성을 위한 문화적 접근과 노력은 협 의의 문화에 관한 것뿐 아니라 교육과 직업훈련, 청소년 교류 등의 매우 광의적이고 다차원적인 접근방법을 통해 전개되었다.[29] 당시 실질적인 통합과정이 진행되면서부터 유럽공동의 문화적 기반을 조성해, 유럽적 정체성을 확립을 촉진함으로써 유럽문화공동체 형성의 필요성을 크게 강 조하였다. 특히, 주목할 사항은 2차 세계대전에서 상호 대적했던 독일과 프랑스가 2006년 7월 세계 최초로 양국 공동 역사교과서를 편찬해 신학 기부터 양국 고등학교 역사과목 교과서로서 채택해 유럽의 새 세대가 조 국의 역사는 물론, 보편적인 유럽사를 배워 인식기반을 공유하도록 시행 한 점이다.[30]

즉, 이러한 세부적 노력은 유럽의 통합수준을 일상생활의 문화적, 심리 적 영역에까지 심화시켜 유럽통합이 물리적 통합에서 화학적 통합으로 진전해야 유럽연합의 최종 완성체가 나온다고 보는 것이다. 동북아에는 일부 국가들 간 문화적 동질성을 가지고 있으나, 이를 교류하고 확대 재

2005년 12월), pp.113-121 참조.

29) 김명섭 외, "동북아문화공동체와 유럽문화공동체의 공통성과 차별성," 김광억 편, 『종합결과보고서: 평화와 번영의 동북아 문화공동체 형성을 위한 정책연 구』(인문사회연구회 협동연구총서 04-26, 2004.12), p.8.

30) 『세계일보』, 2006년 7월 11일. 이번에 발간된 공동 역사교과서는 모두 3권 가 운데 제3권 '역사: 유럽과 1945년 이후 세계'이다. 제2권 '르네상스-2차 대전 시기'는 2007년 상반기, 제1권 '중세사'는 2008년 상반기에 각각 출간된다.

<표 13> 유럽과 동북아의 문화공동체 비교

	유럽	동북아
유산으로서의 문화공동체	• 빈번하고 긴밀한 상호교류와 경쟁 • 근대화과정 공유: 경쟁과 협력 • 중심부와 주변부의 구심력 작용	• 중국 중심의 편제와 느슨한 연대 • 근대화과정 분산: 식민, 피식민성 • 중심부와 주변부의 원심력 작용
프로젝트 (미래형)로서의 문화공동체	• 경제·정치 통합의 가시화와 함께 문화통합 노력 병행 • 과거 문화유산 계승과 발전 추진 • 프로젝트의 체계·통합적 운영 • 문화프로젝트의 실천과 협력	• 경제·정치 통합의 부진과 문화 통합을 위한 노력 미진 • 과거 문화유산 프로젝트추진 한계 • 프로젝트 추진의 갈등과 이견 • 문화프로젝트 공동추진 논의 미약

생산하려는 노력이 정부 차원에서는 거의 없다. 정부 차원에서 의식적으로 자본을 투자하는 노력이 필요하다. 특히 미래의 동북아 정체성을 확보하기 위해서는 청소년 교류 및 확대가 절대적으로 긴요하다. 단순히 전통문화를 인식하고 이해하는 것도 필요하나 문화·역사의 이름에 가려 이들에 치중하기보다 대중문화의 교류 속에서 공동의식을 키워 문화코드를 역내에 동질적으로 발전시키는 것이 필요하다.

넷째, 유럽의 경우, 시민사회의 적극적이고 긍정적인 담론은 유럽통합을 촉진하는 요인이었다. 단일시장 프로젝트는 회원국들의 시민들에게 유럽의 미래에 대한 열정적 희망을 불러일으키는 데 성공했고, 유럽통합에 대한 긍정적 담론의 형성에 있어 유럽라운드테이블(European Round Table)과 같은 기업가단체의 영향은 지대한 것으로 평가된다.[31] 동북아에서도 시민

---

31) 특히 마스트리히트 조약 이후 10년간 151조 관련 문화정책을 평가하고 이를 토대로 미래를 설계하고자 하였다. 이 과정에서 조르지오 루폴로(Giorgio Ruffolo)는 "Report on Cultural Cooperation in the EU"를 발표할 때, 당시의 문화정책이

단체 및 지식인들이 역내 NGO 및 역내 포럼을 민간차원에서 형성해 역사적 갈등이나 영토에 대한 영유권 논쟁에서 벗어나 보다 미래지향적인 과제에 관해 공동논의하고 공동행동을 취하도록 해야 할 것이다.

다섯째, 유럽의 문화정책은 시청각과 미디어산업은 일반적인 재화를 생산하는 산업과는 다르다는 인식을 지니고 있다. 유럽의 관점에 따르면, 미디어산업은 시민들이 알고, 믿고, 느끼는 것에 영향을 미치며, 문화적 정체성을 전달, 계발 및 창출하는 역할을 한다는 점에서 일반적인 산업과 다른 문화산업이다. 더욱이 경제에서 차지하는 비중도 적지 않다(국민총생산의 6.5%, 고용의 9% 차지). 나아가 총체적으로 유럽과 동북아의 문화공동체를 비교했을 때, 사실상 과거 역사적 전통과 문화적 유산에 입각하여 보다 공고한 통합의 길을 걷고 있는 유럽공동체의 현황과 새로운 단계적 접근과 협력을 시작하고자 하는 동북아공동체 사이에는 많은 이질적 차이점과 지역·국가에 따른 특수성이 존재할 수밖에 없다.[32] 그럼에도 불구하고 유럽의 통합과 협력을 위해 다양하면서 근원적으로 접근하려는 유럽문화정책 지향점을 동북아 국가들이 교훈으로 삼을 필요가 있다.

여섯째, 유럽의 문화정책에서 보듯, 동북아에도 보다 구체적으로 목표를 설정하고, 회원국과 공동체 문화정책 간의 정보교환과 협력을 촉진시키는 작업이 필요하다 문화협력을 위한 역내 감독기구도 출범시키고 동북아 핵심 3개국이 문화협력 추진시 유럽의 가중다수제를 도입하고 충분한 문화기금을 설치하도록 협력할 필요가 있다.

일곱째, 당초 유럽의 지역통합 역시 그 출발과정에서는 경제통합과 정치적 안정을 이룩하는 방향으로 통합과정이 진행되었으나, 점진적으로 통합이 진행됨에 따라 유럽적 연대감과 정체성을 형성하여 항구적인 통합을 이룩하기 위한 문화적 접근방법이 필요하다는 인식을 하게 되었다

위기에 놓여 있다고 평가하였다. 무엇보다도 회원국 간의 협력의 결여와 EU 문화기금의 부족(2000년 경우 0.1%)을 문제 삼았다.

(루폴로의 보고서 내용은 <http://www.budobs.org/eu-ruffolo.htm>을 참조)

32) 김명섭 외, "동북아문화공동체와 유럽문화공동체의 공통성과 차별성," p.88.

는 점을 특히 감안할 필요가 있다. 이러한 인식은 단순히 기능적 통합이나 구조적 결합 뿐만 아니라 궁극적으로 통합의 안정성을 이룩하기 위해 유럽의 사회·문화적 동질성과 공통성을 회복하기 위한 다양한 프로그램 추진으로 연결되고, 나아가 유럽통합의 미래를 이끌 후속 세대들에 대한 공동체 교육을 실시하는 단계까지 마련한 것이다.

동북아의 경우, 아직 공동체 형성의 초기과정에서 통합의 정치·경제적 실익을 강조하는 수준을 크게 벗어나지 못하였으며, 문화공동체 수립의 필요성에 대한 구체적인 논의나 실행이 빈약한 실정이다. 유럽의 공동체 형성과정이 정치·경제적 통합 노력과 더불어 역사와 문화를 중심으로 한 문화적 접근방법을 강조하고 있듯, 동북아공동체의 논의도 늦지 않게 정치·경제 중심과 함께 문화 교류도 적극 구체화할 필요가 있다.[33]

4. 제도적 측면

무엇보다도, 냉전체제와 같이 상호 간 이해와 교류가 거의 존재하지 않는 적대적 또는 비우호적 상황에서 독일과 프랑스가 유럽내적 상호협력의 필요성을 강조하였듯, 지역적 냉전이 완전 해소되지 않은 동북아에서도 일단 포괄적 성격의 협력을 모색하는 것이 필요하다. 왜냐하면 정치적 신뢰와 군사적 협력의 구축은 비정치적·비군사적 협력과 동시에, 그리고 포괄적으로 진행될 때 가장 효과적이기 때문이다. 즉, 경제·과학·기술·환경과 관련된 협력은 물론, 인도주의적, 문화적 협력 역시 군사적 협력만큼 중요한 안보협력으로 역할을 할 것이다. 협력의 진행방식은 당장 서로에게 이익이 될 수 있는 경제·기술 차원의 교류로부터 정치·군사적 문제로 점진적으로 교류를 확대하는 것이 유효하다.

한편, 유럽안보협력회의에서 특히 서독의 역할이 중요했는데, 1969년 브란트(Willy Brandt) 정부의 적극적 "동방정책(Ostpolitik)"은 소련, 동독 및

---

33) 김명섭 외, "동북아문화공동체와 유럽문화공동체의 공통성과 차별성," pp.88-89.

동유럽 여러 국가들과 무력 사용의 거부, 기존 국경의 인정 등을 내용으로 하는 일련의 협정을 체결했다. 이런 관점에서 동북아에서는 일본이 그와 같은 역할을 맡는 것이 동북아 협력을 위해 어색하지 않은 출발점이 될 수 있을 것이다.

둘째, 유럽연합이 초국가적 구성 원칙을 기반으로 했기 때문에 브뤼셀은 항상 중요한 역할을 해오고 있다. 특히 유럽연합의 "정부" 격인 집행위원회의 역할이 결정적이며, 집행위원회 위원장의 성향 역시 상당한 역할을 하는 것으로 지적될 수 있다. 예컨대, 자크 들로어는 정치적 좌·우를 망라하여 지지를 받았던 인물로서 그의 설득력 및 그가 제시한 비전은 단일시장과 경제화폐연합을 추진하는 데에 지대한 역할을 한 것이다. 지역통합에 대한 강력한 리더십이 지속적으로 발휘된 것으로 평가된다. 동북아에서도 탈냉전에 접어들면서 역내 공동체 제의가 한국, 일본 및 러시아 등에 의해 있었으나, 정작 소극적인 채 정치·외교적 수사로 그치고 있다. 지리적으로 동북아에서 중심에 위치한 한국이 동북아공동체를 위한 브뤼셀의 역할을 담당할 용의를 제기할 필요가 있다.

셋째, 총괄적으로 보면, 유럽의 통합은 기능주의적 접근이 성과를 이룬 사례에 해당하는데, 정치·안보 중심의 직선적인 가능주의 대신 1967년 유럽경제공동체(EC) 창설이 통합의 획기적 토대가 되었고 마스트리히트 조약에 기반해 1999년 1월 1일 출범한 경제화폐연합(EMU)이 유럽통합 역사의 정점이었듯, 경제 및 교역 중심의 우회적 기능주의가 성공을 이루었다고 평가된다. 동북아에서도 급증하고 있는 역내무역을 통해 기능주의를 활성화할 계기를 만들어야 한다.[34] 예컨대, 동북아 자유무역체제를 건설한다든지, 역내 FTA를 체결하도록 한다든지, 역내 통화단일화를 추

---

34) 유럽의 경우, 회원국 간의 관세 및 상품의 수입과 수출에 관한 양적 제한의 철폐, 그리고 동일한 영향을 미치는 그 밖의 모든 조치의 철폐, 제3국에 대하여 공동의 관세율과 공동의 무역정책 도입, 회원국 간의 인력, 서비스, 자본 등의 자유로운 교류의 실현, 공동의 농업정책 도입 등 구체적으로 기능주의를 제도화한 것이다.

진하든지, 실질적으로 기능주의가 가능하도록 협력조치를 구상하는 것이 필요하다.

넷째, 유럽통합은 처음부터 많은 국가들이 참여했던 것이 아니라, 공동의 이해관계를 가진 여섯 나라로부터 출발해 점차 확대된 것이었고, 또한 통합의 심화과정에 모든 나라들이 동시에 참여한 것이 아니라, 비참여국들 역시 존재했다. 즉, 통합은 순차적으로 확대되었고, 상황에 따라 완급의 다른 속도로 진행되었음을 활용하는 것이 중요하다. 동북아에서도 지역협력을 위한 공동체 모색을 반드시 동시적인 것이 설정할 것이 아니라, 비동시적일 수 있음을 염두에 둘 필요가 있어 여건이 성숙된 국가, 동참할 의사가 있는 국가 중심으로 단계적으로 넓혀 나가는 전략을 적용하여야 한다. 특히 공동의 이해관계를 가진 국가들이 유럽연합 집행위원회와 같이 통합을 전담하는 기구를 두는 데 의견일치가 될 경우, 지역협력 추진에 지렛대 역할을 하였는데, 동북아에서도 지역협력을 전담하는 상시적 기구(장관급)의 설립을 통해 긍정적인 여건조성과 실질적 공동체 결성을 지속적으로 추진하도록 한다.

다섯째, 마지막으로 무엇보다도 독일이 통일과 유럽통합을 동시에 목표로 책정하고 이를 달성했다는 사실이다. 독일은 이 둘을 동시에 달성하고자 기본법 전문에 명시했고, 이를 독일 지도자들 — 특히, 아데나워 수상은 "통합된 유럽에서 독일통일의 실현을"의 구호를 제시해 유럽통합계획은 독일통일을 위한 단계적인 계획임을 확신하고 — 이 지속적으로 추구했던 것이다. 한국도 서독과 같이 동북아에서 공동체 형성과 한반도 통일을 동시에 추구하는 전략적 비전에 대해 국민들이 공유하고 지원하도록 국가위상과 역할 등에 관해 적정한 홍보와 교육을 추진할 필요가 있다.

|제7장|
북미자유무역협정

I. NAFTA의 특징

'동북아시대 구상'의 궁극적인 목표는 유럽연합(EU)과 대등한 지역통합체, 즉 아시아연합(Aian Union)을 창설하는 것이지만, 현 시점에서는 통합단계가 비교적 낮은 동북아공동체 구축을 통해 동북아시아의 평화와 번영을 이루고자 하는 것을 목적으로 갖고 있다. 여기서 공동체라 함은 유럽연합의 발전과정에서 보듯, 국가통합의 이전 상태로[1] 역내 국가들이 정치, 경제, 군사, 외교적 신뢰를 구축하고 이를 바탕으로 하여 동북아에 대한 정체성을 공유하면서 상호 분야별 관계의 유지·발전을 우선하는 정책이나 행동을 전개하는 연대관계에 있는 것을 의미한다. 하지만 이론적으로 목적과 의식이 상대적으로 약한 결합체라고 정의되는 협력체보다

---

1) 지역공동체를 지역통합(regional integration)의 마지막 단계인 정치통합이 완성된 단계를 의미함으로써 인식, 정체성, 관습들을 공유하는 국가통합을 내포하는 것으로 보기도 한다. 박종철 외, 『동북아협력의 인프라 실태: 국가 및 지역 차원』(서울: 통일연구원, 2005), pp.11-12.

는 높은 단계에 있다고 할 수 있다.

본 장에서 살펴보고자 하는 북미자유무역협정(North America Free Trade Agreement: NAFTA)은 미국, 캐나다 및 멕시코가 경제공동체, 즉 자유무역지대(Free Trade Area)를 설립하기 위해 맺어진 것이다. 자유무역지대는 경제통합에 참가한 국가 상호 간의 상품이동에 대한 무역제한조치를 철폐하여 역내 회원국 간에 자유무역을 시행하고 역외 비회원국에 대해서는 각국이 독자적으로 관세 등 무역장벽을 유지하는 형태의 경제공동체을 말한다. 물론 북미 3국이 정체성을 공유하고 있다고는 말할 수 없으나, 지리적으로 인접한 세 국가가 상호 간 협정을 체결하여 회원국 상호 간에는 무역, 자본 및 인력이동에 있어서 자유화를 꾀하여 비회원국과 차별하는 조치를 취하는 지역적 경제공동체라 할 수 있다. 넓은 의미에서 NAFTA는 하나의 무역협정이라기보다는 지역통합의 예가 될 수 있지만,2) 자유무역지대는 단계론적 경제통합론에서 가장 낮은 단계의 통합이기 때문에3) '동북아시대 구상'에 시사하는 바가 크다.

한국은 2004년 4월 칠레와의 자유무역협정을 체결하였고, 이어 싱가포르와도 FTA 협정을 타결한 경험이 있으며, 최근에는 미국과의 자유무역협정을 체결하기 위한 협상이 진행되고 있다. 하지만 한국 정부의 궁극적인 목표는 한·중·일 자유무역협정을 체결하여 동북아 경제공동체를 구축하는 것이다. 따라서 서로 다른 경제 수준을 가진 국가들이 체결한 NAFTA가 시사하는 바가 클 것으로 판단된다. 즉, NAFTA는 국제경제질서를 구축해 나가고 있는 미국, 선진국 반열에는 올라 있으나 미국에 비

---

2) Clemente Ruiz Duran. "NAFTA, Lessons form an Uneven Integration," *International Journal of Political Economy,* Vol. 33, No. 3 (2003), p.50.

3) 단계론적 경제통합론에 따르면 경제공동체는 자유무역지대(Free Trade Area), 관세동맹(Customs Union), 공동시장(Common Market), 경제동맹(Economic Union), 그리고 완전한 경제통합의 5단계를 거치면서 통합의 정도가 심화되고 완성된다. Balassa B. *The Theory of Economic Integration* (London: George Allen and Unwin, 1996) 참조.

해 상대적으로 작은 경제규모를 유지하고 있는 캐나다, 그리고 개발도상국으로 분류되는 멕시코 사이에 체결된 협정으로, 향후 한·중·일 FTA 체결을 지향하는 한국으로서는 관심의 대상이 될 수밖에 없다. 즉, 경제규모에 있어 세계 2위를 차지하고 있는 일본, 일본에 비해서는 상대적으로 적은 규모의 경제를 운용하고 있는 한국, 그리고 1980년대 이후 분부신 경제성장을 이룩하고는 있으나 아직은 개발도상국인 중국과의 FTA 체결을 앞두고 있는 한국으로서는 NAFTA에 대한 이해가 필요하다.

특히, 우리가 주시해야 할 부분은 각국과의 FTA체결 시 한국 경제의 대미, 대일, 대중 의존도의 증가라는 부정적인 측면보다는 미국과 일본 시장의 활용과 중국의 값싼 노동력을 어떻게 하면 효과적으로 이용할 수 있을 것인가를 생각해야 한다. 한마디로 NAFTA는 현재 진행 중인 한·미 자유무역협정 논의에 시사하는 바가 클 것으로 판단되며, 향후 자유무역협정이 일본과 중국으로 확대 적용될 때에도 역시 좋은 예가 될 것이다.

NAFTA의 목적은 기본적으로 무역장벽을 철폐하고 회원국들 간에 상품과 서비스의 이동을 촉진시키고 자유무역지대에서의 공정한 경쟁 조건을 증진시키고, 회원국들 간의 투자를 촉진시키는 것이다.

NAFTA의 특징은 다음과 같다. 첫째, NAFTA는 미국, 캐나다와 같은 선진국이 멕시코와 같은 개도국과 체결한 최초의 자유무역협정으로 수직적 통합이라는 새로운 통합모형을 보여주고 있다.[4] 즉, NAFTA는 각기 다른 경제규모를 갖고 있는 국가들 간의 협정으로 북미 3국 간의 교역 증진과 자원의 효율적 배분을 통한 무역확대 및 역외 국가들에 대한 경쟁력 배양을 궁극적인 목표로 하는 무역협정으로 금융, 지적재산권, 환경문제와 같이 국제규범이 명확하게 정립되지 않은 분야를 포괄적으로 규정하고 있는 협정이다.[5]

둘째, NAFTA는 3억 6천만의 인구를 묶는 6조 4천억 달러의 세계 최대

---

4) 김상겸, 『NAFTA의 출범과 미국 수입시장에서의 한국과 멕시코의 경쟁력 비교』 (대외경제정책연구원, 1993.8), p.11.
5) 김상겸, 위의 책, p.iii.

시장(경제블록)을 창출했고, 당시 국제체제에서 다자주의의 보호자로 자처해 왔던 미국이 만든 지역주의 체제라는 점에서 당시 국제정치·경제적 흐름을 이해하는 데 있어서 중요한 사례이다.6)

셋째, 제3부에서 논의되고 있는 유럽연합(EU), 상하이협력기구(SCO) 및 아세안국가연합(ASEAN)과는 달리 NAFTA는 순수한 경제공동체이다. 즉, 다른 공동체들은 정치적 이유 또는 당시의 안보불안을 해소하기 위해 형성되었고, 점차 협력의 범위를 다른 분야, 특히 경제협력 분야로 확대하는 모습을 보여주고 있다. 하지만 NAFTA는 지역의 경제발전을 도모하기 위해 출범하였고, 출범한지 10여 년이 지났지만 협력 분야를 확대시키지 않고 있다. 즉, 유럽연합과는 달리 시장통합을 추구하지는 않고 단지 확대된 자유무역협정의 성격을 가지고 있다.

넷째, NAFTA는 대내외 경제환경 변화에 적응하는 차원에서 탄생하였다. 제2차 세계대전 이후 국제경제질서를 주도했던 다자무역협상체제, 즉 자유무역 실현을 위한 GATT체제가 1980년대부터 힘을 잃기 시작하면서 보호무역주의 경향이 나타나기 시작했다. 이에 대응하기 위해 주요 선진국들은 새로운 자유무역질서를 확립하기 위해 1986년부터 소위 우루과이 라운드(UR)라는 다자협상을 시작했지만 큰 진전을 이루지는 못하고 있는 상태였다.7) 게다가 1990년대에 접어들면서 국제무역질서에서 지역주의가 본격적으로 확산되기 시작했다.8) 세계무역기구의 조사에 의하면

---

6) 백종국, "북미 자유무역협정(NAFTA)의 전개와 모순," 『라틴아메리카연구』(한국라틴아메리카학회, 2000), p.65.

7) UR협상의 주요 내용은 공산품에 대한 관세인하 및 시장개방 확대, 농산물 교역에 대한 다자간 협정의 채택, GATT 규범의 명료화 및 교역의 공정성 제고, 서비스 교역에 대한 새로운 다자간 규범 도입, 지적재산권 보호의 무역체제로의 편입 등이다. 이 협상의 결과로 1995년 세계무역기구(World Trade Organization)가 출범되어 국제경제질서가 다시 자유무역체제로 회복되었다. WTO는 UR협상을 이행하는 기구로서 강력한 권한을 가지고 있다. 김동엽·박종국, 『NAFTA의 동아시아 연장에 관한 연구』(대한상공회의소, 1995), p.12.

8) 볼드윈(Baldwin)은 미국의 지역주의 참여와 이후 세계 여러 지역에서 지역주의 확산을 도미노 이론으로 설명한다. 이 이론의 요지는 새로운 경제 블록이 탄생

1948년부터 1998년에 이르기까지 172개의 지역주의 협정이 체결되었는데, 이 중 50%가 1990년에서 1998년 사이에 체결되었다고 한다.[9]

특히, 유럽의 거대한 경제동맹체로 유럽을 단일경제권화 하는 유럽연합의 출범이 초읽기에 들어갔으며, 아시아에서는 아·태경제협력체(APEC)가 활발한 활동을 보이고 있어 국제적인 지역주의가 나타나고 있었다. 게다가 동남아시아의 ASEAN도 역내 관세율을 2%로 인하하는 아세안자유무역지대 창설을 서두르고 있었으며, 중남미 지역에서도 시장통합이 가속화되고 있었다. 따라서 미국을 중심으로 한 북미 3국은 UR협상을 조기에 타결시키고 확산 일로에 있는 지역주의에 대응하기 위해 NAFTA를 체결하였다.

다섯째, 앞서 지적했듯이 NAFTA는 순순한 경제논리에 의해 체결되었기 때문에 다른 사례들에 비해 통합의 정도가 낮다. 보다 정확히 말하면 NAFTA 출범 이후 통합성에는 변화가 없다. NAFTA는 EU와는 달리 시장통합을 추구하지 않고 회원국들 간의 거시정책도 조정하지 않는 단지 확대된 자유무역성격을 가지고 있기 때문이다.[10] 따라서 제도화의 수준도 논할 수 있는 입장이 아니다. 따라서 본 장의 제3절에서는 NAFTA의 추진 과정과 성과에 대해 살펴보고자 한다.

하여 역외국에 대한 무역정책상의 차별이 시작되면서 제3국은 역내국의 이점을 인지하고 기존의 블록에 참여하거나 새로운 자체 불록을 형성해 대응한다는 것이다. 결국 경제통합에 참여하지 않을 때 받는 차별효과 때문에 지역주의가 확산된다는 것이다. Richard Baldwin, "A Domino Theory of Regionalism," Jagdish Bhagwati ed, *Trading Bloc, Alternative Approaches to Analyzing Preferential Trade Agreement* (Cambridge: MIT Press, 1999), pp.479-500.

9) 정인교, 『미국 FTA정책 전개와 시사점』(서울: 대외경제정책연구원, 1998), p.26.

10) 김동엽·박종국, 『NAFTA의 동아시아 연장에 관한 연구』(서울: 대한상공회의소, 1995) p.21.

II. NAFTA 체결 배경

북미 3국은 서로 다른 이유로 NAFTA를 체결하게 된다.[11] 각국의 경제 수준이 다르고, 이로 인해 각국의 경제가 외부로부터 받는 영향도 다르기 때문이다. 본 절에서는 NAFTA 체결 배경을 크게 국제(경제)적 요인, 지역(경제)적 요인, 국내(정치·경제)적 요인으로 구분해 보고자 한다. 앞서 지적했듯이, 다른 사례에 비해 안보적인 이유로 형성된 공동체가 아니고 순수하게 경제 논리에 의해 형성된 공동체이기 때문에 다른 사례연구에서와 같이 안보위협이라는 국제적 요인, 역내갈등이라는 지역적 요인, 또는 역사 문화적 요인으로 나누어 설명하기는 어렵다는 점을 밝혀둔다.

1. 국제적 요인 ─ 국제경제질서 변화

1980년대 이후 GATT체제의 약화로 국제교역에 있어 보호무역주의 경향이 심화되고, 독일의 경제력을 축으로 한 유럽은 단일시장을 형성하고 이를 기반으로 유럽연합을 발족시켜 통합의 범위를 확대하는 등 지역주의가 급격히 확산되고 있었다. 또한 냉전종식으로 인한 미·소 양극체제의 붕괴는 세계 각국의 탈정치화를 촉진시켜 세계사의 흐름을 정치·군사 중심에서 경제적 실익을 국가의 최우선 과제로 삼는 경제중심으로 변화시켰다. 이에 따라 국가 간의 경쟁은 자본주의 국가들 사이에 진행되고 있었으며, 세계경제는 자국 산업 보호 및 고용확대를 위한 보호주의 경향이 강화되고 있어 국제무역의 염원인 자유무역질서의 완성을 지연시키는 요소가 증대되고 있었다.

특히, 1986년 9월 이후 지속된 우루과이 라운드의 다자간 무역협상이

---

11) NAFTA의 체결 배경은 김원호 외,『미주지역 경제통합의 전망과 한국의 대응 과제』(서울: 대외경제정책연구원, 1997)와 김원호 외,『NAFTA의 경제적 효과 분석: 출범 전 전망과 실행효과 비교를 중심으로』(서울: KIEP, 2000.12)에 자세히 서술되어 있다.

1990년대 들어서면서 그 진행이 느려졌다. 그 이유는 금융, 정보통신, 건설 등 서비스교역에 관한 협상에서 서비스산업 기반이 상대적으로 미흡한 개도국이 반발하였기 때문이다. 또한 개도국들은 농업 보조금 지급을 놓고 선진국과 대립했으며, 원산지 규정, 보조금 및 상계관세, 긴급수입 제한, 지적재산권 등의 분야에서도 대립했다. 이에 미국은 UR협상과는 별도로 북미지역에서 자유무역협상을 추진하였다. NAFTA를 통한 북미시장 통합이라는 거대한 지렛대는 1970년대 이후부터 점차 취약해지고 있는 미국의 패권적 지위나 리더십을 만회하기 위해서는 매우 유효한 수단이었다.12)

미국의 자유무역협정의 확대는 근본적으로 GATT의 다자간 협상에 대한 실망, 유럽 단일시장 형성과 일본 경제권에 대한 경계, 국제경제전망의 불투명 등에 근거한 대안의 성격이 짙지만 실질적인 이유는 국제경쟁력을 회복하여 세계경제에서 미국의 영향력을 지속시키는 데 있다.13)

세계경제질서 재편에 따른 미국 통상정책 기조의 변화는 이미 1985년 특수 이해관계에 있는 이스라엘과 자유무역협정을 체결함으로써 표면화되기 시작했다. 그리고 1965년 자동차협정 이후 꾸준하게 추진되어 온 캐나다와의 자유무역협정을 체결(1989)하면서 구체화되기 시작했다.

한편, 자국의 경제를 중간규모의 열린 무역의존 경제로 규정하고 있는 캐나다도 국제경제의 요구와 영향력에 적응해야 했다. 따라서 캐나다는 적극적으로 역외 국가들의 투자를 이끌어내기 위한 발편으로 NAFTA 협상에 참여함으로써 자국 경제의 개방성을 전 세계에 홍보하려 했으며, 아시아, 유럽 등 북미 이외의 지역으로 진출할 때, NAFTA 회원국 간의 전략적 제휴를 강화하는 것도 주요 관심사였다.

캐나다보다도 훨씬 작은 경제규모를 가지고 있는 멕시코에게는 국제경제질서 변화에 대한 적응이 더욱 절실히 요구되었다. 1980년 이후 멕시

---

12) 백종국, "북미자유무역협정(NAFTA)의 전개와 모순," p.67.
13) 김동엽·박종국, 『NAFTA의 동아시아 연장에 관한 연구』, p.18.

코는 과다한 외채와 지속적인 경상수지 적자의 누적으로 끊임없는 경제 위기에 시달리고 있었던 상황에서 멕시코 정부는 북미자유무역협정이야 말로 점차 극심해져가는 국제경쟁의 와중에서 멕시코가 살아남을 수 있는 유일한 대안이라고 판단했다. NAFTA를 통해 멕시코는 미국과 캐나다의 기술과 자본을 유치할 뿐만 아니라 미국과 캐나다 시장에 접근하려는 외국, 특히 동아시아 국가들의 자본을 흡입할 수 있는 구조를 마련할 수 있다고 보았다. 또한 해외자본 도입과 무역의 증가는 고용확대와 소득증대로 이어지고, 이는 곧바로 정치안정을 보장한다고 생각했다.[14]

2. 지역적 요인 — 주변국 경제정책 변화

상호 경제의존도가 높은 북미 3국은 역내 국가들의 경제정책 변화에 민감하게 반응할 수밖에 없다. 북미 3국의 경제의존도는 1980년대 이후 심화되고 있었으며, 1992년 기준으로 북미 3국 간의 교역은 전체교역의 38%에 이르렀다. 물론 같은 해 EU의 역내 무역총량이 EU 전체교역의 64%였던 것이 비해 매우 적었지만, 역내 교역이 전체 교역의 38%를 차지하고 있다는 것은 상호의존도가 높다는 것을 의미한다.[15] 게다가 당시 캐나다와 멕시코의 미국 시장 의존도(수출)는 각각 75.1%와 74.5%였다. 이렇듯 역내 상호의존성이 높은 상황에서 상호 시장의 안정적 접근이 자국의 경제 안정과 성장을 위해 필수적이었으며, 이러한 사실은 북미 3국의 새로운 경제정책과 결합되어 북미자유무역협정을 탄생시켰다.

비록 NAFTA 체결에 미국이 결정적인 역할을 하였지만, NAFTA를 추진하게 된 계기는 멕시코의 개방과 개혁정책에서 비롯되었다고 할 수 있다. 1985년부터 멕시코 정부가 정치 및 경제개혁을 시도함으로써 멕시코

---

14) 백종국, "북미자유무역협정(NAFTA)의 전개와 모순," pp.67-68.
15) 1992년 캐나다와 멕시코는 미국과의 교역이 전체 교역량의 70% 이상을 차지하고 있었으나, 미국의 대 캐나다 교역은 전체교역의 20% 정도였으며, 멕시코와의 교역은 전채 교역량의 9%에 지나지 않았다.

경제는 보다 예측 가능한 환경으로 변하게 되었다. 멕시코는 1986년 GATT에 가입한 이후 자국 시장의 일방적 자유화와 산업구조 개편을 지속적으로 추진하였다. 수입대체 산업에서 대외지향적 수출기반 산업화 정책으로 경제성장 모델을 바꾸는 과정에서 개방 및 개혁의 지속적 보장 및 외국인 직접투자유치를 위한 대외 신인도 제고가 핵심 현안으로 떠올랐고, 이를 위해 자국의 최대 수출국이자 최대 시장을 보유하고 있는 미국과의 자유무역협정을 체결하기 위해 노력하였다.

멕시코가 정식으로 GATT에 가입한 1986년부터 1991년에 이르는 동안 미국의 대멕시코 수출은 124억 달러에서 330억 달러로 증가하여 270%의 신장률을 기록하였으며, 멕시코는 캐나다, 일본에 이어 미국의 3번째 수출국이 되었고, 멕시코와의 무역수지가 1991년 흑자로 전환되었다.[16] 따라서 미국에게 멕시코 시장이 더욱 중요해짐으로서 멕시코의 지속적인 개혁을 경제적 측면에서 지원할 필요성이 대두되었다. 게다가 일본의 대중남미 진출확대를 견제하고, 미국의 중남미 수출시장 지배력을 강화하기 위해 멕시코라는 교두보가 필요했다. 따라서 미국은 NAFTA를 통해 멕시코와 보다 밀접한 경제관계로 발전시킬 필요성을 인식하게 되었다.

이러한 NAFTA를 통한 멕시코와의 경제관계 강화는 멕시코로부터 미국으로 유인되는 불법이민을 감소시킬 것으로 기대했다. 즉, 미국의 대멕시코 투자확대는 국경지대의 사회간접시설 개발촉진과 경제활성화로 인한 고용창출이 기대됨으로 멕시코 노동자들의 불법이민을 감소시킬 것이라 예상했다. 또한 멕시코에서의 고용창출은 미국제품 구매력 증가로 이어질 것이라고도 예상했다.

캐나다도 미국과 유사한 인식을 바탕으로 NAFTA 협상에 참여했다. 초기 캐나다는 NAFTA 결성에 회의적인 반응을 보였다. 그 이유는 미국과 이미 CUSFTA가 체결된 상태이고, 멕시코와의 교역량이 상대적으로

---

16) 김상겸, 『NAFTA의 출범과 미국 수입시장에서의 한국과 멕시코의 경쟁력 비교』, p.13.

적었기 때문에 그 효과가 미미할 것이라는 예상 때문이다. 그러나 미국과 멕시코 사이에 자유무역협정이 성사되면 북미지역의 교역이 미국 중심으로 재편되어 교역으로 얻어지는 후생이 미국으로 집중되는 것을 우려했다. 즉 북미시장, 특히 멕시코 시장에서 캐나다 상품이 차지하는 비율이 낮아지는 것을 우려했다. 비록 멕시코와의 교역량은 1991년 기준으로 25억 달러에 불과하였지만, 1985년의 교역규모 6억8천만 달러에 비하면 3.8배 증가하였다.17) 그리고 캐나다는 멕시코를 세계에서 가장 빠르게 성장하는 국가로 간주했으며 성공이 예견되는 경제로 간주했다.

이런 상황에서 캐나다는 당시 국제경제에서 자국이 차지하고 있는 위상을 유지하고 미국-캐나다 자유무역협정의 기득권을 유지하면서 미국의 독주를 견제하고 멕시코 시장 진출을 도모하였다. 특히, 미국과 멕시코 사이에 자유무역협정이 체결될 경우 미국의 무역과 투자가 멕시코에 집중되는 것을 우려했다. 캐나다는 멕시코의 산업고도화에 필요한 자본재의 수출기회 확대를 통해 자국기업들의 멕시코 시장점유율을 제고하려는 의도가 있었다. 또한 캐나다는 산업구조의 상호보완성을 활용하여 대 멕시코 투자를 확대하고 멕시코와의 경제협력 강화를 통해 중남미 시장 진출을 확대시키려 했다.

그리고 CUSFTA 이후 캐나다 상품의 미국 진출이 증가하였으나 원산지 규정의 구체화 및 관세협력 강화 등 새로운 이슈들이 등장함에 따라 이를 적극적으로 보완하여 캐나다 상품의 미국시장 진출을 확대하는 것이 주목적이었다. 또한 정부조달부문 개방 등 CUSFTA에서 충분히 반영하지 못한 부문에 대한 추가협상으로 미국 시장에 대한 캐나다 기득권 확보도 캐나다의 중요한 관심사였다. 그 결과 캐나다는 NAFTA에 미국과의 자유무역협정에서 간과되었던 공정하고 명확한 분쟁해결기구를 설치하려는 의도가 있었으며, 이를 통해 향후 발생할 수 있는 미-멕시코 간

---

17) 김상겸, 『NAFTA의 출범과 미국 수입시장에서의 한국과 멕시코의 경쟁력 비교』, p.14.

분쟁을 중재함으로써 자국의 위상을 제고하고, 기존 CUSFTA 기득권 유지 및 그동안 발생한 미국과의 교역 및 투자관련 분규문제의 재조정을 시도하고자 하였다.

멕시코는 미국 통상정책 변화에 민감하게 대응하였다. 1970년대 미국의 경제적 패권 약화에 동반된 기존의 국제경제질서의 붕괴는 미국으로 하여금 보호주의 무역정책을 채택하게 하였다. 이로 인해 멕시코는 미국과의 통상마찰에 시달려야 했고, 미국의 통화 및 재정정책의 변화에 따라 취약성이 노출되었으며, 자국의 통화가치 하락에 따른 국제 경쟁력 하락 등을 경험하였다. 따라서 자국 총수출의 74% 이상을 차지하고 있는 미국이라는 단일시장에 전적으로 의존하고 있는 멕시코는 자국의 경제 갱생을 위한 외국자본 유치를 원활히 하는 한편, 미국 / 캐나다 간에 체결된 자유무역협정의 여파로 기존에 확보된 미국시장을 캐나다에게 잠식당할 수 있다는 우려 아래 경제개혁과 대외개방을 가속화시키어 미국 / 멕시코 협상을 성사시켰다.

3. 국내적 요인 — 만성적 재정적자

NAFTA 출범 이전 북미 3국은 만성적인 경상수지 적자를[18] 기록하고 있었기 때문에 3국 모두 통상문제에 대한 관심과 비중이 높아지고 있었으며 적자해소를 위한 처방이 어느 때보다 강력히 요구되었던 시기였다.[19] 그러나 북미 3국 모두는 역외 국가와의 무역에서 경상수지 적자를

---

18) 특히, 미국 경제는 두 차례 석유파동의 여파로 1970년대 중반과 1980년대 초에 심각한 스태그플레이션 현상을 경험하였고, 제조업의 노동생산성 증가율이 1970년대 중반 이후 주요 선진국 가운데 영국을 제외하고는 최하위 수준으로 떨어지는 등 산업경쟁력이 크게 약화되었다. 또한 1970년대 이후 국방비 및 사회보장비 지출 증대 등으로 재정수지 적자가 지속적으로 확대되고 이에 따른 국내금리 상승과 달러화 강세로 인해 1980년대는 경상수지 적자도 대폭 확대되는 등 이른바 쌍둥이 적자에 시달리게 되었다. 쌍둥이 적자 문제가 해결될 기미를 보이지 않게 되자 미국 경제의 쇠퇴론까지 등장하게 되었다.

해소하는 것은 한계가 있다고 인식하고 있어, NAFTA 협상을 통해 역내 시장의 확대시켜 각국의 노동생산성이나 산업의 효율성을 높여 국제시장에서 경쟁력을 갖추어 적자를 해소해야 한다고 판단했다. 즉 장기적으로 NAFTA는 각국의 경제적 특성에 맞도록 산업을 재편하리라 전망하고, 이로 인해 역내 3국 내에서 인적 및 물적 자원을 효율적으로 사용할 것이기에 북미 3국경제의 국제경쟁력이 제고될 수 있을 것으로 판단했다.

이는 회원국의 비교우위에 초점을 맞춘 산업 재편성을 통해 기업들은 생산, 조립의 분업화를 이룩할 수 있으며, 세계시장에서 회원국들의 경쟁력을 제고시키는 데 NAFTA가 기여할 것이라는 기대에서 비롯된 것이다. 한마디로 북미 3국 간 투자 및 서비스의 자유화로 미국은 서비스 및 첨단산업 분야, 캐나다는 원자재 산업, 그리고 멕시코는 노동집약적 산업에 비교 우위가 있을 것으로 판단하고, 이들을 결합해 효율적 자원의 배분을 통한 3국경제의 생산성 증대, 고용 창출, 그리고 국가경쟁력을 높이려는 목적으로 NAFTA협상을 추진하였다.[20] 환언하면, 북미 3국은 북미지역에서의 규모의 경제 달성과 생산의 전문화를 통해 정체일로에 있는 경제의 회복은 물론 산업경쟁력 강화와 만성적 무역적자 해소에도 크게 기여할 수 있다는 입장에서 NAFTA를 적극 추진하게 되었다.

특히, 미국 기업들(NAFTA 찬성)은 다음 두 가지 과제를 해결하기 위해 자유무역을 지속해야 했다. 하나는 상품의 수면주기에 따른 경쟁력 상실 문제다. 표준화와 기계화로 인해 기술적 우위를 상실하고 상대적으로 저임금으로 무장한 후발주자에게 세계시장을 잠식당할 위기에 처했다. 이러한 상황에서라면 미국이 상대적 우위를 점하고 있는 정보와 서비스 분야에서의 국제시장 개방은 필수적인 정책방향이다. 또 다른 하나는 꾸준하게 국내적 합의에 의해 국제경쟁력을 제고시키고 있는 독일과 일본 그

---

19) 김상겸, 『NAFTA의 출범과 미국 수입시장에서의 한국과 멕시코의 경쟁력 비교』, p.15.
20) 문남권, "NAFTA 10년과 미국시장에서 한국과 멕시코의 경쟁력," 『라틴아메리카연구』(라틴아메리카 학회, 2003), p.48.

리고 한국 등의 기업들과의 경쟁에서 승리하기 위해 불가피하게 지역주의를 채택하였다. 그 결과 미국의 실업률 증가와 자본에 대한 협상력 약화로 임금삭감을 초래할 것이라 우려하는 노동계의 반대에도 불구하고 NAFTA를 추진하였다.

캐나다도 1980년대 중반부터 시작된 수출부진으로부터 탈출하기 위해 기업의 경쟁력 강화를 집중적으로 지원하고 있었다. 그리고 보다 개방된 경제체제를 구축하기 위한 노력을 시작했으며, 특히 수출 및 투자의 다변화를 도모했다.

한편, 1980년대에 멕시코는 심각한 경제위기에 직면하였다. 특히, 1982년에 발생한 외채위기는 장기적 경기침체의 시발점이 되었고, 경제발전전략 수정 등 경제의 구조조정을 강요했다. 그 결과 멕시코는 1940년대부터 유지해 온 내부지향적인 수입대체산업화정책을 포기하고 대외지향적인 개방정책으로 전환했다. 개방정책의 중심적인 수단은 무역개방, 수출품 다변화, 그리고 민영화였다. 따라서 NAFTA는 개방정책을 심화시키려는 멕시코 발전전략의 일부였다고 할 수 있다. 특히, 멕시코의 지배연합인 제도혁명당(PRI) 정부로서는 정권의 연속성과 안정성을 확보하기 위해 북미자유무역협정이 불가피한 수단이라고 간주했기 때문에 매우 적극적인 자세로 NAFTA 협상에 임했다.

III. NAFTA 발전과정

1. 협정체결 과정[21]

1985년 1월 EC 집행위원장에 쟈크 들로르(Jacques Delors)가 취임하면서

---

21) 김동엽·박종국, 『NAFTA의 동아시아 연장에 관한 연구』, pp.22-23; Government of Canada, "NAFTA: What's it all about," http://www.dfait-maeci.gc.ca/nafta-alena/what3-en.asp

유럽 단일시장 구상이 구체화되자, 미국은 캐나다와의 자유무역협정을 추진하였고, 1989년 캐나다와의 자유무역협정을 발효시킨 이후 즉각적으로 멕시코와 양자 간의 자유무역협정에 대한 비공식적인 토론을 진행시키면서 멕시코를 포함한 북미자유무역협정을 추진하였다. 제2절에서 살펴본 바와 같이 북미 3국은 국제경제질서의 변화에 적응하고, 심각한 경기침체에서 탈출하기 위해 북미자유무역지대 설립을 추진한 관계로 NAFTA 협상은 약 14개월 만에 합의에 이르렀다.

1990년 6월 10일 워싱턴에서 개최된 멕시코와의 정상회담에서 매우 공세적으로 경제개혁을 단행하고 있던 멕시코 대통령(Carlos Salinas de Gortari)이 자신의 경제개혁 마지막 수순인 미국과의 자유무역협정 체결을 부시(George H. Bush) 대통령에 제의하였고, 공동성명을 통해 양국 간에 포괄적인 자유무역협정 체결 추진을 시작한다고 발표하였다. 이미 미국과 자유무역협정을 맺은 캐나다는 의회, 기업 및 전문가들의 논의를 통해 북미 3국 자유무역협정 협상에 참여하기로 결정하고 9월 24일 양국 대통령에게 참여의사를 통보했다.

1991년 2월 5일 미국, 캐나다, 멕시코 3국 정상들은 3국 간 자유무역협정 체결을 위한 협상을 개시하겠다는 공식 발표가 있었다. 그리고 1991년 4월 7일부터 10일까지 살리나스 대통령은 캐나다를 방문하여 4가지의 공동공력협력(joint co-operation agreements)에 서명하였다.[22]

이후 1991년 6월 12일 토론토에서 제1차 3국 통상장관회의가 개최됨으로써 NAFTA 협상이 본격화 되었다. 특히 제2차 3국 통상장관회의(1991. 8. 18-20)에서는 NAFTA의 핵심인 관세철폐 시한에 대한 진지한 논의가 진행되었다. 마침내 1992년 7월 29일부터 8월 12일까지 개최된 제7차 3

---

22) 캐나다-멕시코 Double Taxation Agreement, 필름 및 TV 공동생산 협정(양국이 필름 및 TV 산업에 대한 투자 및 생산기회 확대), Export Development Corporation(Petroleos Mexicanos Memorandum of Understanding), 캐나다 상품 및 서비스 판매를 증가시키기 위해 5억 달러 규모의 신용을 PEMEX에 지원, Export Development Corporation (재무부의 양해각서).

국 통상장관회의에서 NAFTA 협상이 타결되었다. 물론 NAFTA협상이 타결될 때까지 3국 통상장관회의와는 별도로 실무협상도 진행되었다.

1992년 9월 최종 협정문이 완성되었고, 동년 10월 7일 3국 통상장관은 NAFTA에 가조인하였고, 동년 12월 27일 북미 3국 정상은 NAFTA 협정에 정식으로 서명하였다. 이어 1993년 5월과 6월 캐나다 하원과 상원이 각각 NAFTA 법안을 3국 중 제일 먼저 비준하였다.

한편, 클린턴 행정부 출범 이후 노동환경 및 긴급수입제한조치에서의 보완을 목적으로 한 부속협상이 제의되었다. 1993년 8월 3국 간의 합의에 의해 환경협력위원회 및 노동협력위원회의설치를 중심으로 하는 NAFTA 부속협정이 체결됨으로써 협상이 완결되었다.[23] 1993년 9월 14일 3국 정상은 NAFTA 부속협정에 서명하였다.

1993년 11월 초 3국 합의를 기초로 한 NAFTA 관련 이행 법안이 미국 하원에 송부되면서 격론을 거쳐 11월 17일 근소한 표차(찬성 234, 반대 200)로 하원에서 비준이 이루어졌으며, 이어 11월 20일에는 상원에서의 비준(찬성 61, 반대 38)되었다. 멕시코 상원도 11월 22일 NAFTA 법안을 비준함으로써 협상 과정이 완료되었다. 마침내 1993년 12월 17일 관련 3국 정상이 서명하였고, 1994년 1월 1일 발효되었다.

2. 주요 내용

NAFTA 협정문은 2000페이지가 넘는 방대한 양으로, 총 8개 부문, 22개 장과 7개의 부속서로 구성되어 있으며, 상품교역(시장접근, 원사지 규정), 투자 및 서비스 관련 상항 및 지적재산권 등을 상세히 규정하고 있다. 또한 환경과 노동관련 조항을 명문화시키고 있다.

---

23) 특히, 환경과 관련하여 이 부속협정은 각국의 환경보호 수위의 제고 노력 촉구, 관련 규정이나 절차의 명료성 확보, 분쟁해결 규정의 마련 및 이러한 역할을 수행, 감독, 규제할 수 있는 환경협력위원회의 설치를 통해 상당히 실질적인 제도적 장치를 마련하였다.

NAFTA의 주요내용은 상품교역, 원산지규정, 투자규정 및 기타 사항으로 되어있다. 첫째, 상품교역 부분의 주요내용은 관세철폐이다. NAFTA는 궁극적으로 북미산 모든 제품에 대한 관세철폐를 지향하고 있으나, 출발은 향후 15년에 걸쳐 단계적으로 철폐할 것을 규정하고 있다. 예를 들면, 국가마다 약간의 차이는 있으나, 교역품목의 50%는 협정 발효 즉시 철폐되고, 15%는 1998년 1월 1일 관세가 철폐되며, 나머지 35% 중 일부 품목을24) 제외하고는 2003년 1월 1일 모든 관세가 철폐되며, 나머지에 대한 관세도 2008년 1월 1일에는 마저 철폐된다.

따라서 출범 이후 10년 이내에 거의 모든 관세가 철폐된다고 할 수 있다. 또한 북미 3국은 자유무역을 방해하는 쿼터 및 수입면허와 같은 비관세장벽도 제거했다.25) 그리고 미국과 캐나다는 멕시코와의 교역에서 관세환급제도와 관세양허제도를 2001년 1월 1일부터 철폐하기로 합의했으며 북미 3국 간 수출에 부과하는 수출세를 제거했다. 다만 멕시코의 경우 식품 및 기초상품에 대한 부족사태를 대비해 수출세 부과를 허용하였다.

둘째, 원산지 규정(Rules of Origin)에 대한 원칙에 합의하였다. 기본적으로 NAFTA에서 관세혜택을 받는 물품은 북미에서 북미산 재료로만 생산되거나 취득한 제품이나, 세번변경기준(稅番變更基準)과 부가가치기준을 충족시킨 제품도 관세혜택을 받는다.26) 세번변경기준은 비회원국에서 수입된 원료(재료)가 포함된 제품은 이 원료가 북미에서 가공 또는 조립되

---

24) 2008년 1월 1일 관세가 철폐되는 품목은, 미국의 경우 세라믹타일, 저가 유리 제품, 설탕, 고무화 등 약 60개 품목이며, 캐나다는 낙농품과 가금류, 멕시코의 경우 옥수수, 식용콩, 낙농품 등이 이에 해당된다. 김원호 외, 『미주지역 경제 통합의 전망과 한국의 대응과제』, p.86.

25) 그러나 농산물, 자동차, 에너지 및 섬유류에 대한 무역에서는 특별규정을 만들어 잠정기간동안 존속시키기로 합의하였으며, 동식물, 보건, 환경보호 등 제한된 범위 내에서 비관세장벽은 유지시켰다.

26) 한편, 자동차의 경우는 부가가치 요건(기준)도 적용된다. 부가가치 요건이란 특정 공정이 일어나는 과정에서 일정 수준 이상의 부가가치가 발생할 때 해당 공정이 일어난 국가를 원산지로 인정하는 원칙을 의미한다.

어 HS(Harmonized System)관세율표상 세번변경이 이루어져야함을 의미한다. 세번변경기준은 제품의 제조 및 생산과정에서 투입된 원재료 또는 부품의 세번과 이로부터 생산되는 세번이 상이할 때 해당공정이 행해진 국가를 원산지로 인정하는 원칙을 말한다. 또한 앞의 기준을 충족시키지 못하는 제품도 협정 405조의 극소가격규정(De Minimis)의 요건을 충족하는 상품도 원산지규정에 저촉되지 않는다.[27]

셋째, 투자규정에서는 5가지의 기본보호를 명시하고 있다. 즉 투자 및 투자자에 대한 무차별 대우, 투자의무 이행요건 폐지, 투자금의 자유로운 이동, 국제법 절차에 따른 투자몰수, 투자협정 위반 시 국제중재원에 중재요청 권리 등이 포함되었다. 또한 투자보장범위는 부동산, 증권, 채권, 계약서를 비롯해 영업권, 지적재산권 등을 모두 포함하고 있다, 하지만 정부조달과 금융서비스산업에는 적용되지 않으며 국가안보, 조세, 국제수지와 관련된 상항은 예외를 인정하고 있다.

끝으로, 협정에는 지적재산권, 정부조달, 긴급수입제한 및 각국의 각료급으로 구성된 무역위원회를 통해 분쟁을 처리하는 절차도 수록되어 있다. 특히 협정 내용에 환경 및 노동문제를 포함시키고 있다. 예를 들면, NAFTA는 따로 북미환경협력협정(North American Agreement for Environment Cooperation: NAAEC)과 북미노동협력협정(North American Agreement on Labor Cooperation: NAALC)을 따로 체결하였다. 희귀동물과 오존층 보호에 대한 의무조항이 삽입되어 있으며, 멕시코의 환경기준을 강화하는 내용도 포함되어 있다.

3. NAFTA 효과

NAFTA 출범 당시 NAFTA 효과에 대한 부정적인 견해가 존재했다.

---

27) 김상겸, 『NAFTA의 출범과 미국 수입시장에서의 한국과 멕시코의 경쟁력 비교』, pp.20-22.

NAFTA 출범 당시 멕시코의 경제규모는 미국의 LA 정도에 불과했고, 미국과의 교역량도 전체 교역의 7%에 불과했기 때문에 NAFTA가 미국 경제에 큰 도움을 줄 수 없다고 판단했으며, 오히려 미국의 일자리를 축소할 것이라는 주장이 대두되었다. 캐나다의 경우도 마찬가지로 미국과의 자유무역협정이 있는 상태에서 교역량이 적은 멕시코를 포함한 자유무역협정에 큰 관심을 보이지 않았다. 한편 멕시코에서도 NAFTA가 일시적으로 경제성장에 도움을 줄 수는 있으나 장기적으로 멕시코 산업의 탈국제화를 초래하여 멕시코 체제를 심각한 갈등으로 몰아갈 수 있다는 우려가 팽배했다. 하지만 앞서 지적했듯이 자원의 효율적인 배분을 통해 북미 3국의 국제경쟁력이 향상될 것이라는 긍정적인 전망도 대두되었다.

NAFTA가 출범한지 10여 년이 지난 오늘날 물론 NAFTA의 효과에 대해서는 여러 가지 평가가 존재하지만, 일반적으로 NAFTA는 북미 3국의 경제성장에 긍정적인 영향을 미친 것으로 평가되고 있다.[28]

첫째, 북미 3국의 경제성장률은 NAFTA 출범 이후 향상되었다. 미국의 경우 NAFTA 출범 이전(1989~93)의 경제성장률이 2~3%대에 머물렀지만, NAFTA 출범 이후 5년 동안 평균 3.8%의 경제성장을 달성했으나, 2000년 이후 미국 경제성장은 2.8%에 머물러 NAFTA 출범 이전 상태로 회귀한 모습을 보여주었다. 하지만 2000년 이후의 경제성장 둔화는 국제안보상황 변화에서 찾을 수 있다. 9·11테러 이후 미국은 대 테러전에 모든 역량을 집중시킴으로써 경제에 부정적인 영향을 주었으며, 대 테러전의 확대는 국제유가 상승을 부추겨 국제경제 전반에 걸쳐 악재로 작용하였음을 감안해야 한다.

캐나다의 경우, 1998년에서 1993년까지의 성장률은 0.8%에 그쳤으나, NAFTA 출범 이후 5년간 연평균 경제성장률은 3.5%에 달했으며, 1999년과 2000에는 5% 이상의 경제성장을 보여주었다. 하지만 2000년 이후 미

---

28) NAFTA 효과는 김원호 외, 『북미자유무역협정(NAFTA) 10년에 대한 영향평가와 우리나라 FTA정책에의 시사점』에 자세히 설명되어 있음.

국 경제둔화로 인해 경제성장은 약간 둔화되었다. 그럼에도 불구하고 NAFTA 출범 이후 10년 동안의 연평균 경제성장률은 3.5%로 비교적 높은 경제성장률을 보여주었다.

다만 멕시코의 경제성장률에는 큰 변화가 없었다. 물론 NAFTA 출범 이후 2000년까지 비교적 높은 경제성장률을 유지하고 있었으나, 2001년부터 미국 경제둔화의 여파로 고전을 면치 못했다. 결국 NAFTA 출범 직전의 연평균 경제성장률 2.5%에 비해 출범 이후 10년 동안의 경제성장률은 2.7%로 아주 조금 높아졌다.

둘째, NAFTA 출범 이후 북미 3국의 교역량은 획기적으로 증가했다. NAFTA 출범 이전(1989~1993) 미국의 연평균 역내 수출증가율은 8.3%였으나, 출범 이후 10년 동안 12.8%로 증가했으며, 같은 기간 동안 수입증가율도 7.1%에서 19.1%로 매우 크게 증가했다. 이러한 현상은 캐나다의 수출입 현황에서도 똑같이 나타나고 있다. 특히 NAFTA 출범 이후 미국의 역내 수출입 증가율은 미국의 전체 수출 및 수입 증가율(9.0%, 17.3%)보다 높게 나타나고 있다. 이는 분명한 NAFTA 효과라 할 수 있다.

NFATA 출범 이후 캐나다의 역내 수출증가율은 출범 이전의 7.6%에서 15.0%로 증가했으며, 수입증가율도 4.4%에서 11.0%로 증가했다. 특히, 역내 수출증가율(15.0%)은 역외수출증가율(6.5%)을 크게 상회했다. 이는 NAFTA로 인해 캐나다의 역내 수출이 크게 증가하고 있음을 의미한다.

그러나 멕시코의 수출입 증가율은 오히려 둔화되었다. 같은 기간 동안 수출증가율은 28.4%에서 26.1%로 2.3% 감소했으며, 수입증가율은 31.6%에서 14.1%로 크게 감소했다. 하지만 멕시코의 역내 수입증가율 감소는 멕시코의 무역흑자를 의미한다. 1994년까지 적자에 허덕이던 멕시코의 대 미국 교역은 1995년부터 흑자로 전환되기 시작했으며, 2002년부터는 대미 무역흑자가 200억 달러를 상회하고 있다.

한편 국제통화기금(IMF)에 의하면, NAFTA 3국의 총 교역량은 1993년 3,060억 달러에서 2002년 6,210억 달러로 10년 만에 두 배로 증가했다. 같은 기간 동안 미국의 대 캐나다 수출은 1,072억 달러에서 1,529억 달러로 증가했으며, 대 멕시코 수출은 511억 달러에서 965억 달러로 증가했다. 캐나다의 대미 수출 1,136억 달러에서 2,139억 달러로 증가했으며, 대 멕시코 수출도 16억 달러에 이르렀다. 한편 멕시코의 대미 수출은 582억 달러에서 1,361억 달러로 증가했고, 대 캐나다 수출도 29억 달러에서 88억 달러로 증가했다. 결과적으로 NAFTA는 세계에서 가장 활발한 무역지대 중 하나가 되었으며, 세계 무역에서 차지하는 비중은 수출의 19%, 수입의 25%를 차지하게 되었다.

셋째, NAFTA 내에서의 외국직접투자(Foreign Direct Investment: FDI)도 증가되어 1993년 1,369억 달러에서 2000년 2,992억 달러로 두 배 이상 증가했다. 역시 멕시코가 최대 수혜자였다. 멕시코 상공부의 자료에 의하면 미국의 대 멕시코 투자는 1994년 50억 달러였던 것이 2003년에는 820억 달러로 약 16배 증가했으며, 상대적으로 투자액수는 적으나 캐나다의 대 멕시코 투자도 1994년 7.4억 달러에서 2003년 45억 달러로 약 6배 증가했다. 하지만 미국과 캐나다의 역내 투자는 NAFTA 출범 이전과 이후에 큰 차이를 보이지 않고 있다. 한편 NAFTA로 유입된 다른 국가들의 FDI도 꾸준히 증가하여 2000년 기준으로 세계 총투자(global inward)의 23.9%를 기록했고, NAFTA 국가들의 해외투자(global outward)도 25%를 차지했다.[29]

끝으로 NAFTA 출범 이후 우려와는 달리 미국과 캐나다의 고용여건은 호전된 반면 멕시코의 고용여건은 오히려 악화되었다. 미국의 연평균 실업률은 NAFTA 출범 이전 평균 6.4%였으나, 출범 이후 5.0%로 감소했다. 캐나다의 경우도 NAFTA 출범 이전 연평균 실업률이 9.7%에 달했으나 출범 이후 7.4%로 감소했다. 반면 멕시코의 연평균 실업률은 NAFTA 출범 이전(1984~1993)에는 7.3%였으나, 출범 이후 10년 동안 연평균 실업률은 10.8%를 기록해 2.9% 증가했다.

---

29) "NAFTA: A Decade of Strengthening a Dynamic Relationship," http://www.dfait -maeci.gc.ca/nafta-alena/nafta10-en.asp 참조.

4. 확대발전

NAFTA는 3국에 문호를 개방하고 있다. 특히, 지리적으로 인접한 중남미 국가들이 참여 대상국이다. 특히 미국은 1990년 6월 미주협력방안(Enterprise for the America's Initiative)을 발표함으로써 중남미 지역의 시장개방을 촉진하여 자유무역협정을 확대하겠다는 의지를 표명했다.

NAFTA 출범 이후 중남미 국가들은 NAFTA의 회원국이 되려고 노력하고 있다. 특히 NATA 출범이 지역에서 자국의 경쟁력을 약화시켰기 때문에 이를 극복하기 위한 방편으로 NAFTA 가입을 추진하였고, 동시에 미주자유무역지대에 대한 논의를 진행시켰다. NAFTA 출범 초기 아르헨티나가 가입을 추진하였으나 실패했고, 콜롬비아와 베네수엘라와 같은 국가들은 NAFTA 가입의 사전포석으로 멕시코와 G-3자유무역협정을 1995년 체결하였다. 특히, NAFTA가 강조하고 있는 환경 및 노동 관련 규정도 3국 자유무역협정에 포함시켰다.[30]

이후 아메리카에서는 미주자유무역지대(Free Trade Area of the Americas: FTAA)를 창설하려는 움직임을 보이고 있다. 미국은 1967년 우루과이에서 개최된 미주정상회의 이후 27년 만에 미주정상회의 개최를 추진하여 1994년 12월 미주 34개국 정상들이 참여한 회의를 개최하였다. 당시 2005년경에 FTAA 협상을 마무리 짓고자 노력했으나 아직 합의에 이르지 못하고 있다. 2005년 1월 아르헨티나에서 미주정상회의가 개최되었으나 협상타결을 도출해 내지는 못했다.[31] 따라서 향후 NAFTA가 확대발전할 것인지 또는 전혀 새로운 FTAA가 구축될 것인지를 가늠하기는 현재로서는 불가능하다.

---

30) 강문성 외, 『미주자유무역지대(FTAA)의 협상동향과 경제적 효과분석』(대외경제정책연구원, 2003), p.110.

31) 강문성 외, 위의 책, p.44; http://en.wikipedia.org/wiki.Free_Trade_Area_of_the_Americas.

IV. 동북아시대 구상에 대한 시사점

NAFTA는 경제통합을 주목적으로 하여 추진되었으며 경제통합에 있어서도 초보단계인 자유무역지대를 실현하였다. 따라서 안보나 문화측면에서의 통합의 모멘텀은 매우 약하다. 물론 자유무역지대의 구성을 통해 경제교류가 확대되고 경제적 일체감이 증대됨으로써 안보이슈에서의 협력 증진, 문화면의 교류확대가 부수적으로 이루어 질 것으로 생각된다. 그러나 NAFTA는 안보나 문화면에서의 공동체로서의 발전은 상정하고 있지 않는 순수한 경제공동체로 분류된다. 또한 통합의 정도에 있어서는 회원국 간의 무역장벽의 철폐를 목적으로 하며 추가적인 공동의 관세정책, 생산요소 이동의 자유화는 고려하고 있지 않다.

한편, NAFTA는 미국, 캐나다 등의 선진국과 멕시코라는 개발도상국 간에 이루어진 수직적인 경제통합의 대표적인 사례로서 동북아 경제공동체 구상에 매우 유용한 사례를 제공한다 하겠다.[32] 즉, 동북아에는 경제공동체의 대상인 선진국 일본, 중진국인 한국, 개도국인 중국 등 다양한 발전단계를 지닌 국가들이 존재하기 때문에 NAFTA는 이와 같은 이질적인 경제발전단계로 인해 생겨나는 문제점을 고찰할 수 있게 해 준다. 또한 NAFTA는 발효 후 10년이 지나 자유무역지대 출범의 실효를 따져 볼 수 있는 좋은 사례가 된다.

1. 국제적 측면

NAFTA가 추진된 배경에는 1986년부터 개시된 우루과이 라운드 협상이 개도국들의 반대로 지지부진해지면서 특히, 미국은 지역주의 노선의 병행 추진을 채택하게 되었다. 유럽에서 EU의 경제통합이 가속화됨에 따라 미국, 캐나다 등은 유럽의 지역주의에 대항할 수 있는 미주지역의 경

---

32) 김원호 외,『미주지역경제통합의 전망과 한국의 대응과제』(서울: KIEP, 1997.12).

제통합을 추진하였다. EU의 지역블록화에 따른 거대경제권의 출현과 이에 따른 국제경제질서의 재편에 대해 세계경제에서의 주도권 확보를 위하여 미주차원의 경제통합을 추진하게 된 것이다.

결국 1980년대 말부터 심화된 세계화와 지역주의 속에서 범세계적인 지역블록화의 추세는 세계 무역의 보호주의적 성향을 강화하였고 이에 따라 북미지역에서도 이에 대응할 지역경제블록의 필요성이 제기된 것이다.33)

오늘날 동북아지역을 살펴보면 냉전이후 중국경제의 개혁개방, 러시아의 체제전환 등에 따라 동북아 역내 국가 간의 경제교류가 급격히 확대되고 있는 상황이며 동북아지역은 유럽, 미주에 이은 세계 3대 경제권으로 부상하고 있다. 그러나 경제협력 및 경제통합의 제도화는 유럽과 미주에 비해 매우 뒤처져 있는 실정이다. 아직도 냉전의 유산으로 남북한이 대치하고 있고 북한의 핵개발에 따른 지정학적 리스크가 상존하고 있다. 중·일 간의 상호 견제와 지역의 헤게모니 경쟁도 동북아지역의 경제협력과 통합을 막는 장애요인이 되고 있다.

그러나 지역블록화의 대세는 당연히 동북아지역에서의 경제통합의 필요성을 촉발시키는 요인이 되는 한편 세계경제를 유럽, 미주, 동아시아의 삼국의 구도로 재편하는 시발점이 되었다. 미국의 경우 NAFTA 출범을 통해 멕시코를 중남미 시장 진출의 교두보로 삼을 수 있게 되었는데, 이는 동북아의 경우 경제통합이 우리나라가 중국이라는 광대한 시장에 더욱 적극적으로 진출할 수 있는 기회를 제공한다는 점에서 비교된다고 할 수 있다.

동북아지역 국가들의 공동번영을 위해서는 세계경제의 지역블록화 및 3극화의 추세에 적극 대응하여 동북아지역의 경제통합이 빠른 시일 내에 달성되어야 할 것이다. 세계경제의 지역블록화에 뒤쳐짐에 따라 동북아

---

33) 김원호 외, 『NAFTA의 경제적 효과 분석: 출범전 전망과 실행효과 비교를 중심으로』(서울: 대외경제정책연구원, 2000), pp.42-43.

지역 국가들은 지역블록의 배타적 무역정책에 의해 경제적 피해를 입고 있으며 국제적인 협상무대에서도 불리한 입장에서 기존 지역통합체에 속한 국가들과 대응해야 하는 처지에 놓여 있다. 북미국가들이 세계화와 지역주의의 추세에 기민하게 대응하여 NAFTA를 출범시킨 것과 같이 동북아국가들도 세계적인 지역주의 추세에 신속히 대응해야 할 것이다.

2. 지역적 측면

NAFTA를 추진하게 된 국내적 요인에 있어서는 미국의 경우 UR의 실패로 인해 무역자유화를 위한 타개책이 필요하였다. 또한 미국 경제의 경쟁력 약화에 따라 산업경쟁력을 강화하고 북미지역에서의 규모의 경제 달성을 목표로 하였다. 멕시코의 경우에는 1980년대 외채위기 이후 경제발전전략의 수정이 필요하였고 이에 따라 대외개방정책을 채택하였다. 멕시코는 자유무역지대 구축을 통해 외국자본을 유치하고 자국 산업의 경쟁력을 제고하려는 필요성이 컸다. 캐나다의 경우는 미국과 기존에 FTA를 체결하고 있는 상황에서 NAFTA에서 소외될 경우 북중미경제권에서 소외될 가능성을 염려했다.

동북아에서 우리나라의 입장은 멕시코와 비슷한 점이 있는데, 한국은 외환위기로 일인당 국민소득이 10,000달러 이하로 떨어진 이후 8년이 걸려서야 10,000달러를 회복하였다. 최근 일인당 국민소득이 1만 6,000달러에 육박하고 있다는 발표가 있으나 이는 주로 원화의 가치상승에 기인한 것으로 우리나라의 실질적인 경쟁력 제고나 산업 생산력이 상승되었다고 볼 수는 없는 실정이다. 따라서 동북아 경제통합의 추진은 멕시코의 사례에서처럼 우리나라가 선진국으로 도약하기 위한 경제선진화 전략으로서의 측면을 갖는다. 동북아 경제공동체 구축을 통한 시장의 확대, 경쟁력의 강화, 외국인투자의 확대 등은 우리나라의 경제를 활성화하고 선진국으로의 경제도약을 이룩하는데 매우 중요한 모멘텀을 제공할 것으로 보인다.

지역적으로 살펴 볼 때, 동북아의 한·중·일 3국은 냉전의 해소이후 경제교류가 급격히 확대되어 상호 간의 무역비중이 서로 1, 2위를 달리고 있다. 이에 따라 관세 및 비관세장벽의 제거 등 무역자유화와 무역원활화에 대한 요구가 점증하고 있다. 따라서 경제통합, 특히 그 첫 단계로서의 자유무역지대의 출범은 동북아지역 국가 간의 무역을 획기적으로 확대시키고 각 국가의 산업경쟁력을 제고시킬 수 있는 조치라 할 것이다.

NAFTA 추진과정에서의 제약요인으로는 각국의 노동계층의 반대를 들 수 있다. NAFTA의 경우 관세인하 등 무역장벽의 제거에 따라 국내산업의 보호 장벽이 제거됨으로써 국내 고용시장에 큰 영향을 미쳤다. 특히, 고용감소 효과가 나타나는 산업을 중심으로 각국의 노동계층의 반대가 제약요인으로 작용했다. 실질적으로 미국과 캐나다의 미숙련노동자들은 임금수준의 악화와 고용의 불안정을 겪었으며 숙련직 노동자와의 임금격차도 확대되었다. 이와 같은 현상은 경제적 발전단계기 상이한 동북아국가 간에도 심각한 제약요인으로 작용할 것으로 보인다. 따라서 취약산업에 종사하고 있는 노동자들에 대한 고용재배치, 전직훈련 등 고용의 불안정을 해소하기 위한 조치가 신중하게 고려되어야 할 것이다.[34]

3. 역사·문화적 측면

역사·문화적 요인을 살펴보면 미국과 멕시코는 19세기 영토침탈을 위한 전쟁의 역사를 가지고 있다. 캘리포니아, 뉴멕시코, 애리조나, 텍사스 등을 포함하는 지역은 멕시코의 영역이었으나 미국의 서부개척 이후 전쟁과 협상 등을 통해 미국의 영토에 편입되었다. 이에 따라 동지역에는 멕시칸문화의 잔재가 강하게 남아 있으며 사회적으로도 멕시코 불법이민자들의 증대로 미국사회의 골칫거리가 되고 있다.

한·중·일은 19세기 후반과 20세기 전반에 걸쳐 침략과 투쟁의 역사를

---

34) 이창수 외, 『NAFTA 이후 멕시코경제의 변화와 시사점』(서울: KIEP, 2006).

겪어 왔다. 또한 사회·문화적으로도 우리나라는 일본의 구제국주의 미청산에 대한 반발, 중국의 역사왜곡 등 중화주의의 발호에 크나큰 우려를 가지고 있는 상황이다.

국가차원의 경제교류의 제도화, 즉 자유무역지대의 체결은 상호이해의 확대와 상호이익의 공유를 통해 이와 같은 부정적인 요인들을 희석시켜 나갈 것이며 상호 공존과 존중의 분위기 조성에 기여할 것으로 판단된다. 한편, 경제교류의 확대 및 제도화에 따라 북미에서의 사례와 같이 불법이민 등 사회적인 문제가 발생할 가능성이 크다 하겠다. 따라서 경제통합에 따른 인력이동 수요에 대한 합리적인 대응방안이 모색되어야 한다. 특히, 중국의 무한한 인력자원을 효과적으로 활용하는 방안이 강구되어야 하겠다.

4. 제도적 측면

NAFTA는 경제통합단계상 초기적인 수준인 회원국 간의 무역장벽을 완화하는 자유무역협정의 성격을 유지하고 있으며 현재로서 관세동맹, 공동시장 등 더욱 발전된 단계의 경제통합으로 나아갈 가능성은 낮다고 할 수 있다. 이는 NAFTA가 출범이후 약 10년의 기간이 지나 자유무역협정이 성숙해 가는 과정상에 있다고 볼 수 있기 때문이다. 또한 캐나다, 미국의 선진국과 멕시코의 개도국 간에 이루어진 자유무역지대이기 때문에 무역정책의 통합이나 노동, 자본시장의 통합과 같은 조치는 참가국 간의 경제적 이질성이 극복되기 전에는 쉽사리 추진되기 어려운 사안이다.

동북아의 경우에도 국가 간의 경제적 발전단계가 상이하고 경제체제가 다르기 때문에 경제통합의 제도화가 단기간 내에 이루어지기는 힘들다고 할 수 있다. 우선 경제통합의 초기적 단계인 자유무역협정을 맺고 이후 각국의 경제체제와 정책을 상호 근접화시켜 가는 과정이 상당기간 필요하다 하겠다.

5. 소결

자유무역지대 체결의 폭발적 증대로 인한 세계적인 경제통합의 확대 추세는 우리나라의 통상환경을 악화시키고 궁극적으로 경제성장에 장애 요인이 되고 있다. 또한 경제성장 동력이 간절히 필요한 우리나라로서는 악화되어 가는 국제경제 환경 속에서 주변국과의 경제공동체 형성을 통해 경제선진화를 위한 돌파의 실마리를 찾아야 할 것이다. 이는 미국이 세계적 무역자유화의 실패에 대한 대응수단으로, 멕시코가 경제 발전전략의 전환책으로 NAFTA를 추진한 사례와 그 성과가 보여주듯이 경제통합은 한 국가의 경제성장에 매우 유용한 전략인 것이다.

NAFTA의 추진과정에서 주도세력은 미국이었다. 미국의 제안에 멕시코는 적극적으로 응답하였고 캐나다는 소극적으로 동의하는 형식을 취하였다. 이는 경제적으로 우위를 가지고 있는 국가가 주도적으로 이끌어 간 형태의 경제통합이라 할 수 있다. 그러나 동북아의 경우는 경제적 우위가 크게 작용하기는 어려운 구조이다. 중국과 일본의 지역차원의 패권경쟁 구도는 상호 간의 협력을 진행시키는 데 큰 장애로 작용하고 있다. 따라서 패권경쟁의 의심을 받지 않는 제3의 국가가 경제공동체 결성을 주도적으로 추진할 필요가 생기는데, 그런 차원에서 우리나라는 매우 적합한 국가라 하겠다. 우리나라가 조정자로서 동북아 경제공동체구축에 나서는 경우 성공의 가능성은 더욱 크다 하겠다.

경제통합은 회원국가 간의 경제적 교류를 확대시킴으로써 상대국가에 대한 의존도를 심화시키고 이에 따라 상대국의 거시경제적 변동에 취약한 구조를 조성한다. 멕시코의 경우 NAFTA의 체결로 미국의 거시 경제적 변동에 영향을 더욱 크게 받는 것으로 알려져 있다.35) 따라서 거시경제정책상의 공조의 필요성이 제기된다. 우리나라의 경우도 통합의 상대

---

35) 김원호 외,『북미자유무역협정 10년에 대한 영향 평가와 우리나라 FTA 정책에 대한 시사점』(서울: KIEP정책연구, 2004).

자인 일본이나 중국의 경제정책의 변화에 대한 충격이 현재보다 더욱 크게 나타날 것으로 보인다. 따라서 경제통합이전부터 회원국 간의 정책공조와 협의를 위한 노력이 시험적으로 이루어져야 할 것이다.

동북아의 경제공동체 구축은 경제적 측면에만 한정하더라도 북미의 NAFTA보다 더욱 어려운 과제를 안고 있다고 하겠다. 특히, 3국 간의 경제적 발전단계의 격차와 경제적 자유도의 상이, 경제체제상의 문제 등을 고려할 때 경제공동체 구축의 첫 단계로서의 자유무역지대의 출범은 3국 간의 비상한 협력과 이해를 위한 노력이 요청된다.

|제8장|
아세안

I. 아세안의 특징

아세안(Association of Southeast Asian Nations: 동남아시아국가연합, ASEAN)
은 동남아지역을 대표하는 지역협력기구로 1967년 8월 8일 태국 방콕에
서 인도네시아, 말레이시아, 필리핀, 싱가포르, 태국 5개국에 의해 설립되
었다. 그 후 브루나이(1984년 1월), 베트남(1995년 7월), 라오스와 미얀마
(1997년 7월), 캄보디아(1999년 4월)가 회원국으로 가입하면서 "아세안-10"
을 달성하였다. 아세안은 45년간의 성장을 통해 오늘날에는 '아세안비전
2020'을 선언하고 동남아공동체를 지향하고 있을 정도로 괄목할 만한 발
전을 이룩함으로써 제3세계의 가장 성공적인 지역협력모델이 되고 있다.
또한 아세안은 동남아지역은 물론 아·태지역의 국제정치 및 경제관계에
있어서 중심적 조직체로서 커다란 영향을 미치고 있다.

아세안이 오늘날 지역협력체로 성공가두를 달리고 있다는 것은 초기
동남아지역의 상황에서는 상상하기도 힘든 일이었다. 특히, 아세안의 회
원국들이 대부분 제2차 세계대전이 끝날 무렵에야 비로소 독립을 이룬

신생국들이었다는 점에서 지역협력체를 실질적으로 주도해 나갈 만한 힘이 미약했다. 오늘날 ‘동남아시아(Southeast Asia)’라는 지역개념이 널리 사용되기 시작된 것은 불과 60년 정도이다. 이 지역개념이 처음으로 생겨난 것은 16세기 이후 유럽제국이 이 지역에 진출하기 시작하면서 유럽인들이 부르게 된 것으로 추정되며,1) ‘동남아시아’라는 지역명이 정착된 것도 세계 강대국의 정치적 논리에 의한 것이었다.

제2차 세계대전 중이었던 1943년 연합군이 미얀마, 말라야, 수마트라, 태국 등을 에워싸는 동남아시아사령부(Southeast Asia Command)를 설치했을 때부터 일반인들에게도 널리 확산되기 시작했다. 그러나 사실상 동남아시아의 지리적 범주가 현재와 같이 10개 국으로 구성되어져 하나의 지역으로 확정된 시기는 1960년대 접어들면서부터이다. 이에 따라 초기 아세안은 약소국들의 연합체로 국제사회에서의 역할이 미미했기 때문에 국제정치적으로 별다른 주목을 받지 못하였다.

그러나 아세안은 강대국이 하나도 없는 약소국들의 협력체임에도 불구하고 지금까지 그 명맥과 제도를 유지해 오면서 오히려 이제는 자체적인 영향력을 확대하여 주변 강대국들을 자신들의 협력체 안으로 끌어들이는 능력을 발휘하고 있다. 최근 아세안자유무역지대(ASEAN Free Trade Area: AFTA)나 아세안지역안보포럼(ASEAN Regional Forum: ARF) 등은 동아시아 지역에서 아세안이 지니는 정치, 경제적 함의와 중요성을 폭넓게 대변하고 있다. 어려운 여건 속에서 출범한 아세안이 어떻게 하여 숱한 대내외적 도전을 극복하고 현재와 같은 수준으로 발전할 수 있었는가 하는 사실은 중요한 연구대상이 아닐 수 없다.

---

1) 가장 근접한 지역명은 1839년 미국인 목사 말콤(Howard Malcom)의 기행문인 『Travels in South-Eastern Asia』에서 처음 사용되었다. 그리고 1942년 하이네-겔더른(Heine-Geldern)의 논문, 『동남아시아의 국가와 왕권의 개념』(Conceptions of State and Kingship in Southeast Asia)이 발표된 다음에서야 미국에서 동남아시아는 자연스러운 명칭으로 자리잡게 되었다. 박장식, “동남아시아 지역성에 대한 인식론적 대비,” 『동남아시아 연구』, 제10호 (2000년), pp.227-228.

특히, 대부분의 개발도상국 간 지역협력체가 창설 이후 제대로 기능하지 못하고 유명무실했던 것에 반해, 아세안은 동남아지역 통합을 주도하면서 지속적 발전을 거듭해 왔기 때문에 그 성공요인에 대한 규명은 지역적 국제기구연구의 중요한 관심사가 되고 있다. 더욱이 아세안은 회원국 간의 경제적 격차와 사회·문화적 이질성, 영토 분쟁 등 다양한 갈등요인 속에서 국제기구 설립의 일반적인 법적 기반이라고 할 수 있는 조약이나 협정도 없이 '방콕선언'이라는 하나의 추상적인 선언으로 출발하였음에도 불구하고, 회원국 간의 평화적 관계를 유지하면서 독특한 지역주의를 발전시켜 왔다는 점에서 더욱 인상적이다.[2]

아세안은 그 형성배경, 발전과정에서 나타나는 특징들을 통해 '동북아 시대 구상'의 실현을 위한 시사점을 도출하고자 사례연구로 선택되었다. 다음 아세안의 4가지 특징은 다양성과 이질성을 가지고 있으며 여전히 냉전과 탈냉전이 공존하는 동북아지역에 시사점이 크다. 특히, 동북아지역의 안보, 경제, 문화 영역의 협력을 도모하고 나아가 공동체 형성을 지향하는 '동북아시대 구상'을 추진하고자 하는 한국에게 필요한 과제와 전략을 위한 시사점을 제공한다.

첫째, 아세안은 1967년 창설 당시 냉전과 지역의 공산화, 그리고 역내 영토분쟁에 대응하기 위한 안보문제로 시작되어 차츰 경제협력으로 이어졌고 탈냉전기에는 경제와 안보를 동시에 추진해 가고 있는 특징을 가지고 있다. '방콕선언'에 따르면, 아세안의 설립목표는 평등과 동료의식에 입각하여 동남아시아에서 지역적인 협력을 촉진하는 공동행동을 위한 확고한 기초를 세우고 그것에 의하여 평화·진보·번영에 기여하는 것이다.[3] 그러나 창설당시 아세안의 설립목적에는 경제·문화 등 비정치적 분

---

2) 변창구, 『아세안 운영체제론: 동남아통합과 ASEAN WAY의 향방』(서울: 대왕사, 2002), pp.19-20.

3) 아세안 선언문(Declaration)에 의하면, 아세안의 목적과 지향점은 ① 동남아국가들의 평화·번영을 위한 토대를 강화하기 위하여 평등성과 파트너십의 정신으로 공동 노력을 통해서 지역의 경제성장, 사회발전, 문화발전을 촉진시키고,

야의 협력보다 정치·안보적인 이유가 저변에 깔려 있었다. 특히, 주도국의 실질적인 관심사와 목표는 공산주의세력의 반란상황 속에서 '정권의 생존'에 있었다.4) 그러나 아세안은 정치적 색채를 강하게 띠고 있지 않다는 점을 표면적으로 부각시킴으로써 인접 국가들로 하여금 이 지역협력체에 대한 비판을 희석시키고 호의적인 반응을 끌어내려는 의도에서5) 경제, 사회, 문화적인 발달의 증진을 우선적인 목적으로 내세웠다.

그러나 1970년대부터는 정치·안보적 이유가 아세안의 협력을 더욱 촉진시켰다. 1970년대 접어들면서 닉슨 독트린에 따른 미국의 아시아지역 이탈과 중·미 간의 접근으로 아시아지역에 긴장완화의 조짐을 보이자, 1971년 '동남아시아 중립화선언'을 채택하였다. 1972년 각료회의에서는 정치문제에 대하여도 협력하기로 합의하였고, 1976년 인도네시아에서 열린 정상회담에서는 지역발전과 안전보장이 강조되었다. 이러한 움직임은 1975년 베트남 공산화 이후의 캄보디아문제, 중국-베트남전쟁, 난민문제 등 일련의 주변 사태에서 연유된 것으로 아세안의 지역협력을 강화시키는 계기가 되었다.

탈냉전이 되면서 아세안은 경제협력에도 박차를 가하기 시작했는데, 1992년 제4차 아세안정상회담에서는 아세안자유무역지대(AFTA) 구상의 시초가 되는 경제협력강화체제 합의서(Framework Ageement on Enhancing Economic Cooperation)가 채택되었다. 1995년 제5차 아세안정상회담에서는 AFTA 실현을 위한 시간표를 처음의 15년에서 10년으로 단축한다는 확대경제통합아젠다(Agenda for Greater Economic Integration)가 합의되었고, 2002년 1월 1일 원래 계획된 시간보다 6년이나 앞당겨 AFTA가 시행되었다.

---

② UN 헌장(Charter)의 원칙에 입각하고 지역국가들 간의 법칙과 정의를 존중하는 관계를 통해서 지역의 평화와 안정을 조성한다는 것이다. OBJECTIVES, http://www.aseansec.org/64.htm

4) R. James Ferguson, "ASEAN Concord II: Policy Projects for Participant Regional 'Development," *Contemporary Southeast Asia,* Vol. 26, No. 3 (2004), p.396.

5) 박광섭·이요한, 『아세안과 동남아 국가연구』(대전: 대경, 2002), pp.40-41.

이러한 아세안의 발전은 경제영역이라는 한 방향으로만 진행되어온 것이 아니라 1994년 ARF(ASEAN Regional Forum)와 ASEAN+3(한, 중, 일)의 설립을 통해 동남아 나아가 동아시아 지역의 정치 및 안보문제를 논의하고 협력하는 단계로 발전하는 과정과 병행되어 왔다. 이러한 특징은 경제적 상호의존도는 높아졌지만 안보문제로 여전히 제자리걸음만 하고 있는 동북아지역에 시사점을 주며 '동북아시대 구상'에서 전략으로 채택하고 있는 경제·안보 동시병행추진에도 좋은 사례가 된다.

둘째, 아세안의 발전과정은 대내외적인 환경변화에 적응하는 과정이었다는 특징을 가지고 있다. 끊임없는 강대국의 외압과 간섭은 동남아지역의 역사 속에서 매우 중요한 역할을 해왔다. 동남아는 인도양과 말라카해협, 남지나해로 이어지는 국제 해상교통로의 요지인데다 풍부한 천연자원과 시장성을 가진 지역이라서 강대국들의 끊임없는 침략과 수탈의 대상이 되었으며, 결국 태국을 제외하고는 모두 식민지로 전락했다. 이 과정에서 내전 분열과 경제적 종속성 그리고 분파적 권위주의 정치형태가 만들어졌고 이러한 식민지배의 유산은 지역협력을 시도하는 데 큰 장애가 되었지만, 오히려 이러한 식민지 경험은 동남아 국가들에게 반제국주의, 반식민·민족주의 그리고 강한 주권의식을 가지게 만들어 아세안 지역에 외부의 간섭을 막고 지속적인 협력을 통해 성장을 꾀해 보고자하는 '아세안 민족주의'가 생겨나게 하는 계기가 되었다.

대내적으로는 동남아국가들 간의 오래된 갈등과 분쟁의 경험은 역내 문제를 해결하기 위한 방식으로 나타나게 되었다. 대표적으로 아세안 출범 전 동남아국가들은 자발적으로 지역협력체 형성을 위해 시도된 1961년 동남아시아연합(Association of Southeast Asia: ASA)과 1996년 MAPHILINDO[6] 이 있었다. 두 기구 모두 결국 참여국 간의 해묵은 갈등과 영유권분쟁 등

---

6) ASA는 말레이시아연방, 필리핀, 태국이 MAPHILINDO에는 말레이시아, 필리핀, 인도네시아가 참여하였다. ASA와 MAPHILINDO에 대해서는 Alion Broinowski, *Understanding ASEAN* (NEW YORK, 1982) 참조.

으로 인하여 초기단계에서 실패로 돌아가고 말았지만 역내 국가들의 세력관계의 변화와 세계적인 추세의 변화에 적응해가면서 그들만의 지역협력체를 논의하였다는 점에서 큰 의의가 있다.

이렇듯 아세안의 창설은 냉전과 역내 영토갈등이라는 대내외적 안보환경변화에 대한 반응이었으며, 그 발전과정 역시 베트남의 공산화 등 외부환경 변화에 적응하면서 진행되었다. 또한 아세안의 경제협력도 세계적인 지역화와 WTO체제의 출범이라는 환경변화에 대한 동남아지역의 이권을 지키고 협상력을 높이기 위한 과정으로 설명될 수 있다. 동북아역시 대내외적으로 경제의 세계화 및 지역화 현상, 영토문제, 북핵문제, 테러 및 대량살상무기와 같은 신안보문제 등 여러 가지 문제들 안고 있다. 이러한 환경에 적응하기 위해 지역차원의 협력 노력이 필요하다는 점에서 아세안의 발전과정은 동북아에 시사점을 줄 수 있다.

셋째, 아세안은 역내 국가들이 정치적, 경제적, 인종적, 종교적으로 많은 이질성과 다양성을 가지고 있으면서도 40여 년에 가깝도록 나름대로 성실하게 통합성을 유지하면서 지역협력체로 발전해 왔다는 특징을 가진다. 특히, 동남아국가들의 다방면에 걸친 이질성은 오히려 "다양성 속의 통일"로 표출되어 동남아지역을 다른 지역과 구분가능케 했다는 점과 탈냉전기 들어 아세안 내부의 지역적 정체성과 상호 동질성이 점진적으로 증대되고 있다는 점에서, 동남아만큼이나 다양한 역사·정치·문화 등을 가지고 있는 동북아에 지역협력체 구상에 대한 과제와 전략을 모색하는 데 큰 도움이 될 것으로 생각된다.

그러나 1967년 아세안이 창설될 당시에는 동남아국가들의 역사·정치·종족·언어·문화적 차이로 생긴 지역 특유의 내적 다양성과 이질성 때문에 지역적 공감대 형성이 매우 어려울 것으로 전망되었다. 보아(Cora Du Bois)도 동남아지역에 대해 "아마 세계의 어느 지역에서도 이렇게 다양한 문화적 특성이 주어진 것은 없다"[7]고 지적했을 정도로 다양하고 이질적

---

7) Cora Du Bois, *Social Force in Southeast Asia* (Cambridge: Harvard University

이다. 서구 식민세력의 간접통치와 분할지배의 결과로 야기된 영토적, 인종적, 종교적 이질성은 국내적 갈등뿐만 아니라 지역적 갈등을 야기함으로써 국가 및 지역의 평화와 안정을 저해하였다. '동남아시아'라는 지역개념이 최근에 와서야 일반화된 것도 이와 같은 역사적 형성과정에서 지역적 일체감이 없었기 때문이다. 또한 세계적인 강대국에 의해 편의적이고 임의적으로 만들어진 개념인 동남아시아에서 지역협력에 대한 인식이 쉽게 자리잡지 못했으며, 독립 후의 국가들 간의 영토분쟁과 마찰 역시 지역적 공감대를 형성하는 데 장애요인으로 작용했다.

이와 같은 이질성과 다양성을 극복하고 일정한 수준의 통합으로 진전되어 가고 있는 아세안의 사례는 정치적, 경제적, 군사적, 인종적, 문화적, 지리적으로 매우 커다란 이질성을 보이고 있는 동북아에도 지역협력의 제도화가 가능할 수 있다는 것을 시사해준다. 그동안 동북아는 유럽연합과 같이 공통된 문화적, 역사적 배경을 통해 동질감이 없다는 이유를 동북아에 지역협력체를 구상하지 못하는 중요한 요인으로 꼽았으나, 아세안과 같은 사례를 통해 그러한 이유가 지역협력체의 창설을 저해하는 중심적인 요인으로 작용할 수 없음을 알 수 있다. 따라서 아세안 연구는 동북아의 다양성과 이질성을 극복하고 동북아 지역협력을 위한 통합으로 나아가기 위한 방안들을 모색하는 데 도움이 될 것이다.

넷째, 아세안은 EU나 NAFTA와 같은 타지역협력체보다 제도화의 수준이 미약하면서도 40년 동안 지속, 발전해 왔다는 특징을 가지고 있다. 오히려 아세안은 느슨한 운영방식을 통해 주권의식이 강하고 다방면에서 다양하고 이질적인 동남아지역의 국가들을 포섭해 왔다. 아세안의 이런 제도적인 측면에서의 가장 두드러진 특징으로 독특한 지역협력개념 혹은 운영방식인 '아세안방식(ASEAN Way)'이 형성되었다는 점이다. 동남아시아 국가들의 다양성과 이질성은 독특한 지역협력개념을 만들어 내었고, 그것은 '느슨한 형태'의 지역협력을 통해 다양한 국가들을 받아들이면서

Press, 1964), p.27.

점진적인 통합을 추구하는 '아세안방식'이었다. 아세안은 '아세안방식'의 구현체였으며 초기 성공에 대한 불안감을 잠재우며 제3세계 성공적인 지역협력 사례로 불리게 되었다.

아세안방식이 등장하게 된 배경을 살펴보면, 우선 동남아국가들의 식민지 경험으로 인한 강한 민족주의와 주권의식을 들 수 있다. 국가의 민족성과 주권의식이 강했기 때문에 지역협력을 위해서는 각각의 국가의 주권을 보장받고 내정간섭을 허용하지 않는 제도적인 합의를 필요로 했다. 이에 따라 아세안 협력의 '3대 기본원칙' 중에 '존중의 원칙'[8]도 포함되게 되었다. 이 존중의 원칙은 각 회원국의 주권을 존중하는 동시에 타국의 국내정치에 간섭하지 않으며 상반된 견해나 주장도 자유롭게 허용됨을 의미한다.

또한 1976년 2월 24일의 최초의 아세안정상회담에서 서명된 동남아우호협력조약(Treaty of Amity and Cooperation)에도 '모든 회원국가들의 독립, 주권, 평등, 영토보전 그리고 민족의 정체성에 대한 상호 존중', '상호 간의 국내문제에 대한 불간섭' 등의 불간섭과 존중의 논리들이 포함되어 있다.[9] 이에 따라 아세안의 지역통합에 있어서 무엇보다 강조되는 것은 회원국 간의 평등이며 각 회원국의 주권을 존중한다는 점에서 정책결정 방식으로 합의제(consensus)를 채택하여 점진적인 합의 방식을 지향하고 있다.

또한 ASA와 MAPHILINDO가 지역적 갈등과 대결로 인해 실패한 경험은 동남아시아 지역에서 기능할 수 있는 적실성 있는 새로운 지역협력방식인 아세안방식을 도출하는 데 기여했다. 실패의 경험으로부터의 교훈은 첫째, 합의도출을 위해 민감한 정치적 이슈는 회피할 필요가 있으며, 둘째, 어느 한 국가 또는 특정 국가가 의제설정을 지배해서는 안 되며, 셋째, 외부 강대세력의 영향력을 배제해야 하고, 넷째, 조직체의 목표와

---

8) 아세안 협력의 3대 원칙은 자제(restraint), 존중(respect), 책임(responsibility)이다.
9) FUNDAMENTAL PRINCIPLES, http://www.aseansec.org/64.htm

목적을 지나치게 구체화해서는 안 된다는 것 등이었다.[10]

동남아시아 국가들 사이의 역사적, 인종적, 종교적 이질성도 아세안방식을 채택하게 한 동기가 되었다. 국가들 간의 다양성과 이질성 때문에 협력을 위해서는 타국의 국내문제에 대한 불간섭원칙을 채택하지 않을 수 없었으며, 이를 채택함으로써 회원국 간의 안정적 관계를 유지하면서 지역통합을 모색할 수 있었다. 동남아국가들이 공유하고 있는 공통의 문화유산의 일부가 아세안방식의 사회·문화적 규범이 되었다는 견해들도 있다.[11] 예를 들어, 아세안의 정책결정방식이 된 '합의제'는 동남아지역의 전통적인 합의방식인 '무샤와라(musyawarah)'에서 그 연원을 찾을 수 있다. 무샤와라는 협의라는 뜻으로 평등·관용·이해의 기초 위에서 협의하였던 일종의 '촌락민주주의'로서 오늘날 아세안방식에서 강조하고 있는 것과 동일한 관점들이다.[12]

이와 같이 설립된 아세안방식은 공식적인 정의가 없기 때문에 모호하고 논쟁적인 개념이며, 따라서 아세안방식은 동남아시아의 협력을 위한 접근법, 하나의 정책결정절차 혹은 동남아국가들 간의 정체성형성의 과정 등의 다양한 의미를 가지고 있다. 그러나 분명한 것은 서구의 지역협력의 방식과는 다른 비공식적이면서 존중의 원칙을 지키며 국내문제의 불간섭을 원칙으로 하는 동남아국가들 사이의 협력을 위한 독특한 개념

---

10) Allen C. Choate, "Political Pluralism and Regional Cooperation: The Case of ASEAN," A Paper presented at the Annual Conference in 1994, American Political Science Association, New York, September 1-4, 1994, p.5. 변창구, "동남아지역통합전략으로서의 아세안방식: 유용성과 한계," 『대한정치학회보』, 제12집 2호 (2004), p.412 재인용.

11) Amitav Acharya, *Constructing a Security Community in Southeast Asia: ASEAN and the Problem of Regional Order* (London and New York: Routledge, 2001), pp.47-52; Estrella D. Solidum, "The Role of Certain Sectors in Shaping and Articulating the ASEAN Way," R. P. Anand & P. Quismbing ed., *ASEAN: Identity, Development and Culture* (Quezon City: University of Philippine Law Center and East-West Center Culture Learning Institute, 1981), pp.134-135.

12) 변창구, "동남아지역통합전략으로서의 아세안방식: 유용성과 한계," pp.412-413.

이라고 할 수 있다. 그리고 이런 아세안방식은 동남아국가들의 역사적 경험과 이질적인 특징을 배경으로 해서 만들어진 것이며, 자발적인 설립이라는 점에서 동남아국가들의 지역협력에 대한 의지와 노력도 담고 있다고 볼 수 있다.

이러한 아세안의 제도적 측면은 여전히 지역협력체를 설립하지 못하고 있는 동북아지역에 시사점을 줄 것이다. 강한 주권의식과 배타적인 민족성을 지닌 동북아지역에 강제력이 없으면서 느슨한 형태의 운영방식은 동북아 지역협력체 형성에 적합한 방식이 될 가능성도 있기 때문이다.

II. 아세안의 성립배경

1. 국제적 요인 — 냉전과 반공주의

아세안이 성립한 1967년은 국제체제에서 냉전이 한창이었으며, 세계 도처에 많은 국가들이 공산화되어가던 때였다. 2차 대전 이후 식민지에서 독립하자마자 겪은 냉전의 상황은 지역의 안보적인 불안감을 가져오게 했으며, 아세안을 창설하는 중요한 배경으로 작용했다.

중국의 공산화와 한국전쟁 등의 본격적인 냉전이 시작되자, 막 식민지에서 벗어나 경제적, 외교적으로 피폐한 동남아지역은 다시 미국과 소련의 이데올로기 경쟁장이 되어버렸다. 불안한 국제환경, 특히 중국 공산주의의 남하와 인도차이나 반도의 공산화 우려는 동남아국가들에게 안보적 위협을 인식하게 했고, 그에 따라 1954년 미국이 주도하는 동남아조약기구(Southeast Asian Treaty Organization: SEATO)를 창설하게 되었다.

SEATO는 동남아지역에서 근대적 의미의 지역협력제도가 형성된 것을 의미하나, 실질적으로는 미국 지도하에 있던 반공산주의 군사블록이었다. 회원국의 경우를 보아도 미국·영국·프랑스·오스트레일리아·뉴질랜드·필리핀·태국·파키스탄의 8개국으로, 그 중 동남아시아 국가들은 미국의 군사동맹국인 필리핀과 태국 2개국이었다. 결과적으로 SEATO는 친서방주의적 성격으로 인해 서방국가들의 지나친 개입을 우려한 말레이시아와 인도네시아 등 역내 국가들의 지지를 얻지 못하고 1972년 해체되었다.

이후 동남아지역의 영토분쟁과 국제적 위협에 대응하기 위해 지역협력을 위한 제도설립의 필요성이 증가했다. 1957년 EEC의 창설로 지역적 틀에 대한 논의가 활발해 졌으며 UNTAD의 출범으로 다자간 협력이 강화되자, 그에 따라 1961년 동남아연합(ASA)이 말레이시아, 필리핀, 태국 등 3개국에 의해 방콕에서 성립되었다. 그리고 1963년에는 말레이시아, 필리핀, 인도네시아가 중심이 되어 마필린도(MAPHILINDO)라는 동맹체를 구성하였다.13) 그러나 이 두 협력체는 국가 간의 마찰로 인해 성공하지 못했다.

ASA와 MAPHILINDO가 기능을 정지한 동안 동남아 정세는 다시 중대한 변화를 경험했다. 1960년대 동남아지역은 베트남전쟁의 격화와 중국의 문화대혁명의 진전, 이에 따른 동남아 각지의 공산세력의 준동에 대한 심각한 우려가 제기되고 있었다. 따라서 지역의 심각한 안보적 위협에 대해 대처해야 한다는 공통된 생각과 함께, 1965년 동남아지역 내의 분쟁이 1965년 인도네시아의 수카르노 정권의 실각으로 화해모드로 돌아서자 동남아시아에서의 지역협력에 대한 새로운 시도가 가능해졌다. 이에 따라 1967년 8월 8일 방콕에서 인도네시아, 필리핀, 싱가포르, 태국의 외무장관들과 말레이시아 부총리 등 동남아 5개국의 대표들이 참석한 가운데 역사적인 "방콕선언(Bangkok-Declaration)"을 채택함으로써 아세안이 공식적으로 출범하게 되었다.

결과적으로 아세안은 냉전으로 인한 공산주의 세력의 확대를 막고 지역의 경제적 협력을 도모하고자 하는 노력으로 비롯되었다. 1960년대 중

---

13) Youngmin KWON, "The Association of Southeast Asian Nations," *Regional community-building in East Asia* (Seoul: Yonsei University Press, 2002), p.40.

반 이후 이 지역 군사강국으로 부상한 중국과 베트남전의 확대는 아세안 국가들에게는 지역안보의 큰 위협으로 받아들여졌다. 변화된 지역안보상황에서 아세안은 지역협력의 강화를 통해서 주변 공산주의국가의 위협에 공동으로 대처하려고 했었다. 또한 탈식민지 이후 지속되어 온 아세안 국가들의 국내 정세불안과 - 특히 국내 공산주의자들의 위협으로 인하여 경제의 낙후성을 경제협력과 공동의 경제외교를 통해서 역외 국가와의 대외협상력을 증대시키며 동시에 국내의 정치적 안정의 기반으로 삼고자 하였다.14)

2. 지역적 요인 - 역내 갈등의 해결 모색

다양하고 이질적이며, 영토분쟁을 비롯한 여러 갈등이 존재하는 동남아지역에서 아세안의 출범은 지역 내의 갈등과 마찰을 해결해야 할 필요성과 여건이 마련되었다는 것을 의미한다. 특히, 독립 이후 영토를 둘러싼 말레이시아-인도네시아, 말레이시아-필리핀의 불편한 관계와 그 해결 모색의 과정은 동남아 지역협력의 주요 동인으로 작용하게 된다.

동남아지역의 갈등을 해결하고 협력을 모색하기 위한 노력은 1960년대 초부터 시작되었다. 1961년의 ASA와 1963년의 마필린도(MAPHILINDO)가 바로 그 대표적인 기구들이었다. ASA는 당시 복잡한 국제관계를 고려해 표면적으로는 경제, 사회, 문화적인 협력 및 증진을 목적으로 내세우며 동남아시아 인접 국가들로 하여금 호의적인 반응을 끌어내려고 노력하였다. 그러나 중립주의를 표방하던 인도네시아와 버마는 필리핀과 태국이 ASA의 이미지를 서방의 외세와 결탁하여 매우 정치적인 것으로 몰아가는 성향이 있었기 때문에, 이 지역협력체에 가입하는 것을 원치 않았다.15)

---

14) 신두철, "아세안과 유럽연합의 역사적 · 제도적 발전비교," 『한 · 독사회과학논총』, 제11권 2호 (2001년 겨울), p.26.

15) Bernard Gordon, "Regionalism in Southeast Asia," Robert Tilman ed., *Man, State and Society in Southeast Asia* (New York: Prager, 1971), p.508.

즉, ASA의 암시적인 친서방주의는 이 지역의 인접 국가들을 포함시키는 멤버십의 확장을 어렵게 했으며, 조직의 효과성을 위한 한계도 지니고 있었다. 특히, 말레이시아 연방에 속해있는 사바(Sabah)주를 둘러싼 필리핀과 말레이시아의 영유권분쟁과 인도네시아와 말레이시아의 사르왁(Sarwak) 지역에서의 충돌16)은 동남아 지역주의 또는 국가 간의 협력을 발전시킬 수 있는 환경조성을 어렵게 만들었다.

결국, 1964년에서 1965년 사이에 사바주를 둘러싼 필리핀과 말레이시아의 영유권분쟁이 일어났을 때 양국의 외교관계가 깨지고 말았다. 이 사건이 터지고 난 후 태국 외무장관이었던 타낫 코만(Thanat Khoman)은 이 문제를 ASA의 위원회를 통하여 해결해보고자 노력했지만 실패로 돌아가고 말았다. 노르만 팔머(Norman Palmar)가 "ASA는 사바 영유권분쟁으로 인한 희생의 제물이었다"17)라고 표현한 것에서도 ASA의 실패가 역내분쟁

---

16) 1961년 영국은 1959년 자치정부를 수립한 싱가포르의 독립요구에 대한 해결책으로, 칼리만탄 섬 북부에 속한 사라왁, 사바, 브루나이를 말라야연방으로 통합하는 신말레이시아연방 정책을 발효했다. 그러나 인도네시아는 즉각 이를 거부, 무력대결에 들어갔고, 칼리만탄 북부 지역도 이를 반대하는 반란군을 결성하여 인도네시아 반군과 연합, 말레이반도·사바·사라왁·싱가포르·브루나이 지역으로 침투하여 영국연방군을 기습하였다. 이 무렵 필리핀은 사바지역의 영유권을 주장하였다. 1963년 8월 인도네시아, 말라야연방, 필리핀 3국 정상회담에서 말라야연방은 사바, 사라왁 지역의 주민의사를 묻기로 합의하고 국제연합에 의뢰하기로 했다. 그러나 국제연합의 파견단이 의사분석 결과를 통보하기 전에 영국주도하에 싱가포르자치정부, 사라왁, 사바를 말라야연방정부에 편입시키고 말았다. 이로 인해 1963년 9월 17일과 9월 21에 말라야연방과 인도네시아는 각각 서로 국교단절을 발표했다. 이후 싱가포르는 1965년 분리·독립하였고, 1966년에 와서야 이들 국가들의 대결이 종식되었다. 김한식, 『동남아정치: 어제, 오늘 그리고 내일』(서울: 도서출판 모시는사람들, 2004), p.474.

17) Norman D. Palmer, "SEATO, ASA, MAPHILINDO, and ASPAC," K. S. Sandhu, Sharon Iddique Chandran Jeschurun, Ananda Rgjan, Joseph L. H. Tan and Pushpa Thambipillai Compiled, *The ASEAN Reader* (Singapore: Institute of Southeast Asian Studies, 1992), p.27. 박광섭·이요한, 『아세안과 동남아 국가 연구』, p.39에서 재인용.

때문이었음을 잘 보여준다.

1963년 사바 영유권 문제해결을 위해 마닐라에서 말레이족이 중심이 된 세 나라, 말레이시아, 필리핀, 인도네시아는 다시 필리핀 마카파갈(Macapagal) 대통령의 구상으로 마필린도라는 동맹체를 구성하였다. 이때부터 동남아지역에 인도네시아가 전면에 나타나기 시작하였다. 그러나 1963년 사바와 사라왁을 포함한 말레이시아연방 결성이 발표되자, 말레이시아-필리핀, 그리고 말레이시아-인도네시아 관계가 극도로 악화되었다. 마필린도 역시 수카르노의 '말레이시아 분쇄정책(Crush Malaysia)' 이후 무의미하게 되었다. 이들은 근본적으로 친서방주의적 성향으로 인해 중립주의를 지켰던 인도네시아와 미얀마의 지지도 받지 못했다. 하지만 이런 지역적 분쟁으로 인한 지역협력체들의 실패는 역설적으로 동남아국가 간의 지역협력의 필요성을 더욱 절실히 요구하게 되었다.

1965년 싱가포르가 말레이연방에서 분리되어 독립국가가 되었고, 필리핀에서는 마르코스 대통령이 선출되면서 필리핀의 사바영유권 주장이 후퇴하였다. 이 중에서도 가장 중요한 변화는 1965년 인도네시아 수카르노 정권의 퇴진으로 이는 말레이시아에 대한 정치·군사적 위협을 통한 "대결정치"의 종식을 가져왔고 필리핀의 말레이시아에 대한 "유화정책"은 지역협력의 여건을 성숙시키는 계기가 되었다. 이에 따라 이듬해인 1966년 말레이시아-인도네시아, 말레이시아-필리핀 간의 대결이 종결되고 3년 만에 국교가 재개되었다. 이러한 동남아 정세의 급변에 대응하기 위해서 말레이시아와 싱가포르는 인도네시아를 포함시켜 ASA를 강화할 필요를 느끼게 되었다. 그리고 1966년 8월에 3년 만에 재개된 제3차 ASA 외상회의에서 이와 같은 논제들이 논의되었다.

이후 1967년 4월 인도네시아의 아담 말리끄(Adam Malik) 외상은 이와 같은 분위기를 감지, 새로운 지역협력기구 창설을 제안하였다. 그로부터 3개월 후 말리끄 외상은 방콕을 방문, 꼬만 외상과 새로운 지역협력기구에 대해 보다 구체적으로 논의하였다. 이와 같은 말리끄의 노력은 인도네시아와 우호협력관계를 강력하게 희망했던 말레이시아와 싱가포르에 의하여 쉽게 수용되었으며, 미국 등 서방측과의 동맹관계에 의한 안전보장에 한계를 느끼고 있던 필리핀과 태국에 의해서도 환영받았다. 결국 ASA는 1967년 8월 8일 아세안으로 발전적 해체를 하게 되었으며, 이는 역내 분쟁의 해결 모색 과정을 통한 지역협력의 필요성이 아세안 창설의 중요한 배경이 되었음을 증명하고 있다.

3. 역사·문화적 요인 ─ 식민지 경험과 '동남아민족주의'

동남아시아는 역사적으로 볼 때, 국가마다 다양한 민족구성·사회·문화·종교 등으로 이루어져 발전해 왔으며, 역내 국가 간의 긴밀한 연관관계보다는 내부의 정치적 분열 및 외부세력의 침투와 지배에 의해 특징지어져 왔다. 게다가 국가 간의 정기적 접촉과 교신을 힘들게 하는 지리적 특수성은 동남아의 지역적 일체감 형성에 또 다른 저해요인으로 작용해 왔다.[18] 동남아시아는 말레이족 이슬람교의 인도네시아, 타이족 불교의 태국, 중국계를 주 종족으로한 불교 및 유교의 싱가포르, 말레이족 가톨릭의 필리핀, 말레이족 이슬람교의 말레이시아 등 인종적, 종교적으로 분열되어 소위 '아시아의 발칸(Balkans of Asia)'으로 불리어질 정도였고, 공산주의자들의 반란과 소요로 인해 정치적으로 불안정하였다.[19]

특히, 종교문제는 정치적, 인종적 문제와 직결되어 있기에 보다 복잡한 양상을 띠게 된다. 이러한 종교적 이질성의 문제는 동남아국가들에 내재하는 사회적 분기성을 심화시키고 궁극적으로 동남아공동체 형성에 있어서 일정한 한계로 작용할 가능성이 있다.[20] 그러나 복잡하고 특수한 동

---

18) Charles A. Fisher, "Geographic and Political Change in Southeast Asia," M. W. Zacher and R. S. Miline eds., *Conflict and Stability in Southeast Asia* (New York: Anchor, 1974), pp.3-44.
19) 변창구, "동남아시아지역통합 전략으로서의 아세안방식: 유용성과 한계," p.412.
20) 배긍찬, "동남아 지역통합추세와 전망: ASEAN-10과 동남아공동체 구상," (외교안보연구원 정책연구시리즈, 1998.3), p.36.

남아의 상황에서 아세안을 창설할 수 있었던 배경에는 동남아지역에 그 나름대로의 지역적 정체성이 형성되어져 왔음을 보여준다. 바로 서구의 제국주의정책이 동남아지역의 정체성을 형성시키고 동남아민족주의를 심화시키는 결정적인 계기가 되었다.

2차 세계대전의 종식과 함께 1946년 필리핀을 시작으로 대부분의 동남아시아 국가들은 장기간의 서구식민지 지배에서 벗어나 독립하였다. 그러나 서구 제국주의에 의해 임의로 만들어진 국가단위는 이 지역에 다양한 인종, 문화, 종교를 가진 국가형성을 가져왔다. 이러한 식민지유산은 독립이후 대부분의 동남아국가들에게 국내적으로 사회적 갈등과 정치·경제적 불안을 가져왔으며, 또한 공산주의세력의 도전은 국가형성을 더욱 어렵게 하였다. 독립이후에도 동남아국가들은 옛 식민지지배국가와 정치·경제적으로 밀접한 협력관계를 유지함으로써 지역국가 간의 관계개선에는 상대적으로 수동적인 자세를 취하였다.

동남아의 정체성이 본격적으로 형성되기 시작된 것은 19세기 유럽의 식민지가 되면서 부터이다. 동남아는 19세기 말까지 대부분 유럽국가들의 식민지가 되었다. 서양인들의 식민주의는 동남아시아 근대사의 형성에 있어서 정치적, 사회적으로도 깊고 지속적인 영향을 미쳤다. 정치적인 면에서는 동남아시아 국가들의 영토적 경계선의 확정을 들 수 있다. 동남아시아 진출 후 각각의 식민지역에서 절대적인 정치적 세력을 구축한 유럽인들은 그 세력을 바탕으로 통치지역들의 국제적 국경을 확정했으며, 이것은 해방 이후 동남아국가들의 영토 및 국경분쟁을 가져오게 했던 결정적인 계기였다.

또한 사회적으로 식민통치는 식민지 통치정책으로 인한 동남아국가들의 경제적 발전 및 도시화는 외국으로부터의 많은 노동력 유입을 가져왔는데, 특히 영국 통치하의 식민지들에 19세기 중엽부터 중국인들과 인도인들이 대거 이주하여 인구구조의 변화뿐만 아니라 인구수의 대폭적인 증가를 가져왔고, 차후 국민국가의 형성에 있어서 심각한 종족갈등의 뿌리가 되었다. 그리고 비서구 지역의 "문명화 사명(civilizing mission)"의 동기와 직접적으로는 식민지배를 위한 토착인력의 양성이라는 목적을 갖고 있었던 식민정부들의 근대식 학교교육은 사회의 새로운 엘리트층을 형성하게 되었고 근대적 교육을 통해 식민통치의 현실과 자국의 사회 및 경제적 문제에 대해 새로운 인식을 갖게 된 토착엘리트들은 동남아시아의 대부분 지역에서 민족주의운동을 이끌게 되었다.[21]

또한 2차 세계대전시 일본 군국주의에 의한 점령은 동남아시아의 정체성에 영향을 주었다. 1940년 9월 베트남을 공격하기 시작한 일본은 1942년 7월 버마를 점령함으로써 동남아시아 세계에 대한 군사적 지배를 완성하여 1945년 8월의 패전까지 지속되었다. 일제 점령기의 경험은 제2차 세계대전 이후 동남아시아 국가들에서 전개된 민족주의적 독립운동에도 활기를 불어넣었다.

이러한 서양인들의 식민지 지배와 일본점령은 동남아시아인들에게 외부세력에 대한 두려움과 영향력을 배제하고 자신들만의 민족 국가를 세우는 것에 집중하게 했으며, 결국 민족주의로 나타나게 되었다. 민족주의는 20세기 전반기를 통해 의회민주주의, 사회주의 등의 다른 정치적 이념들과 연결되어, 인도네시아의 수카르노(Sukarno)와 모함마드 핫타(Mohammad Hatta), 미얀마의 아웅산(Aung San)과 우누(U Nu), 베트남의 판보이쩌우(Phan Boi Chau)와 호치민(Ho Chi Minh) 등 동남아시아의 많은 지식인들과 사회운동가들을 매료시켰고, 이들은 모두 제2차 세계대전 후 자국 내에서 민족주의 바람을 성공적으로 일으켰으며 민족주의의 힘을 이용하여 신생 국민국가를 건설했다.[22]

동남아지역의 민족국가 형성의 배경에 깔려 있던 민족적 정체성은 동남아라는 지역 형성에도 그대로 담겨 있다. 동남아 국제정치학자 아미타브 아차랴(Amitav Acharya)는 지역형성은 민족형성과 매우 유사하며 동남아라는 지역개념은 문화적 공통점을 공유하고 있다는 "상상"에 의해 "(재)

---

21) 조흥국, "동남아시아 역사에 대한 분석적 이해,"『국제지역연구』, 제5권 1호 (2001.6), pp.61-62.

22) 위의 논문, p.62.

창조된" 것이라고 주장23)하여, 앤더슨의 "상상의 공동체"라는 민족의 본성을 그대로 동남아라는 '지역단위'로 확장, 적용하고 있다. 아차랴는 지역형성을 용이하게 한 기제로서 전근대기에 활발했던 역내무역에 의해 형성된 "국가체계", 학자들의 토착문화 "창조", 정치지도자들의 지역주의 동원과 함께 유럽식민주의의 동질화 효과와 민족주의 고취를 들고 있다.24) 즉, 서방 강대국들의 식민지 혹은 반식민지의 역사의 공유로부터 나타난 동남아 정체성은 외부의 개입없이 역내 문제의 해결과 외부로부터의 안보적 위협에 대처하고자 아세안을 창설하는 기본 바탕이 되었다.

그것은 방콕선언문에도 잘 나타나 있는데, 방콕선언문은 첫째로 참여국들의 다양한 동기와 이해관계로 인하여 지역협력에 대해서 '최소한의 동기(minimal consensus)'를 이끌어낼 수밖에 없었으며, 둘째로 공동체 목적 수행을 위한 일정표와 단계적 발전계획이 구체화하지 않았다는 것이다. 이는 처음부터 주권을 제약받지 않는 범위에서 '느슨한 형태'의 지역협력을 선호한 회원국의 태도 때문이다. 다시 말하면, 아세안 회원국들은 독자적 권한과 자체예산을 가진 지역기구의 설립과 발전에 대해 처음부터 부정적이었으며 이러한 태도는 이후 '최소한의 제도적 장치'를 통한 협력으로 발전케 하였다.25)

또한 그러한 사고방식으로 인해 아세안은 비동맹운동과 유사하게 공식적으로는 중립주의를 표방하게 되었다. 이들 내에서의 친서방-반공노선과 중립노선의 공존은 '정권안보'에 몰입되어 있던 국가권력조차도 '약탈적 자유주의'로 표현될 수 있는 서구 식민지 경험에 대한 기억과 주권의 존엄성을 무시할 수 없었음을 의미한다. 또한 이들은 시간상 차이가

---

23) Amitav Acharya, *The Quest for Identity: International Relations of Southeast Asia* (Oxford and New York: Oxford University Press, 2000), p.98.

24) 신윤환, "동아시아 지역협력: 탈동북아중심주의적 관점," (한국동남아연구소 월례발표회 발표논문, 2004년 5월 29일), pp.13-14.

25) Shaun Narine, "The Evolution of ASEAN," Diss., University of Toronto (1998), pp.93-94, 신두철, "아세안과 유럽연합의 역사적·제도적 발전비교," pp.26-27 재인용.

있지만 공통적으로 개발국가의 길을 선택되었고, 아세안은 주권과 개발이 공존하는 국가주도의 지역주의를 상징하였다.[26]

결국 아세안의 출현은 식민지 역사를 통해 형성된 지역정체성과 민족주의를 배경으로 가능했다. 즉, 동남아에서는 서구의 지배라는 사회의식을 주된 관심으로 하는 동남아민족주의가 고조되면서, 서구의 지배로부터 연유되는 열등감을 극복할 수 있는 자기발견과 자존에 정치적 관심을 집중시켰고, 대서구 관계에서 보다 평등을 추구한다는 사회·심리적 차원의 '집단자아(group-identity)' 의식을 표출시킨 공통분모의 발견을 모색하였다. 그러므로 아세안의 창설은 동남아시아의 국제체제에로의 통합이라기보다는 동남아 민족주의를 방어하기 위한 집단적 노력이라고도 할 수 있다.[27]

III. 아세안의 발전과정

아세안은 설립 초기에는 회원국 간의 갈등 및 분쟁으로 인한 좌초위기를 겪었으나, 그들만의 독특한 협력방식과 제도적 장치를 마련하고 이후 브루나이, 베트남, 라오스, 미얀마, 캄보디아를 회원국으로 받아들여 아세안 10(ASEAN-10)을 달성하면서 오늘날 제3세계의 성공적인 협력체로 발전하였다. 2000년 인도네시아 자카르타에서 열린 인도네시아 세계문제협회에서의 연설을 통해 코피 아난(Kofi Annan) 유엔사무총장은 오늘날 아세안은 동남아지역에서 없어서는 안 되는 필수적인 실체로 기능하고 있을 뿐만 아니라 동남아지역을 넘어서도 영향력을 행사하고 있으며, 개발분야에서도 유엔의 신뢰할 만한 파트너라고 말했다.[28]

---

26) 박은홍, "아세안 방식과 동남아시아 신흥공업국의 역할 변화: 주권, 개발, 인권의 갈등적 공존과 그 진화," 『동남아시아연구』, 제16권 1호 (2006), p.124.
27) Selig S. Harrison, *The Widening Gulf: Nationalism and American Policy* (New York: The Free Press, 1978), pp.20-26.

오늘날과 같은 성공적인 지역공동체로 발전하기까지 아세안의 발전과정은 3단계로 나누어 볼 수 있다. 1단계는 발전의 토대기로 설립부터 제1차 아세안정상회담의 개최 이전(1967~1976)까지의 시기이다. 이 시기 아세안의 성격은 동남아지역의 혼란스러운 안보 정세를 정리하고 해결책을 모색하는 안보적 성격이 강하게 나타났다. 비록 초기 설립단계로 제도화의 수준이 낮았지만, 역내 영토분쟁을 해결하고, 베트남의 공산화로 인해 공산주의가 지역적 차원으로 확산되는 것을 막고자 하는 아세안 국가들의 협력이 마련되는 시기였다.

2단계는 발전의 모색기로 제2차 아세안정상회담부터 제4차 정상회담 개최(1977~1991)까지의 시기이다. 이 시기 아세안의 성격은 발전의 토대기에서 다진 안보협력을 지속·발전시키면서 한편으로 본격적으로 경제협력을 모색하는 시기였다. 제도적으로도 아세안위원회를 재구성하고, 미국, 캐나다, 일본, EC 등의 비회원국들과 아세안확대외무장관회의를 신설하는 등의 진전을 이루었다. 특히, 1985년 소련의 개혁·개방정책의 선언은 아세안의 경제협력을 가속화하는 계기가 되었으며, 국제경쟁력을 강화하기 위한 노력을 모색하게 하였다.

3단계는 발전의 본격기로 1992년 제4차 아세안정상회담 이후 단계이다. 이 시기 아세안의 성격은 경제와 안보 협력을 동시에 추진하면서 성공적인 지역공동체로 자리매김하는 시기이다. 1992년 싱가포르 아세안정상회담에서 경제협력을 위한 아세안자유무역협정에 합의하였고, 1994년 아세안지역포럼을 창설하여 본격적인 지역안보협력을 강화해나가기 시작하였다. 경제와 안보 영역의 동시적인 추진은 서로의 협력을 강화하는 데 일조했으며 결과적으로 2003년 아세안자유무역협정을 출범시켰다. 제도적으로는 1999년 캄보디아가 가입한 것으로 아세안 10을 달성하여 지

---

28) "the address of Secretary-General Kofi Annan to the Indonesian Council on World Affairs in Jakarta, Indonesia," on 16 February 2000, http://www.aseansec.org/6910.htm

역협력의 범위와 영역을 확대하고 다양한 세부 영역의 기구들을 창설하였다. 이 시기 아세안의 안보와 경제협력의 동시추진 전략은 아세안이 동남아지역의 명실상부한 협력기구로 높이 평가받고 있는 계기로 작용하고 있다.

1. 발전의 토대기(1967~1976)

1967~1976년까지의 아세안은 회원국 간의 갈등과 불신의 관계를 청산하고 견해차를 조정하여 발전의 토대를 마련한 협력의 초기단계였다. 초기 아세안은 외무장관들이 매년 회합을 갖고 다양한 프로젝트를 개발하는데 그쳤으며, 인도차이나의 공산화 이전까지는 별다른 움직임도 구실도 하지 못하였다. 회원국은 모두가 국내 문제 해결에만 급급했고, 태국, 필리핀 등 일부 국가는 미국의 베트남전 병참기지 역할을 하느라고 준전쟁상태에 있었다.

이 시기는 구체적으로 67년부터 71년까지의 혼란기와 71년부터 76년까지 협력의 모색기로 구분할 수 있다. 혼란기에 동남아시아는 여전히 영토분쟁에 휩싸여 있었다. 1968년 아세안은 '코르기도르 사태(Corregidor affair)'와 싱가포르의 인도네시아 해병대원 교수형 사건에 휘말렸다.29) 비

---

29) 코르기도르 사태는 말레이시아 정부가 말레이시아의 주 사바에 침투시킬 목적으로 필리핀 정부가 코르기도르 섬에서 무슬림 전투요원들을 훈련시키고 있다는 주장으로 시작되었다. 그에 대해 필리핀 의회는 1968년 9월 사바영유권을 재확인하는 결의안을 통과시켰고 말레이시아와 필리핀의 외교관계는 11월 상대방의 외교대표부를 서로 폐쇄함으로써 최악의 국면으로 치달았다. 1968년 10월 싱가포르의 인도네시아 해병대원 교수형 사건은 당시 싱가포르가 인도네시아의 말레이시아에 대한 대결정책 기간 중 싱가포르에 잠입하여 번화가인 오차드로드에 있는 한 은행을 폭파시킨 두 명의 인도네시아 해병대원을 교수형에 처한 사건이다. 이들의 시신이 인도네시아로 송환되었을 때 자카르타 대중의 반응은 사나웠다. 박은홍, "'아세안방식(ASEAN WAY)'과 동남아시아 신흥공업국의 역할변화," p.128.

록 평화적으로 해결을 했지만 아세안의 지역협력이 여전히 미흡했다는 증거이다.

둘째, 협력의 모색기는 1971년 말레이시아 쿠알라룸푸르에서 창립이후 처음으로 동남아시아의 평화와 안정을 위한 아세안 5개국 외무장관회담을 갖게 되면서 이루어졌다. 이 회담을 통하여 아세안은 "쿠알라룸프루 선언"을 채택하였다. 이 선언은 동남아시아를 어떠한 형태의 외세개입으로부터 자유로운 "평화·자유·중립 지대(Zone of Peace, Freedom and Neutrality: ZOPFAN)"임을 공포하는 것이었으며, 이는 '탈아시아정책'을 선언한 닉슨 독트린에 대한 아세안의 외교적 탄력성을 보여주는 것이었다. 또한 당시의 국제정치상황에 비추어 강대국들의 동남아지역에 대한 개입을 미연에 방지하고, 또한 동서 간의 이념적 갈등에 휘말리지 않으려는 아세안의 의도로 분석된다.

그러나 실제적으로 이 공식선언이 채택된 이래 아세안 회원국들 간 동남아시아의 중립화 방안에 기초를 둔 안보협력에 대한 내부적 의견의 차이로 말미암아 어떠한 노력도 이루어지지 않았다. 이런 관점에서 볼 때 ZOPFAN은 단지 선언적 차원을 벗어나지 못했던 것도 사실이다. 따라서 쿠알라룸프루 선언은 아세안 창립이후 약 4년간 지역협력체로서의 존속 자체를 확인하는 자리였으며, 이러한 협의패턴을 지닌 공식채널을 통해 회원국들 간 마찰과 갈등을 줄여 나갈 수 있는 가능성을 보여주었다는데 더 큰 의미가 있다.[30] 이후 아세안은 역외 국가들의 압력에 대항하는 공동 운명에 대한 인식이 증가하였고, 경제문제 제반에 걸친 협력 프로그램들이 조직되고 많은 경제 위원회가 작동하기 시작했다.

1973년 베트남으로부터의 미군철수, 그로 인한 베트남전쟁의 종식, 캄보디아와 라오스의 공산화 등 동남아지역의 국제정세의 변화는 아세안 지도자들로 하여금 새로운 정치상황을 재점검할 필요성을 느끼게 했고, 그 결과 1976년 2월 인도네시아 발리에서 제 1차 아세안정상회담을 개최

---

30) 박광섭·이요한, 『아세안과 동남아 국가연구』, pp.46-47.

하게 되었다. 이 회담으로부터 아세안협약선언(The Declaration of ASEAN Concord)과 동남아우호협력조약(The Treaty of Amity and Cooperation in Southeast Asia)이라는 두 가지의 중요한 합의를 이끌어낼 수 있었다.

아세안협약선언은 회원국들이 아세안의 역할을 강화하고 지역협력의 범위를 경제, 사회, 문화, 정치 등의 분야에서까지 확대해 나갈 것과 동남아지역의 안정은 국제평화와 안보에 필수적이며, 각 회원국은 그들과 아세안의 연계를 강화함으로써 자국의 안정을 해치는 위협을 제거한다고 명시하고 있다.

특히, 후자의 경우, 1967년 방콕선언보다 훨씬 더 정치적 이미지를 띠고 있다는 점이 주목할 만하다. 게다가 이 선언은 ZOPFAN의 조기실현을 위한 회원국들 간의 공동노력을 강조하여 일반적 사항으로 명기하고 있다는 점과 안보와 관련하여 비록 비아세안적 바탕 위에서의 협력을 지속시켜 나갈 것을 요구했지만, 공식회담을 통해 지역안보에 대한 분명한 관심을 보였다는 점에서 지역협력체로서의 아세안의 정치안보적 성격을 드러내는 계기가 되었다.

동남아우호협력조약은 항구적인 평화와 단결 그리고 협력증진을 통하여 동남아시아인들의 친선유대를 도모하기 위한 것이라는 목적을 담고 있어서, 공산주의 세력인 베트남, 라오스, 캄보디아, 버마 등의 아세안의 참여 가능성을 배제하지 않고 있다. 또한 동남시아의 경제발전을 위한 식량, 에너지 등의 기초상품과 대규모 산업공동프로젝트, 역내 무역자유화 등 경제협력을 강화해 나갈 것도 제시하였으며, 아세안의 제도적 발전을 위하여 상설사무국을 인도네시아의 자카르타에 설치하기로 합의하였다.31)

---

31) 박광섭·이요한, 『아세안과 동남아 국가연구』, pp.47-48.

2. 발전의 모색기(1977~1991)

1977~1991년까지는 아세안의 정치·경제적 공동체를 위한 기반을 강화하고 실질적인 발전을 모색하며 국제적 위상을 강화한 시기다. 동남아 지역은 1975년 인도차이나 3개국이 공산화된 후 1976년부터 자체정비와 지역 내 결속을 다짐하였으며, 그 결과 '아세안의 강화'라는 기치를 내걸게 되었다. 당시 인도차이나에 인접 국가인 태국은 특히 안보의 위협을 직접 받게 되었다. 태국과 국경을 맞댄 말레이시아도 국경 일대의 공산게릴라활동 확대로 점점 큰 불안에 휩싸였다. 필리핀 또한 루손섬의 공산게릴라활동의 격화와 민다나오 무슬림 모로인의 양면 위협으로 동요하고 있었다.

즉, 이들 3개국은 인도차이나 공산국가, 특히 베트남이 자국내 공산게릴라를 지원·고무하여 공산혁명으로 유도하지 않을까 하는 점을 우려하고 있었다. 싱가포르와 인도네시아의 경우, 이들 국가와는 상황이 달랐지만, 인도네시아공산당(PKI) 등 공산당의 잔당이 완전히 소멸되지 않은 것으로 알려져 그들대로 잠재위협을 안고 있었다. 또한 초기의 아세안 5개국은 세계적인 불황과 선진공업국들의 보호무역주의 강화, 경제개발의 후진성 등으로 경제적 궁핍에 처해 있어 지역협력의 필요성을 절감하고 있는 형편이었다.

무엇보다 이들 아세안 국가들의 후견자였던 미국이 베트남 전쟁에서 패배하여 물러난 데서 생긴 갑작스런 공백은 소련과 중국의 침투를 유도하는 촉진제가 되었다. 소련, 중국의 대륙세력의 남하와 통일 베트남의 세력팽창은 동남아 약소국뿐만 아니라 이 지역에서 일보 물러난 미국과, 경제적인 면에서 미국의 역할을 대체하려는 일본에게 큰 위협의 신호로 간주될 수밖에 없었다.

이러한 상황에서 1977년 2차 아세안정상회담이 개최되었다. 2차 정상회담에서 아세안 창립 10주년을 기념하고, 발리에서 발의된 프로그램들의 진행과정을 점검하였다. 그 결과 첫째, 모든 분야에서 아세안 협력을

용이하게 할 수 있도록 아세안위원회를 재구성하였으며, 둘째, 아세안 경
제협력을 촉진시키며 국제적인 위상을 높이기 위한 대외관계의 강화, 즉
선진국들과의 "대화채널"의 길을 터놓았다. 이에 따라 미국, 캐나다, 뉴질
랜드, 호주, 일본, EC 등의 비회원국들과 함께 아세안확대외무장관회의
(Post-Miniterial Conference: PMC)가 최초로 개최되었다. 특히, 1970년대 동
남아시아 국가들의 경제성장은 지역협력에 대한 전망을 밝게 했고 협력
을 위한 정치적 의지도 강화되어, 1977년 이후 AIP, PTA, AIC, AIJV[32)
등의 다양한 협력 프로그램들이 설립되었다. 그러나 각국의 경제발전 단
계의 차이와 경쟁관계로 인해 큰 효과를 보지는 못했다.

1985년 소련의 개혁·개방정책의 선언 이후, 동남아지역에서도 점진적
으로 안보적 위협이 상쇄되고 경제적 협력의 중요성이 보다 강조되었고
협력의지도 강화되기 시작했다. 1987년에 개최된 제3차 마닐라 아세안정
상회의를 통하여 GATT와 우루과이 라운드로 대표되는 새로운 국제경제
의 흐름에 회원국들은 지역협력 차원의 적극적인 대비책 마련에 착수하
였다. 즉, 선진국의 보호무역주의와 지역주의의 강화와 아세안회원국들의
주요 수출품인 1차 상품가격의 하락에 의한 위기의식으로 역내의 집단적
경제협력의 필요성이 강력하게 대두되었던 것이다. 그리하여 아세안 역
내 교역을 저해하는 관세 및 비관세장벽을 점진적으로 철폐하여 역내 투
자촉진 및 보호조치를 강구함으로써 경제통합의 가능성을 재고하였다.

3. 발전의 본격기(1992~현재)

1992년부터 아세안은 지역공동체로 자리매김하는 발전단계를 걷고 있
다. 아세안은 1990년대 초반 소련의 붕괴와 냉전의 해체, 유럽통합의 심

---

32) AFTA 추진 이전의 아세안의 경제협력방안은 아세안산업프로젝트(ASEAN
   Industrial Project: AIP), 특혜무역협정(Preferential Trading Arrangement: PTA),
   아세안산업보완계획(ASEAN Industrial Complementation Scheme: AIC), 아세
   안산업합작사업(ASEAN Industrial Joint Ventures: AIJV) 등이 있다.

화, 우루과이라운드 등의 국제적 환경변화에 적극적으로 대처하기 위하여 역내 협력을 본격화하는 한편, 협력전략의 다각화도 함께 모색하였다.

1992년 1월 싱가포르에서 개최된 아세안정상회담은 탈냉전 이후 변화된 국제 정세와 지역 환경을 감지할 수 있는 중요한 선언과 협약이 공표되었다. 이른바 '싱가포르 선언'으로 명명된 이 선언은 1) 역내 평화와 번영을 위해 회원국들의 정치·경제적 협력을 강화하되, 2) 선진국들의 경제블록에 대응하여 개방적 경제체제의 촉진과 지역경제의 발전을 통한 아세안의 이익 제고를 위해 노력하고, 3) 안전보장을 위한 새로운 협력관계를 모색하며, 4) 우호와 상호협력을 바탕으로 인도차이나 국가들과도 긴밀한 협조관계를 구축할 것을 천명하였다. 당시 아세안은 경제협력을 실질적으로 확대시킬 수 있는 제도적 장치로서 아세안자유무역지대(ASEAN Free Trade Area: AFTA)의 결성에 합의하였다.

AFTA는 아세안 회원국 상호 간 관세를 인하하고 비관세장벽을 철폐함으로써 역내에서 자유무역을 보장하고 역외 국가에 대해서는 독자적인 관세정책과 무역제한조치를 취하는 일종의 경제통합으로서 개방지역주의(open regionalism)이념에 기초하여 역내 경제협력 확대와 기술적, 인적자원의 자유이동을 촉진하는 데 그 목적을 두고 있다. 이 협정은 역내 회원국들 사이의 이견을 조정하여 향후 15년 사이, 2008년까지 역내 관세율을 점진적으로 인하하고 회원국 간 비관세장벽을 단계적으로 제거하여 회원국들 사이의 완전한 자유무역을 시행한다는 것이었다. 공동유효특혜관세(Common Effective Preferential Tariff: CEPT)를 통해 1994년 1월 1일부터 실시되었다.

특히, AFTA가 구체적으로 논의되었던 요인은 아세안을 둘러싸고 있는 국제환경의 급격한 변화가 각 회원국의 이해상충을 능가할 만큼 위협적이었기 때문으로 분석되고 있다. 특히, 1980년대 후반부터 시작된 국제무역 보호정책과 지역주의의 대두는 아세안을 중심으로 경제협력을 강화하여 새로운 국제환경에 공동으로 대응하는 것이 절대적으로 필요하다는 공감대를 불러일으킨 것이다. 따라서 AFTA는 NAFTA나 EU와 같은 세계적인 블록화 추세에 불안을 느낀 아세안이 국제적인 교섭능력을 상실할 것을 우려한 자구책이라 할 수 있다. 그 이유는 대부분의 아세안 회원국들이 미국, 일본, 유럽 등의 선진국들에게 수직적으로 종속되어 있는 상황에서 미국과 캐나다 그리고 유럽이 경제적으로 블록화하면, 아세안에 대한 직접투자가 격감할 전망이고 또한 아세안의 주요 수출 시장으로서의 역할 또한 낙관하기 어렵기 때문이었다. 특히, 근래의 아세안 회원국들이 보여준 높은 경제성장률은 외국자본과 기술을 국내적 강점에 효과적으로 이용하여 달성되었다는 점에서 외국자본의 투자유치는 AFTA의 실제적인 결성동인이라고 할 수 있다.

AFTA의 시행 및 다른 경제분야에서의 점진적인 협력의 강화는 안보협력의 강화를 가져왔고, 이 두 분야에서의 협력은 아세안이 성공적인 지역협력체로 거듭나게 했다. 아세안은 변화하는 안보환경에 대응하고자 '탄력성(resilience)'[33]강화를 위한 아세안의 확대로 나타났다. 탈냉전시대에 있어서 통합된 동남아시아의 잠재적인 전략적 중요성이 아세안으로 하여금 회원국의 확대를 촉진시킨 요인으로 작용하였다. 아세안은 동남아 군사최강국 베트남을 가입시킴으로써 '지역적 탄력성'을 강화하고 베트남을 최전선에 두게 됨으로써 중국으로부터의 위협을 완화시키고자 하였다. 냉전시대 인도차이나 맹주였던 베트남의 가입은 라오스, 미얀마, 캄보디아까지 자연스럽게 확대시켜 나가는 발판을 마련해 주는 것이었기 때문이다. 특히, 중국의 동남아 침투를 견제하기 위해 미얀마와 라오스를 일원으로 끌어들였으며, 캄보디아사태로 인한 서방의 압력에도 불구하고 1999년 4월 마침내 캄보디아를 회원국으로 가입시킴으로써 지역적 탄력성을 강화하고 대 중국 경제력을 증대시켰다.[34]

또한 아세안은 탈냉전으로 인한 불안정한 지역질서를 안정적으로 관

---

33) 아세안의 탄력성 개념은 "강인성과 불굴의 의지를 포함하는 한 국가의 동적 조건"으로 정의되고 있으며, 국가적 탄력성과 지역적 탄력성으로 나뉘어진다.
34) 변창구, "탈냉전과 아세안의 지역안보전략," 『동남아시아 연구』, 제10호 (2000), pp.167-168,

리하고 점증하는 중국의 위협에 대처하는 동시에 새로운 안보관심사들을 다루는 협력안보전략의 하나로 다자안보대화를 적극적으로 추진하여 왔다. 물론 과거 냉전시기와 비교하여 안보적 위협의 수준은 크게 약화된 것이 사실이지만, 아세안은 한편으로는 군사력 증강을 통한 대응을, 다른 한편으로는 군사적 충돌을 회피하고 지역의 평화를 정착시키기 위한 다자간 안보대화를 모색하지 않을 수 없게 되었다.35) 특히, 탈냉전시대에 최대의 안보 위협요인으로 부상하고 있는 남중국해 분쟁을 평화적으로 해결하기 위해서는 분쟁당사국 간의 대화를 통한 신뢰구축과 갈등의 안정적 관리가 무엇보다도 중요했다.

이러한 인식에서 아세안은 공식(Track I) 및 비공식(Track II) 메커니즘을 통하여 다자안보협력을 추진하여 왔는데, 그 대표적인 메커니즘은 인도네시아의 주도로 1990년 이래 지속되고 있는 '남중국해 잠재적 갈등처리에 관한 워크숍(workshop on the Managing Potential Conflicts in the South China Sea)'36)과 1994년 창설된 ARF이다.

ARF는 1994년 아태지역 최초의 공식적 다자안보대화체로 아세안은

---

35) Sheldom Simon, "Realism and Neoliberalism: International Relations Theory and Southeast Asian Security," *The Pacific Review,* Vol. 8, No. 1 (1995), pp.5-24.

36) 비공식적 차원에서 이루어져 온 '남중국해 워크숍의 목적'은 분쟁을 직접적으로 해결하자는 것이 아니라 이 지역에 신뢰구축을 발전시키고 평화적 해결을 촉진시키기 위하여 남중국해 연안국가들 사이에 협력의 관행을 축적해 나가는데 있다. 여기에는 인도네시아를 비롯하여 영유권을 주장하는 중국, 베트남, 필리핀, 말레이사이, 브루나이, 대만 등 7개국과 태국 등 4개 관련국의 개인자격으로 참여하는 정부나 군의 관료, 학자, 여론 형성자, 과학자들이 참가하고 있다. 이 워크숍에서는 지역의 평화에 기여하는 다양한 이슈들이 논의되어 왔는데 1992년에는 '남중국해에 대한 아세안 선언'을 통하여 남중국해 연안국가들의 행동준칙을 마련하였고 1994년에는 그동안 금기시 되어 왔던 다양한 신뢰구축조치들이 논의되었으며, 1997년에는 남중국해에 있어서 과학적 협력프로젝트의 추진에 합의함으로써 분쟁당사국 간의 신뢰구축을 모색하는 등 나름대로 의미있는 대화를 진전시키고 있다. 변창구, "탈냉전과 아세안의 지역안보전략," pp.169-170.

이를 통해 이 지역의 평화와 안정을 증진시키고 있다. 아세안이 ARF를 창설하여 다자간 안보대화를 추진하게 된 것은 안보의 성격변화, 전략 환경의 변화 등 전반적인 상황변화에 따라 적극적인 대응책을 강구할 필요가 있었기 때문이지만, 무엇보다도 미국과 러시아의 후퇴에 따른 중국의 남진정책과 남중국해 분쟁이 중요한 요인으로 작용하였다. 특히, 아세안은 다자주의적 틀을 통해 지역안보에 위협을 초래할지도 모를 중국을 대회의 과정에 끌어들임으로써 협력적 행동패턴을 가지도록 유도하고자 하였다.[37)]

아세안은 또한 탈냉전 환경을 이용하여 ZOPFAN의 연장선에서 동남아 비핵지대화를 본격으로 추진하고 있다. 1992년 싱가포르 정상회의는 냉전종식으로 야기되고 있는 심각한 국제정치 환경의 변화를 점검하고 지역의 평화와 번영을 확보하기 위한 방안으로 이 지역의 ZOPFAN화와 비핵지대화를 위하여 지속적인 노력을 경주하기로 확인하였다. 이는 탈냉전으로 인한 지역질서의 불확실성 및 점증되고 있는 중국과 일본의 지역패권경쟁과 관련하여 평화적이고 중립적인 지역환경을 조성하는 것이 바람직하다는 판단에서 나온 것이다. 1991년 소위 '부시 이니셔티브'로 알려진 부시 대통령의 미국 해외배치 지상발사 단거리핵무기의 철수발표 및 수빅만에서의 미군기지 철수 등 긍정적 여건이 조성됨으로써 비핵지대화 추진전략이 새로운 국면을 맞게 되었는데, 핵무기가 미국과 러시아만이 아니라 지역적 행위자들을 포함한 중급 국가들 간에도 확산됨으로써 더 큰 추진력을 얻게 되었다.

특히, 동남아지역은 핵능력을 보유하고 있는 중국과 인도대륙 사이에 위치하고 있는데, 이들 국가의 어떤 형태의 핵실험도 지역 국가들에게 직간접적인 영향을 미치기 때문이다. 1993년 10월 이후 지속된 중국의 핵실험은 동남아 비핵지대화의 필요성을 증대시켜 주었고, 1995년 5월 12일

---

37) Michael Yahuda, *The International Politics of the Asia-Pacific 1945-1995* (London: Routledge, 1996), p.285.

NPT 무기한연장 결정 이후 남태평양지역에서 시행된 프랑스의 핵실험 재개도 비핵지대조약체결 논의를 촉진시킨 요인으로 작용하였다.[38] 이러한 상황에 따라 1995년 12월 방콕에서 개최된 제5차 아세안정상회의에서 아세안 회원국과 캄보디아, 라오스, 미얀마 등 모든 동남아국가들에 의해 역사적인 '동남아비핵지대조약'이 체결되었다.

아세안의 경제·안보 협력을 통한 '하나의 공동체'를 향한 움직임은 1997년 12월 아세안 창설 30주년 기념 아세안의 비공식 정상회담에서 발표된 '아세안 비전 2020(ASEAN Vision 2020)'에도 잘 나타나고 있다. "아세안: 하나의 지역, 하나의 비전(One Region, One Vision: ASEAN)"을 목표로 하는 '아세안 비전 2020'은 1) 2020년까지 아세안은 진정한 의미의 평화·자유·중립지대를 달성하고, 2) 2020년까지 평화적 방법으로 영토 및 역내분쟁을 해결하며, 3) 아세안은 2020년까지 완전한 비핵화지대를 성취하고, 4) 역내 인적·천연 자원을 아세안의 발전과 번영을 위해 최대한 활용하며, 5) 아세안은 신뢰구축, 예방외교, 분쟁 해결을 위해 보다 강력한 아세안 지역포럼을 구축하고, 6) 아세안은 아시아·태평양 지역과 전 세계의 평화·정의·현대화에 기여할 것이라는 내용을 담고 있다.

또한 2003년 10월 인도네시아 발리에서 개최된 아세안 정상회담에서는 '아세안 화합선언 II(Declaration of ASEAN Concord II)'를 채택하였는데, 여기서 2020년까지 아세안을 유럽연합 수준에 버금가는 지역공동체로 완성해 나갈 것에 대한 기본적인 합의를 만들어냈다. 그리고 앞으로 안보공동체를 구축해 나가는데 있어서 기존의 '동남아 우호협력조약'은 공동체 내의 평화적 관계를 구축해 나가기 위한 주요 원칙으로 활용될 것이라는 내용과 더불어 여기서 아세안 안보공동체는 이 지역의 안보를 보장하기 위하여 그 방법론으로서 방위조약, 군사동맹 혹은 외교적 공조방법보다는 정치·경제·사회 등 다양한 분야에서의 강력한 유대를 통해 안보를 추구한다는 내용을 담고 있다.

---

38) 변창구, "탈냉전과 아세안의 지역안보전략," pp.172-173.

이와 같이 이 시기에 아세안은 역내 안보환경을 개선하고 대외협상력을 증대시키기 위해 역내의 경제·안보 통합을 가속화시켜 왔다. 동시에 아세안은 외부의 위협에 대처하고 공동의 이익을 도모하기 위해 역외 국가나 지역체들과의 협력도 꾸준히 모색해 오고 있다. 안보분야에서는 ARF로 대표되며 경제분야에서는 '아세안+3'가 대표적이다. 1997년 쿠알라룸프루 회담에서 1998년 정상회담부터 연 1차례의 정상회담을 개최할 것을 정례화하였으며, 동북아 3개국(한국, 일본, 중국)을 초청하여 '아세안+3'에 대한 기본 구상과 논의를 심화시켰다.[39]

특히, 1997년 태국의 바트화의 폭락으로 시작된 동아시아 금융위기는 아세안국가들로 하여금 역외 국가들과의 협력을 더욱 필요로 하게 된 계기가 되었는데, 이에 아세안은 1998년 하노이 정상회담에 이어 한국, 중국, 일본 등 동북아 3개국과 확대정상회의를 개최하였다. 회의에서는 무역 및 투자 자유화 등을 주요 내용으로 하는 '하노이선언' 및 '긴급대경제대책'을 채택하는 동사에 동아시아 제국간 지역협력 증진방안을 중점적으로 협의하였다.[40] 2001년 11월에는 아세안+3 틀 속에서 향후 10년 이내에 이 지역의 자유무역지대 창출을 결의하기도 했다.

그 밖에도 동아시아경제협의체(East Asia Economic Caucus: EAEC)의 추진, ASEM의 창설, APEC의 사무국 유치 등 다양한 분야에서의 역외 국가들과의 협력을 도모하고 있다. 이런 역외 경제외교의 강화는 아세안이 특히 경제안정과 발전이 국가적, 지역적 탄력성 강화의 핵심적 조건일 뿐만 아니라 경제전쟁시대에 아세안의 사활이 걸려있다는 점에서 경제안보전략을 중요시한다는 것을 의미한다. 또한 탈냉전으로 인한 안보개념의 광역화는 아세안에게 새로운 지역협력의 모색을 도모하게 요구하였다. 자본주의의 범세계적인 확산과 세계화 추세의 심화는 전통적인 군사적 안보 못지않게 포괄적 안보개념에 입각한 경제·환경·인권·난민·테러·마

---

39) Youngmin KWON, "ASEAN Plus Three," p.79.
40) 배긍찬, "동남아 금융위기의 정치경제: 지역차원의 대응을 중심으로," (외교안보연구원 정책연구시리즈, 1999.1), p.1.

약·밀수 등 비군사적 안보의제의 중요성을 증대시켰다. 특히, 2001년 9·11 테러를 기점으로 국제테러 역시 이 지역의 안보적 위협을 대두되었다. 이러한 안보의제들은 국경을 초월하는 국제적 성격을 띠고 있어서 국제적 협력이 필요성이 증대되고 있는 것이다.

결국 이 시기의 탈냉전이라는 새로운 세계질서와 지역질서는 아세안으로 하여금 경제와 안보의 연계적인 통합 전략과 나아가 역외 지역과의 밀접한 상호관계를 도모하게 만들었으며, 아세안이 실질적인 지역협력체로 발전할 수 있는 계기로 작용하였다.

IV. 동북아시대 구상에 대한 시사점

1. 국제적 측면

아세안이 강대국도 없는 신생독립국들로 조직되어 오늘날 성공적인 지역협력체로 거듭날 수 있었던 요인은 국제적 측면, 즉 세계 및 지역 환경에 있어서의 끊임없는 도전에 대한 해결책을 모색하는 과정에서 찾을 수 있다.

안보적으로는 아세안의 창설배경과 발전과정 속에서 나타난 지속적인 외부압력과 안보적 위협은 내적 결속력을 강화시키는 주요 요인이 되어 왔다. 냉전 와중에서 비공산국가들로서 창립된 아세안은 비군사적, 비정치적 협력체임을 표명한 방콕선언과는 관계없이 인도차이나 공산국가들의 위협에 대처하기 위한 협력에 실질적 목적을 두고 있었는데, 이는 특히 1975년 베트남 공산화와 1978년 베트남의 캄보디아침공 이후 도미노 위협에 대처하기 위해 내적 결속을 더욱 강화하였다. 냉전종식과 더불어 중국은 과거의 잠재적 위협세력으로부터 현재화됨으로써 아세안의 안보 유대를 촉진시켰으며, 전반적 안보환경의 변화와 유동적인 국제질서는 이들에게 새로운 도전과 기회를 제공함으로써 창설 이후 줄곧 금기시되

어 왔던 아세안 차원의 안보협력문제를 본격적으로 논의하면서 다각적인 대응전략을 모색하게 하였다.[41]

경제적으로는 아세안의 창설과 협력과정은 유럽연합, NAFTA 등 세계경제 블록화라는 도전에 지역적 대응이었다. 아세안은 세계경제 블록화에 대응하여 자신의 이익을 지키기 위해 역내 경제협력을 강화하고, 동시에 집단적 결속을 통하여 선진국들과의 교섭능력을 지속적으로 증대시킴으로써 국제적 위상을 확고히 했다. 특히, WTO의 출범 및 경제블록화가 심화되는 상황에서 AFTA를 더욱 가속화시키고 있다는 사실은 국제적 요인이 내적 결속에 커다란 영향을 주었다는 것을 잘 보여준다.

오늘날의 동북아 지역질서는 아세안의 출범당시와는 다른 특성들을 가지고 있기 때문에 동북아 지역협력체를 구상하는데 아세안과는 다른 접근방법을 택해야 하는 것은 사실이다. 특히, 미국, 일본, 중국, 러시아 등의 강대국이 포함되어 있는 동북아지역은 그동안 협력의 절실한 필요성을 느껴오지 못했으며, 외부로부터의 위험을 공통적으로 느낄 만한 사항도 존재하지 않았고, 지정학적 결집력도 없다. 그러나 미-소 양대 냉전체제는 종식되었지만 아직까지 동북아지역의 중국과 북한은 사회주의 노선을 고집하고 있으며, 남북 간 대립도 50년이 넘게 지속되고 있다.

또한 과거 냉전시 만들어진 양자 간의 군사적 동맹, 협력관계에 따른 구도도 여전히 작동되고 있다. 이는 아직도 동북아지역에서는 냉전의 분위기가 존재한다는 것을 말한다. 게다가 일본과 중국의 군비증강 추세 및 북한의 핵개발 문제 등은 동북아 지역협력체를 창출하는 데 큰 걸림돌이 되고 있다. 즉, 동북아지역은 국제적 차원의 문제가 아닌 지역적 차원의 문제들, 특히 정치적, 안보적인 이유들이 협력을 가로막아 왔다.

따라서 궁극적으로 역내 협력과 통합을 제도적으로 강화하여 신뢰, 호혜, 상생의 지역공동체를 건설함으로써 평화와 번영의 동북아 여건을 확

---

41) 변창구, "아세안의 발전과 현황," 『아세안과 동남아국제정치』(서울: 대왕사, 1999), p.25.

보해 나가는 것을 목표로 하는 '동북아시대 구상'을 구체화시키기 위해서는 냉전적 요인들을 제거하고 역내 결속력을 다지는 일이 무엇보다도 시급하다. 과거 아세안이 외세의 개입과 공산세력의 확산을 막고자 지역협력을 강화해 나갔다면, 동북아지역은 역내의 안보적문제들을 해결하고 상호신뢰성을 조성해야 한다. 동북아 지역내 문제가 되고 있는 북한 핵문제와 9·11테러 이후 이슈가 되고 있는 테러문제 등은 동북아 차원의 다자안보협력체의 필요성과 중요성을 일깨우는 주요한 사건이다. 기존의 6자회담을 활용하여 동북아 차원의 안보문제를 정기적으로 협의하는 것도 다자간안보협력을 제도화해 나가는 것도 좋은 방법이다.

이와는 달리 동북아지역은 경제적으로는 상당한 협력이 이루어지고 있다. 비록 역내 차원에서 경제협력을 위한 공식적인 제도는 아직까지 만들어지지 않고 있지만, 역내 무역액, 상호 무역의존도 등이 지속적으로 증가해 왔으며, 최근에는 양자 간 FTA 등을 통해 보다 활발한 협력을 하고 있다. 그러나 동북아차원의 경제협력체의 성립은 동북아시아 지역이 국제사회에서 유리한 교섭을 수행하거나 정당한 대우를 받기 위하여서도 반드시 지역공동체를 발전시켜서, 이러한 지역협력을 기초로 국제사회에서 자신의 지위와 위치를 확보할 필요가 있다. 우선 인접하고 세계적 경제실체로서 자타가 공인하는 한·중·일이 지리적 근접성을 최대로 이용하는 동북아 경제협력체제를 구체화시킬 필요가 있으며, 전 세계적 지역주의 확산에 대응하여 국제무대에서 개별국가가 갖는 협상력의 한계를 극복하는 대안으로서 경제협력의 필요성이 증대되고 있다.

또한 아세안이 AFTA의 실시과정에서 보여준 점진적이고 단계적인 경제통합의 단계는 국가들 간의 경제규모와 발전정도가 상이한 동북아지역의 경제협력을 위한 하나의 본보기가 될 것이다. 현재 동북아에 활발히 추진되고 있는 쌍무적 FTA 협정체결을 점차 확대해 나가는 과정에서 동북아 자유무역지대를 완성하고 경제공동체로 나아가게 될 것이다. 개방적 지역주의 경향을 띠는 아세안은 역내의 경제적 약점을 극복하고 대외경쟁력을 높이기 위해 역외 국가들과의 경제협력을 추진해 왔다. 아세안

+3, APEC, ASEM 등의 지역협력체 차원에서의 협력과 개별국가들과의 FTA 추진 등이 그것이다. '동북아시대 구상'에 의하면 동북아 경제공동체 구상은 경제협력을 확대하고 개방적이고 역동적인 시장을 구축해 세계 주요 기업이 의욕적으로 활동할 수 있도록 함으로써 동북아를 세계경제성장의 중심축으로 만드는 것이므로 지역 국가들 및 역외 국가들과의 FTA 추진과 기타 환경 및 에너지 등의 경제분야의 협력모색이 주요 과제가 될 것이다.

무엇보다도 아세안의 지역협력에서 시사점은 경제협력과 안보협력이 동시에 진행되어 왔다는 점이다. 경제적인 협력은 빈번한 교류와 접촉을 통한 상호신뢰의 증가를 가져와 정치·안보적인 차원에서의 신뢰구축에 큰 도움을 줄 수 있다. 반면, 경제협력과 함께 진행되어 온 안보협력은 경제협력을 어렵게 할 수 있는 '안보외부효과'를 줄여주는 효과를 가져왔다. 즉, 아세안의 출발이 표면적으로 경제적, 사회적인 협력이었고 바탕에는 정치적, 안보적인 요인이 작용하고 있었다는 이중적인 면이 있었다고 하더라도 그 두 영역은 상호 밀접히 연계되어 아세안이 지역협력체로 발전하게 하는 주요 동력이 되어왔던 것이다.

이러한 아세안의 발전과정 속에 나타난 안보, 경제영역의 연계과정은 경제협력이 어느 정도 진행되었다가도 번번이 강대국들의 정치·안보적 마찰로 인해 정체현상을 빚고 있는 동북아지역에서도 두 영역의 협력을 병행추진하는 것이 효과적인 방법임을 시사한다. 동북아에서 안보와 경제 협력의 추진은 강대국들의 집합소인 이 지역에서 '안보외부효과'를 줄이고 경제적 협력단계를 높이는 작용과 함께 국가 간의 신뢰성의 증진을 통한 안보영역의 협력을 추진하는 연쇄효과를 가져 올 가능성이 크다.

2. 지역적 측면

아세안은 냉전이라는 구조적인 환경과 더불어 지역 내의 영토분쟁, 특히 사바주를 둘러싼 필리핀과 말레이시아의 영유권분쟁과 인도네시아와

말레이시아의 사르왁 지역에서의 충돌이라는 국가들 간의 갈등과 마찰을
해결하는 과정에서 형성·발전하였다. 이 문제들을 해결하기 위해 1961년
동남아시아연합(ASA)과 1963년 MAPHILINDO를 설립했다. 비록 이 두
지역기구는 국가들의 대립으로 성공하지 못했으나 지역차원의 문제해결
노력은 결국 아세안의 창설을 가져왔다. 특히, 국가 간의 갈등과 대립을
극복하고 지역협력체를 만들 수 있었던 것은 무엇보다도 지역 정치엘리
트들의 협력의지가 매우 강했기 때문이다. 인종·종교적 이질성과 경제적
격차가 큰 아세안의 경우 정치지도자들의 강력한 협력의지 없이는 경제
협력자체가 불가능할 뿐만 아니라 협력의 성과도 크지 않았을 것이다. 수
많은 정치·경제적 이해관계의 차이로 심각한 갈등으로 표출되기도 했으
며, 협력이 파국으로 치달을 때도 있었다. 그러나 이러한 어려움은 회원
국 정치지도자들의 빈번한 대화와 접촉을 통해 극복되었다.42)

　동북아지역도 국가들 간의 오래된 갈등과 대립은 지역협력의 가장 큰
장애 요소로 작용해 왔다. 중·일 간의 역내 지도력을 둘러싼 마찰 및 군
비경쟁, 한·일 간의 역사문제 및 독도분쟁, 남북한 간의 대립, 중국과 대
만의 갈등, 중·미 갈등 등이 그것이다. 역내 주요 강대국들이 역내의 대립
과 갈등 상황속 주인공으로 있는 상황에서 지역공동체 형성은 여전히 먼
미래의 이야기가 되고 있다. 이러한 분쟁들은 많은 부분 민감한 정치·안
보적인 영역이다. 따라서 국가들의 문제해결 의지와 빈번한 접촉을 통한
신뢰성을 확보가 무엇보다 중요하다.

　오늘날 한·중·일 정상회담, 정기적인 양국 간 혹은 다국 간 정상회담,
장관급회담 등을 통한 빈번한 접촉과 그를 통한 다양한 이슈들의 논의는
매우 중요한 협력자원이 되고 있다. 또한 아세안 회원국 지도자들과 같은
동북아 국가들의 협력의지도 필요하다. 동북아의 경우 자국의 국익을 자
력으로 도모할 수 있는 강대국들이 주축이 되고 있어 협력의 모티브나
강한 의지를 발현시키기 힘든 상황이다. 따라서 공통의 의제, 예를 들면

---

42) 김한식, 『동남아정치: 어제, 오늘 그리고 내일』, p.494.

핵확산, 인권, 환경 등 다국적 해결모색이 필요한 이슈들을 통해 협력의 지를 다져나갈 필요가 있다.

특히, '동북아시대 구상'의 중요한 목적인 한반도의 평화정착은 주변 국가들의 갈등해결과 평화정착 없이는 불가능하다는 점을 상기한다면, '동북아시대 구상'을 실현시키기 위해서는 국가들 간의 오래된 갈등구조를 해결하는 일이 중요한 일임을 알 수 있다. 따라서 상대적으로 세력이 미약한 한국은 이를 실현하기 위해서는 '가교국가'로 국가들 간의 가교역할을 맡거나, 역내의 불신과 경쟁을 극복해 상호협력을 증진하고 이를 통해 동북아가 통합과 공동체를 구축해 나갈 수 있게 도움을 주는 '협력국가'의 역할을 맡아야 한다. 결과적으로 지역적 현안 문제들을 해결하고 그를 바탕으로 동북아지역의 포괄적 연대와 지역협력체의 결성을 모색하는 과정에서 한국의 외교적 역량이 중요한 요인으로 작용할 것이다.

3. 역사 및 문화적 측면

아세안 발전과정에서 나타난 또 다른 특징은 경제, 안보 영역에서의 협력 속에 동남아 국가들의 정체성이 녹아들어 있었다는 점이다. 동남아 국가들의 정체성은 식민지경험으로 인한 외세의 개입배제와 독립의지, 그리고 민족주의가 결합된 형태로 나타난 것으로, 아세안 설립 단계에서부터 외부의 불간섭, 비개입에 대한 단호한 의지와 '하나의 동남아'를 지향해 왔다. 비록 아세안이 동남아국가들의 독특한 정체성을 형성하게 사회·문화적 영역에서의 제도적인 협력을 이루어내지는 못하고 있지만 동남아의 정체성에 대한 인식이 경제, 안보영역의 협력을 전진시켜 온 토대가 되었다는 점은 아세안 발전과정에 중요한 역할을 해왔다.

그리고 경제와 안보영역의 빈번한 접촉은 인적, 물적 교류의 증가로 나타나 공동체의식을 더욱 강하게 만들었다. 이런 동남아 정체성은 변화하는 국제정세 속에서도 1999년 캄보디아를 가입시켜 아세안 10을 달성하게 만들었고 동남아공동체로 나아가게 하는 원동력이 되고 있다. 즉,

동남아 정체성과 민족주의는 종교적, 인종적인 이질성으로 혼란스러운 동남아지역을 하나로 묶어주었다는 점에서 아세안의 사회, 문화적 영역의 협력을 진하는 효과를 가지고 있다.[43]

예를 들어, 1997년 '아세안 비전 2020'은 사회분야에 있어서 제반분야에 걸쳐 기술교육 및 훈련을 통해 인력개발에 주력하며, 건강·안전 및 환경상의 요구를 만족시키면서 아세안무역의 자유화를 원활하게 하기 위해 세계수준의 기준·표준화 체계를 확립할 것이며, 지역내 빈곤·사회경제적 불균형 등의 문제를 해결하기 위해 아세안기금(ASEAN Fund)을 이용하고, 역내 국가들 간 관세협력을 위한 관세절차의 효율화·전문화·동일화를 추구하며, 무역투자를 진작시키고 아세안 지역사회의 건강과 복리를 확보하고자 결의했다. '인간개발', '인간안보', '시민역량강화' 등과 관련된 행동계획도 지역의제로 부상하게 되었다.[44]

하지만 미국, 일본, 러시아, 중국, 한국, 북한을 포함하고 있는 동북아 국가들에게서 동북아만의 정체성을 찾아내기는 힘들다. 지리적, 역사적, 인종적으로 너무나 상이하기 때문이다. 따라서 동북아는 활발한 문화교류를 통해 '하나의 동북아'라는 정체성을 만들어가야 할 필요가 있다. 그 중 과거 유교문화권에 속했던 한, 중, 일의 경우는 공통된 문화유산 속에서 문화협력을 할 수 있는 연결고리를 발견할 수 있을 것이다.

---

43) 아세안은 1978년 설립된 아세안 '문화·정보 위원회(Committee on Culture and Information: COCI)'를 중심으로 아세안 지역의 문화협력을 도모해 왔다. COCI 의 목적은 지역발전뿐만 아니라 아세안 국민들 사이의 상호이해와 연대를 향상시키기 위하여 문화 및 정보 분야에서의 효과적인 협력을 증진시키는 데 있다. COCI를 통해 아세안지역의 학자·작가·예술가·언론인들은 회원국 국민들 사이에 아세안에 대한 인식과 정체성을 만들어내는 데 기여하였으며, 지역의 각종 대중매체가 제공한 아세안에 관한 정보와 뉴스도 아세안의 이해와 협력에 크게 기여하였다. 김한식, 『동남아정치: 어제, 오늘 그리고 내일』, p.42.

44) R. James Ferguson, "ASEAN Concord II," 2004; Michael E. Jones, "Forging an ASEAN Identity: The Challenge to Construct a Shared Destiny," *Contemporary Southeast Asia,* Vol. 26, No. 1 (2004).

특히, 한, 중, 일 문화협력은 동북아 시장을 한국 문화상품의 성장 발판으로 삼아 내적으로는 한국 문화산업의 경쟁력을 높이고 외적으로는 세계시장 진출을 위한 브랜드 파워를 얻을 수 있다는 점에서 한국에게 매력적이다. 한국 문화산업의 발전을 위해서는 국내의 시장만으로는 안 되고 해외로 진출할 수밖에 없기 때문에 지역시장을 내수 시장화하는 단계를 설정하고 여기에서 획득한 경쟁력을 바탕으로 세계시장으로 진출하는 전략이 필요하다. 현재 일고 있는 동아시아에서의 소위 '한류'라고 불리는 한국 대중문화상품의 유행은 이러한 가능성을 입증해주는 현상이라고 할 수 있다.

한, 중, 일의 인적·물적 교류를 통한 유대감이나 정체성의 형성이 점차 확대되어 간다면 동북아의 협력의지를 강하게 하고 동북아 문화공동체를 만들 바탕을 제공하게 될 것이다. 동북아 문화공동체를 창설한 경우 자본과 인력이 자유롭게 드나들고 분쟁처리 시스템을 구축하여 콘텐츠 기업들 간의 네트워크를 형성함으로써 동북아시아 차원에서 규모의 효과를 도모할 수 있다. 또한 한, 중, 일 국내시장의 한계를 극복하고 치열한 경쟁 속에 문화산업을 구조조정하여 경쟁력을 높일 수 있을 것으로 예상된다.

4. 제도적 측면

식민지 역사적 경험을 통한 강한 민족적 성향과 다양한 이질성은 동남아 국가들에게 지역협력이라는 개념보다는 국가의 내부문제와 국가들 간의 분쟁과 갈등을 고려하게 만들었다고 할 수 있다. 그러나 역설적으로 갈등과 마찰은 동남아국가들에게 협력을 모색하는 계기로 작용했으며, 다양한 해결책을 찾아가는 과정에서 동남아시아만의 독특한 지역협력의 운영방식으로 '아세안방식(ASEAN Way)'을 채택하게 했다. 아세안방식 혹은 아세안 규범은 주권의 동등(sovereign equality), 내정불간섭(noninterference in domestic affairs), 합의제(consensus-based decision-making), 분쟁의 평화적 해결(peaceful resolution of dispute), 비공식주의(informalism)로 나타나고 있다. 즉, 외부로부터의 불간섭이란 동남아 정체성이 그대로 담겨 있는 아세안 방식의 채택은 '하나의 공동체' 의식을 강화시켜 왔고 공동체를 발전시켜 왔다.

그러나 그동안 정권의 생존과 경제발전을 중심으로 지역주의를 주도하기 위한 내정불간섭과 합의제 방식은 지역 내에서 이루어는 인권침해와 사회배제에 대한 논의를 막아주는 방패구실을 해왔고 정권안보의 기능을 해왔다. 게다가 경제와 안보 분야와는 달리 사회·문화 영역의 공동체 형성을 더디게 하고 있는 원인이 되어 왔다. 그러나 경제성장과 맞물린 정치사회, 시민사회의 자율적 역량의 성장은 아세안방식이 점점 불가능해지고 있다는 것을 의미한다. 인도네시아와 태국을 시작으로 한 민주화는 말레이시아의 정치사회와 시민사회에도 활력을 불어 넣었다. 마침내 1997년 캄보디아와 버마 문제의 개입은 '유연한 관여(Flexible engagement)' 정책으로 방향전환를 하는 계기가 되었다.

특히 동남아시아에서 금기시 되었던 인권의 문제 등의 사회문제에 대한 논의와 동참은 아세안이 점차 '참여지향적 지역주의'로 나아가고 있음을 보여준다. 아세안은 또한 아세안 공동체의 다른 목표들을 지원하기 위해 사회·문화적 차원에서 1) 경제성장에 따른 빈곤, 평등, 건강상의 영향력을 다루는 강하고 기능적인 사회보호시스템, 2) 미래를 위한 환경 지속성의 증진과 지속가능한 자연자원관리, 3) 경제통합의 영향력을 관리하는 사회적 거버넌스, 4) 지역의 문화적 유산과 정체성의 보존과 촉진의 4가지 전략에 초점을 맞추고 있다.[45]

동북아 협력을 추진함에 있어서도 아세안방식이 적용될 가능성이 크다. 즉, 동북아는 국가 간 경쟁과 대립구도가 첨예한 지역이기에 빠른 시일 내에 일정한 제도적 성과를 거두기 어렵다면, 장기적인 관점에서 대내

---

45) "ASEAN Socio-Cultural Community," *ASEAN Annual Report 2004-2005*, http://www.aseansec.org/ar05.htm

외적 갈등과 긴장관계의 요인들을 점진적으로 해소하기 위한 아세안방식의 적용은 고려할 만한 가치가 있다. 동북아 역내 문제를 협의하기 위한 정기적인 대화의 장을 만들고 특정 사안에 대하여 모두가 공유하는 공동의 협의와 합의를 지속적으로 이끌어내는 경험적 축적이 필요하기 때문이다.

그러나 한편으로 아세안의 운영방식이 동북아국가들 사이에서도 그대로 적용가능한가의 문제와 이러한 방식이 단기간에 뚜렷한 성과나 구체적인 결과를 거두지 못하는 주요한 요인이 될 수 있는 우려도 있다. 따라서 아세안방식을 적용하면서도 동북아의 지역실정에 맞는 방식으로 수정, 보완해 나갈 필요가 있다.

그러기 위해 무엇보다도 중요한 것은 보다 조직적인 집행능력과 강제력이나 제재력을 지닌 협력기구의 수립이다. 중·일 경쟁과 긴장관계가 원만하게 해소되지 않고 있는 동북아지역의 경우 한국이 보다 주도적인 역할을 수행하여 균형자적으로 양국을 중재하는 협의기구를 모색하는 것도 바람직한 방안이다.

결국, 한국은 당면한 동북아지역의 현안 문제들을 해결하기 위한 동북아협의체나 연대기구를 모색하고, 이러한 협의체나 연대기구를 다시금 협력기구로 전환시키는 장기적인 전략이 모색되어야 한다.

|제9장|

상해협력기구

I. 상해협력기구의 특징

1990년 초 냉전시대의 붕괴는 이념을 중심으로 한 세계 초강대국들 간의 경쟁이 더 이상 국제정치상의 가장 주요한 이슈가 아니라는 것을 의미하였다. 세계적인 진영 중심의 외교 대신, 지역 내 혹은 국가 내의 다양한 문제들이 각국의 주요 관심사로 부각되었다. 중국과 러시아는 점증하는 마약밀매, 분리주의 운동, 이슬람 근본주의 운동 및 테러의 위협에 대처해야 한다는 점에서 이해관계가 일치하였다. 또한 소련의 붕괴 이후 중앙아시아 국가들도 비슷한 이해관계를 공유하고, 상호 협력에 따른 경제적 이익기대, 변경지역 안정화 등을 희망한 것도 상해협력기구(Shanghai Cooperation Organization: SCO) 형성의 시도를 가능하게 한 요인이었다.

SCO의 특징은 다음과 같이 평가할 수 있다. 첫째, 전통적인 국경문제 협상으로부터 출발하여 비전통 안보는 물론이고 경제분야까지 협력을 확대해 나간 경우라 할 수 있다. 서로 국력의 차이가 나는 국가군들이 전통적 안보문제는 물론이고 비전통적 안보문제까지도 동시에 다루는 데 있어서 비교적 성공적 전형을 보여준다. 이는 19세기나 20세기형의 동맹관계를 바탕으로 안보협력을 추진하지 않으면서, 경제협력 및 21세기형의 포괄적 안보문제를 성공적으로 다루고 있다. 이러한 시도는 21세기적인 포괄적 안보위협에 노출되어 있으며, 동시에 서로 상이한 국력의 차이와 이해관계를 가진 국가 구성원들이 혼재되어 있는 동북아지역에서 미래형의 안보공동체를 지향하기 위해 중요한 시사점을 던져주고 있다.

두 번째로 SCO는 새로운 국제환경과 역내 필요에 따라 진화하여 처음의 목표로부터 새로운 목표를 성공적으로 수립하면서 형성된 기구이다. SCO의 기원은 1980년대 말 시작된 중국과 소련, 중앙아시아 지역에서의 '변경지역 안정을 위한 신뢰구축과 군비축소'를 추구하는 양자 협상과 연관이 있다. 1996년 4월 및 1997년 4월에는 중국, 러시아, 카자흐스탄, 키르기스스탄 및 타지키스탄 등 5개국이 접경지역에서의 군병력 감축 등을 포함한 신뢰구축협정을 체결하기로 합의함으로써 상해 5국("Shanghai Five")을 탄생시켰다. 그리고 2000년 제5차 정상회의에서 이 모임을 보다 전면적인 협력관계로 확대하기로 하고 2001년 우즈베키스탄이 추가로 가입하여 SCO가 창설되었다. 그 후 SCO는 기존의 안건이었던 국경문제나 지역 안정의 전통적 안보문제를 넘어서 경제 및 비전통 안보분야에까지 그 협력관계를 광범위하게 확대해 나갔다.

세 번째로 통합성의 측면에서 살펴 볼 때, 회원국들 간의 균일성을 전제로 고도의 경제적 통합을 이룩한 EU에 미치지는 못하지만, 협의체 수준의 협력도 쉽지 않은 동북아지역에 비해서는 상당한 정도의 통합에 성공하였다고 평가할 수 있다. 하지만 SCO 국가들 내부의 상황은 그리 간단치는 않다. SCO는 양대 강국인 중국과 러시아, 중등 능력의 카자흐스탄과 우즈베키스탄, 약소국인 타지키스탄과 키르기스스탄으로 구성되어 있다. 이들 국력의 차이만큼이나 이들 사이의 이해관계도 복잡하다. 특히 동지역 내 미국과 일본의 영향력 확대 문제와 관련하여 역내 국가들의 입장은 더욱 복잡해지고 있다. 더구나 우즈베키스탄, 키르기스스탄, 타지키스탄 간에는 해결되지 않은 영토 및 수자원의 분쟁문제도 존재하고 있어 역내국가 간의 갈등도 SCO의 발전을 저해하는 요소 중 하나이다.

마지막으로 제도화의 수준에서 볼 때, 어느 기구보다도 제도화의 수준에 있어 뒤처지지는 않는다. SCO는 최고 정상회담이 매년 정기적으로 개최되고 있고 다양한 분야에서의 실무 회담까지 제도화되어 있다. 국가적 이해를 조정하고 행정적 지원을 하는 상설사무국이 설치되어 있고, 특히 최근에는 안보분야에서의 협력이 크게 강화되고 있고 회원국들 간 반테러 훈련은 거의 매년 개최되고 있다.

SCO는 비교적 신생 국제기구로서 그 짧은 시간에도 불구하고 비교적 성공적인 지역 국제기구로서 평가받고 있다. 그 성공에 영향을 미친 요인들은 다음과 같다. 우선 중국과 러시아의 리더십과 균형유지를 들 수 있는 데, 중·러는 상호이해와 영향권을 인정하면서 배타적인 정책을 채택하지 않는 동시에 상호견제를 통하여 정책이 극단화 되는 것을 억제하였다는 점을 들 수 있다. 두 번째로는 반(反)테러 및 반분열주의, 지역 안정 및 경제적 이익 등등 공동의 정책 목표가 분명하였다는 점을 들 수 있다. 세 번째로, 실제적인 이익을 중시하고 경제지대 창설 등 원-원(Win-Win)을 위한 비전 및 로드맵을 제시할 수 있었다. 네 번째로 수단적이 측면에서는 유연성을 발휘하였다. 즉, 양자관계나 다자관계의 복합적 적용 등 유연한 정책 수단을 채택하고 상황에 따라 역내의 이해를 적극 도모하는 의제를 선정하는 등 유연한 접근법이 주효하였다. 마지막으로 중요한 것은 정책결정과정에서 강대국과 약소국의 관계가 일방적이 아닌 합의제적 성격을 지니고 있어서 약소국을 소외시키지 않고 모든 회원국들의 참여를 유도하였다는 점이다.

이러한 SCO의 부분적 성공에도 불구하고 그 본질적 성격과 한계에 대해서는 다양한 평가가 존재한다. 우선, 태생적 한계론을 들 수 있겠다. 이는 러시아와 중국의 전략적인 이해의 상충부분을 강조하는 입장이다. SCO를 구성하는 러시아와 중국은 지정학적으로나 국제정치적인 힘의 위상의 변화를 놓고 볼 때, 궁극적으로 상호 경쟁할 수밖에 없는 전략적 경쟁자 관계에 놓여있다. 따라서 SCO도 이러한 태생적 한계에 직면하여 효과적으로 기능할 수 없을 뿐만 아니라 그 협력의 정도와 깊이에 한계가 있다고 평가하고 있다. 또 다른 의미의 한계론은 중국과 러시아의 취약성을 지적하고 있다. 이들 양국은 모두 경제적 및 국내정치적 취약성으로 인해 미국과 적대적인 정책을 취하려 하지 않고 있으며, 제3국을 적으로 돌리거나 군사동맹화하지 않겠다고 지속적으로 천명하고 있다. 이는 이들이 미국의 압력에 그만큼 취약하다는 것을 방증하고 있다. 따라서 그 국제정치적인 역할도 대단히 제한적일 것이라는 견해이며 '종이호랑이'론도 이러한 맥락에서 제기되고 있다.

두 번째 시각으로는 SCO를 대미 (군사)동맹론의 관점에서 바라보는 것이다. SCO는 태생적 갈등 상황이라는 한계에도 불구하고 미국의 일방주의 외교와 중앙아시아 지역에 대한 영향력 확대라는 현상 변경의 상황에 직면하여 중국과 러시아가 자국의 이익을 지키기 위해 공동으로 미국을 견제하기 위한 지역기구라는 견해이다. 특히 최근 합동군사훈련을 실행하거나 계획하는 등 군사부문에 있어서 긴밀한 관계가 더욱 강화되고 있는 것에 주목하고 있다. '북방삼각론'의 주장은 이러한 전제에 기반하고 있다. 비록 명시적으로는 동맹을 추진하지 않는다고 하지만 실제적으로는 동맹관계를 형성해 나가고 있다고 보는 견해이다.

세 번째 시각으로는 전략적 모색론을 들 수 있다. 전략적 모색론은 중국과 러시아가 처한 이중적 상황을 주목하고 있다. 즉, 중국과 러시아는 '한계론'이 이야기하는 것처럼 취약한 국내 경제 및 정치 구조를 지니고 있어 미국에 정면으로 도전하기 어려운 상황이면서도, 전략적 이해가 담긴 중앙아시아 지역에서는 공동으로 협력하여 자신의 목소리를 내려하는 이중적 상황에 처해 있다는 것을 강조하는 관점이다. 이러한 딜레마를 배경으로 한 정책은 미국에 대한 '순응과 타개'의 '레드라인(Red Line)' 선상에서 실행된다는 것이며, SCO의 전개방향은 미국과의 상호작용이 중요 변수이며, 그 미래는 불가측성을 특징으로 한다는 것이다.

이 글은 SCO가 고정된 전략을 지니고 추진되어진다고 평가하기보다는 끊임없이 진화할 가능성이 있다는 점에서 '전략적 모색론'의 입장에 가깝다. SCO가 장차 느슨한 형태의 협의체에서 집단공동체 의식에 기초하여 기능적인 협력과 통합을 추구하는 공동체로 발전해 나갈 수 있느냐 하는 것은 현재로서는 미지수이다. 이는 SCO 자체가 제3국을 겨냥한 동맹의 형성을 지향하고 있지 않으며, 동시에 미국과의 관계가 어떻게 진전되느냐에 따라 그 목적 자체가 진화할 수 있기 때문이다. 또한 중·러 간의 관계에서도 협력에 있어서 전략적 경쟁자라는 태생적 한계를 안고 있어 이러한 제약요인이 SCO의 발전에 상당한 영향을 미칠 것이라는 점에서 '한계론'을 인정하고 있다. 그러나 이러한 요인들이 SCO의 미래를 규정하는 결정적인 요인은 아닐 수 있다.

SCO는 비전통적 안보문제를 주요의제로 수용하고 경제협력을 확대하면서 역내 회원 간 상호 이해관계의 영역을 넓혀가면서, 이해가 충돌될 수 있는 안보 분야에서 동맹은 추구하지 않고 있다. 이 과정에서 중국과 러시아 정부의 리더십과 새로운 아젠다의 발굴 및 약소국과 강대국이 동의할 수 있는 합의의 제도화를 통해 새로운 협력의 영역을 개척해 나가고 있는 것도 사실이다. 2006년에 개최된 SCO 정상회담에서는 경제, 문화 및 교육 분야에서의 협력과 제도화의 문제를 다루면서 새로운 협력의 분위기를 창출해 내려는 시도를 하고 있다. 따라서 SCO는 그 자체가 지니고 있는 많은 문제점에도 불구하고 새로운 가능성을 안고 진화해가고 있는 실험적 지역협력조직으로 주목할 필요가 있다.

II. 상해협력기구의 성립배경

1. 국제적 요인

국제적 요인으로 가장 SCO의 형성에 영향을 미쳤던 가장 중요한 사건은 1991년 소련의 붕괴로 절정을 맞는 냉전의 해체라 할 수 있다. 냉전시기에 중앙아시아 지역은 미국과 소련의 세계 경영전략에 입각하여 규정되었으며 소련의 영향권 아래 있었다. 역내의 갈등은 이데올로기와 영향권에 대한 초강대국들 간의 묵시적 합의에 의해 억눌려져 왔다. 하지만 냉전체제의 붕괴는 중앙아시아 국가들의 독립을 가져 왔으며, 과거 초강대국들의 이데올로기적 대결에 의해 통제되거나 억눌려져 왔던 문제들이 폭발적으로 증가하였고 역내 국가들은 새로이 제기되는 역내 신생국가들 간의 갈등과 국제화되고 있는 다양한 문제들에 대처할 수 있는 역내 국제기구의 필요성에 공감하게 되었다.

두 번째로 중요한 국제적 요인은 9·11사태의 발생이라 할 수 있다. 2001년 9·11사태 이후 국제관계는 세력균형과 전통적 안보의 관점에서 볼 때 커다란 변화를 겪었다. 러시아와 중국은 이미 국내적으로 테러주의의 위협에 시달리고 있었고, 상대적으로 테러의 위협과는 거리가 멀다고 느꼈던 미국이 9·11사태로 인하여 강력한 반테러 정책을 주도함에 따라 미·러·중 삼국은 신속하게 반테러 국제공조체제를 형성할 수 있었다. 국제적인 반테러전선의 형성은 중앙아시아 지역의 정부들로부터도 환영을 받았다. 이는 아프가니스탄에서 탈레반의 활동과 이슬람 극단주의의 활동 강화로 정권 안보 및 사회불안 등의 위협에 직면해 있었기 때문이다. 이처럼 9·11테러는 신생조직인 SCO가 반테러주의, 반극단주의, 반분리주의의 기치아래 국제적인 지지, 특히 미국의 지지 혹은 최소한의 묵인을 획득할 수 있는 근거를 마련하여 주었고 관련국들에 협력을 강화할 강력한 동기를 부여하였다.

2. 지역적 요인

1991년 소련의 해체로 새로이 건립된 신생국 러시아는 130여 민족으로 구성되어 있어 다양한 민족 및 종교적 갈등에 직면하였다. 영토보존과 지역안정이 러시아의 핵심적인 안보관심사로 부각되었으며, 1992년에는 새로이 독립국가연합(CIS) 집단안보조약체를 통하여 대부분의 중앙아시아 국가들과 집단안보조약을 체결하여 문제들을 해소하려 하였다.[1) 하지만 군사동맹의 성격을 내포한 이 조약은 내부적 갈등으로 유지하기가 쉽지 않았고, 점증하는 서방의 영향력을 견제하기 위해서 중국과의 협력을 필요로 하였다.

중국은 1989년 이후 국제적으로 중국을 분열시키려는 시도가 지속되고 있다고 믿었으며 이러한 위협을 차단할 수 있는 국제적 협력이 필요하였다. 특히, 서방의 지원 및 중앙아시아 역내에서 점증하는 민족주의, 이슬람 원리주의 운동 등이 중국 내의 신장 위구르 및 티베트 지역의 독립세력들과 연계하여 분리주의와 테러활동을 하는 것을 우려하였다.

따라서 1996년 4월 장쩌민 주석은 역내의 변경 안정과 신뢰구축을 위하여 그동안 축적해 온 역내 양자 간 협력의 경험과 신뢰를 바탕으로 5개국(이하 상해 5국) 정상회의를 제의하여 지역협력기구를 탄생시키고자 하였다. 이처럼 중국과 러시아는 1990년대 들어 중앙아시아 역내에서 점증하는 마약밀매, 분리주의 운동, 이슬람 근본주의 운동 및 테러의 위협에 대처해야 한다는 측면에서 상호 이해관계가 일치하게 되었다. 더구나 미국의 일방주의에 대한 저항이라는 측면에서 일종의 전략적 이해가 유사했다.

1991년 소련의 붕괴 이후 새로이 창설된 중앙아시아 국가들 역시 소련의 해체 이후 독립, 주권의 확보, 영토보전의 필요성 등 비슷한 이해관계를 공유하였고, 상호 협력에 따른 경제적 이익에 대한 기대와 함께 변경 지역을 안정화시키고자 하였다. 이러한 역내 국가들 간의 이해의 일치는 그 국력의 차이와 갈등요소가 존재함에도 불구하고 점차 양자적인 교섭 관계에서 벗어나 다자적이고 전면적인 지역협력기구의 창설을 뒷받침하게 되었다.

---

1) CIS 집단안보조약 체결과 러시아의 이해에 대해서는 박병인, "상하이협력기구 성립의 기원," 『중국학연구』, 제33집 (2005), pp.515-517.

3. 역사·문화적 요인

중앙아시아 지역에서 러시아는 상대적으로 역사·문화적 친밀도와 영향력에서 중국에 비해 우위를 점하고 있다. 하지만 이러한 역사·문화적 전통은 새로운 경제적 동기와 서구화에 의해 도전받고 있다. 중앙아시아의 국가들은 과거 구소련연방체제에 편입되어 있었으며 소련의 영향력 아래 놓여 있었다. 이들은 모두 종교적으로는 회교의 영향력이 강하며, 독립한 후에도 러시아의 직간접적인 정치, 경제, 군사적 영향력 아래 놓여 있었다.

하지만 이들 국가들은 <표 14>에서 보듯이, 그 경제적 규모, 인구, 인종적 구성, 자원 및 경제 발달 정도에 있어서 커다란 차이를 보여 주고 있다. 역내 강대국으로 부상한 카자흐스탄과 우즈베키스탄의 주도권 갈등도 간단치 않은 문제로 부각되고 있다.[2] 러시아의 영향력에 대한 각국의 태도도 상이하다. 역내 강대국인 러시아와의 우호를 중시하는 카자흐스탄, 키르기스스탄, 타지키스탄에 비해 우즈베키스탄은 대비되는 입장을 취하면서 러시아는 물론이고 이들 국가들과 종종 갈등관계에 있었다.[3] 다른 한편으로 이들 국가들은 내부의 민족분규가 국가의 근본적 이익을 침해하고 영토적 안정성은 물론이고 정치·사회적 불안을 야기시키고 있는 상황에 대해 협력이 필요하다는 공통의 이해관계를 지니고 있다.

중국은 냉전시기에 중앙아시아 지역에서의 영향력은 극히 제한적이었고, 인종·문화·종교적 구성에서 이들 국가들과 큰 차이를 지니고 있었다. 이러한 유산은 냉전 이후에도 지속되었으나, 최근 들어 반테러 전선의 필요성과 중국의 경제발전에 따른 역내 경제적 영향력 확대현상이 두

---

2) 李立凡, "上海合作組織發展的內外問題和突破點," 上海社會科學院世界經濟與政治研究院 (編), 『國際體系與中國的軟力量』(北京: 時事出版社, 2006), p.87.

3) 단, 카자흐스탄, 우즈베키스탄, 키르기스스탄은 경제분야에서는 역내 협력을 추구하여 왔다. 1994년 중앙아시아 공동시장의 창설에 공동 협력하였고 1998년 타지키스탄의 가입을 통해 중앙아시아협력기구(CACO)를 탄생시켰다.

〈표 14〉 중앙아시아 국가 기초정보

	카자흐스탄	키르기스스탄	타지키스탄	우즈베키스탄
총인구 (만, 2005)	1,521	507	692	2,610
인구구성	131개 민족, 카자흐 53%, 러시아 30%	80여개 민족 키르기스 65% 우즈벡 14% 러시아 12.5%	타지크 70.5% 우즈벡 26.5% 러시아 0.32%	134개 민족 우즈벡 78.8% 타지크 4.9% 러시아 4.4% 카자흐 3.9%
1인당 GDP ($, 2004)	7,800	1,700	1,100	1,800
GDP($, 2004)	1,184억	85억	80억	476억
GDP 성장률 (%, 2004)	9.5	6.0	10.5	4.4
빈곤계층 비율(%)*	8.5	27.2	50.8	77.5
GDP 민간부문 비율 (%, 2004)	60	60	45	45
실업률 (%, 2004)	9.4	18	40	20
주요자원	석유, 천연가스 등 자원 풍부	농업국, 전력생산 외 주요 자원 빈약	농업국, 우라늄 풍부, 자원 빈약	황금, 석유, 천연가스 등 풍부

* 하루 $2 미만 수입 비율(2004년)

출처: Central Intelligence Agency, CIA World Factbook, Updated April 2005); 上海社會科學院上海合作造織研究中心, 『上海五國－上海合作組織 資料滙編』, Vol. 1-2 (上海: 上海社會科學院上海合作造織研究中心, 2005), pp.127-178; http://www.scosummit 2006.org(검색일: 2006-10-16)

드러지게 나타나면서 기존 러시아의 영향력을 잠식하고 있는 실정이다. 이러한 중국과 중앙아시아 지역 국가들 사이에 경제적 교류의 확대와 협력의 강화가 SCO의 협력확대 추세와 궤를 같이 하면서 SCO를 강화하는 데 일조하고 있다. 그러나 동시에 중국의 동 지역에 대한 영향력 확대는 중국과 러시아 간의 본원적인 경쟁을 강화하는 측면도 존재하고 있다. 즉, 역사·문화적으로 동 지역에 대한 친밀성이나 영향력 측면에서 우위를 점하고 있다고 생각하는 러시아와 새로운 경제적 유인에 의해 이를 대체하고 있는 중국의 갈등은 현재진행형이라 할 수 있는 것이다.

현재까지 합의제 형식의 의사결정구조를 통하여 SCO는 외양적으로 큰 갈등 없이 발전하고 있으나 언제든지 기구의 운용 및 역내 영향력 행사와 관련하여 중·러 양국은 주도권 문제를 둘러싼 갈등의 소지를 안고 있는 실정이다. 다른 한편으로는 이 지역을 전략적으로 주목하고 있고 경제적 지원능력을 갖춘 미국이나 일본의 역내 영향력 확대에도 직면해 있어 SCO 내부의 통합의 문제가 제기되고 있는 실정이다. 중국과 러시아는 경제적으로는 여전히 발전도상국에 속하여 역내 회원국들을 경제적으로 지원할 충분한 능력이 결여되어 있기 때문이다. 특히, 서구적 사고와 기준에 근거하여 새로이 민주주의 체제를 역내에 이식하려는 미국의 전략은 전통적인 문화와 역사적 유산에 도전하고 있다.

III. 상해협력기구의 발전과정

1. 1단계: 상해 5개국 정상회의의 형성

상해협력기구(SCO)의 기원은 1980년대 말 시작된 중국과 소련, 그리고 이후에 중국과 카자흐스탄, 키르기스스탄, 타지키스탄 간의 진행된 변경 지역 안정을 위한 신뢰구축과 군비축소를 추구하는 양자협상과 연관이 있다. 1991년 12월 말에 소련이 해체되자 중국은 러시아연방(1991년 12월),

카자흐스탄(1992년 1월), 키르기스스탄(1992년 1월), 타지키스탄(1992년 1월) 등과 정식외교관계를 수립하였고 국경지역에서 안정과 신뢰를 구축하기 위한 회담을 지속하였다. 1996년 4월 장쩌민 주석은 역내의 변경 안정과 신뢰구축을 위하여 그간 축적해 온 역내 양자 간 협력의 경험과 신뢰를 바탕으로 5개국(이하 상해 5국) 정상회의를 제의하였고, 이는 지역협력기구 탄생의 모태가 되었다.

당시 러시아와 갈등관계에 있던 우즈베키스탄을 제외한 다른 중앙아시아 국가들과 러시아는 중국과 더불어 상해에 모여 "중화인민공화국과 러시아연방, 카자흐스탄 공화국, 키르기스스탄 공화국, 타지키스탄 공화국 국경지대에서의 군사부문 신뢰에 관한 협정"을 체결하였다. 이들 상해 5국은 매년 돌아가면서 정상회담을 개최하기로 하였다. 이들 중앙아시아 지역에 존재하는 국가들 사이에서 공유하였던 공동 이해는 상해 5국의 협력관계를 촉진 및 확대하는 주요한 촉매제가 되었다.

2000년 제5차 정상회의에서는 이 모임을 보다 전면적인 협력관계로 확대하기로 하였고, 2001년 우즈베키스탄이 마침내 '상해 5국'에 가입을 요청함에 따라 2001년 6월 15일 우즈베키스탄을 포함하는 SCO(SCO)를 탄생시켰다.4) 실제 우즈베키스탄은 러시아와도 대립하면서 1999년 러시아가 주도하는 CIS 집단안보조약체에서 탈퇴하여 다른 중앙아시아 국가들과 다른 입장을 취하였으나 점증하는 지역 협력의 필요성과 역내 고립의 가능성 때문에 '상해 5국' 모임에 가입신청을 함으로써 새로운 지역협력기구를 탄생하는 데 일조하였다.

그 결과 중국과 러시아가 주도하고 중앙아시아 4개국을 포괄하는 지역협력기구로서 SCO가 탄생되었다. SCO는 그 규모면에서 아태지역의 3 / 5인 3,000만 평방 Km, 인구는 약 15억에 달하여 전세계인구의 1 / 4을 포함하고 있는 대규모의 지역협력기구가 되었다.

---

4) 이 과정에 대한 국내연구로는 박병인, "상해협력기구 성립의 기원" 참조.

2. 2단계: SCO의 발전

1) "상해정신"의 수립

2001년에 형성된 SCO는 상해 5국이 협력하는 과정 속에서 회원국 간에 상호관계를 규율하는 원칙을 수립시켰다. 이는 '상호신뢰'를 바탕으로 하고 '상호이익 추구', '평등한 관계' 및 '협상을 통한 문제 해결', '다양한 문화의 존중' 및 '공동 발전의 추구'를 지칭하는데, 이후 이를 "상해정신"으로서 부각시키고 있다.5) 이러한 내부 상호관계를 규율하는 주요한 원칙이 정착한 것은 SCO 참여 국가들이 상이한 경제발전 정도와 이해관계를 가졌음에도 불구하고, SCO를 역내 핵심 국제협력기구이자 새로운 전형의 국제기구로 진화하게 하는 데 크게 공헌하였다.

상해협력기구의 형성과 발전과정을 살펴보자면, 기존 다자안보기구의 형성 발전과정과 유사성도 존재하지만 그 차이점이 더 부각되고 있다. 유럽안보협력회의(CSCE), 유럽안보협력기구(OSCE), 아세안 지역포럼(ARF)처럼 현재 국제정치의 주행위자인 민족국가 간 다자안보기구의 성격을 지닌다는 점에서 유사하다.

하지만 SCO는 이들 기구에 비해 연륜이 짧으면서도 그 나름의 독특한 특색을 지니고 있다. 우선 양자 간 국경선 획정과 같은 전통적인 안보문제가 주요 주제였다가, 다자간 협의체로 성공적인 전화를 이룩하였다는 점에서 그 경로가 다르고, 동시에 비전통적인 안보문제를 포괄하는 협력관계를 성공적으로 구축하고 있다는 점에서 어려움을 겪고 있는 다른 다자안보기구와 차이점이 존재한다. 특히, SCO는 연합 군사훈련과 같은 고도의 전통적인 안보문제를 포괄하는 데 성공하였으며, 동시에 경제 및 문화공동체의 형성을 제시하는 단계로까지 발전하고 있다.

---

5) 李鋼 主編, "從上海五國到上海合作機構," 『上海合作組織』(上海: 上海出版社, 2004), pp.12-13.

2) SCO의 발전과 국제적 환경

2001년 9·11사태가 발생한 이후 미국을 비롯한 세계 주요 국가들의 관심은 반테러전선의 형성에 맞추어졌다. 이 과정에서 미국이 아프가니스탄에 진주하고, 전통적으로 러시아의 세력권이라 여겨졌던 우즈베키스탄, 타지키스탄, 키르기스스탄 등과 군사협정을 체결하고 군사기지 등을 설치하였으며, 카자흐스탄도 영공과 육지를 미군에 개방할 수 있음을 표명하였다.[6]

그러나 당시 중앙아시아 국가들 내에서 미군의 중앙아시아 진주에 대한 여론이 반드시 긍정적인 것은 아니었다. 2002년 동 지역의 여론분석 결과에 의하면[7] 아제르바이잔에서는 미군의 역내 장기 주둔에 대하여 20% 지지, 43% 반대, 카자흐스탄에서는 8% 지지, 71% 반대, 키르기스스탄에서는 22% 지지, 72% 반대를 표명하였으며, 단지 우즈베키스탄에서만 지지 61%, 21% 반대의사를 표명하여 반대보다 지지가 다수를 점하였다. 동시에 미군 전투기의 기지 사용문제 조차도 키르기스스탄에서는 47% 지지, 49.7% 반대를 표명하였으며, 특히 카자흐스탄에서는 56%가 미군의 영내 기지 사용을 불허한 정부의 결정을 지지하였다. 9·11테러 직후 조차도 이러한 중앙아시아 역내의 여론조사 결과는 미국이 중앙아시아 지역에서 군사를 배치하고 영향력을 행사하는 것이 순탄하지 않은 상황임을 말해주고 있다.

중앙아시아 지역에서 미군의 주둔은 역내 정권 차원의 필요와 여론의 적대감 사이에서 불안한 균형을 유지하였다. 그러나 이에 대한 태도는 2003년 미국의 이라크 공격과 미국 부시 행정부가 추진한 중앙아시아 지역의 민주화 노력에 의해 근본적인 변화가 일어났다고 할 수 있다. 미국의 이라크 공격은 이슬람 근본주의 운동을 오히려 고무시켰으며, 역내 민

---

6) 唐希中, 劉少華, 陳本紅, 『中國與周邊國家關係(1949-2002)』(北京, 中國社會科學出版社, 2003), pp.296-297.

7) "Russia Tops U. S. in Central Asia," *Opinion Analysis,* Office of Research at Department of State, M-44-22, May 31, 2002, p.5.

주화추진은 이러한 세력들에 대한 활동공간을 확대하였다. 게다가 이는 역내 정부들의 정당성을 약화시키거나 붕괴시킴으로써 우즈베키스탄 및 키르기스스탄과 같은 일부 국가들은 미국 정부와 반목하게 되었으며, 동시에 역내 정부의 사회적 통제력을 약화시켜 극단적 이슬람 세력을 통제하기 어렵게 하였고, 반미주의가 확산되는 계기가 되었다.8) 그 결과 역내에서 미국에 비교적 우호적이던 우즈베키스탄은 미군 철수를 요구하였고, 미국은 이에 대응하여 대외군사원조의 명단에서 우즈베키스탄을 제외함으로써 양국 간 관계가 급격히 악화되었다. 키르기스스탄 역시 역내 미공군기지의 사용료를 대폭 올려줄 것을 요구함으로써 미국과의 관계가 긴장되었다.

동아시아 지역에서 국제정치 형세 역시 북한 핵문제 및 미군의 재배치 문제 등으로 불안정하고 복잡한 상황이 전개되고 있었고, 중국이나 러시아는 이러한 상황에 자국의 안보에 그리 바람직하지 않다고 인식하였다. 예들 들면, 2004년 중국의 국방백서에 따르면, "동아·태 지역의 일반적인 형세는 더욱 복잡해지고 불안정한 요소가 증가하고 있다"고 지적하고 있다. 이러한 동아·태지역의 복잡성과 불안정성은 북핵문제, 미군의 군사활동 강화 및 대만문제에 대한 미국의 불명확한 태도에서 비롯된다고 보고 있다.

미국은 이미 1988년, 1991년, 1993년, 1995년에 대규모의 미군 재배치 및 군사기지 조정을 단행한 바 있지만, 2005년 초 미 국방부에 의해 제안된 방안은 향후 이전에 비해 훨씬 규모가 큰 조정방안이었다. 중국은 이러한 미국의 조정안이 역내에서 보다 공세적인 군사력의 전개를 지향하고 있다고 평가하였다. 미군 해외기지의 조정은 단지 군부대의 이동이나 군사기지 규모의 변화차원이 아니라 신 군사기술과 군사전략의 채택을 수반하는 전면적 안보전략의 변화를 수반하고 있다는 것이다. 아·태지역

---

8) 潘光, "上海合作組織及美國對中亞政策的調整," 『中國戰略觀察』(2005年 12月), pp.89-91.

의 기본 안보환경이 비교적 안정되어 있다는 2004년 중국 국방백서의 공식적인 표명에도 불구하고, 미군의 재배치로 인해 일단 유사시(양안 간 분쟁시) 미국의 신속한 군사 개입능력과 개입의지는 더욱 강화되었다는 것이 중국 측의 입장이다.

중국의 입장에서 보면, 이러한 상황의 전개는 미국이 중국의 동부지역에서 중국에 대한 압력이 가중되었으며, 동시에 중국 서부지역에서 대테러 전선의 확대와 미군의 진주는 중국에 대한 포위를 완성한 것이었으며 2000년 부시 행정부 출범이후 긴장된 중·미관계를 고려할 때,9) 중국의 안보환경에 대단히 부정적인 영향을 미치는 것이었다. 미국의 중앙아시아 진출은 중국과 러시아에 공동의 위협으로 다가왔으며 양국 간 협력을 더욱 증진시키는 동기를 제공하였다. 비록 미국의 진주를 허용하기는 하였으나, 여전히 러시아의 영향력이 강하고 미군 주둔에 대해 부정적인 인식이 확산되어 가고 있던 중앙아시아 국가들과 중국 및 러시아는 역내에서 SCO를 강화하는 데 이해를 같이 하였다.

SCO는 중앙아시아의 역내 협력기구이지만 역내에서 대미 견제적인 성격을 띠면서, 중·러 간 지역 협력범위를 넘어서서 다차원적인 협력의 추진체 역할을 하고 있다. 이 기구는 중·러 간 관계의 측면에서 볼 때, '전략적 협력동반자관계'를 실행하기 위한 주요한 제도적 장치이며, 보다 광범위한 영역에서 공동의 정책을 모색하고 구체화하는 실험장이 되고 있다. 하지만 동시에 중·러 간, 중·러와 역내 국가 간, 그리고 역내국가 간의 갈등의 구조가 존재하기 때문에 이를 어떻게 조화롭게 해소해 나갈지는 아직 풀지 못한 숙제가 되었으며 제도화의 문제가 중요하게 부각되고 있다.

---

9) 중국 국방대학 교수 張召忠은 이미 2001년 8월 미국의 전략중심이 아시아·태평양 지역으로 전환되었으며 그 구체적인 대상은 대 중국 포위라고 지적한 바 있다. 張召忠, "美國軍事戰略轉向亞太針對誰?," http://www.people.com.cn/GB/junshi/62/20010830/547897.html (검색일: 2005-08-24)

3. SCO의 제도화

중·러는 SCO를 제도적으로 강화하는 조치를 지속적으로 취하였다. 즉, 2002년 러시아의 뻬쩨르부르그에서 열린 SCO 제2차 회의에서 "상해협력기구헌장"에 조인하여 새로운 국제조직의 법률적 기초를 확립시켰으며, 2003년 3월 모스크바에서 열린 제3차 회의에서 두 개의 상설사무국을 신설하기로 합의하였다. 그 결과 2004년 1월부터 중국 북경에 사무국을 신설하여 중국의 장더광(張德廣)을 5년 임기의 사무장으로 임명하였다. 그리고 반테러기구는 키르기스스탄의 수도 비슈케크에 그 본부를 설치하였다.

제도적으로 SCO는 지난 5년간 이미 국가원수, 총리, 검찰총장, 안보회의, 외교부 장관, 국방부 장관, 경제무역부 장관, 문화부 장관, 교통부 장관 및 긴급 재난 부문 최고책임자 회의 등을 제도화 하고 있다.[10] 국가정상회의를 최고 의사결정기관으로 하면서 <표 15>에서 보듯이, 매년 1회씩 정기적으로 각국이 돌아가면서 개최하고 있다.[11] 2004년부터는 개방주의를 표방하고 주변 국가들에게 관찰국의 지위를 부여하면서 주변국들에 참여확대를 시도하고 있다. 이에 따라 2004년에 몽골, 2005년부터 파키스탄, 이란, 인도 등이 관찰자 지위를 획득하고 참관하였다.

그 후 SCO는 기존의 안건이었던 국경문제나 지역 안정의 전통적 안보문제를 넘어서 경제 및 비전통 안보분야에까지 그 협력관계를 광범위하게 확대해 나갔다. 경제협력은 2003년 북경에서 열린 SCO 총리급 회의에서 "상해협력기구 다자간 경제무역 협력요강"에 합의하면서 구체화되어, 역내 경제무역 협력의 구체적인 목표, 중점 협력 영역 및 시행방식 등을 규정하였다. 2020년까지 상품, 서비스, 자금 및 기술 부문에서의 자유경제무역지대 창설을 목표로 하고 있다.

---

10) "上海合作組織六字之解," http://news.xinhuanet.com/golbe/2006-06/13/content_468922.htm (검색일: 2006-07-17)

11) 상해정상회의의 공식 Website는 http://www.scosummit2006.org 이다.

〈표 15〉 SCO 정상회담 개최 약력

SCO회의	장소	일시	주요 내용
제1차	중국	2001.6.15	SCO성립선언, 테러·분열·극단주의에 대한 배격 공약
제2차	러시아	2002.6.7	SCO회원국정상선언, SCO헌장, SCO반테러기구협정
제3차	러시아	2003.5.29	SCO예산편제와 집행협정, SCO상설사무국조례, SCO반테러기구집행위 세칙
제4차	우즈베키스탄	2004.6.17	SCO면책특권공약, 비합법마약·향정신성약품 판매·운반금지조약, 관찰자(Observer) 조례
제5차	카자흐스탄	2005.7.5	테러·분열·극단주의 배격구상
제6차	중국	2006.6.15	국제정보안전성명, 정부 간 교육협력협정

2006년 현재까지 이미 검사, 해관, 전자상거래, 투자, 교통운송, 자원 및 전신 분야에서와 관련한 전문가위원회가 설립되었으며, 역내 경제협력을 위한 인터넷망이 개통되었다. 2005년 은행연합회가 설립되었고, 2006년 상해에서 개최된 제6차 SCO정상회의에서 은행연합회의 자금 규모를 7.4억 달러로 확대하여 협력하기로 합의하였다. 2006년 SCO 산업통상포럼에서 기업가위원회를 발족하여 140여 기업을 참여시켰다.[12) 중국 총리 원자바오 역시 SCO가 장기적으로는 지역경제협력을 강화하여 자유무역지대의 설립을 목표로 하고 있다는 것을 확인해 주고 있다.[13)

2006년 상해에서 개최된 제6차 SCO 정상회의는 기존 6개 회원국 정상, 파키스탄, 이란, 몽골 대통령 및 인도 석유 천연가스부 장관 등 옵서버 4개국 대표, 아프가니스탄 대통령, 독립국가연합(CIS) 집행위원회 의장, ASEAN 사무총장 등이 참여하여 그 규모가 점차 확대되고 있음을 보여

---

12) "上海合作組織六字之解."
13) 박병인, "상해협력기구 성립의 기원," pp.528-29 재인용.

<표 16> SCO 조직표

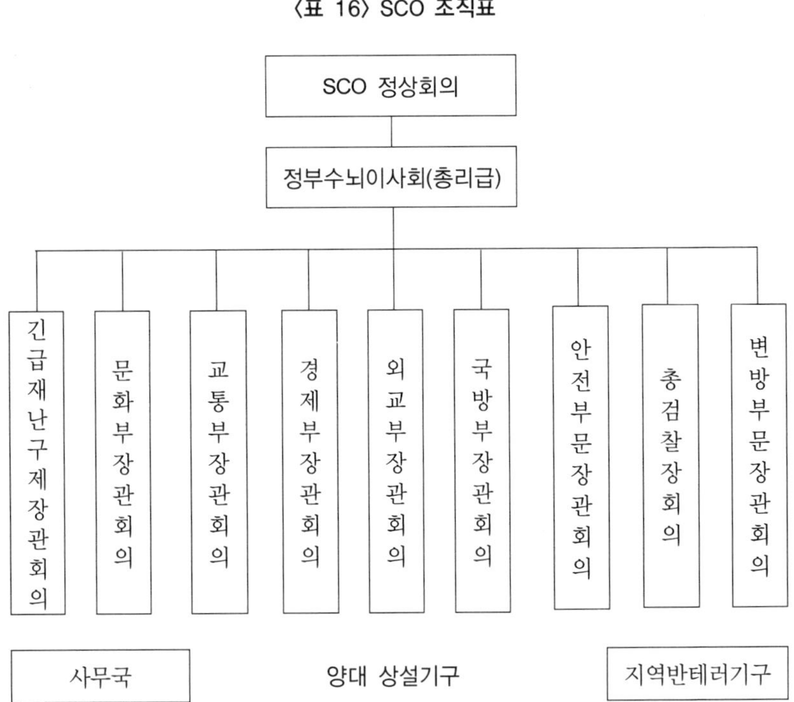

주었다. 그 주제의 범위도 동 지역내의 문제만이 아니라, 유엔개혁, WMD 확산 방지, 국제법 질서 수호, 국제정보 안전 등의 세계적인 문제를 다루고 있다. 결과를 놓고 볼 때, SCO의 협력 범위는 이제 그간의 주요 의제였던 테러리즘, 분열주의, 극단주의 등 문제를 넘어서 국제정치, 경제, 교육 및 문화 분야로 확대되고 있다.

4. SCO와 안보협력의 확대

최근 들어 SCO의 활동 중 최근 주목받는 분야가 (비전통)안보분야에서의 협력강화이다. SCO는 경제적 협력의 강화방안과는 별도로 이미 2002년부터 합동군사훈련의 필요성에 대하여 논의를 시작하였다. 2003년 중국, 러시아, 카자흐스탄, 키르기스스탄, 타지키스탄 등 5개국은 카자흐스탄과 중국에서 반테러 작전의 명목으로 합동군사훈련을 실시하였다. 제1단계 훈련은 2003년 8월 6~11일 동안 카자흐스탄에서 실시되었는데, 러시아, 키르기스스탄, 카자흐스탄의 부대가 참여하고 타지키스탄은 참관단을 파견하였으며, 단 중국군은 참여하지 않았다. 제2단계 훈련은 8월 11~12일 동안 중국 신장성에서 실시되었는데, 중국과 키르기스스탄 군대가 참여하였다.14) 이 합동군사훈련은 중·러가 각기 상대방의 영향권 지역에 자국의 군대를 파견하지 않음으로써 전통적인 지연(地緣)정치가 유지되었고, 규모도 소규모였으나 SCO 최초의 합동군사 훈련을 성공적으로 개최하였다는데 큰 의의가 있었다.

중국이 최근 들어 아·태지역 특히, 동북아지역에서 미군의 재배치를 직접적으로 겨냥하여 공식적으로 대응외교 전략을 제시한 것은 없다. 그러나 최근 미국의 역내 지위 및 영향력 증가에 대해 대항적인 성격이 강하다고 보여 질 수 있는 조치를 취하였는데 상해협력기구의 강화가 그것이다.

SCO는 21세기 변화하는 국제안보 환경에 대응하기 위해 기존의 안건이었던 국경문제나 지역 안정의 문제를 넘어서 경제 및 안보 분야에까지 그 협력관계를 광범위하게 확대해 나갔다. 특히 주목받는 분야가 안보분야에서의 협력강화인데 이미 2002년부터 합동군사훈련의 필요성에 대하여 논의를 시작하였고, 2003년에 드디어 중국, 러시아, 카자흐스탄, 키르기스스탄, 타지키스탄 등 5개국은 카자흐스탄과 중국에서 반테러 작전의 명목으로 합동군사훈련을 실시하였다.

2005년 7월 5~6일 카자흐스탄의 수도 아스타나에서 열린 SCO 정상회의에서 러시아의 주도로 중앙아시아 주둔 미군의 조기철수와 역내 외세의 개입반대를 천명하여 미국의 중앙아시아 역내 영향력 확대 움직임에 대한

---

14) "上海合作組織成員國擧行聯合反恐演習情況," http://www.people.com.cn/GB/junshi/1078/2004010.html (검색일: 2005-08-24).

<표 17> SCO 혹은 SCO 회원국 간의 군사활동

기간	지역	특징
2002.10.10~10.11	중-키르기스스탄 국경지역	SCO의 구성원간 행해진 최초의 양자(중-키르기스스탄) 군사훈련
2003.8.6~8.12	카자흐스탄, 중국 신장	중·러·카자흐스탄·키르기스스탄·타지키스탄 사이에 행해진 SCO 최초의 다자군사훈련
2005.8.18~8.21	중국 산동	중·러 간 최초로 중국 영내에서 이루어진 합동군사훈련
2006.8.24~8.26	카자흐스탄 알마티, 중국 신장	중·카자흐스탄 특수 훈련요원이 참여하는 반테러 합동훈련
2007.8. 예정(?)	러시아 볼가강	SCO 회원국들의 참여하는 최초의 러시아 영내에서의 합동군사훈련

거부감과 반대 입장을 분명히 하였다. 이는 SCO가 제3국을 겨냥하지 않는다는 자체의 공식 입장에도 불구하고 반미적인 성격의 지역협력 혹은 동맹으로 발전한 것이 아니냐는 의구심을 불러일으키기에 충분한 일이었다. 중국은 이 성명이 지나치게 반미적인 성격으로 비춰지는 것을 우려하여 미군의 철수를 주장하는 대신, 철수 일정을 밝히게 하자는 역제안을 하여 논조를 완화시켰으나 궁극적으로는 역내 미군철수에 동조하였다.[15]

더 나아가 중·러는 1년간에 걸친 협상을 통해, 2005년 8월 18~25일 간 중국의 영토 내에서 사상 최초로 중·러 간 합동군사훈련을 실시하였다. 이 군사훈련은 그 규모면에서도 이전의 합동군사훈련과 차별화되었는데, 양국에서 약 만여 명에 달하는 전투원을 동원시켰고 A-50 조기경보기, Su-27SM 전폭기, Tu-22M3 전략폭격기 등 최신 무기가 동원되었고, 정보전 능력 실험 및 상륙전 능력을 점검하였다. 중·러 양국은 이 훈련이 반

---

15) 필자의 중국 SCO 담당자와의 상해 인터뷰 (2005년 12월 13일).

테러 훈련의 일환이라고 강변했으나 실제적으로 중국 입장에서는 대만을 견제하려는 측면이 강하였고, 중·러가 동시에 중앙아시아에 진출을 본격화하고 일방주의적 대외정책을 추구하는 미국에 대한 불만을 표현하고자 했던 것으로 보인다. 이러한 대규모 합동군사훈련은 당연히 미국, 일본 및 대만 등 동북아 각국의 우려를 불러일으켰다.[16]

이 합동군사훈련은 러시아 대통령 푸틴이 주장한대로 중국이나 러시아 모두 미국을 겨냥한 군사훈련이 아니라는 것이다.[17] 중·러 양국은 이 훈련이 반테러 훈련의 일환이라고 강변했으나, 러시아의 세르게이(Sergei Karamayev)가 지적한 것처럼 이 훈련들은 단순한 테러주의자들에 대한 공격이라기보다는 방어태세를 갖춘 정규군을 공격하는 전략적인 합동상륙작전과 같았다.[18]

실제적으로 중국 입장에서는 최근 2005년 2월 미·일의 국방 및 외무 장관들 간에 2+2회의에서 대만을 안보이해의 영역으로 편입한데 대한 경고 및 불만을 제기하고 대만을 견제하려는 측면이 강하였다. 러시아는 대테러용 효과는 물론이고 중앙아시아에 진출을 본격화한 미국의 일방주의적 태도에 대한 불만을 표현하고자 했던 것으로 보인다.

미국의 럼스펠드는 이 훈련이 통상적인 국가 간의 합동훈련으로 대만을 겨냥한 것으로 보이지는 않는다고 비교적 중립적으로 반응하였다. 그러나 동시에 중국이 미국의 참관단을 허용하지 않았으며 미국은 이 훈련의 시종을 감시하고 있다고 언급함으로써 경계와 불편한 감정을 드러내었다.[19] 러시아는 대만의 인근 지역인 해남(海南)에서 군사훈련을 하자는 중국의 요청을 거절하고 덜 민감한 지역인 산동으로 군사훈련 장소를 옮

---

16) 이에 대해서는 "China, Russia to Play Peace Mission 2005," http://www.mos-news.com/commentary/2005/08/18/china.shtml (검색일: 2005.9.26.)

17) "President Putin Says Cold War Between Russia and U.S. Impossible," http://www.mosnews.com/commentary/2005/09/25/putinsaid.shtml (검색일: 2005.9.26.)

18) "China, Russia to Play Peace Mission 2005," p.2.

19) "美國防稱中俄軍演沒有威脅臺灣," http://www5.chinesenewsnet.com/gb/MainNews/Topics/2005_8_23/china.html (검색일: 2005.9.26.)

기게 하였고, 미국을 자극할 수 있는 전략폭격기인 Tu-95 장거리 전략폭격기 등을 원래의 계획과는 달리 동원하지 않음으로써 미국을 지나치게 자극하지 않으려는 입장을 견지하였다.

그러나 분명한 것은 이 군사훈련이 아·태 및 중앙아시아에서 점증하는 미국의 군사력 전개에 대한 중·러의 대응적인 측면이 강하다는 점이다. 특히, 여기에서 중국의 역할이 두드러지는데, 공동회견에서 중국의 국방부장 챠오강촨(曹剛川)과 러시아의 국방장관 이바노프(Sergei Ivanov)가 언급한대로 "이번 첫 합동훈련이 국제군사와 안보영역에서 (중·러 간) 상호 신뢰를 회복하는데 도움을 주었으며 중국의 '신안보관'을 실험하는 것이었다."[20)고 한 표현은 의미심장하다.

2006년 4월 26일 양국의 국방장관회의에서 2007년 러시아의 우랄군구에서 최신 항공무기 및 특수군을 동원한 SCO 합동군사훈련을 개최하기로 합의하여 2003년, 2005년 합동군사훈련에 이어 2007년 합동군사훈련이 매 2년 마다 개최되는 것으로 정례화 되고 있다. 분명한 것은 이러한 군사훈련들이 아·태 및 중앙아시아에서 점증하는 미국의 군사력 전개에 대한 중·러의 대응적인 측면이 강하다는 점을 부인할 수는 없다.

IV. 동북아시대 구상에 대한 시사점

2003년 2월 노무현 대통령이 취임한 이후 추진한 '동북아시대 구상'은 "한반도에 평화를 정착시키고 동북아 공존공영의 토대를 구축하기 위한" 시도라고 할 수 있다.[21) 이는 과거 냉전적 사고를 넘어서는 새로운 사고의 형성을 필요로 한다. SCO 역시 "냉전종결 이후에 냉전적 사유방식을

---

20) "Peace Mission 2005," http://www/vic-info.org/RegionsTop.nsf/0/b0e59180c86aa0a 2570/china.html (검색일: 2005-09-26).
21) 동북아시대위원회, 『평화와 번영의 동북아시대 구상』(서울: 동북아시대위원회, 2004).

버리고 새로운 국가관계, 새로운 안보관에 입각하여 새로운 지역협력기구를 창출하려는 시도"라 할 수 있다.22) 이는 동북아지역에서 안보협력체제 구축을 위해 필요한 주요한 경험과 자료들을 제공하고 있다고 할 수 있다.

SCO는 양자 간 관계를 바탕으로 다자간의 협의체로 전화되었고, 전통적인 안보문제가 주요 주제였다가, 비전통적인 안보문제를 포함하여 점차 보다 포괄적이고 전면적인 주제를 다루는 협의체로 발전했다. 이는 양자 간 동맹과 전통적인 안보문제가 주요 특징인 동북아시아 지역의 경우와 대비되고 있다. 그 발전양상과 제약요건들을 동북아의 경우와 비교 연구하여 동북아지역에서 미래안보모델로 적용할 개연성이 존재하는지에 대해 더 연구해 볼 가치가 있다.

1. 국제적 측면

국제정치적인 측면에서 볼 때, 중국과 러시아는 다 같이 새로운 안보관에 입각한 대외정책을 SCO의 운용에 적용시키고 있다고 할 수 있다. 그 내용을 보자면, 우선, 세계의 핵심적인 이슈는 더 이상 냉전적 대결의 문제가 아니라 평화와 발전의 문제라는 것이다.

따라서 새로운 지역협력기구는 상호 전통적인 안보 분야에서 협력을 진행하면서도 이를 비전통 안보 분야에까지 협력의 대상을 확대하고 외부의 강대국과 직접적인 대립을 피하고 비동맹을 추구하며, 경제적인 협력을 확대한다는 것이다. 이러한 방침은 아·태지역에서 미국의 군사적 재조정에 대한 중국과 러시아의 대응에서도 나타나는데, 미국과 직접적으로 대립한다는 인상이나 갈등을 피하기 위해 대단히 조심스러운 입장을 견지하고 있다.

그러나 동시에 국제체제가 다극화된 체제로 진행된(되어야)다는 전망

---

22) 楊成緖 編, 『中國周邊安全環境透視』(北京: 中國靑年出版社, 2003), p.122.

에 따라 다극화체제의 한 축이 되기 위한 노력을 게을리 하지 않고 있다. SCO의 강화는 미국을 직접적으로 겨냥하지 않는다는 것을 강조하면서도 일정 정도 중앙아시아 및 대만에서 미국의 일방주의 태도를 견제하려는 세력균형적 성격이 강하여 일방의 전횡적인 태도를 견제하려 하고 있다.

중국이나 러시아는 국내정치적인 민족주의의 압력을 반영하면서 국제적으로 "해야 할 바는 하겠다(有所作爲)"는 메시지도 아울러 분명하게 전하고 있다. 특히, 중국의 '반국가분열법'의 제정이나 최근 러시아의 자원민족주의의 강화 경향에서 보듯이 주권과 관련한 사안에 대해서는 완강한 정책을 구사하고 있으며, 이는 국내의 점증하는 민족주의의 압력과 상대적으로 이를 정치적 정당성을 위해 활용하려는 정치지도부와도 연관이 있다. 하지만 이 경우에도 현실정치의 능력 및 세력에 대한 분석에 따라 미국과 직접적인 갈등은 회피하려고 노력하고 있다.

2. 지역적 측면

지역적인 측면에서 볼 때, SCO는 중앙아시아 지역에서의 주요한 지역협력기제로 부상하였다. 중·러 양국의 근본적인 갈등요인과 중앙아시아 지역 국가들의 이해관계가 복잡함에도 불구하고 역내 국가들의 관계를 안정화시키고 선린관계를 추구하는 데 이바지하고 있다. 특히, 중국은 이러한 목표를 달성하기 위하여 상대방의 입장을 고려하고 보다 호혜적인 입장에서 대화와 타협을 통해 분쟁을 해결하려 하고 있다는 이미지를 심어주려 노력하고 있다. 이는 이 글에서 다루지는 않았지만, 아세안과의 최근 관계변화나 SCO형성에 참여한 중앙아시아 국가들과의 국경조약 체결과정, '반국가분열법'의 제정 및 적용과정에서도 보여 준 바처럼, 중국이 극단적인 이해를 추구하기보다는 타협의 여지를 남기고자 한 노력들이 그 한 예이다.

3. 역사·문화적 측면

역사·문화적인 측면에서 SCO는 이질성을 특징으로 하고 있다. 물론 러시아와 중앙아시아 국가들 간에는 전통적인 러시아의 대 중앙아시아 영향력은 존재하지만, 이러한 동질성이 SCO의 협력적 성격을 규정하지는 못한다. 오히려 역사·문화적 상황이 초래하는 갈등에도 불구하고 현실적인 경제 협력의 동기와 대 테러 및 안보적인 필요성에 의해 협력이 강화되고 있다.

그 짧은 연륜에도 불구하고 서로 다른 국력과 규모를 지닌 국가들이 공동협의체를 구성하여 안보적 갈등과 이해의 차이를 극복하고 공동의 이해를 추구하는 가운데, 안보적 이슈를 넘어 점차 정치, 경제, 기술협력 및 공동의 전략적 이해를 논의하는 장으로 발전하고 있는 것이다.

여기에서 간과할 수 없는 것은 중국과 러시아의 지도력이다. 이들은 상호 견제의 상황을 인정하는 기반위에서 협력할 수 있는 분야를 확대해 나가고 있으며, 동시에 합의제를 통하여 다른 약소국들이 참여할 공간을 제공하고 있다. 이는 새로운 실험이자 기제이다.

4. 제도적인 측면

제도적인 측면에서 SCO는 이미 상당한 진전을 이룩하여 최고 정상급 회의에서부터 다양한 실무급회의를 매년 개최하고 있으며, 최근 들어서는 군사훈련, 금융, 문화, 경제 부문에서의 협력까지 제도화하고 있다. 그리고 SCO의 운영에 있어서도 유연성의 특성을 지니고 있다.

수단적이 측면에서는 SCO는 양자관계에 집착하지 않고 다자관계의 확대 혹은 양자와 다자관계의 결합을 통해 자국의 이해를 적극 도모하며 사안에 대해서도 다차원적으로 접근한다는 것이다. 예를 들면, 본래 양자적인 국경회담에서 비롯되었던 상해 5국 모임이 점차 다자체인 SCO로 변환되었고 협력의 대상도 유연하게 점차 경제 및 안보 영역에까지 외연을 확대해 나갔다.

물론, SCO가 장차 느슨한 형태의 안보협의체에서 집단공동체 의식에 기초하여 기능적인 협력과 통합을 추구하는 안보공동체로 발전해 나갈 수 있느냐 하는 것은 현재로서는 미지수이다. 그러나 분명한 것은 SCO가 전통적인 방식과는 다른 접근법을 통해 역내 협력을 강화하고 국제정치상의 영향력을 확대해 나가고 있다는 점이다. SCO는 자유주의적 전통인 상호의존론이 시사하는 바처럼, 경제적 협력 확대에 대한 비전을 제시하고 점차 경제협력을 강화하고 있어 지역협력기구로서의 체질을 강화하고 있다.

정치 현실주의가 시사하는 역내 세력갈등의 한계를 넘어 구성주의 이론이 제시하는 바처럼, 새로운 인식을 바탕으로 새로운 시도를 진행하고 있는 것이며, 그 결과가 전통적인 국제정치이론이 상정하는 단계를 넘어서서 보다 협력적인 지역 공동체를 향해 나아갈 가능성에 대해서도 배제할 필요는 없다.

현재 단기적으로는 역내 군사적 분쟁의 가능성을 방지하고, 마약이나 테러에 대한 대처하는 등 비전통적인 안보위협에 공동 대처하기 위한 것이지만, 점증하는 미국의 역내 영향력과 일방주의적 군사 및 외교행태에 대해 대응하는 측면도 아울러 존재하기 때문에 소지역 규모의 집단안보체제 형성의 가능성도 상존하고 있다. 특히, 2005년 8월에 있었던 중·러 간의 대규모 합동군사훈련과 다른 상해협력기구 4개국 국방장관들이 초청되었다는 것은 이러한 개연성을 검토하게끔 한다. 그러나 이는 이미 언급한 대로 역내 국가 간 안보문제에 대한 이해가 일치하는 것은 아니므로 현재 군사 최강국인 미국과의 관계를 향후 어떻게 설정하느냐가 SCO의 미래와, 보다 확대된 지역안보체제 형성 가능성을 규정하는 주요한 관건일 것이다.

동시에 SCO는 개별 회원국 내부의 정치적 안정성에 의해서도 위협받고 있다. SCO 관련 대부분의 나라들이 정치적 민주화와 변혁의 문제에 직면해 있어, 이들 문제들이 어떻게 해소되느냐가 그 진로에 영향을 줄 것이다. 밖으로는 회원국들의 확대문제와 연관이 있다. 2005년에 백러시아와 터키가 관찰국의 지위를 신청하였고, 2006년에는 이란과 인도가 정식으로 회원국의 자격을 요청하였다. 이는 기존의 운용방식, 의제설정, 국가관 관계 등을 보다 복잡하게 할 것이다. 이 SCO의 확대 문제 역시 새로운 도전으로 다가오고 있다.

SCO의 성과와 한계는 동북아 안보공동체 구상에 많은 시사점을 안겨 주고 있다. 현재 전통적인 안보문제가 중시되고 세력균형적인 사고가 주를 이루는 동북아지역에서 어떻게 안보공동체를 형성해 나가느냐하는 문제는 새로운 사고에 입각한 새로운 방식의 접근이 요구되고 있기 때문이다. 그것은 새로운 사고, 분명한 목표와 원칙의 제시, 운용의 유연성 확보, 실질적인 실리 제공, 합의 구조 창출, 지도력 등의 요소가 복합적으로 요청되는 일이다.

제4부

동북아시대 구상의 이론적 구도와 전략

|제10장|
이론적 기초와 사례연구의 종합평가

본 장의 목적은 '동북아시대 구상'의 이론적 구도와 추진방향을 제시하는 것이다. 제1절에서는 제2부의 동북아 경제·안보·문화공동체에 대한 이론적 기초에 대한 연구를 바탕으로, 이를 종합하여 '동북아 구상'을 심화·확산시키는 데 필요한 이론적 기초를 제공하고, 제2절에서는 제3부 사례연구들, 즉 EU, NAFTA, ASEAN, SCO 연구의 특징과 시사점을 중심으로 정리하여 '동북아시대 구상' 실현에 도움을 주고자 한다.

I. 동북아시대 구상의 이론적 검토

1. 공동체이론: 현실주의, 자유주의, 구성주의

1930년대부터 국제관계를 연구하는 학자들 사이에 국제정치의 본질 또는 평화적 변화에 대한 논쟁이 벌어진 이래, 현실주의, 자유주의(이상주의 또는 다원주의), 맑스주의(글로벌리즘) 등 세 이론이 국제관계의 주류 이

<표 18> 공동체 구축에 관한 이론

	현실주의	자유주의	구성주의
안보공동체	패권안정이론 세력균형이론	기능주의이론 신기능주의이론 레짐이론	정부 간주의이론 구성주의적 기능주의이론(통합이론)
경제공동체	(신)지역주의	자유무역지대론 관세동맹이론 공동시장이론 경제동맹이론	미정립 상태
문화공동체	문화제국주의론 문화지배론 문화진출론	문화상대론 문화다원론 문화교환론	문화횡단론 문화동질론 문화연대론 탈민족공동체론

론으로 자리매김하였다. 물론 각 이론들 사이에 격렬한 논쟁은 있었지만, 세 가지 이론이 상호배타적인 것만은 아니고 강조하는 바에 차이가 있다고 할 수 있다.[1] 그러나 맑스주의의 대표적 이론인 종속이론과 세계체제론은 탈냉전 이후 국제관계 이론에서 주류 자리에서 물러나는 경향을 보이고 있다.[2] 한편, 1990년대 탈냉전의 배경 속에서 급격히 새로운 국제관계이론의 한 조류로서 구성주의(constructivism)가 새로운 주류 이론으로 등장하고 있다.[3] 특히, 구성주의는 이들 양대 이론이 공통으로 내포하고 있는 합리주의적 접근법을 비판하고, 이들이 상대적으로 경시하였던 '이념'

---

1) 비오티·카우피, 이기택 옮김, 『국제관계이론』(서울: 일신사, 1996), p.17.

2) Etel Solingen, *Regional Orders at Century's Dawn* (Princeton: Princeton University Press, 1998), p.7.

3) 이러한 여러 국제정치이론들에 대한 소개는 Peter Katzenstein and Rudra Sil, "Rethinking Asian Security," John M. Hobson, *The State and International Relations* (NY: Cambridge University Press, 2000); 특집호로는 *International Organization,* Vol. 52, No. 4 (Autumn 1998); Peter J. Katzenstein ed., *The Culture of National Security* (New York: Columbia University Press, 1996).

과 '의식'의 중요성을 재발견하면서 최근 들어 주류 이론에 필적하는 대안적 접근법으로 자리매김하고 있다.[4] 현실주의, 자유주의 및 구성주의 이론에 대한 설명, 즉 이 이론들이 주장하고 있는 핵심 내용에 대한 비교는 제3장, <표 3>의 '지역질서의 이론적 분석'에서 자세히 다루고 있다. 그리고 제2부에서 논의된 공동체(통합)이론은 <표 18>에 요약되어 있다.

1) 안보공동체이론

현실주의이론은 안보공동체 형성에 회의적인 입장을 경지하고 있다. 다만 현실주의이론으로 분류되는 세력균형이론(theory of balance of power)과 패권안정이론(Hegemonic Stability Theory) 등은 어떻게 세계정치에 질서, 안정 및 평화가 유지되는가를 설명하고 있다. 세력균형이론은 가장 오래되고 널리 알려진 국제정치이론으로서, 국제사회에서 국가 간의 힘이 비슷할 때, 즉 세력균형이 유지될 때 안정이 유지된다고 주장한다. 힘이 비슷한 상황에서 어느 누구도 전쟁을 일으켰을 때 승리를 장담하지 못하기 때문이다. 따라서 국가들은 힘의 균형을 유지하기 위해 다른 국가와의 동맹을 통해 자국의 힘의 약화를 보충하려 한다. 반면, 어느 한 세력의 힘이 상대적으로 약화가 되면, 즉 세력균형이 깨지면, 다른 세력이 약한 세력을 침공하게 된다고 설명하고 있다. 그러나 세력균형이론은 냉전종식 이후 국제체제 변화에 대한 설명을 하기에는 부족한 점이 있다.[5]

한편, 패권안정이론은 설명변수로서 국가의 힘(혹은 패권국가의 존재여부)과 종속변수로서 세계경제체제의 개방성, 행태 및 정치적 안정 등을 경험적으로 입증할 수 있는 이론적 틀을 제공하고 있다.[6] 이 이론에 의하

---

4) 김학노, "합리주의적 기능주의 비판과 구성주의 대안 모색," 『국가전략』, 제6권 2호, pp.49-50.
5) 이대우, "신 세계질서: 미국의 패권," 이상현 편, 『신 세계질서와 동북아 안보』 (성남: 세종연구소, 2004), p.24.
6) 이와 유사한 이론으로 모델스키(George Modelski)와 톰슨(William R. Thompson)이 주장하는 장주기론이 있으며, 오간스킨(A.F.K. Organski)의 세력전이이론 등이 있다. George Modelski, "The Long Cycle of Global Poltics and the Nation-

면, 패권국가는 (자국의 이해에 따라) 국제관계, 다국적 기업, 개방된 국제 시장을 유지하는 규범과 규칙을 만들어내고 집행하면서, 위기의 순간에 최종적인 수단을 동원하여 이를 유지할 수 있는 능력을 가지고 있다. 패권국가 체제는 그 패권국의 이해를 주장함에 따라 국제관계에서 발생하는 사회적 및 정치적 비용에도 불구하고, 경제적 개방성 및 안정, 국제관계에 있어서 평화라는 공공재를 제공할 수 있기 때문에 무질서한 상태를 특징으로 하는 국제관계에서 그 효용성이 인정된다는 것이다.

세계 2차 대전 이후 미국은 전후 처리과정에서 다방면에서 어려움에 봉착한 유럽에 대한 정치적 영향력을 유지하기 위하여 유럽의 통합을 지지하고 촉진하였다. 탈 냉전시기에도 서구 유럽과의 갈등이 심해지는 상황에서 동중부 유럽을 끌어 들여 NATO를 확대함으로써 정치적 영향력의 유지를 가능하게 하였다. 정치 현실주의자들은 이러한 미국의 패권적 지위의 유지가 상대적으로 국제정치 및 경제 전반의 안정에 순기능을 하고 있다고 인정한다.

한편, 자유주의 시각에서 지역 협력 및 통합과 관련한 대표적인 이론으로는 기능주의이론, 신기능주의이론, 레짐이론 등이 있다. 기능주의이론은 국가 간의 정치적 갈등을 해소하기 위해 우선적으로 비정치적 요소, 즉 경제적 협력 등을 통해 협력을 증진시킨 후, 정치적 통합을 촉진하는 우회적인 접근법을 제시하면서 실용주의적이고 유연한 태도를 강조하고 있다. 특히, 기능주의는 국가 이외의 행위자들을 강조함으로써 국가의 정치적 영향력은 감소된다고 주장하면서, 이로 인해 안보에 관한 힘의 배분 (power distribution)을 강조하는 현실주의적 접근법은 약화되고 제도적이고 협력적인 안보제도가 발생할 수 있다고 주장한다. 반면, 기능주의적 접근법에 정치이론의 요소를 부가한 신기능주의이론이 새로운 주목을 받고

---

state," *Comparative Studies in Society and History,* Vol. 20, No. 2 (April 1979); William R. Thompson, *On Global War* (Colombia: University of South Carolina Press, 1998); A.F.K. Organski, *World Politics* (New York: Alfred A. Knopf, 1958) 참조.

있다.7) 이 접근법은 제도의 형성에 있어 경제기능적 통합뿐만 아니라 정치기능적 통합의 중요성을 강조하면서, 제도의 발생에 따라 행위자들의 기대, 충성도 및 정치적 행위의 수렴이 발생한다고 주장하면서 특히, 주요 정치집단들의 정치적 선택을 강조하였다. 또한 신기능주의 통합이론은 정치와 경제 사이의 연관성에 대한 분석틀을 제공하였고 최근 들어 유럽통합운동의 재활성화와 더불어 다시 주목받고 있다.

레짐이론은 현신주의의 일부 주장을 받아들여 국제체제가 무질서적인 특성을 지니고 있다는 것을 인정하고, 국가들 간의 갈등은 정보의 부재 및 무질서한 국제 상황에서 비롯된다고 보고 있다.8) 국가들은 '죄인들의 게임'에서 시사하는 것처럼 최상의 결과가 도출되기 어려운 무질서한 국제관계 상황에서 적절한 제도적 장치들을 통해 협력할 필요성을 느낀다는 것이다.9) 즉, 이기적인 특성을 지닌 합리주의적 행위자로서 국가들은 단기적인 자력구제보다는 보다 장기적인 절대적 이익을 극대화하기 위해 국제 레짐을 의도적으로 형성하여 협력을 추진하게 된다.10) 특히, 경제분야에서 상호의존성의 증가로 인해 국가 간의 협력에 대한 요구가 증대될 때 레짐이란 제도의 형성을 가져와 협력이 더욱 제도화되고 안정화된다고 할 수 있다.

끝으로 구성주의 시각에서의 안보공동체 형성은 1950년대 도이치(Karl Deutsch)의 초국가적 공동체 형성에 대한 연구에서 '정체성 형성'의 중요성이 강조되면서 시작되었다고 할 수 있으나, 탈냉전 이후 초국가적 범

---

7) Ernst Haas, "International Integration," *International Organization,* 15 (1961), pp. 366-92; Ernst Haas, *The Obsolescence of Regional Integration Theory* (Berkeley: Institute of International Studies, 1975) 참조.

8) Robert Keohane and Joseph Nye, *Power and Interdependence* (Boston: Little, Brown, 1977) 참조.

9) Robert Axelrod, *The Complexity of Cooperation: Agent-based Models of Competition and Collaboration* (Princeton: Princeton University Press, 1997).

10) Peter J. Katzenstein, Robert O. Keohane, and Stephen D. Kransner eds., *Exploration and Contestation in the Study of World Politics,* p.20.

죄, 테러, 인권 등과 같은 비전통 안보의 중요성이 강조되면서 구성주의가 주목을 받았다. 구성주의는 역사와 기억에서 비롯되는 상호 인식의 차이와 적대감 등 객관적인 자료에서는 나타나지 않는 역내 갈등, 안정 및 평화의 문제 등 안보적 현상을 보다 적실성 있게 설명할 수 있다고 지적하고 있다.[11] 그리고 경로의존(Path Dependence)적인 분석보다는 새로운 제도와 환경의 노출에 의해 인식이 변화하고 사회화되는 과정을 통하여 행태도 달라 질 수 있다는 것을 주장한다. 구성주의에 있어서 국제적 협력의 증진은 어떻게 협력을 가능하게 할 규범을 구성해가고 이를 촉진할 인지공동체를 확산하느냐 하는 문제와 밀접히 연관되어 있다.[12]

예를 들면, 모라브직의 자유주의적 정부간주의(liberal intergovernmentalism)가 구성주의 시각을 반영하고 있다. 이는 코헤인의 합리적 제도주의를 적용하여 유럽연합을 본질적으로 국제레짐으로 규정하고 그것이 수행하는 여러 기능들로 유럽연합의 건설과 유지를 성명하였다.[13] 또한 김학노의 '기능주의적 구성주의'이론은[14] 지역통합의 방향은 초국가적 권위체의 건설 및 그 정책 권한의 확대 과정(기능적 파급)과 초국가적 정책결정과정에 영향을 미치기 위해 다양한 행위자들이 이익정치를 벌이는 초국가적

---

11) G. John Ikenberry and Michael Mastanduno, "International Relations Theory and the Search for Regional Stability," G. John Ikenberry and Michael Mastanduno eds., *International Relations Theory and the Asia-Pacific* (New York: Columbia University Press, 2003), p.3.

12) 그 한 예로, 존스톤(Iain Johnston)은 최근 중국의 관리들이 국제질서의 규범들을 학습하고 사회화함으로써 중국의 대외 정책이 보다 평화와 안정을 지향하는 방향으로 변화하고 있다는 것을 경험적으로 제시하고 있다. Alastair Iain Johnston, "Socialization in International Institutions: The ASEAN Way and International Relations Theory," G. John Ikenberry and Michael Mastanduno eds., *International Relations Theory and the Asia-Pacific,* pp.107-162.

13) Andrew Moravcsik, "Preference and Power in the European Community: A Liberal Intergovernmentalist Approach," *Journal of Common Market Studies,* Vol. 31, No. 4 (December 1993), pp.473-524.

14) 김학노, "평화통합전략으로서의 햇볕정책," 『국제정치학회보』, 제39집 5호 (1999), pp.237-261.

상호행위 공간의 구축(정치적 파급)이라는 두 가지 과정의 상호작용에 의해 결정된다고 주장한다.

이 과정에서 행위자는 합목적적으로 행동하고 인지된 자기 이익을 추구하며, 행위자의 객관적 이익(즉 구조적 필요성과 인센티브)과 주관적 이익 사이에 괴리가 있을 수 있음도 지적하고 있다. 행위자가 처한 구조적 위치뿐만 아니라, 그의 이념, 가치, 이데올로기, 간주관적 개념 등의 요인들도 자기 이익의 규정에 영향을 미친다. 행위자들은 학습을 통하여 기존의 자기 이익 개념이나 목적, 나아가 정체성까지 수정하게 되고, 이것은 그들의 상호행위 / 관계에 영향을 미친다. 즉, 행위자의 선호와 전략, 또는 가치와 정체성은 외생적으로 주어지기보다는 그들이 속한 제도적 맥락 속에서 내생적으로 형성된다고 주장한다. 행위자와 제도는 어느 한쪽이 일방적으로 다른 한쪽을 규정하는 것이 아니라 상호구성의 관계에 있음 강조한다. 또한 어느 한 부분의 통합은 다른 부분으로 파급될 수 있는데, 이 파급효과는 자동적으로 일어나는 것이 아니라 행위자들의 학습과정을 거쳐 발생한다. 즉, 모든 파급효과는 창출되는 것임을 강조한다.

2) 경제공동체이론

우선 현실주의 시각을 반영하는 경제공동체이론으로는 비교적 최근에 제기된 신지역주의를 들 수 있다. 신지역주의는 냉전의 종식 이후 전 세계가 하나의 시장으로 통합되는 소위 세계화가 진행되면서 확산되기 시작하였다. 즉, 냉전종식과 함께 경제적 실리에 따른 지역적 결속 구도가 눈에 띄게 증가되었다. 각 국가들은 이념보다는 경제적 이해관계에 더 중점을 두어 자유무역협정을 체결하고 무역장벽을 제거함으로써 국가적 이익의 극대화를 꾀하였다. 특히, 지역블록화(EU, NAFTA, APEC, ASEAN 등)가 급속히 확산되면서 전통적 경제통합이론(자유주의 시각)으로는 설명할 수 없는 새로운 특성을 반영하는 이론의 필요성이 대두하였다. 신지역주의의 핵심은 지역의 공동이익의 추구라고 할 수 있는데, 지역의 이익은 상호이익이라는 경제적 측면뿐만 아니라 관련국가 간의 공유하는 동일한 신념과

의식 등도 포괄하고 있다.

신지역주의는 지역 최상의 가치를 고취하고 지역이익의 우선, 안보·사회·환경 등 지역적 문제의 우선, 지역공동체 목표의 지향의 3가지를 주요내용으로 한다.15) 이러한 지역주의는 미국, 유럽과 같은 세계경제의 중심국들에 의해 주도되고 있으며 지역협정의 규모나 형태가 다양하고 지역 블록의 세계시장 지배력이 크다는 특징을 가지고 있다. 결국, 신지역주의는 각각의 국가가 주체가 되어 자국의 이익을 적극적으로 추구하는 경제적 현실주의16)의 발현이라고 할 수 있기에 현실주의에 입각한 통합이론이라 한다.

또한 신지역주의는 세계무역기구(WTO)체제에 대응하는 예외적 현상이 아니라 WTO와 양립할 수 있는 새로운 국제협력 질서로 인식되고 있다. 지역주의와 다자주의의 상호관계에 대해서는 상호보완적 기능을 강조하고 그것을 토대로 양자가 양립할 수 있는 근거를 모색하는 추세이다. 지역주의를 통해서도 다자주의가 달성할 수 있는 후생증대에 이를 수 있으며, 협력영역에 따라서는 지역주의가 오히려 세계후생에 더 도움이 될 수 있다는 주장이 국제환경문제나 국제평화질서와 같은 국제공공재의 수급과 관련하여 제기되고 있으며, 세계 정부의 수립이 불가능한 현실세계에서는 지역통합조직을 통해 이러한 국제 공공재 문제에 접근하는 것이 다자주의에 입각한 자유무역체제보다 더 효율적일 수도 있다.

전통적인 경제공동체(통합)이론은 자유주의에 그 사상의 근간을 두고 있다. 기본적으로 자유주의자들은 시장경제가 경제적 효율을 증가시키고 경제성장을 극대화하며 인간은 복지를 증진시킨다고 믿고 있다. 따라서 시장에 대한 국가의 최소한 간섭을 주장하고, 국제경제관계를 구성하는 수단으로 시장과 가격 메커니즘을 주요 도구로 삼고 있다. 또한 자유무역

---

15) 진홍상·박승록, 『한중일 경제관계와 동북아 경제협력』(서울: 한국경제연구원, 2005), pp.104-106.

16) Peter J. Katzenstein et al., "International Organization and the Study of World Politics," *International Organization,* Vol. 52, No. 4 (Autumn 1998), pp.645-685.

과 시장개방을 통해 소비자들에게 더 다양한 상품과 서비스를 제공할 수 있다고 믿기 때문에 자유주의자들은 무역과 경제교류를 통해 국가 간의 상호이익을 증진하고 상호의존을 심화함으로써 국제적인 평화를 달성할 수 있다고 주장한다. 따라서 무역과 경제교류를 방해하는 장애를 제거하는 경제통합의 진행은 참가 국가들의 복리를 극대화한다고 주장한다.

제4장에서 통합의 정도에 따라 자유무역지대(Free Trade Area)이론, 관세동맹(Customs Union)이론, 공동시장(Common Market)이론, 경제동맹(Economic Union)이론 등이 자유주의적 경제통합이론으로 제시되었다. 자유무역지대는 경제통합에 참가한 국가 상호 간에 상품이동에 대한 무역제한조치를 철폐하여 역내 회원국 간에 자유무역을 시행하고 역외 비참가국에 대해서는 각국이 독자적으로 관세 등 무역장벽을 유지하는 형태의 경제통합을 말한다. 관세동맹은 자유무역지대에서 한 걸음 더 나아가 대역외공통관세를 부과하는 형태의 경제통합을 말한다. 즉 관세동맹에서는 가맹국 상호 간에 상품의 자유이동이 보장될 뿐 아니라 역외 비가맹국으로부터의 수입에 대해서는 모든 회원국이 공통의 수입관세를 부과한다.

공동시장은 동맹 당사국 간에 재화, 서비스의 자유무역뿐만 아니라 생산요소의 자유이동을 보장하며 역외지역에 대해서는 공동의 무역장벽을 설치하는 형태의 경제통합을 의미한다. 하지만 생산요소의 자유이동을 촉진함으로써 역내국 간의 자원배분의 효율성은 증대시킬 수 있으나 특정지역 또는 특정국가로 자본이 집중되어 균형발전의 문제가 제기될 수 있고 독점적 시장지배가 발생할 수 있음을 경고하고 있다. 따라서 이러한 저해요인을 예방하거나 극소화하기 위해서는 회원국 간 정책조정 내지는 정책통합이 요구되는데, 이 점에서 경제통합의 필요성이 제기된다. 경제동맹은 가맹국 간 상품 및 생산요소의 자유이동과 대외 공통관세의 설치에 더하여 가맹국 간 경제정책의 조정과 조화, 나아가서는 정책통합을 실현하는 형태의 경제통합을 의미한다.

경제동맹의 결성 시 공동체 전체의 발전과 안정을 위한 정책조정이나 공동정책이 없이 단순히 재화 및 요소시장만을 통합하는 것은 시장통합이 가질 수 있는 경제적 효율성을 제한하거나 공동체 자체의 유지발전을 저해하는 역작용을 파생시킬 수 있다. 끝으로 완전경제통합은 참여국 간에 초국가적 기구를 설치하고 동 기구가 참여국의 사회 경제정책을 통합·관리하는 단계의 경제통합을 의미한다. 하지만 완전경제통합은 통화 및 재정정책 등 각종 경제정책을 공동으로 수행하기 때문에 참여국은 각국의 경제주권을 포기해야 하는 문제가 있으며, 이론적으로는 정치적 통합이 이루어져야 완전경제통합이라 할 수 있다.17)

한편, 경제공동체 이론에 있어서 구성주의 전통은 아직까지 하나의 뚜렷한 사조로 등장하지는 못했다. 국제경제관계에 있어서 구성주의 맥락은 1980년대 이후 세계화가 급진전되면서 전 세계에서 경쟁적으로 추진되고 있는 자유무역지대 결성, 즉 새로운 지역주의의 확대에서 그 일부를 찾아 볼 수 있다. 경제공동체의 형성은 단순히 경제적 이익의 부합만을 가지고는 이루어 질 수 없으며 그것이 호전적이었든 또는 우호적이었든 간에 시간 속에서의 상호교류와 접촉의 역사, 그리고 문화적인 동질감 및 일체감이 경제공동체를 구성하는 상대를 선정하는 데 중요한 요소로 작용하는 것이 현실이다.

각 국가가 정체성과 동질성을 얼마나 공유하느냐, 그 국가들이 처해있는 환경 속에서 얼마나 사회적인 공감대를 형성하느냐에 따라 경제공동체의 결성은 큰 영향을 받게 된다는 것이다. 따라서 경제공동체의 추진과정에서 자본주의와 같은 경제적 이념의 공유와 경제통합에 대한 해당국 국민들의 긍정적인 인식과 사고가 매우 중요하다. 즉, 구성주의 시각에서는 경제공동체 형성을 위한 공동의 이념의 구축, 공동의 정체성이 사회적으로 구성되어야 경제통합의 추진이 가능하다고 볼 수 있다.

3) 문화공동체이론

문화공동체이론과 국제관계이론을 연계시키는 것은 매우 어려운 작업

---

17) 손병해, 『경제통합의 이해』(법문사, 2002) 참조.

이라 판단된다. 그럼에도 불구하고 제5장에서 문화교류 형태에 따른 문화공동체이론들을 현실주의, 자유주의, 구성주의 이론들의 특성에 맞춰 소개하고 있다.

현실주의 시각에 기반한 문화공동체이론으로 문화제국주의이론이 있다. 이 이론의 논리적 기반은 문화계에도 우세종이 있다는 문화진화론에 있다. 즉, 우세한 문화만이 생존하고 열세의 문화는 도태된다는 것이다. 현실주의적 문화협력을 통한 문화제국주의는 문화·예술적 능력이 우수한 국가가 문화·예술능력이 취약한 국가에 자국의 문화·예술을 전파하거나, 문화·예술집단이 열세인 국가에 진출하여 문화시장을 지배하고, 문화발전을 선도해나간다고 주장한다. 이 과정에서 이런 상황에서 진정한 문화공동체의 형성은 불가능하고, 제국주의적 지배에 의한 문화통합이 가능해진다.

현실주의에 비추어 본 문화협력의 주체는 국가를 대표하는 예술단이나 명망 있는 문화예술인이다. 이들의 문화협력의 목표는 국가 이익을 극대화하고 국가의 브랜드 이미지를 제고시키는 것이며, 협력의 수단은 자국의 전통적인 예술이 된다. 예를 들면, 미국의 할리우드 영화는 대부분의 영화가 인권 존중과 국가에 대한 개인의 승리라는 보편적 가치를 지향하는 듯 보이지만 실제로는 미국의 수호국가적 메시지를 빠짐없이 전달하고 있다는 점에서 문화제국주의적 상품이며 그 상품들의 교류와 유통은 문화제국주의론적 교류로 해석될 수 있다. 하지만 일부 학자들은 이를 다국적 문화자본주의라고 표현하고 있다.

문화적 다원성을 인정하는 문화상대론이 자유주의 시각을 표방하고 있다. 문화상대론에서 협력의 주체는 국가기구에서 사회단체나 국제기구로 확대되고, 목표는 단순히 자국의 이익만이 아니라 협력과 교류의 대상국들 공히 상호이익을 추구하는 형식을 갖춘다. 이 이론은 국가 간 우호증진을 목표로 하는 관행적인 행사로서의 문화협력 행위를 통한 문화공동체 형성을 주장하고 있다. 하지만 국가 간의 우호증진과 표면적으로 상호이익을 중시하는 듯이 보이는 관행적 교류의 궁극적인 목적은 자국의 이미지 홍보에 있기 때문에 문화홍보론이라고도 표현된다. 제국주의 시대에 전개되었던 정치, 경제적 찬탈과 동일한 맥락으로 문화동화를 목표로 지배국이 피지배국에 대해 문화침투와 문화지배를 일삼던 방식의 순화된 형태라고 할 수 있다.

또한 현대의 문화교류는 발신자와 수신자 사이의 평등한 교환관계 및 다양한 문화의 소통을 전제한다는 가정하에 문화교환론이라고도 부른다. 이러한 중립적 문화교류와 홍보의 쌍방향적이고 우호적인 협력에 의해 구성될 문화공동체는 자유주의적 협력 시스템과 조약에 의해 완성될 것이다. 그러나 우호증진을 위한 문화·예술교류가 주로 국가의 이미지 개선을 위한 홍보시책의 일환으로 관행적으로 이루어지고 있는 현상과 우호증진이라는 목표가 상대국 문화의 이해보다는 자국 문화의 진출이나 자국문화 이해시키기에 가깝기 때문에 중립적 교류 행위라고 보기는 어렵다. 그래서 본질적으로 현실주의적 문화진출과 크게 다름이 없다. 또한 시장의 자율성과 대중들의 자발성이라는 주체성을 강조하는 문화적 다원주의는 문화산업계의 거대자본의 권력에 무방비 상태이기 때문에 언제라도 종속될 가능성이 높다는 문제를 남긴다. 따라서 공동체의 연대 수준과 연대의 내용은 보장되지 않기 때문에 자유주의적 문화공동체는 기본적으로 형식적인 수준이라 할 수 있다.

한편, 문화횡단론(Trans-Culturation)은 구성주의적 시각을 가장 많이 반영하고 있는 문화공동체 이론이다. 여기서는 문화교류의 주체가 자유주의 시각과 같이 국가, 사회, 개인 및 국제기구이며, 공감대 확산과 유대강화를 통한 공동체 구축이 강조된다. 문화교류의 가장 이상적인 방법은 특정한 지배세력(국가)에 의해 통제되거나 기획되는 것이 아니고, 행위자들의 상호 자발적 교류와 소통이 문화횡단을 가능케 한다는 입장을 견지하고 있으며, 문화적 활동의 위치가 고정되어 있는 것이 아니고 지속적으로 변환하는 것을 강조하기 때문에 문화횡단론이라 부른다. 그리고 아시아에서 한자문화권 또는 유교문화권이라는 동질성을 바탕으로 공동체를 구성하자는 문화동질론, 아시아의 유대강화를 강조하는 문화연대론, 민족주의에 호소하지 않고 시민들이 공동체건설에 주체가 된다는 탈민족공동체론, 그리고 앞의 세 이론을 통합한 미래형공동체론 등이 구성주의 문화공동체 이론에 포함된다.

2. '동북아시대 구상' 실현에 대한 시사점

지금까지 제3, 4, 5장에서 검토된 일반적인 통합이론을 정리하였다. 기존의 국제정치이론들은 동북아지역에서의 안정과 평화에 대한 나름의 시사점을 지녔으면서도 동시에 현상을 설명하고 비전을 제시하는 데 일정한 한계를 안고 있다. 이러한 한계를 보여주는 이유는 이미 지적한 대로 이들 이론들이 유럽이란 특수한 공간에서 형성되어 서구에 확산된 것으로 강대국 중심의 이론이며, 주 연구 대상도 유럽이나 혹은 서구라는 점이다. 또 하나 간과할 수 없는 점은 냉전 종결과 9·11테러 사건을 겪으면서 국제정치 구조의 변화를 수반하는 패러다임이 바뀌는 전환기에 접어들고 있다는 점도 지적할 수 있다.[18]

즉, 과거 주권국가체제가 보다 광역적인 국제제도에 의해 약화되는 현상이 발생하고 있고, 동시에 종교 및 인종 등의 주제와 연관하여 주권국가의 하부단위의 영향력이 강화되어 국제관계에 오히려 국가보다 강력한 반향을 불러일으키는 현상이 발생하고 있다. 국제관계의 행위자 역시 다양해지고 있고, 이슈 영역에 있어서도 전통적 안보 못지않게 비전통적인 안보가 중시되고, 과학기술, 정보, 통신, 수송수단 등의 발달과 더불어 경제는 세계화 방향으로 진전되어 전통적인 주권국가의 통제 영역이 취약해지면서 이를 추월하는 현상이 발생하고 있다.

---

18) 이러한 상황을 빗대어 Rosenau는 이미 세계가 혼란(turbulence)의 시기속에 있다고 지적하였다. James N. Rosenau, *Turbulence in World Politics* (Princeton: Princeton University, 1990).

1) 동북아 안보공동체 구축에 대한 시사점

냉전이 종식되었음에도 불구하고 동북아의 안보상황은 호전될 기미를 보이지 않고 오히려 악화되는 경향이 있다. 동북아에서 강대국들의 안보정책은 상호 대립적인 모습을 보이고 있으며, 북한의 핵실험으로 인해 동북아의 긴장이 고조되고 있다. 이런 상황에서 동북아의 안보위협은 '동북아시대 구상'이 제기하는 새로운 동북아 안보협력체의 형성방안은 기존의 힘의 정치(Power Politics)에 입각한 현실주의적인 논의나 점진적인 접근과 이슈영역의 확산효과와 상호의존성을 강조하는 자유주의적 접근만으로는 새로이 제기되는 포괄적인 안보위협에 대처하기에는 한계가 있다는 것을 인식하고 있다. 따라서 '동북아시대 구상' 실현을 위해 다음과 같은 이론적 고려가 있어야 한다.

첫째, 현실주의에 입각해, 역내에서 한국의 위치는 전통적 안보 갈등의 중심에 서 있으며, 안보문제는 여전히 무시할 수 없는 가장 주요한 우리의 현안으로 남는다. 비록 안보구조에서 미국의 위상과 역할이 중요한 이상, 한·미동맹을 중심으로 한 양자 간의 관계는 상수로 남을 것이지만, 시대변화와 한국의 능력에 걸맞는 조정은 필요하다. 미국과의 안보 협력관계를 공고히 하면서도 미국이 취할 수 있는 일방주의적 외교정책은 보편적 원칙과 합리성을 바탕으로 한 국제적 규범과 다자적 제도에 의해 견제될 수 있는 제도적 장치를 마련하는 것이 중요하다.

둘째, 안보공동체로 나아가기 위해서는 자유주의자들과 구성주의론자들이 주장 하듯이, 단순히 정부(국가) 간 관계만이 아닌 다층적인 집단 간에 다차원적인 이슈영역에서 상호협력과 타협의 경험 및 신뢰가 필요하다. 즉, 비전통 안보분야에서는 지역이라는 공간적 제약을 넘어서 국제적 규범에 입각하고 다자협의 체제를 적극 활용하여 협력체를 구성하는 것이 필요하다. 즉, 자유주의에 입각한 기능적 접근을 통해 지리적 동북아의 안보증진에 활용하는 유연성을 발휘할 필요가 있다는 것이다.

셋째, 구성주의에서 논의하는 것처럼 포괄적인 안보인식공동체의 형성과 확산을 바탕으로 기존의 인식론적 및 제도적 제약을 극복하는 노력이 있어야 동북아 안보체제의 형성은 가능할 것이다. 따라서 역사적 또는 문화적 문제가 발생하였을 때 유연하고 능동적으로 국제적 협력 체제를 이루는 외교를 전개해야 한다. 특히, 문화교류를 시작으로 아시아 정체성의 확립이 필요하다는 것이다.

끝으로 '동북아시대'의 안보구상은 시대의 흐름을 거스르기보다는 같이 흐름을 타면서, 현실과 이상 간의 긴장 속에서 현실을 바탕으로 이상을 추구하고, 단선론적이기보다는 치밀하면서도 유연하게 사고하고, 지리적 동북아의 평화와 번영을 위해 기능적 동북아는 물론이고 역외 국가 및 조건들을 활용할 수 있어야 한다. 역내 안보공동체를 형성하는 길은 단기간에 이루어지는 것이 아니라 인내심을 가지고 해야 할 바를 다 하면서 추진해야 할 장기적인 과제라는 것을 인지하는 것도 중요하다.

2) 동북아 경제공동체 구축에 대한 시사점

'동북아시대 구상'이 제시한 목표, 미래상, 추진전략을 검토해 볼 때, 경제공동체 구축 구상도 안보공동체 구축에서와 마찬가지로 현실주의, 자유주의, 구성주의 이론이 복합적으로 적용되어야 한다.

'동북아시대 구상'의 궁극적인 목표는 역내 협력과 통합의 제도화를 통한 호혜와 상생의 지역공동체를 건설하는 것으로, 역내 국가들이 무한 경쟁을 하는 것보다는 평화와 통합의 거버넌스의 구축을 통하여 공동체를 형성하는 것이 역내 국가들의 평화와 공동번영 실현에 도움을 줄 것이라는 판단에서 나온 것이다. 여기서 제도화와 지역공동체는 신기능주의적 통합을 의미하는 것으로 보아야 하며, '네트워크 동북아'는 구성주의 시각에서 동북아 정체성 찾기를 강화하려는 노력으로 평가할 수 있다. 특히, 동북아 경제공동체(자유무역지대→ 완전한 경제통합) 추진과정에서 동북아 국가들 간의 인식과 사고의 동질성 또는 일체감을 제고해야 하는 구성주의적 시도라 할 수 있다.

한편, '동북아시대 구상'에서 제시하고 있는 미래상 중 '하나되는 동북아'는 국가 간 상호불신을 제거하고 공동운명체 의식을 공유하는 하나의 지역질서체제를 구축한다는 의미로 역시 구성주의 시각을 보여주고 있으며, '함께하는 동북아' 상호교류와 협력을 강조하는 신기능주의적 발상이라 할 수 있다.

이러한 3가지 이론의 절충은 '추진전략'에서도 발견된다. '동북아시대 구상' 추진전략으로 한국이 가교국가, 거점국가, 협력국가의 역할을 수행해야 함을 강조하고 있다. 이는 통합의 주체로서 국가를 강조하고, 통합의 결과로서 일종의 국제레짐으로서의 공동체를 상정함으로써 국가중심적 통합이론의 입장을 취하고 있다. 한편 공동체 형성과정에서 시민과 비정부기구의 참여, 초국가적인 시민사회 간 연대 구축, 비정부 간 접촉과 협력의 활용을 주문함으로써 자유주의적 양상을 보여 주고 있다.

끝으로 전통적인 경제통합이론의 차원에서 분석하면 '동북아시대 구상'이 추구하는 동북아 경제공동체는 우선적으로 제도적 통합(토대)을 염두에 두고 있음을 발견할 수 있다. 여기서 말하는 제도적 통합이란 단기적으로 무역장벽의 제거를 통한 자유무역지대의 구현이고 중기적으로는 생산요소의 이동이 자유로운 공동시장의 구축, 장기적으로는 경제정책의 조화를 통한 경제동맹의 추구 등 다양한 스펙트럼을 갖는 것을 의미한다. 따라서 현재 한국은 미국과의 자유무역협정 체결을 위한 협상을 진행시키고는 있지만, 궁극적으로는 동북아 경제통합을 위해 한·중·일 3국 간 자유무역협정을 체결하고, 더 나아가 이 협정을 북한, 몽골, 극동러시아에게 확대·적용함으로써 명실상부한 동북아 경제공동체를 구축하려는 것이다.[19]

3) 동북아 문화공동체 구축에 대한 시사점

'동북아시대 구상'에서 제시하고 있는 네 가지의 동북아 미래상 중 문화공동체와 관련이 있는 것은 '함께하는 동북아'와 '하나되는 동북'이다.

---

[19] 동북아시대위원회, 『평화와 번영의 동북아시대 구상』(서울: 동북아시대위원회, 2005), p.22.

전자는 동북아의 모든 행위자들(시민과 비정부 단체)의 적극적 동의, 참여, 지원을 통한 동북아 문화공동체 구축을 의미하며, 후자는 동북아의 모든 행위자들이 상호불신과 적대감을 버리고 공동운명체 의식을 공유하여 동북아 정체성이 형성되면서 문화공동체를 구축하는 것을 의미한다.

현재 동북아의 상황을 살펴보면, '함께하는 동북아'는 거의 실현되었다고 볼 수 있다. 그 이유는, 물론 더욱 활발한 교류가 요청되기는 하지만, 동북아에는 문화, 예술, 교육, 스포츠, 관광 등 광범위한 분야에서 모든 차원에서의 교류가 활발히 진행되고 있기 때문이다.

하지만 동북아에는 침략과 지배의 과거사가 존재하고, 이에 대한 인식의 차이가 극복되지 않고, 상이한 정치체제 등으로 인한 불신감이 팽배해 있는 상태이다. 즉, 정체성이 결여되어 있는 상태이다. 따라서 동북아 문화공동체 실현을 위해서는 정체성 확립을 강조하는 구성주의를 모체로 한 이론이 필수적이다. 물론 구성주의 한 이론에 의존하는 것보다는 자유주의 및 현실주의이론의 보완을 받아야 할 것이다. 즉 앞서 지적한 미래형 공동체론을 단계적으로 발전시켜야 한다.

우선적으로 제1단계에서는 현재 진행 중인 문화교류를 더욱 활성화시켜 동북아에 문화공동체의 필요성을 확산시켜야 한다. 제2단계에서는 문화협력협의체를 구성하여 문화공동체 구상에 대한 협의를 시작한다. 제3단계에서는 제2단계에서 논의된 문화공동체 구상에 대한 합의(공동체조약)에 동북아국가들이 서명(체결)을 하고, 합의를 제도화하기 위한 방편으로 상설기구를 설치하여 합의 내용을 확대·발전시킨다. 제4단계에서는 동북아지역의 정체성 확립을 위해 가칭 문화공동체법이라는 국제법을 제정해야 한다. 그리고 마지막 단계에서는 통합의 범위를 확대하는 차원에서 주변국들을 회원국으로 가입시켜야 한다.

그리고 동북아에서는 안보협력문제, 경제협력문제, 신뢰를 바탕으로 하는 정체성 확립 문제를 따로 떼어서 해결할 수 없음으로 동북아 문화·안보·경제공동체를 동시에 추진해야 한다.

3. 소결론: 구성주의 이론을 중심으로

'동북아시대 구상' 실현을 위한 공동체 관련 이론들(현실주의, 자유주의, 구성주의)을 분석한 결과 어느 한 이론을 바탕으로 '동북아시대 구상'을 추진해 나가기는 어렵다는 결론에 도달했다. 즉, '동북아시대 구상'의 성공을 위해서는 앞서 살펴본 여러 이론들을 적절히 혼합하여 적용해야 한다는 것이다. 환언하면, 한국이 중심이 되어 '동북아시대 구상' 실현을 위해 주변 국가들과 협의를 추진하되(현실주의), 국제기구나 민간단체 등을 참여시켜 새로운 추진동력을 구성하고(자유주의), 우선적으로 관련국들 간의 신뢰를 회복하는 차원에서 동북아시아 정체성을 확립한 후(구성주의), 동북아공동체를 실현해야 한다.

특히, 동북아에서 공동체가 구성되지 못하는 가장 큰 이유는 국가 간의 불신 때문이라 판단된다. 즉, 동북아국가들은 역사인식의 차이로 인하여 과거사를 극복하지 못하고 있어 신뢰가 구축되지 않고 있다. 따라서 '동북아시대 구상' 실현을 위해서는 동북아국가들 간의 신뢰를 회복시키고 동북아 정체성을 확립하는 것이 무엇보다 시급하다.

따라서 동북아시아 정체성 창출의 가능성을 열어놓고 있는 구성주의 시각이 '동북아시대 구상' 실현을 위한 주 이론으로 채택될 필요가 있다고 판단된다. 물론 현실주의 및 자유주의 시각을 배제하자는 것은 아니다. 구성주의 이론은 현실주의적 전제와 자유주의적 과정을 비판이론적 관점에서 수용하고 있는 포괄적인 모습을 보여준다. 즉, 국가중심성과 무정부성의 역사적 고찰을 통해 새로운 주체성의 가능성을 타진하고 국가행위자 사이의 상호작용을 단순히 전략적 이익의 차원이 아니라 새로운 정체성 모색과 그를 통한 공동체 창출의 견지에서 바라보는 것이다. 이러한 점에서 오너프와 웬트는 구성주의에 의한 국제정치이론의 변증법적 통합의 가능성을 지적하고 있다.[20] 하지만 이러한 주장은 어디까지나 가

---

20) 신욱희, "구성주의 국제정치이론의 의미와 한계," 『한국정치학회보』, 제32집

능성을 열어둔 것이지 아직 학자들 사이에 합의가 이루어진 것은 아니다. 본 연구도 구성주의가 현실주의와 자유주의 이론을 변증법적으로 통합한 이론은 아니라는 전제하에 추진되었다.

그럼에도 불구하고 본 연구에서는 '동북아시대 구상'을 실현하기 위한 이론적 틀로서 구성주의를 기본 이론으로 택하는 것이 타당하다고 판단된다. 그 이유는 첫째, 불신풍조가 만연하여 협력이 제대로 이루어지고 있지 않은 동북아에서 협력을 증대하고 나아가 공동체를 구축하기 위해서는 동북아만의 정체성 수립하는 것이 시급한 문제라고 판단되기 때문에 구성주의를 강조하고자 한다. 이런 상황에서 구성주의는 정체성에 대한 중요성을 강조하면서, 정체성을 구심점으로 협력 내지는 통합이 이루어질 수 있음을 강조하고 있다. 예를 들면, 구성주의자들은 민족주의 운동이 민족을 창출하는 것으로 간주하고 있으며, 정체성이 이미 주어진 것이 아니고 사회적으로 구성된다고 주장한다.21) 이는 노력에 의해서 얼마든지 동북아 정체성이 형성될 수 있음을 시사하고 있다.

둘째, 구성주의는 제도의 역사를 통틀어서 언제 어느 시점에서든지 행위자와 제도 사이에 일어나는 상호형성의 관계에 주목할 것을 요구한다. 즉, 제도에 중요한 변화가 없을 때에도 행위자들은 항상 제도의 창출과 재창출을 수행하고 있다고 볼 수 있다.

셋째, 구성주의자들은 제도의 제약과 지속성 못지않게 제도의 형성과 변화를 중요하게 취급한다. 제도의 견설은 행위자들이 그 속에서 전략적 선택을 하는 큰 틀을 변화시킬 뿐 아니라, 인간의 향동을 유발하는 목적과 의미 자체에 중요한 영향을 줄 수 있기 때문이다.

끝으로 구성주의자들은 제도에 대해 보다 유동적이고 가변적인 개념을 가지고 있다. 제도의 영향을 늘 행위자들을 통해서 발휘되고 그들에 의해서 여과된다고 판단하기 때문이다. 따라서 '동북아시대 구상'을 실현

2호 (1998), pp.148-168.
21) 임지현, 『민족주의는 반역이다』(서울: 종합공동체 소나무, 1999), pp.21-51.

하기 위해 처음부터 완벽한 공동체를 추구할 필요는 없다고 판단된다. 공동체 출범을 위한 논의를 시작하고, 일단 공동체 또는 협력체를 구성한 이후 점진적으로 문제를 보완하면서 발전시키면 궁극적으로 동북아공동체가 형성될 것으로 믿는다.

II. 사례연구의 종합평가

본 절에서는 제3부에서 논의된 지역통합 사례연구의 특징과 동북아공동체에 주는 시사점을 종합한다. 제3부에서 연구된 지역통합의 사례들은 각기 다른 이유로 선정되었다. EU의 경우는 가장 성공적인 지역통합의 사례이기 때문에 선정되었고, NAFTA는 세계 최대 시장을 창출한 경제통합사례로, ASEAN은 다양성과 이질성으로 대변되는 동남아시아에서 비교적 성공적인 통합을 이룬 사례이기 때문에 선정되었고, SCO는 소지역 차원의 매우 성공적인 안보공동체로 자리매김 하고 있기 때문에 선정되었다.

비록 이러한 사례들은 선정한 이유는 각기 다르지만, 연구된 사례들은 모두가 통합에 성공한 사례이기 때문에 공통된 특성을 지니고 있으며, 이러한 공통의 특징들은 나름대로 '동북아시대 구상' 실행에 시사점을 제시하고 있다.

1. 사례의 특징 분석

첫 번째 특징은 모든 사례에서 출범할 당시 협력의 분야는 주로 안보문제에 대한 협력이었으나 점진적으로 경제, 사회, 문화 등으로 협력의 범위를 확대해 나가고 있음이 발견된다. 유럽의 통합은 앞서 지적했듯이 출범 당시 미·소 냉전체제에서 유럽의 안보를 확보하고 유럽의 목소리를 국제정치에 반영하기 위한 목적을 가지고 있었다. 유럽안보를 확보하는 수단으로는 미국과 함께 NATO를 결성하였으며, 유럽의 국제정치적 영향력을 확보하기 위한 수단으로 경제공동체 달성에 주력하였고, 이를 토대로 하여 정치적 통합을 모색하고 있다.

ASEAN은 1967년 창설 당시 냉전과 지역의 공산화, 그리고 역내 영토분쟁에 대응하기 위한 안보문제로 시작되어 차츰 경제협력으로 이어졌고 탈냉전기에는 경제와 안보를 동시에 추진해 가고 있는 특징을 가지고 있다.

SCO는 서로 국력의 차이가 나는 국가군들이 전통적인 안보문제는 물론이고 비전통적인 안보문제까지도 동시에 다루는 데 있어서 비교적 성공적인 전형을 보여주고 있다. 전통적인 국경문제 협상(상해 5국)으로부터 출발하여 비전통 안보는 물론이고 경제분야까지 협력을 확대해 나간 경우라 할 수 있다. 특히, 2006년에 개최된 SCO 정상회담에서는 경제, 문화 및 교육 분야에서의 협력과 제도화의 문제를 다루면서 새로운 협력의 분위기를 창출해 내려는 시도를 하고 있다. 따라서 SCO는 그 자체가 지니고 있는 많은 문제점에도 불구하고 새로운 가능성을 안고 진화해가고 있는 실험적 지역협력조직으로 주목할 필요가 있다.

한편, NAFTA는 출범 이후 북미 3국의 협력을 경제분야에 국한시키고는 있으나, 즉 아직까지는 순순한 경제공동체로서 그것도 가장 낮은 수준의 경제공동체(자유무역지대)로 남아 있지만, 태어난 지 불과 12년밖에 되지 않은 점을 감안하면 향후 협력분야의 확대가 가능할 수 있다고 본다.

두 번째 특징은 이들의 출범 배경이 국제안보질서 및 경제질서 변화에 대한 대응이었다는 점이다. EU는 제2차 세계대전 이후 미국과 소련이 주도하는 냉전체제에서 유럽이 국제적인 영향력을 회복하기 위해 통합이 추진되었으며, 소련(및 동유럽)의 군사적 위협에 직면해 있던 상황에서 서유럽 국가들이 정치 및 군사적으로 보다 공고한 결속이 필요했기 때문에 유럽통합이 추진되었다.

ASEAN이 강대국도 없는 신생독립국들로 조직되어 오늘날 성공적인 지역협력체로 거듭날 수 있었던 요인도 국제질서 변화(공산화 위협, 세계

경제 블록화)에 대한 대응책을 모색하는 과정에서 찾을 수 있다. 지정학적으로 동남아는 인도양과 말라카 해협, 남지나해로 이어지는 국제 해상교통로의 요지인데다 풍부한 천연자원과 시장성을 가진 지역이라서 강대국들의 끊임없는 침략과 수탈의 대상이 되었으며 결국 태국을 제외하고는 모두 식민지로 전락했다. 이 과정에서 내전 분열과 경제적 종속성 그리고 분파적 권위주의 정치형태가 만들어졌고 이러한 식민지배의 유산은 지역협력을 시도하는 데 큰 장애가 되었지만, 오히려 이러한 식민지 경험은 동남아 국가들에게 반제국주의, 반식민·민족주의 그리고 강한 주권의식을 가지게 만들어 아세안 지역에 외부의 간섭을 막고 지속적인 협력을 통해 성장을 꾀해 보고자 하는 '아세안 민족주의'가 생겨나게 하는 계기가 되었다.

이후 아세안은 냉전이라는 구조적인 환경과 더불어 지역 내의 영토분쟁, 특히 사바(Sabah)주를 둘러싼 필리핀과 말레이시아의 영유권분쟁과 인도네시아와 말레이시아의 사르왁(Sarwak)지역에서의 충돌이라는 국가들 간의 갈등과 마찰을 해결하는 과정에서 형성·발전하였다. 냉전 종식 이후에는 국제적인 지역주의에 대응하여 회원국을 확대하는 등 결속을 강화하고 있다.

SCO는 새로운 국제환경과 역내 필요에 따라 진화하여 처음의 목표로부터 새로운 목표를 성공적으로 수립하면서 형성된 기구이다. SCO의 기원은 1980년대 말 시작된 중국과 소련, 중앙아시아 지역에서의 '변경지역 안정을 위한 신뢰구축과 군비축소'를 추구하는 양자 협상과 연관이 있다. 하지만 실질적으로는 1990년대 초 소련의 붕괴로부터 신생국으로 독립한 국가들과의 국경확정을 위한 회의에서 출발했다. 앞서 지적했듯이, 1996년 4월 및 1997년 4월에는 중국, 러시아, 카자흐스탄, 키르기스스탄 및 타지키스탄 등 5개국이 접경지역에서의 군병력 감축 등을 포함한 신뢰구축협정을 체결하기로 합의함으로써 상해 5국(Shanghai Five)을 탄생시켰다. 그리고 2000년 제5차 정상회의에서 이 모임을 보다 전면적인 협력관계로 확대하기로 하고 2001년 우즈베키스탄이 추가로 가입하여 SCO가 창설되었다.

한편, NAFTA는 대내외 경제환경 변화에 적응하는 차원에서 탄생하였다. 제2차 세계대전 이후 국제경제질서를 주도했던 다자무역협상체제, 즉 자유무역 실현을 위한 GATT체제가 1980년대부터 힘을 잃기 시작하면서 보호무역주의 경향이 나타나기 시작했다. 이에 대응하기 위해 주요 선진국들은 새로운 자유무역질서(WTO 체제)를 확립하기 위해 1986년부터 소위 우루과이 라운드(UR)라는 다자협상을 시작했지만 큰 진전을 이루지는 못하였던 상태였다. 게다가 1990년대에 접어들면서 국제무역질서에서 지역주의가 본격적으로 확산되기 시작했다.

특히, 유럽의 거대한 경제동맹체로 유럽을 단일경제권화하는 유럽연합의 출범이 초읽기에 들어갔으며, 아시아에서는 아·태경제협력체(APEC)가 활발한 활동을 보이고 있어 국제적인 지역주의가 나타나고 있었다. 게다가 동남아시아의 ASEAN도 역내 관세율을 2%로 인하하는 아세안자유무역지대 창설을 서두르고 있었으며, 중남미 지역에서도 시장통합이 가속화되고 있었다. 따라서 미국을 중심으로 한 북미 3국은 UR협상을 조기에 타결시키고 확산 일로에 있는 지역주의에 대응하기 위해 NAFTA를 체결하였다.

세 번째 특징은 공동체들은 출범 이후 동합의 범위를 확대하고 통합의 정도도 강해지고 있다. 즉, 공동체의 결속력이 점차 강화되고 있음을 보여주고 있다. 이러한 현상은 동북아공동체를 출범시키기는 어려워도 출범만 시키면 자연스럽게 결속력이 강화되어 협력강화는 물론 협력의 범위도 확대될 수 있음을 의미하는 것이다. 유럽연합의 통합에 대해서는 논의할 필요가 없을 것이다. 코헤인(Robert Keohane)과 호프만(Stanley Hoffman)은 EU를 '국가보다는 약하더라도 국제기구보다는 훨씬 더 강력한 공동체'로 간주하고 있으며,[22] 월러스(William Wallace)는 EU를 '연방에 미치지는 못

---

22) Robert Keohane and Stanley Hoffman, "Conclusions: Community Politics and Institutional Change," Williams Wallace ed., *The Dynamics of European Integ-*

하더라도 체제(regime) 이상의 것'으로 강조하고 있다.23) 한마디로 유럽연합은 정치적으로 연방국가와 국가연합의 중간지점에 놓여있는 독특한 체제이며, 통합의 수준이 가장 높다고 할 수 있다. 또한 탈냉전 이후 동유럽 국가들이 속속 유럽연합에 가입함으로써 통합의 외연도 넓혀가고 있으며, 유럽 전체를 하나로 묶은 공동체의 출현이 머지않았다고 판단된다.

ASEAN은 역내 국가들이 정치적, 경제적, 인종적, 종교적으로 많은 이질성과 다양성을 가지고 있으면서도 40여 년에 가깝도록 나름대로 성실하게 통합성을 유지하면서 지역협력체로 발전해 왔다. 출범 당시 ASEAN 회원국은 5개국에 불과했지만 현재는 10개의 회원국으로 확대되었다. 통합성의 측면에서 살펴 볼 때, 회원국들 간의 균일성을 전제로 고도의 경제적 통합을 이룩한 EU에 미치지는 못하지만, 협의체 수준의 협력도 쉽지 않은 동북아 지역에 비해서는 상당한 정도의 통합에 성공하였다고 평가할 수 있다.

한편, SCO는 회원국들의 국력차이만큼이나 회원국들 사이의 이해관계도 복잡하기 때문에 통합의 정도(결속력)는 EU와 ASEAN에 비해 상대적으로 낮다고 할 수 있다. 특히 동지역 내 미국의 영향력 확대 문제와 관련하여 역내 국가들의 입장은 더욱 복잡해지고 있다. 즉 중국과 러시아는 SCO를 반미조직으로 변화시키려는 의도를 가지고 있으나, 중앙아시아 국가들은 미국의 경제지원을 필요로 하기 때문에 중러의 움직임에 반대하고 있다. 게다가 우즈베키스탄, 키르기스스탄, 타지키스탄 간에는 해결되지 않은 영토 및 수자원의 분쟁문제도 존재하고 있어 역내국가 간의 갈등도 SCO의 결속력을 약화시키는 역할을 하고 있다.

NAFTA는 순순한 경제논리에 의해 체결되었기 때문에 다른 사례들에

---

ration (London and New York: Printer Publishers, 1990), p.279. 구춘권, "유럽연합과 국가성의 전환," 『국제정치논총』, 제44집 4호 (2004), p.292 재인용.

23) William Wallace, "Less than a Federation, More than a Regime: The Community as a Political System," Helen Wallace eds., *Policy-making in the European Community* (1983), 위의 논문, p.292에서 재인용.

비해 통합의 정도가 낮다. 보다 정확히 말하면 NAFTA 출범 이후 통합성에는 변화가 없다. NAFTA는 EU와는 달리 시장통합을 추구하지 않고 회원국들 간의 거시정책도 조정하지 않는 단지 확대된 자유무역성격을 가지고 있기 때문이다. 하지만 통합의 범위, 즉 회원국 수를 늘이려는 노력이 추진되고 있다. 한편, 미국을 중심으로 남북아메리카를 하나의 경제공동체로 묶는 미주자유무역지대 협상이 거의 마무리 단계에 와 있다.

네 번째 특징은 통합과 관련하여 통합의 유지 및 강화를 위해 제도화가 꾸준히 진행되어 왔다는 점이다. 여기서 제도화의 수준은 협정(조약)의 내용이 발전을 거듭하고 있느냐, 회원국들 간의 정상회담의 정례화 되어 있느냐, 상설사무국이 설치되어 있느냐에 따라 결정된다. 유럽연합은 단순한 국가 간의 모임이거나, 정치 혹은 경제 혹은 문화 등 특정 부문에 한정된 통합기구가 아닌 초국가적이고 포괄적인 연합으로 정치, 경제, 문화 및 법공동체로서 발전했다. 유럽연합의 출범 계기는 1951년 체결된 '유럽 석탄 및 철강공동체 설립을 위한 조약(The Treaty establishing the European Coal and Steel Community)'에서 비롯되었고, 마침내 1992년 유럽연합조약(The Treaty on European Union)이 체결되고 1993년 발효됨으로써 유럽연합이 공식적으로 탄생되었다.

또한 유럽연합은 국가에서와 같이 입법부(the European Parliament), 행정부(the European Commission), 사법부(the Court of Justice)를 모두 갖추고 있을 뿐만 아니라, 벨기에의 브뤼셀은 일종의 수도와 같은 역할을 하고 있다. 물론 유럽연합이 단일 유럽헌법을 채택함으로써 정치적 통합을 달성하려는 과정에서 개별 국가들의 이해관계가 갈등요인으로 작용해 당초의 완결체로서의 유럽연합 발족은 성사시키지 못했지만, 언젠가는 유럽합중국(The United States of Europe)으로 태어날 가능성도 배제할 수 없다.

아세안은 제도화의 수준이 미약하면서도 40년 동안 지속, 발전해 왔다. 하지만 제도적인 측면에서의 가장 두드러진 특징으로 독특한 지역협력개념 혹은 운영방식인 '아세안방식(ASEAN Way)'이 형성되었다는 점이다. 동남아시아 국가들의 다양성과 이질성은 독특한 지역협력개념을 만들어

내었고, 그것은 '느슨한 형태'의 지역협력을 통해 다양한 국가들을 받아들이면서 점진적인 통합을 추구하는 '아세안방식'이었다. 아세안은 '아세안방식'의 구현체였으며 초기 성공에 대한 불안감을 잠재우며 제3세계 성공적인 지역협력 사례로 불리게 되었다. 국가의 민족성과 주권의식이 강했기 때문에 지역협력을 위해서는 각각의 국가의 주권을 보장받고 내정간섭을 허용하지 않는 제도적인 합의를 필요로 했다. 이에 따라 아세안 협력의 '3대 기본 원칙' 중에 '존중의 원칙'[24]도 포함되게 되었다. 또한 이러한 원칙을 바탕으로 회원국 정상회담이 매년 개최되고, 상설사무국도 유지하고 있다.

　SCO도 제도화의 수준에서 볼 때 어느 기구보다도 제도화의 수준에 있어 뒤처지지는 않는다. SCO는 최고 정상회담이 매년 정기적으로 개최되

<표 19> 사례연구 특징 비교

	EU	NAFTA	ASEAN	SCO
협력분야 확대	안보→ 경제 → 정치	경제분야로 한정	안보→ 경제	안보→ 경제
국제환경 변화에 대응	냉전상황 대처 소련위협 대처 전후 경제회복 냉전종식 대처	탈냉전 시대 경제 지역주의	냉전 종식 경제 지역주의	소련 붕괴 국경문제해결 미국 견제
통합정도	상 정치통합 직전상태	하 자유무역협정 유지	중상 회원국 확대	중 반미연대, 지역문제
제도화수준	상 국가조직 유지 브뤼셀 (수도 역할)	하 초기 협정 유지 사무국 없음	중상 정상회의 상설사무국	중상 정상(총리)회의, 상설사무국

---

24) 아세안 협력의 3대 원칙은 자제(restraint), 존중(respect), 책임(responsibility)이다.

고 있고 다양한 분야에서의 실무 회담까지 제도화되어 있다. 국가적 이해를 조정하고 행정적 지원을 하는 상설사무국이 설치되어 있고, 특히 최근에는 안보분야에서의 협력이 크게 강화되고 있고 회원국들 간 반테러 훈련은 거의 매년 개최되고 있다.

하지만 NAFTA의 경우 제도화의 수준도 논할 수 있는 입장이 아니다. 정례 정상회의도 없으며, 사무국도 설치되지 않았고, 협정에 있어서도 1992년 체결된 북미자유무역협정에서 더 이상 발전하지는 않았다.

2. 동북아공동체 실현에 대한 시사점

지역통합과 관련된 역사적 경험의 차이를 고려하지 않는 단순한 모방은 오히려 문제만 잠복시키며 지역협력과 통합에 득이 될 수 없는 것으로 판단되지만, 냉전이 종식되었음에도 불구하고 안보위협이 증가추세에 있고, 경제적 상호의존의 증대라는 지역화의 경험에도 불구하고 지역주의[25] 가 출현하지 않는 동북아의 현실에 제3부에서 연구된 지역통합 사례에서 나타난 경험은 동북아공동체 실현에 많은 시사점을 제공해 주고 있다.

1) 국제안보 및 경제환경 변화에 대응

제3부 사례연구에서 살펴보았듯이 많은 지역공동체들이 국제정치, 안보, 경제환경의 변화에 대처하는 차원에서 형성되었다. 이는 동북아에도 국제안보 및 경제질서 변화에 보다 능동적으로 대처하는 차원에서 공동체 구축이 고려되어야 한다는 것을 시사한다.

국제정치적 측면에서 탈냉전 이후 세계는 이미 다극화되어 있다고는 하지만 미국이라는 초강대국을 중심으로 단일-다극체제(Uni-Multipolar System)를 유지하고 있다.[26] 미국은 중요한 국제적 사안을 해결하기 위해서 강

---

25) 일반적으로 지역화는 시장유도적인 과정들 및 이와 관련된 지역 프로젝트들의 총합을 지칭하는 개념임. 반면 지역주의는 정부 및 시민사회가 해당 지역을 일종의 공동체로 묶어내는 정치적 형성의지를 포함하는 개념임.

대국들의 동의 또는 협조(concert)를 구하기보다는 유일초강대국으로서 패권적 국제질서를 구축하려 하고 있다. 이에 중국과 러시아는 미국의 독주를 저지하기 위한 협력에 박차를 가하고 있다.

게다가 미국의 일방주의에 프랑스와 독일도 반발하고 있는 상황이다. 물론 현재까지는 패권국인 미국에 도전할 수 있는 능력을 가진 국가가 출현하지 않았고, 미·영·일 연합에 대항할 수 있는 세력도 등장하지 않아 범세계적인 평화가 유지되고는 있으나, 이는 불안정한 평화유지라고 할 수 있다. 이러한 상황을 유럽연합, SCO, ASEAN은 결속력 강화를 통해 공동으로 대처하고 있으나, 동북아에는 아직 이러한 지역공동체가 실현되지 못해 국제사회에서 상대적으로 제목소리를 내지 못하고 있다고 할 수 있다.

국제 경제질서에서도 한편에서는 자유무역체제(WTO)가 작동을 하고 있음에도 불국하고 경제지역주의 현상이 뚜렷하게 나타나고 있다. 세계경제의 지역블록화에 뒤처짐에 따라 동북아 지역 국가들은 지역블록의 배타적 무역정책에 의해 경제적 피해를 입고 있으며 국제적인 협상무대에서도 불리한 입장에서 기존 지역통합체에 속한 국가들과 대응해야 하는 처지에 놓여 있다. 북미국가들이 세계화와 지역주의의 추세에 기민하게 대응하여 NAFTA를 출범시킨 것과 같이 동북아국가들도 세계적인 지역주의 추세에 신속히 대응해야 할 것이다.

즉, 동북아 차원의 경제공동체 성립은 동북아시아 지역이 국제사회에서 유리한 교섭을 수행하거나 정당한 대우를 받기 위하여서도 반드시 필요하며, 이러한 지역협력을 기초로 국제사회에서 자신의 지위와 위치를 확보할 수 있다. 따라서 우선 인접하고 세계적 경제실체로서 자타가 공인하는 한·중·일이 지리적 근접성을 최대로 이용하는 동북아 경제협력체

---

26) 탈냉전 이후의 국제체제는 단일-다극체제(uni-multipolar system)이고, 이 체제는 하나의 초강대국(superpower 또는 hegemon) 미국과 여럿의 강대국들(major powers 또는 regional powers)이 존재하고 있는 세계를 말한다. Samuel P. Huntington, "The Lonely Superpower," *Foreign Affairs* (March / April 1999), p.35.

제를 구체화시킬 필요가 있으며, 전 세계적 지역주의 확산에 대응하여 국제무대에서 개별국가가 갖는 협상력의 한계를 극복하는 대안으로서 경제협력의 필요성이 증대되고 있다.

2) 지역 안보환경 및 경제환경 변화에 대응

사실 동북아 4강이 세계 4강이기 때문에 국제적 변화와 지역적 변화를 따로 떼어 분석하기는 어렵다. 하지만 우리는 동북아지역의 안보 및 경제 상황이 국제안보 및 경제 상황과 약간 차이가 있음을 발견할 수 있다. 예를 들면, 전반적인 국제안보상황은 패권국인 미국에 의해 어느 정도 안정적으로 유지되고 있다고 할 수 있으나 동북아의 안보상황은 매우 불안정한 상태라 할 수 있으며, 경제상황에 있어서는 다른 지역에 비해 상호의존도가 매우 높은 상태이다. 이러한 비교는 현시점에서 다른 지역과의 단순비교는 아니고, 다른 지역에서 공동체가 출범할 당시 상황과 비교한 것이다.

동북아 안보상황을 간략히 살펴보면, 미국, 일본, 중국, 러시아라는 세계 4강이 각각 대립되는 안보정책을 추구하고 있어 불안한 안정이 유지되고 있다. 즉, 언제라도 강대국 간의 갈등이 분출될 수 있는 상황이다. 게다가 동북아 지역국가들 간의 군비경쟁은 냉전이 종식된 지금 새로운 영향력 확보를 위해 지속적으로 추진되고 있다. 남북 간의 군비경쟁은 이미 오래된 일이고, 중·일 간의 군비경쟁은 중국의 경제성장으로 인하여 가속화되고 있다. 또한 이 지역에서는 냉전시대의 영토·주권분쟁 요인이 아직도 존재하고 있다. 남북한 및 중국과 대만의 통일문제, 한국과 일본의 독도문제, 일본과 중국의 조어도 문제 및 남중국해의 남사군도(Sprately Islands) 영유권 문제, 일본과 러시아의 북방도서 문제 등이 미해결 상태로 남아 있다. 비록 무력충돌에는 이르지 않았지만, 독도영유권 문제를 놓고 한국과 일본이 첨예하게 대립하고 있으며, 조어도 영유권을 놓고는 중·일 간이 대립하고 있다.

여기에 일본의 역사왜곡에 대한 한국과 중국의 반발은 더욱 고조되고 있는 상황이다. 끝으로 북한의 핵실험으로 국제사회가 대북제재에 나서고 있어 북한의 군사적 반발이 우려되고 있다. 한마디로 냉전이 종식되었음에도 불구하고 동북아의 군사적 긴장은 전혀 줄어들지 않고 오히려 증가되고 있는 추세다. 또한 동북아 차원과 한반도 차원의 신뢰구축 및 군축의 실현은 상호 배타적인 것이 아니라 상호보완적인 것이다. 이는 동북아에서의 갈등처리의 실패는 곧바로 한반도에서의 갈등으로 이어지고, 그 반대로 한반도에서의 갈등은 곧 동북아의 갈등으로 이어질 수 있다는 점을 감안해 이러한 갈등을 대화로 풀 수 있는 동북아 안보공동체 구축이 시급하다.[27]

반면 경제적 측면에서, 냉전종식 중국경제의 개혁개방, 러시아의 체제전환 등에 따라 동북아 역내 국가 간의 경제교류가 급격히 확대되고 있는 상황에서 동북아지역은 유럽, 미주에 이은 세계 3대 경제권으로 부상하고 있다. 그리고 동북아의 한·중·일 3국의 경제교류가 급격히 확대되어 상호 간의 무역비중이 서로 1, 2위를 달리고 있다. 이에 따라 관세 및 비관세장벽의 제거 등 무역자유화와 무역원활화에 대한 요구가 점증하고 있다.

따라서 경제통합, 특히 그 첫 단계로서의 자유무역지대의 출범은 동북아 지역국가 간의 무역을 획기적으로 확대시키고 각 국가의 산업경쟁력을 제고시킬 수 있는 조치라 할 것이다. 비록 역내 차원에서 경제협력을 위한 공식적인 제도는 아직까지 만들어지지 않고 있지만, 역내 무역액, 상호 무역의존도 등이 지속적으로 증가해 왔으며, 최근에는 양자 간 FTA 등을 통해 보다 활발한 협력을 하고 있다. 향후 한국은 한·중·일 자유무역지대 설립을 위해 협상을 시작해야 한다. 이 과정에서 한국은 중국이라는 세계 최대 시장을 어떻게 활용할 것인가를 고민해야 한다.

결론적으로 동북아 안보환경과 경제환경이 열악해지고 있는 상황에서

---

27) 이대우, "동아시아 다자안보협력 동향 및 활용방안," 『한반도군비통제』(서울: 국방부 군비통제자료 37, 2005.6), pp.51-52.

동북아공동체가 출현할 시기가 되었음을 시사한다. 궁극적으로 역내 협력과 통합을 제도적으로 강화하여 신뢰, 호혜, 상생의 지역공동체를 건설함으로써 평화와 번영의 동북아 여건을 확보해 나가는 것을 목표로 하는 '동북아시대 구상'을 구체화시키기 위해서는 냉전적 요인들을 제거하고 역내 결속력을 다지는 일이 무엇보다도 시급하다 할 수 있다.

3) 역사·문화적 요구: 동북아 정체성 확립

사례연구를 통해 지역공동체를 구축하는 데에는 역사적 경험과 문화적 교류가 긍정적 역할을 했음을 알 수 있다. 물론 유럽통합의 마지막 단계에서 문화적 차이가 걸림돌이 되기도 했다.

우선 유럽통합의 시작이 독일의 역사적 범죄에 대한 철저한 반성과 함께 시작되었었던 점은 매우 시사적이다. 한·중·일은 19세기 후반과 20세기 전반에 걸쳐 침략과 투쟁의 역사를 겪어 왔다. 특히, 한국은 일본의 제국주의 미청산에 대해 크게 반발하고 있으며, 중국의 역사왜곡 등 중화주의의 발호에 큰 우려를 가지고 있는 상황이다.

따라서 '동북아시대 구상'을 실현하기 위한 첫 번째 노력은 3국의 공유된 역사인식을 창출하는 것으로, 3국이 모두 참여하는 정부차원의 '아시아 역사 연구회'를 발족시켜, 3국이 인정하는 동북아 역사를 정립해야 한다. 그리고 나서 유럽에서와 같은 공동의 역사교과서를 발행함으로써 후대들에게 정확한 아시아 역사를 가르쳐야 한다.

둘째, 모습은 유사하나 한·중·일 3국은 인종적으로 너무나 상이하기 때문에 3국의 활발한 문화교류를 통해 '하나의 동북아'라는 정체성을 만들어가야 할 필요가 있다. 그 중 과거 유교 및 불교 문화권에 속했던 한, 중, 일의 경우는 공통된 문화유산 속에서 문화협력을 할 수 있는 연결고리를 발견할 수 있을 것이다.

셋째, 유럽의 경험에 비추어 지역협력에 적극적인 동북아 시민사회 네트워크를 구축하여 이들이 지역협력의 가치를 공유해 문화공동체를 실현해야 한다.

결론적으로 한·중·일의 인적, 물적 교류를 통한 유대감이나 정체성의 형성이 점차 확대되어 간다면 동북아의 협력의지를 강하게 하고 동북아 문화공동체를 만들 바탕을 제공하게 될 것이다. 동북아 문화공동체를 창설한 경우 자본과 인력이 자유롭게 드나들고 분쟁처리 시스템을 구축하여 콘텐츠 기업들 간의 네트워크를 형성함으로써 동북아시아 차원에서 규모의 효과를 도모할 수 있다. 또한 한·중·일 국내시장의 한계를 극복하고 치열한 경쟁 속에 문화산업을 구조조정하여 경쟁력을 높일 수 있을 것으로 예상된다.

4) 제도화 수준

지역공동체 구축에 있어 제도화의 수준은 큰 영향을 미치지 않는다고 할 수 있다. 이는 NAFTA를 제외한 나머지 사례에서 나타났듯이, 공동체가 출범하면 정도의 차이는 있으나 자연스럽게 제도화 수준이 높아짐을 의미한다. 오히려 제도화를 논할 때 중요한 사실은 초기 제도화, 즉 공동체 구축 초기 단계에서 주도국과 정치지도자들의 의지가 매우 중요한 역할을 해야 한다는 것이다.

동북아에서도 탈냉전에 접어들면서 역내 공동체 제의가 한국, 일본 및 러시아 등에 의해 있었으나, 정부 차원의 소극적 대응으로 인해 무산된 경험을 가지고 있다. 한마디로 '동북아시대 구상'을 주창한 한국이 동북아공동체 구성에 적극적인 역할을 할 필요가 있다. 즉, 한국은 이미 동북아공동체 구성을 위해 가교·거점·협력국가 될 것을 선언한 상태이다. 물론 주변국들의 인정은 아직 받지 못한 상황이지만, 중국과 일본의 지역 차원의 패권경쟁 구도는 상호 간의 협력을 진행시키는데(또는 추진하는데) 큰 장애로 작용할 수 있기 때문에 패권경쟁의 의심을 받지 않는 한국이 주도적인 역할을 할 수 있을 것으로 기대된다.

또한 동북아 정치지도자들도 동북아공동체 구성에 대한 확실한 정치적 신념을 가져야 한다. 유럽통합 과정에서 프랑스의 슈망과 독일의 아데나워의 노력을 상기할 때, 동북아에서도 정치적 지도자들 간 교류를 통한 인식공유는 지역협력과 통합에 절대적으로 기여할 것이다. 특히, 지도자들의 지역협력에 대한 비전 또는 지역협력의 당위성을 설득하는 지도력과 담론 발전은 필수적이다. 아세안의 경우에도 정치지도자들의 강력한 협력의지 없이는 경제협력 자체가 불가능할 뿐만 아니라 협력의 성과도 크지 않았을 것이다. 아세안이 출범한 이후에도 수많은 정치·경제적 이해관계의 차이로 심각한 갈등으로 표출되기도 했으며, 협력이 파국으로 치달을 때도 있었으나, 이러한 어려움은 회원국 정치지도자들의 빈번한 대화와 접촉을 통해 극복되었다. 따라서 동북아 국가지도자들의 문제해결 의지와 빈번한 접촉을 통한 신뢰성을 확보가 무엇보다 중요하다고 할 수 있다.

3. 소결: '동북아시대 구상' 추진시 고려사항

끝으로 한국 정부가 '동북아시대 구상'을 추진할 때 고려해야 할 사항을 살펴보면 다음과 같다.

첫째, '동북아시대 구상'을 실현하는 과정에서 동북아국가는 아니지만 정치·경제·문화 등 다방면에서 깊은 관계를 맺고 있는 미국의 지지를 얻어야한다. 물론 궁극적으로 미국을 동북아공동체에 회원국으로 받아들여야 하지만, 공동체 구축과정에서 패권국인 미국의 지지는 필수적이다. 사실 현재 상황에서 동북아 지역주의가 본격화될 때 미국의 반대가 있을 가능성이 높다. 특히, 미국은 동북아에 안보공동체를 구축하는 데에는 소극적인 자세를 견지하고 있기 때문이다. 또한 미국과 중국이 잠재적 경쟁관계에 있고, 보다 크게는 역내에 미국과 일본 주도의 해양세력과 중국과 러시아 주도의 대륙세력 간 경합과 갈등이 수그러들지 않고 있기 때문이다.

따라서 동북아를 핵심적으로 구성하는 한국, 중국, 일본 3국은 우선적으로 미국과의 포괄적 협력을 바탕으로 경제협력을 점진적으로 제고하여 상호의존 및 협력의 중요성을 인식해 경제협력 공동체를 구성하는 노력을 기울일 필요가 있다. 그리고 안보영역에서 6자회담을 비롯해 역내 다자정상회의 등을 발족시켜 포괄적 안보협력을 추진해 나가는 것이 중요하다. 미국이 이런 과정에서 점진적으로 양자협력(한·미동맹, 미·일동맹)과 다자협력이 병존할 수 있음을 확인하도록 역내 국가들이 공동노력을 확보하는 것이 우선적 과제이다. 물론 동북아국가들과 미국의 관계 재설정은 대단히 어려운 과제이지만 지역협력의 심화를 위해 회피할 수 없는 과제로 판단된다.

둘째, NAFTA 추진과정에서의 각국의 노동계층의 반대가 제약요인으로 작용했던 점을 간과해서는 안 된다. NAFTA의 경우 관세인하 등 무역장벽의 제거에 따라 국내산업의 보호 장벽이 제거됨으로써 국내 고용시장에 큰 영향을 미쳤다. 특히, 고용감소 효과가 나타나는 산업을 중심으로 각국의 노동계층의 반대가 제약요인으로 작용했다. 실질적으로 미국과 캐나다의 미숙련노동자들은 임금수준의 악화와 고용의 불안정을 겪었으며 숙련직 노동자와의 임금격차도 확대되었다. 이러한 문제는 경제적 발전단계기 상이한 동북아 국가 간에도 심각한 제약요인으로 작용할 것으로 보인다. 따라서 동북아 경제공동체를 구축하는 과정에서 취약산업에 종사하고 있는 노동자들에 대한 고용재배치, 전직훈련 등 고용의 불안정을 해소하기 위한 조치가 신중하게 고려되어야 할 것이다.

셋째, 항구적인 통합을 이룩하기 위한 문화적 접근방법이 필요하다는 인식을 하게 되었다는 점을 특히 감안할 필요가 있다. 동북아의 경우, 아직 공동체 형성의 초기과정에서 통합의 정치·경제적 실익을 강조하는 수준을 크게 벗어나지 못하였으며, 문화공동체 수립의 필요성에 대한 구체적인 논의나 실행이 빈약한 실정이다. 유럽의 공동체 형성과정이 정치·경제적 통합 노력과 더불어 역사와 문화를 중심으로 한 문화적 접근방법을 강조하고 있듯, 동북아공동체의 논의도 늦지 않게 정치(안보)·경제 중심과 함께 문화 교류도 적극 구체화할 필요가 있다.

즉, 역내 경제 또는 안보분야 협력을 위한 초기 단계에서부터 역내 문화교류를 역내 국가들이 공동사업으로 추진하는 노력을 결집해 나가는 것이 필요하다는 것이다. 아울러 동북아에는 일부 국가들 간 문화적 동질성을 가지고 있으나, 이를 교류하고 확대 재생산하려는 노력이 정부 차원에서는 거의 없다. 정부 차원에서 의식적으로 자본을 투자하는 노력이 필요하다. 특히, 미래의 동북아 정체성을 확보하기 위해서는 청소년 교류 및 확대가 절대적으로 긴요하다. 그리고 단순히 전통문화를 인식하고 이해하는 것도 필요하나 문화·역사의 이름에 가려 이들에 치중하기보다 대중문화의 교류 속에서 공동의식을 키워 문화코드를 역내에 동질적으로 발전시키는 것이 필요하다.

넷째, 유럽의 문화정책에서 보듯, 동북아에도 보다 구체적으로 목표를 설정하고, 회원국과 공동체 문화정책 간의 정보교환과 협력을 촉진시키는 작업이 필요하다. 또한 문화협력을 위한 역내 감독기구도 출범시키고 동북아 핵심 3개국이 문화협력 추진시 유럽의 가중다수제를 도입하고 충분한 문화기금을 설치하도록 협력할 필요가 있다.

다섯째, 지역적 냉전이 완전 해소되지 않은 동북아에서도 일단 포괄적 성격의 협력을 모색하는 것이 필요하다. 왜냐하면 정치적 신뢰와 군사적 협력 강화는 비정치적·비군사적 협력과 동시에 그리고 포괄적으로 진행될 때 가장 효과적이기 때문이다. 즉, 경제·과학·기술·환경과 관련된 협력은 물론, 인도주의적, 문화적 협력 역시 군사적 협력만큼 중요한 안보협력으로서의 역할을 하기 때문이다.

끝으로 동참할 의사가 있는 국가 중심으로 단계적으로 동북아공동체를 확대해 나가는 전략을 적용함으로써 '동북아시대 구상'의 실현 시기를 앞당겨야 하고, 동북아 지역협력을 전담하는 상설조직의 운영을 통해 동북아공동체 구축에 대한 긍정적인 여건조성과 실질적 공동체 결성을 지속적으로 추진하는 방안도 검토할 필요가 있다.

|제11장|

동북아시대 구상의 과제와 전략

'동북아시대 구상'은 대립과 갈등의 동북아에서 '평화와 번영의 동북아시대'로의 새로운 질서를 창출하고자 하는 국가전략이자 지역차원의 미래 비전이다.

'동북아시대 구상'은 동북아 차원에서 통합과 협력의 새로운 질서를 구축하여 평화와 번영의 선순환 구조를 정착시키기 위한 대외협력전략이며, 한반도 차원에서는 관계국 간 협력을 통해 북핵문제 해결과 한반도 평화체제 구축을 모색하는 구상이다. 또한 국내적 차원에서는 동북아의 변화에 조응하는 혁신과 개혁을 통해 내부역량을 강화하고, 국민의 행복과 안녕을 이루기 위한 국가전략이다.

동북아는 지리적으로 남북한, 중국, 일본, 러시아를 포함하고 있으며, 기능적으로 널리 미국과 아세안이 포함된다. 동북아는 한, 중, 일 세 나라만으로도 세계 GDP의 20.9%, 세계 인구의 23.6%, 세계 무역의 15.2%를 차지하는 하나의 커다란 지역으로 인식되고 있다. 특히 동북아지역은 냉전해체 이후 역내 협력공간이 외연적 확대와 역내 경제적 상호의존도와 경제통합 움직임의 증대 및 역내 사회·문화적 교류연대 확산이라는 협력의 여건이 개선되었다.

게다가 기술 및 자본 대국인 일본, 거대 시장인 중국, 활력과 혁신의 한국 그리고 자원대국인 러시아가 속해있는 만큼 엄청난 잠재력도 가지고 있다. 이에 따라 동북아는 세계경제의 새로운 성장 동력으로 부상하면서 '동북아시대'를 위한 지역협력의 기회를 맞이하고 있다. 그러나 북핵문제, 영토분쟁 등 역내 안보 불안요소가 상존하고 있으며, 경쟁격화와 협력제도화의 미비, 폐쇄적 민족주의, 상호불신의 확산 등의 도전요인과 그에 따른 해결과제들이 존재하고 있다.

한국이 위와 같은 안보, 경제, 사회·문화 차원의 상존하는 도전요인들을 극복하고 '동북아시대 구상'에서 목표로 하고 있는 '가교국가·거점국가·협력국가'가 되어 '평화와 번영의 동북아공동체' 건설을 추진하기 위해서는 각각의 차원의 합리적이고 적절한 전략들을 필요로 한다.

I. 동북아시대 구상의 도전과 과제[1]

1. 안보적 차원의 도전과 과제

평화와 번영의 '동북아시대'를 실현하기 위해서는 한반도 및 동북아의 안보적인 차원의 도전요일들을 해결해야 한다. 첫 번째 도전요인은 북한

---

[1] 동북아시대위원회, "동북아경제중심 추진의 비전과 과제"(2004년 2월 11일), "평화와 번영의 동북아시대구상 ― 비전과 전략"(2004년 8월 13일), "동북아 사회·문화교류협력 실태에 관한 연구"(2006년 1월 12일), "동북아문화공동체의 의의와 전망"(2006년 8월 19일); 통일연구원 주최 학술회의, 「동북아구상과 남북관계 발전전략」(2006년 6월 28일); 이창재 외, 『동북아 경제공동체 실현을 위한 단계적 추진전략』(대외경제정책연구원 연구보고서, 2005년 12월 20일); 김명섭, "21세기 동북아 안보: 주요 도전과 기회," 「동북아 신안보구도와 다자안보협력: 전망과 과제」(참여정부 출범 3주년 기념 동북아 평화·번영 심포지엄, 2006년 2월 28일) 등을 참고로 작성하였음.

의 핵문제이다. 북한 핵문제는 현안문제인 동시에 중장기적 문제로서, 한반도 평화정착뿐만 아니라 동북아의 평화와 안정, 나아가 역내 다자안보협력 실현과 직결되는 문제다. 현재 여러 차례의 6자회담을 통해 협상을 하고 있지만, 북미 간의 갈등과 북한의 미사일발사 등 협상이 난항을 겪고 있다. 만약 협상이 장기화되어 북한의 핵보유가 기정사실화 될 가능성이 높아진다면, 이는 남북관계 개선과 동북아공동체 추진에 큰 어려움을 줄 것이다.

둘째, 양안위기, 영토분쟁, 비전통적 안보문제 등 역내 안보적 불안요소는 동북아 안보공동체 형성에 걸림돌이 되고 있다. 양안위기는 중국-대만간의 문제일 뿐만 아니라 미국, 한국, 북한이 연루되어 지역적 차원의 문제로 확대될 수 있는 문제이다. 또한 센카쿠 열도, 쿠릴열도를 둘러싼, 중-일, 중-러 간의 영유권 분쟁과 해양관할권을 둘러싼 한, 일, 중, 러 간의 마찰도 상존하고 있다. 특히 중-일, 일-러 간 우발적인 군사적 마찰이 발생할 가능성이 있으며, 최악의 경우 제한적 군사충돌로 비화될 가능성도 있다. 이에 따라 한국의 해상교통로도 위협받을 수 있다. 또한 동북아 지역에서도 테러, 인권, 대량살상무기 확산, 환경오염 등 비전통적인 안보문제가 대두되어 종래의 재래식 안보와는 다른 다국적 차원의 안보 불안감을 조성하고 있다.

셋째, 동북아 안보공동체의 도전요인으로 중국의 급부상과 중-미, 중-일 관계의 불안정성을 들 수 있다. 중국의 급격한 국력성장은 미국과의 갈등을 가져왔으며 이 두 강대국의 대립은 동북아공동체형성을 어렵게 만들어 왔다. 또한 동북아의 중심국가인 중국과 일본은 역내 지도력을 둘러싼 갈등뿐만 아니라 군비경쟁, 역사, 외교적인 문제로도 마찰을 빚고 있다. 이러한 강대국들의 대립과 갈등은 여전히 역내 지도력의 부재를 가져오고 있으며 동북아 다자안보협력을 더욱 어렵게 하고 있다.

넷째, 9·11테러 이후 미국의 대(對)세계전략 변화와 동맹관계의 재조정으로 인한 한·미 간의 이해대립 및 역내 불안정성을 들 수 있다. 9·11 테러 이후 미국은 보다 일방적이고 강압적인 외교방식을 취하고 있으며,

미국본토 및 동맹국들을 방어하기 위한 세계전략을 수정했다. 이에 따라 미국은 동맹관계를 다시 설정하였고, 지난 50여 년간의 한미동맹도 변화하게 되었다. 그동안 한미관계가 북핵문제 해결 및 주한미군 조정 문제 등에서 나타난 마찰로 상당히 흔들려 온 만큼 미국의 동맹관계의 재조정 문제는 한반도의 안보상황에 큰 변화를 줄 것이다. 현시점에서 한미동맹의 균열은 곧 북한의 군사적 위협과 한반도 평화체제의 균열을 의미하는 동시에 나아가 동북아지역의 안보불안감을 가져올 것이다.

이러한 동북아지역의 안보적 도전으로 인해 '동북아시대 구상'의 실현은 어려운 작업이 될 것이다. 따라서 중장기적인 시각에서 '동북아시대 구상'을 실현시키기 위한 우리의 안보과제는 다음과 같다.

첫째, 한반도 평화체제 구축을 위한 방안들이 마련되어야 한다. 남북교류협력을 강화하여 신뢰감을 구축할 필요가 있다. 또한 북핵문제의 해결을 위해 지속적인 노력이 필요하다.

둘째, 협력적 자주국방을 실현해야 한다. 협력적 자주국방의 실현은 미래 한미동맹의 발전과 연계하에 한반도의 전쟁 재발을 억제하고 평화통일을 뒷받침하며, 나아가 동북아 평화와 안정에 기여할 수 있는 능력과 체제를 구축하는 과제이다. 이는 국방개혁을 통해 효율적인 선진국방체제를 달성해야 함을 의미한다.

셋째, 균형적인 실용외교를 통해 국제적 공헌의 확대를 통한 국격을 제고하고 '평화와 번영의 동북아시대' 실현을 주도해야 한다. 이를 위해 주변 4국과의 협력외교 강화, 대 주변 4국 전략의 재정비를 통한 한반도 평화·공영 구도의 구축 노력, 외교역량 강화를 위한 선진외교체제의 구축 등의 구체적인 과제가 제안될 수 있다.

넷째, 향후 한미동맹을 '단순한 군사동맹'을 넘어 '포괄적, 역동적, 호혜적 동맹'으로 발전시켜야 한다. 이를 위해 한반도 평화정착과정에서 파생되는 마찰을 해소하고 주한미군 재조정 등 쟁점현안의 원만한 합의와 추진을 위한 전략들이 고려되어야 한다.

다섯째, 동북아 다자간 안보협력을 위한 동북아 안보협의체 구축에 선도적 노력을 경주해야 한다. 이를 위해 동북아 국가들의 정상회담 및 장관급회담 추진, 북핵문제의 극복방안 강구, 동북아 평화구축센터 설치 및 평화포럼의 개최 등의 구체적이고 단계적인 전략들이 필요하다.

2. 경제적 차원의 도전과 과제

현재까지 '동북아시대 구상' 추진에 있어 가장 활발한 협력을 보이고 있는 것은 무엇보다 경제협력이다. 그럼에도 불구하고 동북아에는 여전히 하나의 통일된 경제협력체도 만들어지지 못하고 있으며, 역내 국가들의 이해관계와 마찰에 따라 경제관계도 변화하는 불안정한 양상을 보이고 있는 등 도전요인들이 존재한다.

첫째, 중국의 급부상에 따른 수평적 경합구도의 심화로 경제협력이 도전받고 있다. 합의된 지역통합 이념 및 비전의 부재로 협력보다는 경쟁이 우선시 되어온 동북아지역에서 중국의 경제적 성장은 '중국위협론'으로 불리기도 하면서 타국과의 경쟁관계를 심화시키고 마찰을 불러오는 요인으로 등장했다.

둘째, 동북아 경제협력의 제도화가 미비하여 지속적이고 발전적인 경제협력을 추진하는 데 어려움을 겪고 있다. 동북아는 쌍무간 FTA만 존재하고 다자간 FTA 형태의 경제통합체가 없는 유일한 지역이다. 또한 에너지, 철도, 환경 등 분야별 협력을 위한 다수의 협의체를 운영하고 있으나 실질적인 성과도 미흡하다. 특히 이런 제도화의 미비는 국가 간의 정치, 외교적 분쟁이나 마찰이 발생할 때 경제협력에도 영향을 미치는 중요한 요인으로 작용하고 있다.

셋째, 지역통합과정을 주도할 구심점과 합의구조가 결여되어 있다. 역내 국가들은 국가민족주의가 만연해 있으며, 과거사의 미청산으로 외교안보적 긴장관계가 상존하고 있어 합의에 도달하는 데 큰 어려움을 겪고 있다. 특히 중·일 간의 패권 경쟁과 한국의 중재자 역할의 부족은 내적 구심점의 부재로 나타나 협력의 주도자가 없어 협상의 어려움을 겪고 있다.

이러한 동북아 경제협력의 도전요인들로 인해 '동북아시대 구상'에서 추구하고자 하는 목표를 달성하기 위해서는 몇 가지 실천해야 할 과제들을 안고 있다.

첫째, 중장기적인 관점에서 단계적으로 경제통합전략을 수립해야 한다. 실현이 용이한 개별사업부터 우선 추진하여 축적된 성과를 바탕으로 다음 단계로 이동해 가는 것이 바람직하다. 따라서 양자 간 FTA를 우선적으로 추진하고 이를 토대로 지역내 FTA로 확산시키는 방향이 되어야 한다.

둘째, 명확한 목표와 기대이익을 제시하여 중국과 일본의 참여를 유도해야 한다. 동북아 경제공동체를 구상할 경우, 동북아의 대외 경쟁력이 강화되며, 역내 생산비용 및 거래비용의 절감으로 시너지효과를 얻을 수 있다. 또한 환경, 에너지, 환율 등 지역 공동이슈에 대한 해결의 틀을 마련할 수 있고, 경제협력을 매개로 근현대사에서 누적된 갈등을 해소하는 계기가 되어 북한의 개방과 남북통합을 유도할 수도 있다.

특히 다양한 경협의 결과로 상호의존성이 증대되면 '안보외부효과'도 발생하게 되며, 미국주도 세계화과정에 대한 견제와 균형자 역할을 할 수 있게 된다. 한국은 경제협력에 이러한 기대이익이 나타날 수 있음을 지속적으로 중국과 일본에게 인지시켜 동북아 경제협력을 활성화시키고, 한·중·일이 중심이 되어 동북아 경제협력체를 제도화하는데 일조해야 한다.

셋째, 경제협력은 두 가지 사안과 동시병행 혹은 연계되어야 한다. 하나는 경제영역의 다양한 협력사업과 FTA를 동시 추진하여 장기적으로 동북아 경제공동체로 수렴할 수 있게 하는 것이다. 다른 하나는 동북아 경제협력과 남북경협을 연계해야 한다. 동북아 경제협력을 통해 북한의 개방·개혁을 유도하고, 한편으로 동북아 경제협력을 촉진할 수 있도록 남북 경제협력 사업을 설계해 상호 시너지효과를 극대화시킬 수 있는 방향을 모색해야 한다.

넷째, '동북아시대 구상'의 경제협력을 위한 실천과제와 목표를 위해 구체적인 전략들을 제시해야 한다. 물류허브, 금융허브, 전략적 외자유치 등을 순조롭게 이끌어 갈 수 있는 보다 구체적인 전략들과 함께 동북아 FTA, 에너지, 환경 등의 각 분야별 추진전략을 세워 실천해나갈 필요가 있다.

3. 사회·문화적 차원의 도전과 과제

'동북아시대 구상'은 사회·문화 공동체를 형성하기 위해 역사적 갈등의 해소, 문화적 공감대 확보, 평화와 번영의 동북아 미래상의 공유, 동북아인으로서의 소속감과 정체성의 형성이라는 목표를 제시하고 단계적인 추진을 제시하였다.

그러나 동북아지역의 사회·문화 협력에는 몇 가지 도전요인들이 존재하고 있다. 첫째, 왜곡된 역사인식이다. 일본은 1980년대를 전후하여 근대사를 왜곡하고, 이런 왜곡된 역사교과서를 채택하여 잘못된 역사인식을 배양시켜오고 있다. 중국 역시 동북공정을 주장하는 등 잘못된 역사를 인식시키고 있다. 이런 왜곡된 역사문제는 한·중·일 간 상호불신감을 심어주었고 외교마찰로 이어져 한·중·일 간 협력의 속도를 늦추는 역할을 하고 있다.

둘째, 동북아 역내국가 간 폐쇄적이고 배타적인 민족주의가 만연하여 국가들 간의 충돌가능성이 증대했다. 일본은 정부 고위관료들의 야스쿠니신사 참배와 자위대의 '보통군대화' 움직임 등 강한 내셔널리즘을 보이고 있다. 또한 중국도 사회주의 이데올로기의 대안이자 비약적인 경제발전에 힘입어 애국주의나 중국중심주의 바람이 불고 있다. 한국 역시 순혈주의 경향 및 일부의 과도한 내셔널리즘은 '반한감정'을 불러오는 계기가 되고 있다. 이런 동북아 주요 3국 간의 민족주의 강화는 사회·문화적 협력에 커다란 장애가 되고 있다.

셋째, 한류(韓流)·한풍(漢風)·화풍(和風)의 확산되는 과정에서 오히려 이들 간의 문화적 경합이 심화되고 있다.

그러나 동북아는 불교, 유교 문화의 공유, 한자 문화권이라는 유사한 문화적 전통과 예술, 체육, 관광 등 문화 분야의 활발한 교류 및 경제교류의 심화와 상호의존성의 증대로 인해 사회·문화 분야의 협력의 가능성이 증대되고 있다. 따라서 역내 사회·문화 부분의 협력을 보다 심화시키고 공동체 건설을 위해 다음과 같은 과제들이 제시될 수 있다.

첫째, 외교·안보적인 대응과 사회·문화 협력의 병행추진이 이루어져야 하는 과제가 있다. 즉, 외교·안보에서 갈등을 겪더라도 사회·문화협력은 지속적으로 추진해야 한다.

둘째, 중장기적인 시각에서 '동북아시대 구상'에 대한 대내외적 공감대를 형성하고 협력 동반자를 확보할 필요가 있다.

셋째, 역사인식을 재정립해야 한다. 한·중·일 공동역사 교재 발간의 추진, 한·중·일 공동역사 부교재 활용도의 제고, 동북아역사재단을 중심으로 국내외 네트워크의 구축 등이 구체적인 방안이 될 수 있다. 특히, 과거 독일과 프랑스, 독일과 폴란드 사이의 공동역사 교과서를 발간한 사례를 통해 알 수 있듯이 한·중·일 간 공동의 역사교재를 통한 올바른 역사인식의 중요성을 배울 수 있다.

넷째, 배타적 민족주의를 열린 민족주의로 전환해야 한다. 동북아 역사공동체험 사업을 실시하거나 동북아 지역쟈치단체 간 협력을 활성화하여 국가 간 대립구도를 완화시키는 등의 실천방안 등을 마련할 수 있다.

다섯째, 동아시아인으로서의 연대감을 형성하는 데 노력해야 한다. 이런 연대감을 형성하는 데 '한류'의 지속적인 발전이 큰 역할을 할 수 있으며, 동아시아 교류협력 프로그램 등을 확대할 필요가 있다.

마지막으로 동북아지역의 네트워크 형성을 위한 노력이다. 동북아시아 다자간 문화교류의 확대, 방송교류의 확대를 등을 통해 동북아 역내 다원적 쌍방교류를 증진시켜 동북아지역의 사회·문화적 연대를 강화할 필요가 있다.

II. 동북아시대 구상의 추진전략

1. 기본방향

대립과 갈등의 역사를 청산하고 신뢰, 호혜, 상생의 가치를 공유하는 지역공동체형성을 지향하는 '평화와 번영의 동북아시대 구상'을 실현하기 위한 기본전략은 크게 4가지다.[2]

첫째, '동시병행연계 전략'이다. 동북아공동체를 위해서는 어느 한 분야의 중점추진이 아닌 다양한 분야의 동시병행 추진과 연계를 통한 신뢰구축과 상호효과성을 높이는 것이 무엇보다도 중요하다. 따라서 외교안보·경제·사회·문화 협력의 연계, 평화협력과 경제협력의 연계, 동북아협력과 남북협력의 연계를 통한 동시다발적 협력 전략을 추진해야할 필요가 있다.

기본적으로 지역 내의 사회·문화교류 확대를 통해 안보적 측면에서는 북핵문제 해결과 평화체제 토대를 마련해야 하고, 남북평화체제 구축하고 다자안보협력체를 창설하며 마지막으로 동북아 안보협력체 형성을 목표로 한다. 경제적으로는 동북아 경제협력 기반 구축을 통해 동북아 경제협력 네트워크를 구축하고 결과적으로 동북아 경제협력체 형성을 지향한다. 즉, 이른바 "평화와 번영의 동북아공동체"라는 목표가 시사하듯이 평화를 위한 외교·안보적 노력과 번영을 위한 사회, 경제적 노력을 병행, 연계하는 것이 가장 핵심적인 전략이라고 할 수 있다.

둘째, '중층적 협력전략'이다. 동북아지역은 정치적, 안보적, 경제적, 사회·문화적으로 매우 다양한 국가들이 속해 있는 지역이며 각 차원의 하부구조도 매우 복잡하고 민감한 문제들을 지니고 있다. 따라서 단편적이고 일차원적인 협력이 아닌 다층적이고 중층적인 협력전략을 필요로

---

2) 동북아시대위원회, 『평화와 번영을 위한 동북아시대 구상』(서울: 동북아시대위원회, 2005).

한다. 즉, 동북아공동체를 구상하기 위해서 양자·다자간 협력, 정부·민간 협력, 남북·동북아·글로벌 차원의 복합적 협력구도를 띠어야 한다. 한국은 그런 협력을 주도하는 가교국가·거점국가·협력국가가 되기 위한 전략들을 실천해야 한다.

셋째, '개방적 지역주의 전략'을 추구해야 한다. 동북아는 세계적 탈냉전의 현상과 함께 냉전의 유산도 가지고 있는 복잡한 지역이다. 미국, 일본, 중국, 러시아라는 강대국이 모여 있으며, 중·일, 중·미 등 강대국들 간의 이권다툼도 치열한 곳이다. 또한 중국과 북한은 사회주의체제를 고수하고 있으며 북한 핵문제도 민감한 사안이다. 독도, 센카쿠 열도, 군도 등 영토분쟁도 진행 중이다. 따라서 획일적으로 제도화된 틀을 통한 동북아협력체의 구상은 현 상태로서는 어려운 일이며, 따라서 개방적이고 열려있는 지역주의 전략을 필요로 한다. 한국은 아세안의 설립과 통합과정의 사례를 통해 '아세안방식'의 유용함을 받아들여 '동북아시대 구상'에 공감하는 역내 그리고 역외의 모든 국가들과 협력하는 개방적 자세를 취하며, 점차 제도화된 틀 속으로 다른 국가들을 끌어들이는 전략을 세워야 한다.

넷째, '지역공동체 창설을 위한 전략'이다. '동북아시대 구상'은 단순히 동북아의 활발한 교류 협력의 증대를 뛰어넘어 새로운 틀의 협력체를 통해 제도화된 동북아공동체 설립을 목표로 하고 있다. 따라서 한국은 단순히 협력을 위한 과제 및 전략을 제시하고 그를 실천하기보다는 향후 이 지역에서 공동체 건설을 위한 근간이 되는 중장기적인 전략들을 제시할 필요가 있다.

이러한 4가지 기본전략은 안보, 경제, 사회·문화 각 분야에서도 기본적으로 적용된다. 3분야의 구체적인 전략들은 다음과 같이 나누어 살펴볼 수 있다.

2. 안보적 차원의 전략[3]

1) 평화적인 남북관계를 위한 중장기적 전략수립 및 실현

평화적인 남북관계의 실현은 '동북아시대 구상'을 구현하는 중요한 토대이면서, 동시에 동북아협력의 제도화와 공동번영을 위한 노력을 통해서 이루고자 하는 목표이다. 남북관계와 동북아협력이 쌍방향적인 선순환 구조의 창출을 목표로 노력한다면 중장기적인 측면에서, 경제적으로는 남북경제공동체의 실현, 군사·안보적으로는 한반도 평화체제의 구축, 정치적으로는 남북연합공동기구의 창설, 사회·문화적으로는 사회·문화공동체의 건설을 가능하게 하여 사실상의 통일기반의 구축이 가능하다.

동북아지역의 역동성과 남북관계의 다층성을 고려하여 복합, 다각, 점진 전략의 결합으로 남북관계 발전을 위해 3대전략이 추진되어야 한다. 3대 추진전략은 ① 복합평화구조 구축, ② 다각적 선순환 관계 발전, ③ 단계적, 점진적 접근이다.

첫째, 복합평화구조란 군사와 비군사 부문의 평화를 병행발전시킨다는 포괄적 평화(Comprehensive peace), 남·북·미·중·일·러 간 다자 공동평화구조를 구축한다는 다자적 평화(Multilateral peace), 시민사회, 국가(남북), 지역(동북아), 국제 층위에 동시적인 평화를 구축한다는 다층적 평화(Multi-level peace)를 의미한다.

---

3) 안보적 차원의 전략부분은 동북아시대위원회, "평화와 번영의 동북아시대 구상: 비전과 전략"(2004년 8월 13일), "중장기 동북아 안보구상: 타개와 조성"(2006년 11월 2일); 외교통상부 외교안보연구원 주최 학술회의, 「21세기 외교역량 강화를 위한 비전과 과제」 자료 (2005년 11월 26일); 이대우, "동북아 다자안보협력 발전방안," 「동북아 신안보구도와 다자안보협력: 전망과 과제」(참여정부 출범 3주년 기념 동북아 평화·번영 심포지엄, 2006년 2월 28일); 이상현, "한반도 평화체제와 한미동맹,"(한반도 평화체제 구축 세미나, 2006년 3월 30일); 통일연구원 주최 학술회의, 「동북아구상과 남북관계 발전전략」(2006년 6월 28일); 박종철 외, 『동북아 안보·경제 협력체제 형성방안』(서울: 통일연구원, 2003)을 참고하여 작성함.

둘째, 다각적 선순환 관계란 한반도 평화체제와 남북 경제공동체, 동북아 다자안보협력과 한미동맹, 남한 내부발전과 북한 내부발전, 북·미관계와 한·미관계, 동북아협력과 남북협력이 순환적 관계를 가지면서 발전해 결국 남북관계발전을 가져온다는 전략이다.

셋째, 단계적, 점진적 접근은 다양한 갈등사안들을 가지고 있는 남북관계를 중장기적으로 바라보면서 단계적이고 점진적인 접근을 요한다는 전략이다. 경제분야에 주력하면서 남북회담과 교류협력의 제도화를 통해 경협의 제도화를 꾀하는 교류협력의 단계, 안보분야에 초점을 맞춰 한반도 평화협정을 체결하고 평화체제를 구축하는 평화정착단계, 정치분야에 초점을 맞춰 남북연합헌장을 채택하고 연합기구를 창설하는 3단계로 구분

<표 20> 평화적인 남북관계를 위한 단계적 전략

분야		교류협력단계	평화정착단계	남북연합단계
정치	①	동북아 다자대화추진	동북아 정상회의 정례화	동북아공동체 추진
	②	정상회담 정례화와 상주대표부 설치	초보적 수준의 당국간 남북공동기구 설치	남북연합 공동기구 창설
	③	국민합의 대북정책 추진체계 구축	국민합의 대북정책 추진체계 제도화, 국가보안법 등 냉전적 법제 상호개폐	남북연합 헌장 제안·채택·비준
안보 군사	①	한반도 평화협상 추진	한반도 평화협정체결	동북아 다자안보기구 구성 및 유치
	②	남북한 군사당국자 회담의 제도화와 군사적 신뢰구축	남북한 중심의 '한반도평화관리기구' 운영, 운영적 군비통제	남북군사공동기구 설치와 구조적 군비통제
	③	협력적 자주국방	전시작전 통제권 한국군 단독 행사, 한미동맹과 동북아 다자안보의 균형발전	군사통합 준비

분야		교류협력단계	평화정착단계	남북연합단계
경제	①	동북아 철도·에너지 협의체 구성	동북아 에너지·교통 협력기구 설립, 동북3성, 연해주와 연계한 동북아 협력증진	동북아 경제공동체 추진, 동북아 교통망·에너지망 통합운영
	②	남북경협거점 구축, 남북·대륙철도 연결	북한 산업기반시설 개발지원	남북통합 산업연계망 구축, 화폐·금융부문 통합추진, 남북경제공동체 형성
	③	북한지역 거점 개발 전략수립	북한 경제개발 추진 체계 구축	남북경제정책조정위원회 설치
사회문화	①	동북아 사회·문화교류 공동참여	동북아 사회·문화협력기구 구성, 남북해외 3자 한민족 네트워크 구상	동북아 사회·문화공동체 추진
	②	남북체육·청소년 교류 정례화와 분야별 인적교류 확대	남북 문화협정 체결	남북사회·문화 공동기구설립, 방송개방
	③	냉전 대결의식과 사회·문화 극복	상생발전과 평화의식 정착	동질성회복, 인적 자유왕래
국제	①	북핵해결 합의 및 이행보장	한반도 평화협정의 국제적 보장	남북연합에 대한 국제적 지지확보
	②	북한 경제지원 국제 컨소시엄 구성 추진	북한과 국제사회 갈등해소 지원	동북아다자기구 남북공동가입
	③	북한의 국제금융기구 가입지원	북·미·일 관계정상화 지원	남북연합을 위한 외교역량 강화

출처: 동북아시대위원회, "동북아시대 구상 실현을 위한 남북관계 중장기 발전전략," 2006년 2월 10일.
* ① 동북아차원, ② 남북차원, ③ 국내차원

될 수 있다. 각 단계별로는 구체적인 전략이 따른다(<표 20>참고). 이와 같이 동북아협력과 남북관계 발전의 연계를 통한 한반도 평화구축은 지속가능한 한반도 및 동북아 평화와 번영의 질서 창출 전략이 될 것이다.[4)]

2) 협력적 자주국방을 통한 자강 달성

협력적 자주국방전략은 미래 한미동맹의 발전과 연계하에, 한반도 전쟁 재발을 억제하고 평화통일을 뒷받침하며, 나아가 동북아 평화와 안정에 기여할 수 있는 능력과 체제 구축하는 것이다. 이를 달성하기 위해 국방개혁의 조기 완수로 효율적인 선진국방체제 달성이 필요하다.

협력적 자주국방의 실현을 위한 첫 번째 핵심 전략은 자주적 군사력을 건설하는 것이다. 자주적 군사력을 확충하기 위해서는 우선 전쟁억제능력을 확충하기 위한 조기적인 방안들이 모색되어야 한다. 그 방안으로는 ① 독자적 감시·정찰 수단 확보 및 지휘·통제·통신체계 구축, ② 유사시 전략표적을 제압할 수 있는 첨단 정밀 군사력 구비, ③ 기존의 기반전력의 지속적인 보완 및 단위부대 전투력 향상, ④ 무기체계 연구개발 및 방위산업의 효율적, 합리적 육성 등이 있으며, 특히 이런 방안들은 미래 불특정위협을 대비하기 위해서도 필요하다. 다음으로 자주국방의 실현을 위해서는 한미 군사지휘관계 조정 및 새로운 군사협력체제 발전을 모색해야 한다. 그를 위해 중장기적으로 전시작전통제권의 환수 등 한미관계 속에서 한국군의 중추적 역할을 확립할 전략과 한국군의 역할 확대를 바탕으로 보다 유기적이고 효율적인 군사협력체제를 구축하기 위한 전략이 제시되어야 한다.

두 번째 핵심적인 전략은 국방개혁이다. 국방개혁의 주요 전략으로는 우선 3군의 통합전력을 발휘하는 데 초점을 둔 국군의 정예화가 있다. 이를 위해 ① 상하부 군구조 개편을 통한 국방운영의 문민기반 강화 및 합참 중심의 작전수행 능력의 향상, ② 3군의 균형적인 발전, 특히 지상군 위주의 상비병력 조정 및 부대구조의 개편, ③ 상비군 정비와 병행추진 및 예비전력 관리와 전시동원체제를 선진국 수준으로 개선하는 등의 방안들이 있다. 이런 국방개혁은 미래 한미동맹의 발전과 연계되어야 하며

---

4) 박명림, "동북아시대, 동북아구상, 그리고 남북관계," 통일연구원주최 학술회의, 「동북아구상과 남북관계 발전전략」(2006년 6월 28일).

중장기적인 관점에서 단계적인 전략을 통해 추진되어야 한다. 다음으로 국방개혁을 위해서는 획득제도 개혁 및 획득관리체계를 개선해야 한다. 이를 위해 신설 '방위사업청'을 통해 전문성, 책임성, 투명성 및 일관성을 확립할 필요성이 있으며, 특히 군수물자 및 장비를 획득하는 데 있어 기득권과 제한적인 진입 요소의 과감한 철폐 및 이를 통한 예산 절감과 질적 향상을 추구하는 방안이 마련되어야 한다.

3) 균형적 실용외교

'동북아시대 구상'을 실현하기 위해서는 역내 국가들의 협력의지를 북돋을 수 있는 외교적 노력과 능력과 동시에 여러 국가들을 협력틀 속에 끌어들기 위한 균형적인 외교전략이 필요하다. 조화와 균형을 기조로 하는 외교전략은 동맹과 지역협력, 경쟁과 협력, 정체성과 세계화 등 상충 요소들 간의 균형을 추구하며 이를 통해 분쟁과 갈등 및 위협의 도래를 사전에 방지하는 예방외교도 수행가능하다. 또한 외교능력의 증대는 한국의 국력발전에 상응하는 국제적 위상의 제고와 역할의 증대를 가져올 것이다. 즉, 한국이 국제평화와 역내 공동번영을 위한 실질적 기여활동을 강화한다면, 이를 통해 평화국가, 국제공헌 국가로서의 대외적 이미지를 고양시킬 수 있는 기회를 얻게 될 것이다.

외교적 능력을 강화하기 위한 핵심전략의 첫 번째는 국제적 공헌의 확대를 통한 국격(國格)의 제고를 위한 범세계적 차원의 전략이다. 구체적으로 ① 국가위상에 상응하는 대외 무상원조의 대폭적 확대와 원조결과에 대한 체계적인 모니터링이 필요하다. 2003년 말 기준, 한국은 국민 총소득 대비 대외원조비율은 OECD 30개국 중 최하위인 0.06%이며, 대외원조 중 무상원조의 비중이 국제적 관례에 비해 과소한 상태이다. 따라서 한국은 OECD 회원국으로서 최빈 개도국의 사회, 경제적 문제해결을 위한 재정적이고 도의적인 의무이행의 노력이 더욱 필요하다. ② PKO 등 국제평화활동 및 국제적 분쟁해결 논의에 대한 참여와 기여를 확대해야 한다. ③ 민주주의, 인권, 테러, 환경 등 범세계적인 문제에 관한 참여와 기여를 강화해야 한다. 이는 국가의 도덕적 이미지를 제고하고 동시에 비전통적 안보위협을 예방하는 효과가 있다. ④ 국제사회의 공동 관심사와 바람직한 세계의 미래상에 대한 적극적인 입장을 천명하고 그에 맞는 역할을 제고할 필요가 있다.

두 번째, 동북아 차원에서 평화와 번영의 '동북아시대'의 실현을 주도하기 위한 전략이다. 이를 위해 ① 북한 핵문제의 조속하고도 평화적인 해결 추구, ② 동북아 다자안보협력의 실현을 위한 역내 안보대화와 다자협력의 강화, ③ 동북아 공동번영을 위한 역내 다자간 경제협력의 강화, ④ 역내 사회·문화 협력 등 교류 증진을 통한 상호 이해의 심화 및 동북아 정체성의 고양 등의 구체적인 전략들이 마련되어야 한다.

세 번째, 한반도 차원에서 한반도의 평화 및 공영구도 구축을 위한 전략이다. 구체적으로 ① 남북대화와 주변 4개국과의 협력을 통한 한반도 평화체제 구축, ② 북한의 개혁·개방 및 국제사회로의 편입을 위한 역내 협력, ③ 한반도의 평화통일 기반을 조성하기 위한 국제적 지지확보 등의 전략이 있다.

마지막으로 위 3가지 차원의 전략들을 실현시키고 외교역량을 강화하기 위한 선진외교체제를 구축하는 국내적 차원의 전략이 있다. ① 외교부 내의 정책적인 기능 및 유관부처의 협조체제를 강화하기 위한 외교정책의 수립과 이행체제의 효율성을 제고하며, ② 급변하는 국제정세에 대응하는 등 외교수요 충족을 위한 유연성 있는 조직의 구축 및 운영이 필요하다. 이에 따라 외교부 및 해외공관의 조직과 규모를 재조정하고, 국제정세에 따라 외교조직을 탄력적으로 운영할 수 있는 방안이 마련되어야 한다. ③ 중견국가에 상응하는 규모의 외교조직과 인력을 확충할 필요가 있다. 한국의 외교인력 규모는 캐나다, 네덜란드, 호주 등 타 중견국가들의 절반 수준에 머무르고 있다. 따라서 급변하는 외교수요에 상응하는 인적 인프라 확충을 위해 전문인력의 대폭적인 확대 및 전문성 향상을 위한 인사운영제도의 개혁이 요구된다. ④ 외교력의 획기적인 강화와 선진화를 추진하기 위해 대통령 직속 민간위원회를 구성하는 일들을 고려해 볼 수 있다.

4) 미래 한미동맹의 발전

한미동맹은 1950년 한국전쟁 이후 반세기 이상 지속되어 오면서 한반도 및 동북아지역의 평화정착에 중추적인 역할을 해왔다. 그러나 최근 들어 한미동맹에 변화가 생기고 있다. 우선 2001년 9월 11일 테러 이후 미국의 안보전략의 변화가 주요 원인이 되고 있다. 미국은 안보정책을 대테러전과 대량살상무기(WMD) 비확산에 초점을 맞추어 미본토의 보호와 국제안보 유지에 전략을 기울이고 있다. 게다가 냉전 종식 이후 상황변화에 따른 '한반도의 전략적 가치'를 불가피하게 재평가해야 할 상황에 놓였다.

한국 역시 대북 군사억제와 대북 화해협력을 어우를 수 있는 포괄적 동맹관계로 변화가 요구되면서 새로운 대북정책을 실현해 가는 등 기존과는 다른 한미 간의 정책적 차이들이 두드러지고 있다.

또한 중국의 급성장으로 인한 미국의 대중국 견제와 이에 따른 미일동맹의 강화 등 동북아지역의 안보환경도 변화하고 있다. 한미동맹은 한반도뿐만 아니라 동북아지역의 안보환경에 매우 중요한 요인이라는 점을 감안했을 때, 이와 같은 동맹의 변화는 '동북아시대 구상'을 실현하기 위한 방향으로 나아가야 한다.

따라서 이제 한미동맹은 기존의 단순한 군사동맹을 넘어서 미래 한미동맹은 협력을 통한 "포괄적, 역동적, 호혜적 동맹"으로 발전해야 할 시점에 놓여있다.

미래의 한미동맹은 ① 대북 군사적 억제뿐만 아니라 민주주의와 시장경제 및 국제보편적 가치의 수호 등을 포괄하는 동맹관계를 추구하며, ② '협력적 자주국방'에 기초한 상호보완적 관계를 구축해야 한다. 한국은 특히 '한국방위의 한국화'를 통한 군사동맹의 자율성을 증진하여 기존의 미군의존적인 성격에서 상호보완적인 관계로 변화해야 한다. 이를 위해 전시작전통제권 환수 문제를 포함하여 더욱 강력하면서도 탄력적인 연합

방위체제로의 발전을 모색하는 전략이 필요하다. ③ 동맹 내외의 도전 요소에 대처하기 위한 사전협의와 조정을 중시하는 예방적 차원의 안보협력 체제를 정립해야 한다. 이와 동시에 한미동맹은 향후 역내 다자안보협력체제의 구축과 상호보완적인 기능을 수행할 수 있는 방향으로 발전해야 한다.

미래 한미동맹의 발전을 위한 전략수립 및 실행을 위해서는 한반도 평화정착 과정에서 파생되는 마찰을 해소해야 한다. 특히 북한의 군사적 위협에 대처하는 문제와 남북관계 개선이라는 이중성에 대한 한미 간의 이해차이를 극복하고, 정전협정과 유엔사문제를 포함하여 미래 한미동맹의 성격 및 역할에 대한 한미 간의 다양한 논의가 추진되어야 한다. 또한 현재 한미 간에는 쟁점화되고 있는 주한미군 재배치, 10대 군사임무전환, 연합군사능력의 향상, 전시작전통제권 문제 등 현안들의 원만한 합의가 미래 한미동맹의 발전을 위해 요구된다.

앞으로의 변화될 한미동맹도 전통적인 양국 간의 신뢰관계를 훼손시키지 않는 범위내에서 미래지향적인 "보다 성숙하고 건강한 동맹관계"로 발전을 모색해야 한다. 또한 미래 한미동맹의 발전을 위해 한국은 확고한 국방개혁을 통한 자주국방을 달성하기 위해 노력해야 하며 이와 함께 전시작전통제권이 환수될 경우를 대비해야 한다. 또한 한미동맹의 발전을 주한미군의 재조정, 자주국방력의 강화, 한반도 평화체제 구축 프로세스와 연계하여 단계적이고 점진적인 추진전략을 모색해야 한다.

5) 동북아 다자안보협력 구축

동북아지역의 군사안보적 협력은 경제적 협력에 비해 매우 미약한 수준에 있으며 타 지역협력체와 비교해 보아도 매우 낮은 수준에 머무르고 있다. 동북아지역이 다양한 역내 갈등과 마찰을 가지고 있는 만큼 안보위협을 예방하고 평화적 해결을 모색하며 '동북아시대 구상'을 실현시키기 위해서는 동북아지역의 안보문제를 논의하고 협력을 통한 신뢰구축을 다지는 다각적인 전략을 세워야 한다.

무엇보다 가장 중요한 것은 안보공동체 건설을 지향하는 다자안보협력체제를 구축하기 위한 전략이며, 한국은 이를 위한 선도적 노력을 경주해야 한다. 그를 위해 첫째 유럽통합 및 구주안보협력기구(OSCE)의 성공경험을 기초로 하여 동북아 다자안보협력의 제도화를 추진해야 한다. 역내 국가 간의 대화 네트워크를 구축하여 정치적, 군사적 신뢰를 구축하고 이를 통해 미·중, 중·일, 북미·관계의 악화와 이에 따른 안보위협의 도래 가능성을 사전에 방지하고자 하는 전략이다.

둘째, 다양하고 상이한 안보이해를 갖는 동북아 국제관계와 현실을 감안하여 중장기적인 관점에서 단계적인 전략을 추진해야 한다. 예를 들어 현재 진행 중인 track 2의 동북아협력대화(NEACD)를 점차 1.5 track으로 변화시켜서 향후 정부 간 다자안보협의체로 이행될 수 있다면 제도화된 다자안보체제를 구축할 수 있다.

셋째, 북핵문제 해결을 위한 6자회담이 조기 타결될 경우, 이를 토대로 다자안보협력체제의 형성을 유도할 수 있다. 따라서 6자회담 합의사항의 이행 감독 및 필요시 여타 안보협력 분야로의 역할 확대를 위한 전략이 필요하다.

동북아 다자안보협력을 실현하기 위한 정치적 분위기를 조성한다는 차원에서 동북아 6개국 정상회담을 추진할 필요가 있다. 또한 정상회담 추진과 병행하여, 필요시 외무장관회담, 국방장관회담도 추진할 수 있다. 이러한 정상들과 고위급 관료들의 회합은 상호 신뢰를 구축하고 제도화로 나가는 데 도움이 될 것이며 한국은 협력국가로서 이런 회담들의 주최를 위한 끊임없는 요구를 해야 한다. 또한 현 상황과 같이 동북아 안보공동체 건설에 최대장애가 되고 있는 북한이 6자회담을 거부하고 미사일을 발사하는 등 북한 핵문제의 해결이 지연될 경우를 대비하여, 북한을 제외한 5개국 간에 우선적으로 다자안보협력을 추진하는 방식의 접근도 신중히 검토할 필요성이 있다.

3. 경제적 차원의 전략[5]

　동북아 경제공동체를 구상하기 위해서는 3가지의 핵심전략이 필요하다 첫째, 단계적 접근전략이다. 동북아의 복잡 미묘한 상황을 고려하여 실현이 용이한 개별사업부터 우선 추진하여 축적된 성과를 바탕으로 그 다음 단계로 이행해야 한다. 즉, 현재 활발하게 진행 중인 양자 간 FTA를 우선적으로 추진하여 이를 토대로 지역 내의 다자간 FTA로 확산시켜야 한다.

　둘째, 동시병행 전략이다. '동북아시대 구상'의 전체적인 전략에서도 나타나듯이, 경제부분에서도 다른 분야와 혹은 경제 하위의 여러 분야를 동시에 진행시키는 작업이 필요하다. 다양한 협력사업과 FTA를 동시에 추진하여 장기적으로 동북아 경제공동체로 수렴될 수 있도록 해야 한다. 그러면서도 동북아의 특성을 고려하여 개별 협력사업과 양자 간 FTA의 대상국이 서로 다를 수 있다는 점을 인지해야 한다.

　셋째, 동북아 경제협력과 남북경협과 연계전략이다. 남북 간에 외교안보적 긴장이 고조되어 있을수록 동북아 경제협력을 통해 북한의 개방과 개혁을 유도하고, 동시에 동북아 경제협력을 촉진하도록 남북경제협력 사업을 설계해 상호 시너지 효과를 극대화할 수 있는 전략들을 추진해 나가야 한다.

　이러한 핵심전략을 바탕으로 한국은 경제협력의 명확한 목표와 기대이익을 제시하여 중국과 일본의 참여를 유도하고 각 협력사업별로 실현가능

---

5) 경제적 차원의 전략은 동북아시대위원회, "동북아경제중심 추진의 비전과 과제"(2004년 2월 11일), "평화와 번영의 동북아시대 구상: 비전과 전략'(2004년 8월 13일); 안충영·이창재, "동북아경제공동체 구축방안,"『동북아경제협력: 통합의 첫걸음』(서울: 박영사, 2003); 이창재 외,『동북아 경제공동체 실현을 위한 단계적 추진전략』(대외경제정책연구원 연구보고서, 2005년 12월 20일); 안효승,『동북아 경제협력체 추진방안』(외교안보연구원 정책연구시리즈, 2003년 9월); 박종철 외,『동북아 안보·경제 협력체제 형성방안』(서울: 통일연구원, 2003)을 참고하여 작성함.

한 사업부터 시행하여 점차 확대해 나가기 위한 노력들을 지속해야 한다.

1) 3단계 추진전략

동북아 경제공동체는 단시일내에 이루어질 수 없는 중장기적 프로젝트이다. 유럽의 경제통합도 반세기 이상 많은 우여곡절을 거쳐 완성된 것이다. 따라서 동북아 경제공동체를 위한 전략 역시 중장기적인 시각에서 단계적 접근이 필요하다.

1단계는 경제협력제도화 기반 조성의 단계로, 이 시기에는 중점개별 협력사업성과를 축적하고 한·중·일 FTA의 여건을 조성하는 것을 목표로 한다. 이 단계의 중점 사업별 전략으로는 FTA의 경우 한·일 FTA 협상 재개와 한·중 FTA 산·관·학 연구회의 출범, 금융협력의 경우 CMI 다자화, 역내 환율안정 및 통화통합에 대한 논의주도가 필요하다. 또한 에너지 협력의 경우는 중, 러 등과 협력을 확대하고 지역개발협력을 위해 남, 북, 중, 러 간의 협력을 확대할 수 있는 방안이 강구되어야 한다.

2단계는 경제협력제도화의 본격화 단계로 정부의 역할이 중요하다. 이 단계에서는 경제협력을 제도화하기 위해 사업별 협의체의 실질적인 작동과 동북아 FTA의 추진, 나아가 동아시아 FTA(EAFTA)로 확대를 목표로 전략을 세워야 한다. 따라서 FTA의 경우는 전단계의 한·일, 한·중 FTA와 더불어 중·일 FTA를 유도하여 한·중·일 FTA가 체결될 수 있어야 한다. 금융협력을 위해 환율안정장치의 도입, 단일통화로의 이행을 준비하고 역내 개발협력기금을 조성해야 한다. 에너지 분야의 실질적인 협력도 강화되어야 하며 지역차원에서 TKR-TSR, TCR 연결이 본격화되어 전반적인 차원에서 동북아 경제협력이 본격적인 궤도에 오를 수 있는 전략들을 추진해야 한다.

3단계는 동북아 경제협력을 동북아 경제공동체로 확대하는 시기이다. 이는 동북아지역의 단일통화·단일시장을 형성하고, 금융, 재정, 무역 등 분야별 공동정책을 모색하고, 초국가적인 의사결정기구를 출범시키는 단계로, 동북아 경제협력의 지속성과 안정성을 유지하여 공동체로 이행하는 시기이다.

2) 분야별 추진전략

■ 자유무역협정(FTA)

FTA는 국내 경쟁력을 강화시키는 동시에 역내 공동체 실현을 위한 지역적 차원의 정책 수단이다. FTA를 단순한 통상정책 수단이라는 인식을 뛰어넘어 포괄적인 대외전략수단으로 재인식하여 동북아 경제공동체를 건설하는데 기본적인 전략으로 이해해야 한다. 동북아 경제협력에 중심이 되는 한·중·일의 경우는 현재 일본이 한·중·일 FTA 민간공동연구를 '산·관·학 공동연구'로 격상시키는 것을 반대하여 '산학 공동연구'의 형태로 진행 중이다. 따라서 동북아 경제협력을 진전시키기 위해서는 한·중 FTA 민간 공동연구를 조속히 완료한 후에 산·관·학 공동연구를 개시하여 합의를 추진해야 한다.

또한 한·일 FTA 협상을 재개하여 타결을 위한 노력을 해야 하며, 한국이 앞장서 중·일 FTA에 대한 시각교정을 유도하여 한·중·일 FTA를 유도하는데 중심적인 역할을 해야 한다. 특히 현재 진행중인 한·미 FTA가 동북아 경제공동체 실현을 위해 활용될 수 있는지도 검토해 보아야 한다. 일본은 한·미 FTA 체결이 역내의 자국의 영향력을 축소할 가능성에 대해 우려하고 있으며, 중국은 동북아 내에 미국의 자국 견제 발판 마련에 대한 경계를 하고 있다고 알려져 있다. 따라서 한국은 한·미 FTA가 동북아 통합에 대한 미국의 과도한 경계심을 해소하는 계기가 될 수 있음을 역내 국가들에게 인식시켜야 한다.

■ 금융통화협력

금융통화 부분의 협력은 1997년 금융위기와 같은 사태의 재발방지와 역내 경제성장 잠재력을 확대하기 위한 금융제도의 선진화를 목표로 한다. 또한 역내의 안정적인 환율체제의 정착 및 장기적으로는 통화공동체 형성을 지향하며, 역내 개발재원을 위한 공동조달 메커니즘을 구축하기 위함이다.

이를 위해 ① ASEAN+3 차원의 금융통화협력사업을 추진해야 한다. 이에 따라 양자 간 금융 스왑(Swap)을 다자간 스왑으로 발전시키며, 통화 스왑의 총규모를 증액하는 등 치앙마이 구상을 확대·발전시키는 방안들이 강구되어야 하며, 아시아 채권시장 육성 등을 통해 동북아 FTA 및 동아시아 FTA 추진에 유리한 환경을 조성해나가야 한다.

② 동북아판 다자주의적 통화협력의 제도화를 추진해야 한다. 이를 위해서는 역내통화의 사용 확대와 역내 금융감독 및 감시체제를 구축하고, 동아시아 경제통합 진전을 감안하여 중장기적으로는 '동아시아 공동통화'를 도입하는 문제를 추진해 나가야 한다.

③ 동북아지역개발을 위한 국제 재원조달을 위해 협력해야 한다. 이를 위해 2004년 5월 한국 산업은행, 일본 Mizuho 은행, 중국 개발은행이 설립한 동북아개발금융협의체를 활성화하고, 북핵 여건을 감안하여 중장기적으로 동북아개발은행, 동북아협력기금을 설립하고 북한의 IMF, ADB 가입을 추진하는 등의 노력들이 요구된다.

■ 에너지협력

동북아지역은 중국, 러시아 등 광활한 영토에 다양한 에너지 자원이 매장되어 있는 한편, 한국, 일본 등 에너지를 수입에 의존하는 국가들이 상존한다. 이에 따라 에너지협력을 통해 상호 간에 많은 이익을 얻을 수 있을 것으로 기대되어 가스, 석유, 전력 등 각 에너지 분야의 협력이 활발하게 진행 중에 있다.

한국이 에너지협력을 위한 분야별 전략은 다음과 같다. 가스프로젝트의 경우 2004년 9월 한·러 가스협정 체결 합의를 기본으로 중·러와 협력을 통해 중·러 간 PNG노선의 구축시, 지선을 확장하여 국내로 가스도입을 추진해야 하며, 러시아와 협력사업을 추진하는 중국에너지 기업들과 공조체제를 강화해야 한다. 또한 가스 도입 방식 결정 등 사업의 경제성 확보를 위한 남북한, 중, 일, 러 간에 협의를 추진하는 데 앞장서야 한다. 송유관 프로젝트의 경우 러시아 정부가 동시베리아 석유자원의 개발 및 송유관 건설을 추진하는 사업에 대해 국내 컨소시엄 구성을 검토하고 사업참여 방식과 건설 참여를 위한 금융계획 마련 및 국내 건설사의 참여를 유도하는데 적극적인 노력을 해야 한다. 전력망 연계의 경우에는 극동지역 수력발전소 건설을 통해 러시아가 중국, 남북한에 전력공급을 추진하고 있기에, 한국은 경제적 타당성을 검토하고 전력거래에 필요한 법제도를 정비해야 한다. 또한 사할린의 석유·가스 광구개발에 입찰 참여를 통해 에너지 개발과 도입 증대를 꾀해야 한다.

■ **지역개발협력**

최근 동북아지역의 각국은 지역개발 협력에 박차를 가하고 있다. 중국은 2003년 동북3성 진흥계획하에 동변도철도의 건설, 나진항 4부두의 50년간 공동운영권, 나진-원정 간 도로건설, 춘천자유무역지대 등을 추진하고 있다. 러시아는 2005년 연해주개발계획에 따라 TSR-TKR의 연결에 적극적인 관심을 보이고 있으며, 포화상태인 극동항구의 대체항구를 물색하고 있다. 북한은 김정일 국방위원장의 중국 심천특구 방문, 외국인투자 유치를 통한 나진·선봉, 신의주 등 접경지역 경제활성화를 위해 적극적인 자세를 취하고 있다. 또한 2006년 3월에는 남, 북, 러 차원에서 철도운영자회의를 블라디보스토크에서 개최하기도 하였다.

이런 활발한 지역개발사업에 참여하기 위해 한국도 구체적인 전략들을 마련해야 한다. 우선 두만강유역사업에 있어서는 북한, 러시아와 협력하여 TSR-TKR연결의 파일럿(Pilot) 프로젝트인 나진-하산 간 철도개량사업에 참여해야 한다. 부산-나진 간 해상수송 후 TSR을 이용하여 컨테이너 운송을 활용할 수 있으며 북·중·러 접경지역의 허브항으로 부상할 나진항 개발사업에 참여할 수 있다. 단둥과 신의주 지역에서는 단둥의 항만, 공항, 전력의 이점과 신의주의 인력 이점을 결합한 연계개발 사업에 적극적임 참여가 필요하다. 이를 위해 신의주 특별행정구 개발에 남·북·중

3자 협력을 추진하고 동북 3성의 진출을 남·북·중 경제협력의 지렛대로 삼아야 한다. 또한 한국은 북한, 동북3성, 동시베리아, 동몽골의 자원개발을 위한 동북아 다자협력모델을 개발하는 데 앞장서야 하며, 경제협력을 위해 필요한 국가 간 통관제도 등 경제협력제도의 표준화를 위한 협력도 추진해야 한다.

■ 환경협력

환경문제는 한나라의 노력으로 해결되지 못하며, 다자간 협력을 통한 노력이 필요한 분야라는 점에서 지역적 협력의 모색을 유도하는 의제이다. 따라서 동북아에서도 점차 심각해져 가는 환경문제를 해결하고 친환경적이고 지속가능한 개발을 위한 협의 노력이 요구된다. 이를 위해 한국은 한, 중, 일 민간전문가 네트워크 구성에 앞장서며, 환경문제 공동실태조사를 추진해야 한다. 특히 몽골, 중국, 남북한, 일본 등이 연류되어 있는 황사와 같은 월경성 환경오염물질의 이동실태에 대한 기초자료를 공유하고, 중장기적으로는 이런 환경오염에 대처하기 위한 '동북아환경기금 조성'을 촉진하도록 애써야 한다.

4. 사회·문화적 측면[6]

동북아지역의 사회·문화 협력을 위해서는 크게 4가지 전략을 필요로 한다. 첫 번째의 전략은 체계적인 교류와 협력을 도모할 수 있는 인프라

---

6) 사회·문화적 측면의 전략은 동북아시대위원회, "평화와 번영의 동북아시대 구상"(2005년 11월 11일), "동북아 사회·문화교류협력 실태에 관한 연구"(2006년 1월 12일), "동북아3국TV공동채널 설립을 위한 기초연구"(206년 1월 12일); 정정숙, "동북아문화공동체의 의의와 전망"(제4차 동북아구상 심화-확산을 위한 전문가 세미나, 2006년 8월 19일); 김형국, 김석근, "동북아문화공동체 형성을 위한 여건과 전망: 문화적 동질성과 다양성 그리고 정체성," 『세계지역연구논총』, 제23권 1호 (2005) 등을 참고로 작성하였음.

구축 전략이다. 지금까지 이루어져 온 산발적이고 관행적인 교류와 협력 체계에서 벗어나 동북아공동체 형성이라는 비전과 목표를 달성하기 위한 전략이다. 체계적인 협의체나 전담 기구 등이 신설되어 문화협력의 추진 주체들에게 공동체 형성으로 가는 동기부여와 목적의식을 심어 줄 수 있는 다양한 학습과 교육과 교류협력 사업들이 기획되어야 한다.

두 번째의 전략은 교류주체의 다변화와 역량 강화 전략이다. 이미 원칙에서 도출된 바와 같이 문화협력의 주체는 민간 시민사회이다. 이 시민사회의 경우 내부 역량이나 정치적 역량은 우수하지만 국제협력에 대한 경험은 매우 부족하다.[7] 이들의 국제적 협력 역량을 육성하기 위한 국제적인 시민대학이나 시민교육프로그램에 대한 연수기회의 확대 등 다양한 교육이 제공되어야 한다. 특히, 시민사회 자체만이 아니라 국가와 지방자치단체와 시민사회 3자 간의 연계시스템을 통한 시너지효과를 극대화하기 위한 방안도 모색되어야 한다.[8] 그리고 지식인과 문화예술인 등의 전문가와 미래의 동북아공동체의 운영과 향수 주체인 청소년의 협력 참여 기회의 제공도 의미가 있을 것이다.

세 번째 전략은 한류 승화와 교류매체의 다원화 전략이다. 증가하는 동북아 국가 간 문화산업 및 관광 교류는 교류의 필요성과 효율성을 동시에 암시해준다. 즉, 자생적인 문화산업의 발전에 기반한 한류의 발생은 자생적인 교류가 얼마나 효율적인지를 증명해주었다. 그러한 교류를 통한 정서적 공감대의 형성이 발전하면 상대국에 대한 지속적인 관심과 애정으로 연결될 수 있다는 것을 동북아시아뿐 아니라 아시아 전 지역에

---

7) 국무총리자문 시민사회발전위원회, 『한국시민사회 발전을 위한 청사진』, 6장, (2004년 10월), p.133 참조 – 한국 시민단체의 국제활동 현황으로서 대표적인 사례를 보면, 현재 UN에 가입되어 있는 세계의 2,000개 시민단체 중 우리나라는 14개 단체가 가입되어 있고, 중국은 18개, 필리핀도 18개의 단체가 가입하고 있다.

8) 지자체를 중심으로 한 협력도 적극 고려 지원 – 강원도: 환경을 중심으로 한 동북아공동체, 전라도: 인권을 중심으로 한 동북아공동체, 제주도: 평화를 중심으로 한 동북아공동체.

알려주었다. 그러나 이러한 한류의 표면적인 측면에 도취된다면 경제 동물 혹은 동일한 문화 소재를 반복해서 안일하게 활용하는 천박한 문화국가라는 이미지로 고정될 수 있다.

그러한 이미지로는 동북아공동체 구상에 대한 이야기를 시작도 할 수 없다. 일방적 한류, 화류에서 조화를 이루고 상대방의 문화를 적극 수용하고 향수하여 삼국의 문화가 서로 어울려가는 동북아류를 창출할 수 있는 전략이 필요하다. 지금까지의 각국의 문화적 성과들이 진정한 문화협력과 교류의 출발점이 될 수 있도록 승화시켜야 한다. 타문화의 존중과 이해는 자문화에 대한 올바른 자긍심에서 비롯된다. 자신의 문화에 대한 엄밀하고 정확한 판단에 입각한 자긍심이 없으면 타문화에 대해서도 맹목적인 선망이나 맹목적인 폄하만이 존재할 뿐이다.

네 번째 전략은 동북아의 소속감 증진 전략이다. 이 전략이 성공적으로 수행되면 동북아 정체성이 수립되고 더 나아가서 동아시아, 아시아에의 소속감과 아시아 정체성을 수립할 수 있는 과정으로 한 단계 업그레이드 될 것이다. 지금까지 중국, 일본 그리고 우리를 포함하여 동북아시아 지역 국가들은 문화를 수용하는 데 있어서 서구의 것에 편중했었다. 동시에 서구의 생활문화에 대한 동경은 역으로 낙후된 아시아라는 자기인식을 심화시켰다. 그리고 이제 문화상품시장에 대한 상품 생산 가능성이 열린 시점에서는 아시아를 문화수출시장으로만 이해하고 있다.

따라서 상호 간의 문화 이해대상이며 상호 문화를 향유할 수 있는 지역으로 이해해 나가는 움직임이 일어나야 한다. 동북아 국가들이 자기 문화에 대한 정확한 자긍심과 권역 내 국가들의 문화에 대한 존중 의식을 의도적이고 정책적으로 육성해나가야 한다.

이러한 4개의 핵심전략을 기본으로 동북아 문화공동체를 형성하기 위해서는 다음 4가지 영역에서 구체적인 전략들을 추진해야 한다.

1) 역사인식 재정립

한·일, 중·일 간에 역사인식의 차이는 항상 3국의 갈등과 마찰의 주된 요인이 되어 왔다. 일본의 왜곡된 역사교과서의 채택, 신사참배 등은 한국, 중국과의 외교적인 마찰로 이어져 정상회담의 연기 및 취소로 이어지는 정치적 문제로 확대되고 있다. 여기다 최근 중국은 '동북공정'을 통해 고구려 유산 및 조선족의 역사를 중국의 소수민족화 시켜서 한반도의 역사를 크게 훼손시키고 있어 한·중 간의 갈등도 첨예화되고 있다. 따라서 국가 간의 역사인식의 차이를 극복하는 것은 사회·문화협력뿐만 아니라 정치·외교적 마찰도 줄이는 효과도 얻을 수 있다.

한·중·일 간의 올바른 역사인식을 재정립하기 위해서는 한·중·일 공동 역사교재를 발간하는 작업이 선행되어야 한다. 한국은 기존에 타국 교과서에 대해 일방적인 시정요구를 했던 것에서 벗어나 쌍무적 협의를 통해 상호 개선될 수 있는 방향으로 발상을 전환시켜야 한다. 과거 독일과 프랑스, 독일과 폴란드의 성공적인 사례를 경험삼아 한·중·일 간에 역사 교과서 협의회 등을 구성하여 공동연구 및 협의를 통해 '공동역사교과서' 혹은 '교사용 안내서' 등을 발간토록 전략을 모색해야 한다. 또한 한·중·일 민간단체가 공동으로 연구하여 2005년 5월 간행한 공동 역사 부교재를 대학 등 교육기관, 일반 국민 등을 대상으로 홍보 및 배포를 확대하여 그 활용도를 높이고, 지속적인 연구와 협의를 통해 부족한 내용을 보완하며 발전해 나갈 수 있는 방안을 마련토록 해야 한다.

동북아 역사인식을 재정립하기 위해서는 또한 동북아역사재단을 활용하는 방안도 강구되어야 한다. 동북아역사재단을 동북아 역사연구 및 역사인식 재정립의 중추기관으로 육성하고, 국사편찬위원회, 한국학중앙연구원 등 국내 유관기관과 유기적 협력체계를 구축할 필요가 있다. 또한 국내외 관련 기관 및 단체 간에 네트워크를 구축하고 공동사업을 전개시킬 수 있는 방안도 요구된다.

2) 열린 민족주의 형성

동북아지역의 국가들은 강한 민족주의를 내세우고 있다. 강하고 배타적인 민족주의는 지역협력의 속도를 느리게 하고 공동체건설을 방해하는 근본적인 요인으로 자리잡고 있다. 따라서 배타적 민족주의를 지향하고 열린 민족주의를 통해 협력을 유도해 갈 수 있는 전략적 노력이 필요하다.

첫째, 동북아 역사 공동체험 사업을 실시하는 전략이다. 특히 한, 중, 일 대학생과 청년들을 중심으로 동북아 역사 공동체험 사업을 실시할 수 있다. 이는 3국의 갈등과 번영의 역사 현장인 천안, 서울, 난징, 북경, 히로시마, 동경 등을 방문하고 강연과 세미나를 통해 과거의 역사를 올바르게 배울 수 있는 기회를 갖게 하는 일이다.

둘째, 동북아 지역자치단체 간 협력을 활성화시켜 국가 간 대립구도를 완화할 수 있는 전략의 모색이다. 이를 위해 1996년 9월에 창설된 동북아시아 지역자치단체연합(NEAR)의 활동을 적극적으로 지원해야한다. 동북아 지역자치단체연합은 한, 중, 일, 러, 몽, 북한의 6개국 59개 단체로 구성되어 있어 동북아 주요 국가들을 포함하고 있기에 지자체 협력을 위한 구심점으로 활용성이 높다. 또한 한·중·일 간 지방 대표구단을 중심으로 하는 지역연고 프로축구리그를 창설하는 방안도 있다.

셋째, 8·15를 '동아시아 평화의 날'로 지정하자는 제의를 제안할 수 있다. 그러나 이는 한·중·일에 있어서 민감한 사안이기 때문에 적절한 시기를 신중히 검토해야 한다.

3) 동아시아인으로서의 연대감 형성

동북아지역은 과거로부터의 역사 속에서 나타난 갈등과 마찰로 인해 지역인이라는 인식과 지역 연대감이 부족하다. 이런 점에서 최근 동아시아 지역에 나타나고 있는 '한류' 열풍은 지역의 공감대를 형성할 수 있는 좋은 기회로 작용하고 있다. 따라서 '한류'의 지속적인 발전을 모색하고 추가적으로 동아시아 교류협력 프로그램을 확대할 수 있는 전략이 중요하다.

첫째, '한류'의 질적 발전과 지속적인 확산을 위해서는 대중예술 중심에서 탈피해 전통문화예술 등 한국적인 특징을 포괄하는 문화 콘텐츠로 발전할 수 있는 전략을 추진해야 한다.

둘째, 동아시아 연대감을 형성하기 위한 다채로운 공동사업을 전개해야 한다. 번역, 예술, 문화유산보호, 신화탐험 등의 공동 프로그램을 수행할 수 있으며, 이들 프로그램들은 선행된 유럽사례를 통해 성공적인 노하우를 얻을 수 있다.

셋째, 동아시아차원의 인적교류 프로그램을 확대할 수 있는 전략을 모색해야 한다. 이를 위해 한·일, 한·중 양국 대학생 교류사업을 활성화하고 이를 한·중·일 다국 간 대학생 교류로 확대시켜 나갈 필요가 있다. 특히 기존의 '한국 배우기(Study Korea)' 사업 등 유학생 유치 프로그램 및 '아시아 동반자 사업' 등을 잘 활용하여 그 효과를 확대하고 강화할 방안을 연구해야 한다.

넷째, 기존에 단편적인 한국문화 알리기에 치중했던 '코리아센터'를 일방적 홍보가 아닌 다양한 한국문화 수요에 걸맞게 주재국과의 쌍방 문화교류를 추진하는 거점으로 활용하는 방안이 강구되어야 한다. 코리아센터를 단계별로 확충함으로써 국가이미지 제고를 위한 통합 마케팅, 전통·민족문화의 세계화 실현 전진기지, 한류 지속·확산을 위한 민관 네트워크 형성, 상호 신뢰와 쌍방향 문화교류 추진을 확실히 구축할 수 있다.

4) 다원적 교류의 증진

국가들 간의 교류의 증진은 사회·문화 협력뿐만 아니라 나아가 경제협력과 안보협력을 위한 신뢰구축을 조성하는 바탕이 된다. 따라서 동북아 문화공동체와 '동북아시대 구상'의 실현을 위해서는 지역 내 다원적인 쌍방교류가 증진되어야 한다.

첫째, 다원적인 교류를 증진시키기 위해 동북아시아 국가들이 참여하는 다양한 문화행사의 창설을 모색할 수 있다. 많은 문화행사들을 통해 동북아시아 지역내 문화예술 교류를 촉진하기 위한 다양한 문화예술 경연 등을 개최하는데 적극적인 자세를 취해야 한다.

둘째, 기존에 양국 간 문화교류 행사를 활성화하고 나아가 다자간으로 확대하는 전략을 펼쳐야 한다. 한국은 '한·일 우정의 해', '한·러 문화

축제’, ‘한·중 교류의 해’ 등 쌍방 문화행사를 보다 활성화할 수 있는 방안을 마련하고, 동북아 다자간 교류행사를 개최하는 일에 앞장서야 한다.

셋째, 동북아지역의 방송교류 확대 전략을 통해 서로의 문화에 대한 이해를 넓힐 수 있는 기회를 확대해야 한다. 독일과 프랑스 간 TV 공동 문화채널(ARTE) 사례를 경험으로 삼아 한·중·일 3국 간 TV 공동채널의 설립을 프로그램의 교환단계, 공동제작단계, 공동채널 설립 단계로 나누어 단계적으로 추진하는 방안을 제안할 수 있다. 이 과정이 성과를 보인다면 동북아, 나아가 동아시아 공동채널로 확대할 수 있을 것이다.

참고문헌

1. 단행본

강문성 외.『미주자유무역지대(FTAA)의 협상동향과 경제적 효과분석』. 서울: 대
　　외경제정책연구원, 2003.

강원택·조홍식.『유럽의 부활』. 서울: 푸른길, 1999.

강일규 외.『동북아 국가의 인적자원실태 및 개발동향과 인적자원 개발분야의 공
　　동체 형성 가능성 연구』. 서울: 통일연구원, 2004.

고병익.『동아시아, 문제와 시각』. 서울: 문학과 지성사, 1995.

국가안전보장회의.『평화번영과 국가안보』. 서울: 국가안전보장회의, 2004.

김기수.『동아시아 역학구도』. 서울: 한울 아카데미, 2005.

김동엽·박종국.『NAFTA의 동아시아 연장에 관한 연구』. 서울: 대한상공회의소,
　　1995.

김명섭 외.『동북아 문화공동체 형성을 위한 유럽연합의 정책사례』. 서울: 통일연
　　구원, 2005.

　　　　.『동북아문화공동체와 유럽문화공동체의 공통성과 차별성』. 서울: 통일연
　　구원, 2004.

김상겸.『NAFAT 출범과 미국 수입시장에서의 한국과 멕시코의 경쟁력 비교』. 서
　　울: 대외경제정책연구원, 1993.

김원호 외.『미주지역 경제통합의 전망과 한국의 대응과제』. 서울: 대외경제정책
　　연구원, 1977.

　　　　.『NAFTA의 경제적 효과분석: 출범전 전망과 실행효과 비교를 중심으로』.
　　서울: 대외경제정책연구원, 2000.

　　　　.『북미자유무역협정(NAFTA) 10년에 대한 영향평가와 우리나라 FTA정책

에의 시사점』. 서울: 대외경제정책연구원, 2004.

김한식. 『동남아정치: 어제, 오늘 그리고 내일』. 서울: 모시는 사람들, 2004.

김현종. 『경제블럭화와 NAFTA』. 서울: 21세기 북스, 1995.

김흥규. 『중국의 신군사전략 및 군사력 변화와 지역안보』. 외교안보연구원 주요 국제문제 분석. 서울: 외교안보연구원, 2005.

대외경제정책연구원. 『동북아 비즈니스중심 국가 실현방안』. 서울: 대외경제정책 연구원, 2002.

동북아시대위원회. 『평화와 번영의 동북아시대 구상』. 서울: 동북아시대위원회, 2005.

______. 『동북아시아의 협력과 갈등의 역사』. 서울: 동북아시대위원회, 2005.

박광섭·이요한. 『아세안과 동남아 국가연구』. 대전: 대경, 2002.

박순찬 외. 『FTA의 득과 실: 사례분석을 중심으로』. 서울: 대외경제정책연구원, 2004.

______. 『NAFTA 출범에 따른 대미 자동차 수출의 확대방안』. 서울: 대외경제정 책연구원, 2004.

박종철 외. 『동북아 안보·경제 협력체제 형성방안』. 서울: 통일연구원, 2003.

______. 『동북아협력의 인프라 실태: 국가 및 지역차원』. 서울: 통일연구원, 2005.

______. 『2005년도 통일문제 국민여론 조사』. 서울: 통일연구원, 2005.

배긍찬. 『동북아시대와 한국의 외교과제: 지역협력전략을 중심으로』. 외교안보연 구원 주요 국제문제 분석. 서울: 외교안보연구원, 2004.

______. 『동북아시대와 한국의 외교과제: 지역협력 전략을 중심으로』. 외교안보연 구원주요 국제문제 분석. 서울: 외교안보연구원, 2004.

백영서 외. 『동아시아의 지역질서』. 서울: 창작과 비평, 2005.

백원담. 『동아시아의 문화선택 한류』. 서울: 펜타그램, 2005.

변창구. 『아세안 운영체제론: 동남아통합과 ASEAN WAY의 향방』. 서울: 대왕사, 2002.

부르디 외. 정일준 역. 『상징폭력과 문화재생산』. 서울: 새물결, 1995.

선우건. 『NAFTA 이후 멕시코 산업정책 변화와 진출 전략』. 서울: 대외경제정책연 구원, 2001.

손병해. 『경제통합의 이해』. 서울: 법문사, 2002.

신형준. 『한국 고대사에 대한 반역』. 서울: 조선일보사, 2004.

쑨꺼. 류준필 역. 『아시아라는 사유공간』. 서울: 창작과 비평, 2003.

안충영·이창재. 『동북아경제협력: 통합의 첫걸음』. 서울: 박영사, 2003.

야마무로 신이치. 임성모 역. 『여럿이며 하나인 아시아』. 서울: 창작과 비평, 2003.

엄부영·강정실.『멕시코의 NAFTA 가입 이후 산업경쟁력 변화 분석』. 서울: 대외
　　경제정책연구원, 2004.
엄태암.『6자회담의 동북아다자안보기구화』. 한국국방연구원 연구보고서. 서울:
　　국방연구원, 2005.
왕후이. 이욱연 역.『새로운 아시아를 상상한다』. 서울: 창작과 비평, 2003.
외교안보연구원.『북미자유무역협정 출범의 경제적 의미와 전망』. 주요 국제문제
　　분석. 서울: 외교안보연구원, 1994.
요코다 카쓰미. 나일경 역.『어리석은 나라의 부드러우면서도 강한 시민 — 생활클
　　럽운동그룹과 풀뿌리 민주주의 운동의 모델만들기』. 서울: 논형, 2004.
워렌 코헨, 이수진·하세봉 역.『미국은 동아시아를 어떻게 바라보는가』. 서울: 문
　　화디자인, 2003.
이수훈.『세계체제, 동북아, 한반도』. 서울: 아르케, 2004.
이창수 외.『NAFTA 이후 멕시코 경제의 변화와 시사점』. 서울: 대외경제정책연구
　　원, 2006.
전경만 외.『‘동북아시대’의 국가안보전략 연구』. 서울: 한국국방연구원, 2005.
　　　　　.『2025년 미래 대예측』. 서울: 김 & 정, 2005.
정인교.『미국 FTA정책 전개와 시사점』. 서울: 대외경제정책연구원, 1998.
조지프 나이, 홍수원 역.『제국의 패러독스』. 서울: 세종연구원, 2002.
존 스토리. 박 모 역.『문화연구와 문화이론』. 서울: 현실문화연구, 1993.
진홍상·박승록.『한중일 경제관계와 동북아 경제협력』. 서울: 한국경제연구원,
　　2005.
최송화.『21세기 동북아 문화공동체의 구상』. 서울: 법문사, 2004.
한국문화관광정책연구원.『문화예술단체 실태조사』. 서울: 한국문화관광정책연구
　　원, 2003.
　　　　　.『국제기구를 통한 문화협력사업 활성화 방안』. 서울: 한국문화관광정책연
　　구원, 2005.
한용섭 외.『동아시아 안보공동체』. 서울: 나남출판, 2005.

Acharya, Amitav. *The Quest for Identity: International Relations of Southeast Asia.*
　　Oxford and New York: Oxford University Press, 2000.
　　　　　. *Constructing a Security Community in Southeast Asia: ASEAN and the
　　Problem of Regional Order.* London and New York: Routledge, 2001.
Axelrod, Robert. *The Complexity of Cooperation: Agent-based Models of Compe-
　　tition and Collaboration.* Princeton: Princeton University Press, 1997.

Balassa, B. *The Theory of Economic Integration.* London: George Allen and Unwin, 1996.

Bhagwati, Jagdish, ed. *Trading Bloc, Alternative Approaches to Analyzing Preferential Trade Agreement.* Cambridge: MIT Press, 1999.

Bois, Cora Du. *Social Force in Southeast Asia.* Cambridge: Harvard University Press, 1964.

Broinowski, Alion. *Understanding ASEAN.* New York, 1982.

Brzezinski, Zbignew. *The Choice, Domination or Leadership.* New York: Basic Books, 2004.

Deutsch, Karl. *Nationalism and Social Communication: An Inquiry into the Foundations of Nationality.* Cambridge: MIT Press, 1953.

Gilpin, Robert. *Political Economy of International Relations.* New York: Princeton University Press, 1987.

Gordon IV, John, and Brian Nichiporuk. *Alternative Futures and Their Impli- cations for Army Modernization.* The RAND Corporation, 2003.

Haas, Ernst. *The Obsolescence of Regional Integration Theory.* Berkeley: Institute of International Studies, 1975.

Harrison, Selig S. *The Widening Gulf: Nationalism and American Policy.* New York: The Free Press, 1978.

Hobson, John M. *The State and International Relations.* New York: Cambridge University Press, 2000.

Ikenberry, John G., and Michael Mastanduno, eds. *International Relations Theory and the Asia-Pacific.* New York: Columbia University Press Theory, 2003.

Katzenstein, Peter J., ed. *The Culture of National Security.* New York: Columbia University Press, 1996.

______. Keohane, Robert O., and Stephen D Kransner, eds. *Exploration and Contestation in the Study of World Politics.* Cambridge: The MIT Press, 2000.

Keohane, Robert, and Joseph Nye. *Power and Interdependence.* Boston: Little, Brown, 1977.

Kindleberger, Charles. *The World in Depression.* Berkeley: University of California Press, 1973.

Kwon Youngmin. *Regional community-building in East Asia.* Seoul: Yonsei University Press, 2002.

Menges, Constantine C. *China: The Gathering Threat.* Nelson Current, 2005.

Mitrany, David. *A Working Peace System*. Chicago: Quadrangle Books, 1966.

Nye, Joseph. *The Paradox of American Power*. Oxford University Press, 2002.

Putnam, R. *Making Democracy Work*. Princeton, NJ: Princeton University Press, 1993.

Rosenau, James N. *Turbulence in World Politics*. Princeton: Princeton University, 1990.

Shore, Cri. *Building Europe: The Cultural Politics of European Integration*. London and New York: Routledge, 2000.

Solingen, Etel. *Regional Orders at Century's Dawn*. Princeton: Princeton University Press, 1998.

Waltz, Kenneth. *Theory of International Politics*. Reading, Mass.: Addison- Wesley, 1979.

Wendt, Alexander. *A Social Theory of International Politics*. Cambridge: Cambridge University Press, 1999.

Yahuda, Michael. *The International Politics of the Asia-Pacific 1945-1995*. London: Routledge, 1996.

王玲. "世界主要大國綜合國力比較." 李愼明·王逸舟 主編. 『2006年: 全球政治與安全報告』. 北京: 社會科學文獻出版社, 2006.

楊成緒 編. 『中國周邊安全環境透視』. 北京: 中國靑年出版社, 2003.

唐希中·劉少華·陳本紅. 『中國與周邊國家關係 (1949-2002)』. 北京: 中國社會科學出版社, 2003.

李鋼 主編. 『上海合作組織』. 上海: 上海出版社, 2004.

2. 논문

강근형 외. "동아시아공동체 구축과 정체성 연구." 학술진흥재단 협동연구지정주제 2003년도 제2차 지원사업 연구결과보고서. 2003.

구춘권. "유럽연합과 국가성의 전환." 『국제정치논총』 제44집 4호, 2004.

김동중. "유럽통합사 – 독일의 역할과 통화통합을 중심으로." 『독일언어문학』 제20집, 2003.

김명섭. "21세기 동북아 안보: 주요 도전과 기회." 『동북아 신 안보구도와 다자안보협력: 전망과 과제』. 동북아 평화번영 심포지엄 발표논문집. 2006. 2. 28.

김유은. "동북아 안보공동체를 위한 시론." 『국제정치논총』 제44집 4호, 2004.

김진오. "NAFTA 이후 멕시코 자동차산업 변화와 전망." 『KIEP 세계경제』. 제7권 4호, 2004.

김형국·김석근. "동북아문화공동체 형성을 위한 여건과 전망: 문화적 동질성과 다양성 그리고 정체성." 『세계지역연구논총』 제23권 1호, 2005.

김홍수. "햇볕정책과 참여정부 평화번영정책: 계승과 발전." 전국대학통일문제연구소협의회 및 한국동북아학회 공동주최 6·15 남북공동선언5주년 기념학술회의 발표 논문집. 2005.

문남권. "NAFTA 10년과 미국시장에서 한국과 멕시코의 경쟁력." 『라틴아메리카연구』. 2003.

박명림. "동북아시대, 동북아구상, 그리고 남북관계." 통일연구원 주최 학술회의. 「동북아구상과 남북관계 발전전략」. 2006년 6월 28일.

박병인. "상하이협력기구 성립의 기원." 『중국학연구』 제33집, 2005.

박은홍. "아세안 방식과 동남아시아 신흥공업국의 역할 변화: 주권, 개발, 인권의 갈등적 공존과 그 진화." 『동남아시아연구』 제16권 1호, 2006.

박장식. "동남아시아 지역성에 대한 인식론적 대비." 『동남아시아 연구』 제10호, 2000.

배긍찬. "동남아 지역통합추세와 전망: ASEAN-10과 동남아공동체 구상." 외교안보연구원 정책연구시리즈. 1998년 3월.

______. "동남아 금융위기의 정치경제: 지역차원의 대응을 중심으로." 외교안보연구원 정책연구시리즈. 1999. 1.

______. "동아시아 지역협력 전망: 제7차 ASEAN+3 정상회의 결과를 중심으로." 외교안보연구원 정책보고서. 2003.

백종국. "북미 자유무역협정(NAFTA)의 전개와 모순." 『라틴아메리카연구』. 한국라틴아메리카학회, 2000.

변창구. "아세안의 발전과 현황." 『아세안과 동남아국제정치』. 서울: 대왕사, 1999.

______. "탈냉전과 아세안의 지역안보전략." 『동남아시아 연구』 제10호, 2000.

______. "동남아지역통합전략으로서의 아세안방식: 유용성과 한계." 『대한정치학회보』 제12집 2호, 2004.

신두철. "아세안과 유럽연합의 역사적·제도적 발전비교." 『한·독사회과학논총』 제11권 2호, 2001년 겨울.

신상진. "동북아 평화에 대한 중국의 입장과 전략." 『평화전문 인터넷신문』. 2005. 5. 14.

신윤환. "동아시아 지역협력: 탈동북아중심주의적 관점." 한국동남아연구소 원례

발표회 발표논문. 2004. 5. 29.

안효승. "동북아 경제협력체 추진방안." 외교안보연구원 정책연구시리즈. 2003. 9.

이대우. "2020년 안보환경 전망." 이상현 편.『한국의 국가전략 2020, 외교안보』. 서울: 세종연구소, 2005.

______. "동북아 다자안보협력 발전방안."「동북아 신안보구도와 다자안보협력: 전망과 과제」. 참여정부 출범 3주년 기념 동북아 평화·번영 심포지엄. 2006. 2. 28.

이동연. "동아시아 문화교류를 위한 이론적 모색."『동아시아에서 문화교류 연구, 어떻게 할 것인가』. 한국 중국현대문학학회 정례학술대회. 2004. 4. 17.

이면우. "동북아에서의 다자안보협력 전망." 이태환 편.『한국의 국가전략 2020: 동북아 안보협력』. 서울: 세종연구소, 2005.

이서항. "동아시아 다자간 안보협력체." 한용섭 외.『동아시아 안보공동체』. 서울: 나남출판, 2005.

이창재 외. "동북아 경제공동체 실현을 위한 단계적 추진전략." 대외경제정책연구원 연구보고서, 2005. 12. 20.

이은혜. "문화적 시민권을 위한 유럽연합의 노력."『유럽연구』제17권, 2003.

임혜란. "한국, 일본, 대만의 사회적 자본에 관한 비교연구." 2005년도 한국국제정치학회 연례학술회의 '동북아의 과거와 미래' 분과 발제문.

전경만. "동북아 안보구도 전망과 신협력주의 구상."『국방정책연구』제71호, 2006.

정정숙. "동북아문화공동체의 의의와 전망." 제4차 동북아구상 심화-확산을 위한 전문가 세미나. 2006. 8. 19.

조흥국. "동남아시아 역사에 대한 분석적 이해."『국제지역연구』. 제5권 1호, 2001.

한경애. "유럽통합과 문화적 다양성."『EU學 硏究』제10권 제1호, 2005.

한용섭. "동아시아 안보공동체 구축의 필요성." 한용섭 외.『동아시아 안보공동체』. 서울: 나남출판, 2005.

홍완석. "동북아 평화에 대한 러시아의 입장과 국가전략."『평화전문 인터넷신문』. 2005. 5. 14.

Coulombe, Serge. "International Trade Diversion, the Canada-United States Free Trade Agreement, and the L Curve." *Topics in Economic Analysis & Policy,* Vol. 4, No. 1 (2004).

Duran, Clemente Ruiz. "NAFTA, Lessons form an Uneven Integration." *International Journal of Political Economy,* Vol. 33. No. 3 (2003).

Ferguson, R. James. "ASEAN Concord II: Policy Projects for Participant Regional 'Development'." *Contemporary Southeast Asia,* Vol. 26, No. 3 (2004).

Fisher, Charles A. "Geographic and Political Change in Southeast Asia." M. W. Zacher and R. S. Miline, eds. *Conflict and stability in Southeast Asia.* New York: Anchor (1974).

Friedberg, Aaron. "Ripe for Rivalry: Prospects for Peace in a Multipolar Asia." *International Security,* Vol. 18, No. 3 (Winter 1993 / 94).

Godement, Francois. "North-East Asia: time to rethink." *Disarmament Forum* (2005).

Gordon, Bernard. "Regionalism in Southeast Asia." Robert Tilman, ed. *Man, State and Society in Southeast Asia.* New York: Prager (1971).

Gould, David. "Has NAFTA Changed North America Trade?" *Economic Review* (First Quarter 1998).

Haas, Ernst. "International Integration." *International Organization,* Vol. 15 (1961).

Ikenberry, John G. "American Hegemony and East Asian Order." *Austrian Journal of International Affairs,* Vol. 58, No. 3 (September 2004).

Jones, Michael E. "Forging an ASEAN Identity: The Challenge to Construct a Shared Destiny." *Contemporary Southeast Asia,* Vol. 26, No. 1 (2004).

Katzenstein, Peter J., et al. "International Organization and the Study of World Politics." *International Organization,* Vol. 52, No. 4 (Autumn 1998).

______, and Rudra Sil. "Rethinking Asian Security." J. J. Suh, Peter Katzenstein and Allen Carlson, eds. *Rethinking Security in East Asia.* Stanford: Stanford University Press (2004).

Keohane, Robert, and Stanley Hoffman. "Conclusions: Community Politics and Institutional Change." Williams Wallace, ed. *The Dynamics of European Integration.* London and New York: Printer Publishers (1990).

Kim Won-Ho. "An Evaluation of NAFTA's Performance in Mexico."『북미주학연구』. 충남대학교 북미주연구소 (2000).

Kose, M. A, Meredith, G. M., and C. M. Towe. "How has NAFTA Affected Mexican Economy?" *Review and Evidence.* IMF Working Paper WP / 04 / 59 (2004).

Ladrech, Robert. "Partisanship and Party Formation in European Union Politics." *Comparative Politics,* Vol. 29, No. 2 (1997).

Ruggie, John G. "International Responses to Technology: Concepts and Trends." *International Organization,* Vol. 29, No. 3 (1975).

Simon, Sheldom. "Realism and Neoliberalism: International Relations Theory and Southeast Asian Security." *The Pacific Review*, Vol. 8, No. 1 (1995).

Solidum, Estrella D. "The Role of Certain Sectors in Shaping and Articulating the ASEAN Way." R. P. Anand and P. Quismbing, ed. *ASEAN: Identity, Development and Culture*. Quezon City: University of Philippine Law enter and East-West Center Culture Learning Institute (1981).

Wallace, William. "Less than a Federation, More than a Regime: The Community as a Political System." Helen Wallace, eds. *Policy-making in the European Community* (1983).

潘光. "上海合作組織及美國對中亞政策的調整."『中國戰略觀察』(December 2005).

上海社會科學院上海合作造織硏究中心.『上海五國 – 上海合作組織資料滙編』. Vol. 1-2 (2005).

李立凡. "上海合作組織發展的內外問題和突破點." 上海社會科學院世界經濟與政治硏院 (編).『國際體系與中國的軟力量』. 北京: 時事出版社, 2006.

3. 기타 자료

『세계일보』.
『조선일보』.
『중앙일보』.

구춘권. "유럽통합의 배경, 과정, 제약 및 촉진요인." 자문자료 (2006. 4. 15).
______. "유럽경제공동체와 안보공동체의 발전 및 시사점." 자문자료 (2006. 4. 30).
국무총리자문 시민사회발전위원회.『한국시민사회 발전을 위한 청사진』 6장 (2004. 10).
노무현. "평화와 번영과 도약의 시대로."「제16대 대통령 취임사」(2003. 2. 25).
동북아시대위원회. "동북아시대 구상 실현을 위한 남북관계 중장기 발전전략" 설명자료 (2006. 2. 10).
문화관광부. "한(韓) 브랜드 육성지원" 설명자료 (2006. 7).
민주평화통일자문회의 사무처.『통일논의 리뷰』 통권 제13호 (2005. 1 / 4분기).
연세대학교.『중장기 동북아 안보구상: 타개와 조성』(동북아시대위원회 용역과제 보고서 06-1, 2006. 4).

열린정책연구원. "동북아의 평화와 번영을 위한 국제심포지엄" 논문집 (2005. 1. 13).

유종일. 『동북아구상의 비전과 제도개혁』. KIEP 정책세미나 자료실, 2003. 10.

온라인 백과사전 – Answers.com

　　http://www.answers.com/topic/qualified-majority-voting

조르지오 루폴로 (Giorgio Ruffolo)의 "Resolution on Cultural Cooperation in the EU"에 대한 사이트 – http://www.budobs.org/eu-ruffolo.htm

"ASEAN Socio-Cultural Community." ASEAN Annual Report 2004 – 2005." http://www.aseansec.org/ar05.htm

Central Intelligence Agency. CIA World Factbook (Washington D.C.: CIA, Updated April 2005).

"China, Russia to Play "Peace Mission 2005." http://www.mosnews.com/commentary/2005/08/18/china.shtml (검색일: 2005-09-26).

EU문화2000사이트

　　http://ec.europa.eu/culture/eac/culture2000/historique/historic_en.html

EU사이트 EUROPA: http://europa.eu/pol/inst/overview_en.htm

　　European Voice, The weekly, 22-28 June 2006.

EU사이트 – Eurobarometer; New Europeans and Culture, 2003

　　<http://europa.eu.int/comm/culture/eac/sources_info/pdf-word/etude.pdf>

EU사이트 – Eurobarometer 63, July 2005

　　<http://www.evropa.bg/en/del/info-pad /news.html?newsid=1357>.

FUNDAMENTAL PRINCIPLES, http://www.aseansec.org/64.htm

Guillen, Arturo. "Foreign Direct Investment in North America Under NAFTA." GRIC 02-08. 2002.

Hufbauer G. C., and Schott J. J. "The Prospects for Deeper North American Economic Integration: A U.S. Perspective." *Howe Institute Commentary*, No. 195. January 2004.

OBJECTIVES, http://www.aseansec.org/64.htm

Office of Research at Department of State. "Russia Tops U.S. in Central Asia." *Opinion Analysis*, M-44-22, May 31, 2002.

"Peace Mission" 2005. http://www/vic-info.org/RegionsTop.nsf/0/b0e59180c86aa0 a2570/china.html (검색일: 2005-09-26).

Presidential Committee on Northeast Asian Cooperation Initiative, Toward a Peaceful and Prosperous Northeast Asia (2005).

"President Putin Says Cold War Between Russia and U.S. Impossible," http://www.mosnews.com/commentary/2005/09/25/putinsaid.shtml(검색일: 2005-09-26).

The address of Secretary-General Kofi Annan to the Indonesian Council on World Affairs in Jakarta, Indonesia, on 16 February 2000, http://www. aseansec. org/6910.htm

U.S. Department of Agriculture. 2004. 1.「NAFTA at 10: An In-Depth Look at the Trade Agreement's Record Serving Countries, Commodities and Consum- ers」. AgExporters. Volume XVI, No. 1. USDA Foreign Agricultural Service.

US GAO, 21st Century Challenges, Reexamining the Base of the Federal Government, February 2005.

US National Intelligence Council, Mapping the Global Future, December 2004.

World Bank. *Lessons from NAFTA for Latin America and the Caribbean Countries: A Summary of Research Findings.* 2003.

"美國防稱中俄軍演沒有威脅臺灣," http://www5.chinesenewsnet.com/gb/MainNews/ Topics/2005_8_23/china.html (검색일: 2005-09-26).

"上海合作組織成員國擧行聯合反恐演習情況," http://www.people.com.cn/GB/junshi/ 1078/2004010.html (검색일: 2005-08-24).

"上海合作組織六字之解," http://news.xinhuanet.com/globe/2006-06/13/content_4689822. htm (검색일: 2006-07-19).

張召忠, "美國軍事戰略轉向亞太針對誰?" http://www.people.com.cn/GB/junshi/62/ 20010830/ 547897.html (검색일: 2005-08-24)

색 인

지은이 소개

■ 박종철 | 통일연구원 선임연구위원

고려대학교 정치외교학과 졸업
고려대학교 대학원 정치학 박사
Harvard University Center for International Affairs, Visiting Scholar
국가안전보장회의 자문위원
통일부 자문위원
동북아시대위원회 자문위원
저서 및 논문: 동북아 안보경제 협력체제 형성방안(2003); 21세기 동북아 국제관계
와 한국(2004); 동북아협력 인프라실태(공저, 2005) 외

■ 김흥규 | 외교안보연구원 조교수

서울대학교 외교학과 및 동대학원 졸업(석사)
미국 Michigan대학(Ann Arbor) 정치학 박사
전경련 중국 Forum 상임위원
한국국제정치학회 중국분과 간사
한-중 Thinknet 간사
저서 및 논문: 후진타오 신외교노선과 북중관계; 중·북관계의 분석과 전망: 가능
한 시나리오와 대응방안; 양빈사건과 북한-중국관계(공저); China's
Military Buildup and Its Implications 외 다수

■ 안형도 | 대외경제정책연구원 동북아경제협력센터 소장

한양대학교 사학과 졸업
미 University of Pennsylvania 경제학 박사
APEC교육재단 사무국장
한국태평양경제협력위원회 사무국장
저서 및 논문: 동북아 국제금융센터의 여건과 과제: 사례연구와 시사점(2003); 한·
중·일 경제협력 공동연구(2004) 외

■ **이대우** | 세종연구소 수석연구위원
연세대학교 정치외교학과 졸업
Claremont Graduate University 국제정치학 박사
한국(국제)정치학회 이사
비상기획위원회 비상근위원
국가정보원 대테러정책 자문위원
저서 및 논문: 동북아 다자안보협력과 주변4강(공저, 2001); 2020년 안보환경 전망:
세력전이 이론에서 본 패권경쟁(2005); 미국의 안보정책 변화와 한
미동맹 재조명(2005)

■ **전경만** | 한국국방연구원 책임연구위원
서울대학교 경영학 학사 및 석사
미국 랜드(RAND)대학원 안보정책학 박사
KBS 객원해설위원(안보군사분야)
한국국방연구원 안보전략연구센터장
한국안보통상학회장
저서 및 논문: 2025미래대예측(공저, 2005); 중장기 안보비전과 한국형 국방전략
(2004); 동북아안보구도 전망과 신협력주의(2006) 외

■ **정정숙** | 한국문화관광정책연구원, 책임연구원
이화여자대학교 영어영문학과 졸업
이화여자대학교 정치학 박사(일본정치 전공)
서울대 국제대학원 연수연구원
일본 국제교류기금 연수연구원
세종연구소 객원연구위원
저서 및 논문: 21세기 한일관계의 구상시론(논문, 2003); 천황제와 일본문화(공저, 2004);
한류 현상의 의미와 응용적 해석(논문, 2005)

한국의 동북아시대 구상
- 이론적 기초와 체계

인 쇄: 2006년 12월 26일
발 행: 2006년 12월 30일

지은이: 박종철·김흥규·안형도·이대우·전경만·정정숙
발행인: 부성옥
발행처: 도서출판 오름
등록번호: 제2-1548호(1993. 5. 11)

서울특별시 서초구 서초동 1420-6 통일시대연구소빌딩 301호
전화: (02) 585-9122, 9123 / 팩스: (02) 584-7952
E-mail: oruem@oruem.co.kr
URL: http://www.oruem.co.kr

ISBN 89-7778-273-2   93340   정가 18,000원

* 잘못된 책은 교환해 드립니다.